Werner Polster
Die Krise der Europäischen Währungsunion

Werner Polster

Die Krise der Europäischen Währungsunion

Eine ordnungspolitische Analyse

Metropolis-Verlag
Marburg 2014

Bibliografische Information der Deutschen Nationalbibliothek

Die Deutsche Nationalbibliothek verzeichnet diese Publikation in der Deutschen Nationalbibliografie; detaillierte bibliografische Daten sind im Internet über http://dnb.d-nb.de abrufbar.

Metropolis-Verlag für Ökonomie, Gesellschaft und Politik GmbH
http://www.metropolis-verlag.de
Copyright: Metropolis-Verlag, Marburg 2014
Alle Rechte vorbehalten
  ISBN 978-3-7316-1098-4

Inhalt

Einleitung 13

Teil 1: Der Krisenverlauf 21

1. Vier Weichenstellungen in Deutschland vor der Krise 23
   1.1 Die Arbeitsmarktreform 23
   1.2 Der Ehrbare Kaufmann und das Haftungsprinzip 27
   1.3 Die Schwäbische Hausfrau und die Schuldenbremse 32
   1.4 Der nationalwirtschaftliche Krisenbekämpfungsmodus 40
   1.5 Zusammenfassung 46

2. Die Entwicklung der Renditen öffentlicher Anleihen in der
   Eurogruppe 48
   2.1 Allgemeine Erwägungen zum staatlichen Anleihezins 48
   2.2 Die Entwicklung der Anleiherenditen im Euroraum:
       Phaseneinteilung 54

3. Vorgeschichte, Verlauf und Ausgang der Krise 59
   3.1 Der Aufbau von Vertrauen in die entstehende Währungsunion
       1990 – 1998 59
   3.2 Die Sicherung von Vertrauen in die etablierte Währungsunion
       1998 – 2009 62
   3.3 Die Erosion von Vertrauen 2009/2010 65
   3.4 Die Programmzeit 72
       3.4.1 Griechenland 73
       3.4.2 Irland 75
       3.4.3 Portugal 78
       3.4.4 Zypern 80

3.4.5 Die Ergebnisse der Programmzeit für die vier Länder aus europäischer Perspektive 84
3.5 Der ordnungspolitische Trial and Error 87
3.6 Die Zeit nach der Krisenlösung 111
    3.6.1 Entspannung an den Kapitalmärkten 111
    3.6.2 Die Situation einzelner Länder 113
    3.6.3 Die Finanztransaktionssteuer 120
    3.6.4 Das Bundesverfassungsgericht zur Eurorettung 120
    3.6.5 Ende des Austeritätsdogmas? 122
3.7 Der Krisenverlauf in der Gesamtschau 126

Teil 2: Die globale und die europäische Krise und die ordnungspolitischen Fiktionalisierungen 131

1. Die alten Fiktionalisierungen 133

2. Der Staat als Marktteilnehmer und der Teufelskreis 148

3. Eine besondere Fiktionalisierung: Austeritätspolitik als Mittel der Krisenbekämpfung 158

4. Das Nationengitter und die Fiktionalisierung vom Wettbewerb der Staaten 170

5. Zusammenfassung 173

Teil 3: Währungsgeschichtliche Aspekte vor der europäischen Währungsunion 175

1. Ordnungspolitik auf währungspolitischem Gebiet 178

2. Historische Währungsordnungen 185
    2.1 Der Goldstandard 185
    2.2 Die Bretton-Woods-Ordnung 187
    2.3 Das Europäische Währungssystem (EWS) 191
    2.4 Schlussfolgerungen 196

Teil 4: Europäische Integration am Vorabend der Krise **199**

1. Integrationsprämissen... 201
2. Ein Abriss der monetären Integrationsgeschichte in Europa 210
3. Zum Stand der politischen Integration vor der globalen
   Finanzkrise 219

**Teil 5: Der Übergang von der egalitären zur hegemonialen
Währungsunion** **227**

1. Die egalitäre Währungsunion (1999 – 2009) 229
   1.1 Definition 229
   1.2 Die Zinskonvergenz 232
   1.3 Der Vertragskontext 233
   1.4 Die Währungsunion als Schutzraum 237
   1.5 Zehn erfolgreiche Jahre und ein Problem (1999 – 2008) 239
   1.6 Die Kapitalmärkte 245
   1.7 Fazit 246
2. Die hegemoniale Währungsunion 249
   2.1 Definition 249
   2.2 Die Umdeutung des Artikels 125 (AEUV) 250
   2.3 Der Europäische Stabilitätsmechanismus (ESM) 252
   2.4 Der Fiskalpakt 257
   2.5 Weitere marktbasierte Instrumente 260
   2.6 Die Rolle der EZB in der neuen Währungsunion 265
   2.7 Die Bankenunion 274
   2.8 Die neue ordnungspolitische Gesamtkonfiguration 277

**Teil 6: Alternative Krisenerklärungen und Perspektiven der
Währungsunion nach der Krise** **283**

1. Die Hypothese vom Konstruktionsfehler der Maastrichter
   Währungsunion 286

2. Die These von der halben oder ungewollten deutschen
   Hegemonie 300

3. Der Wettbewerb der Nationen – Die neue europäische Leitidee? ... 312
   3.1 Ranglisten als Orientierungsgrößen? 313
   3.2 Hayek als Prophet der Währungsunion? 320
   3.3 Systematisierungen zum Staatenwettbewerb 327
   3.4 Die Wettbewerbskonzeption aus supranationaler Perspektive .. 334

4. Die Krisenverarbeitung auf supranationaler Ebene 345
   4.1 Die Demontage der Europäischen Kommission 345
   4.2 Die Vorschläge zu einer „echten Wirtschafts- und
       Währungsunion" 353
       4.2.1 Das Romanistenpapier 354
       4.2.2 Das Kommissionspapier 358
       4.2.3 Das Parlamentspapier 360

5. Die alternativen Krisenerklärungen im Resümee 362

Teil 7: Die Konstellationen der Zukunft der Währungsunion 365

1. Souveränität und Supranationalität – Neue Entwicklungen 368

2. Die neue ordnungspolitische Architektur – Das Europäische
   Haus 378

3. Drei Entwürfe für die Zukunft 384

Eckdaten der Finanzkrise 391

Literatur 395

Abbildungsverzeichnis

Abb. 1: Reallohnentwicklung in Deutschland im Vergleich mit anderen Ländern 25

Abb. 2: Entwicklung der Lohnstückkosten im Euroraum 26

Abb. 3: Schuldenstandsquote in Deutschland 34

Abb. 4: Defizitquote in Deutschland 35

Abb. 5: Regel und Spiel: Kontext 38

Abb. 6: Renditen zehnjähriger europäischer Staatsanleihen. Deutschland und die Krisenstaaten 53

Abb. 7: Zinsdifferenzen (Spreads) zur Rendite zehnjähriger deutscher Staatsanleihen 54

Abb. 8: Vernetzung des Finanzsektors 135

Abb. 9: Die drei Krisen des Euro 149

Abb. 10: Teufelskreis der Banken-, Staatschulden- und makroökonomischen Krise 149

Abb. 11: Langfristiger Ordnungsrahmen für den Euroraum 151

Abb. 12: Schuldenstandsquoten der Staaten der Welt 158

Abb. 13: Entwicklung der Schuldenstandsquote in Deutschland 163

Abb. 14: Staatsverschuldung in den USA, 1940-2010) 164

Abb. 15: Zinsdifferenzen für Kreditvergabe im Euroraum: Neuvergabe Kredite an nichtfinanzielle Kapitalgesellschaften 267

Abb. 16: Der Schuldentilgungsfonds im Modell des Sachverständigenrats 297

Abb. 17: Leistungsbilanz und Netto-Auslandsvermögen der deutschen Volkswirtschaft 329

Abb. 18: Die Entwürfe zur Zukunft der Währungsunion als Triade ... 387

Tabellenverzeichnis

Tab. 1: Schuldenstand und Anleihezins ausgewählter Länder für 2013 51

Tab. 2: Ausgewählte Wirtschaftsdaten zu Griechenland 86

Tab. 3: Ausgewählte Wirtschaftsdaten zu Irland 86

Tab. 4: Ausgewählte Wirtschaftsdaten zu Portugal 87

Tab. 5: Veränderung des BIP in ausgewählten Ländern und der Eurogruppe 152

Tab. 6: Ausgewählte Wirtschaftsdaten für die Währungsunion 240

Tab. 7: Economic Freedom Ratings 314

Tab. 8: Die Bonitäts-Hierarchie der Euro-Staaten 315

Tab. 9: Rendite für 10jährige Anleihen im Euroraum 317

Tab. 10: Entwicklung der nominalen Lohnstückkosten 318

Der Schweizer Schriftsteller Max Frisch lässt in seinem 1957 erschienenen Roman „Homo faber. Ein Bericht" seinen Protagonisten Walter Faber, einen für die Unesco tätigen Ingenieur, ebenfalls Schweizer, das Folgende über eine Begegnung mit einem Deutschen in einem Flugzeug berichten:

„Er bot mir Zigaretten an, mein Nachbar, aber ich bediente mich von meinen eigenen, obschon ich nicht rauchen wollte, und dankte, nahm nochmals die Zeitung, meinerseits keinerlei Bedürfnis nach Bekanntschaft. Ich war unhöflich, mag sein. Ich hatte eine strenge Woche hinter mir, kein Tag ohne Konferenz, ich wollte Ruhe haben, Menschen sind anstrengend. Später nahm ich meine Akten aus der Mappe, um zu arbeiten; leider gab es gerade eine heiße Bouillon, und der Deutsche (er hatte, als ich seinem schwachen Englisch entgegenkam mit Deutsch, sofort gemerkt, daß ich Schweizer bin) war nicht mehr zu stoppen. Er redete über Wetter, beziehungsweise Radar, wovon er wenig verstand; dann machte er, wie üblich nach dem zweiten Weltkrieg, sofort auf europäische Brüderschaft. Ich sagte wenig. Als man die Bouillon gelöffelt hatte, blickte ich zum Fenster hinaus, obschon nichts andres zu sehen war als das grüne Blinklicht draußen an unsrer nassen Tragfläche, ab und zu Funkenregen wie üblich, das rote Glühen in der Motor-Haube. Wir stiegen noch immer."

Einleitung

Die Krise, in die die Europäer geschlingert sind, ist vorbei, das räumen selbst die größten Skeptiker ein. Zunächst benötigen wir einen Begriff für das Geschehen, das nach unserem Dafürhalten im letzten Quartal 2009 begonnen, auf dem Höhepunkt im Sommer 2012 den gesamten europäischen Bestand bedroht und im Spätsommer des Jahres mit dem Auftritt des Präsidenten der Europäischen Zentralbank (EZB) Mario Draghi als Deus ex Machina sein Ende gefunden hat. Gemeinhin werden in der Öffentlichkeit in diesem Zusammenhang die Begriffe „Eurokrise" oder „Staatsschuldenkrise" ins Feld geführt, ungenaue Begriffe nach unserem Dafürhalten, auf die noch einzugehen sein wird. Die in dieser Arbeit verwendeten Begriffe lauten „Krise der europäischen Währungsunion" und, da es sich um eine Krise handelte, die durchaus über das Währungspolitische hinausragt, auch „europäischen Krise".

Dass die Krise gelöst ist, mag die einen oder anderen nicht überzeugen. Die einen werden beanstanden, dass die Krise in Staaten wie Griechenland, Irland und Portugal ein gesellschaftliches Trümmerfeld hinterlassen hat. Und nicht nur in diesen Staaten. Die deutsche Insel der Seligen in Europa ist ja ein einzigartiges Phänomen. Diesen einen sei gesagt, dass der Hinweis hinzunehmen ist. Mit dem Ende der Krise ist auch „nur" der ordnungspolitische Umbau in der Währungsunion gemeint.[1]

---

[1] Die These vom Ende der Krise betrifft ausschließlich die ordnungspolitischen Umbaumaßnahmen in der Eurogruppe und den neuen Dialog zwischen Politik und Kapitalmärkten. Die Krise schwelt derweil im wirtschaftlichen Bereich weiter. Die erbärmlichen Wachstumsraten (2014 geschätzt: 0,5 – 1 Prozent BIP-Wachstum im Euroraum), bedingt durch die dramatische Nachfrageschwäche, die wiederum eine Folge des rigorosen Restriktionskurses der europäischen Finanzpolitik ist, stellen nur ein Problem unter vielen dar. Auf europäischer Ebene wären noch die zunehmenden Ungleichgewichte zwischen den einzelnen Volkswirtschaften zu nennen. Aber auch in den einzelnen Staaten frisst sich die Krise weiter. Zu denken ist in diesem Zusammenhang vor allen anderen Aspekten an die tiefen sozialen Verwerfungen in den Programmländern (Griechenland, Irland und Portugal) und deren Zurückversetzung auf wirtschaftliche Entwicklungsstände vor einem Vierteljahrhundert. Aber auch in den „Gewinnerländern", z.B. Deutschland, glänzt nur die Oberfläche. Die ebenso triebhafte wie gedankenlose Exportorientierung steht für ein Problem, die tiefsitzende Investitionsschwäche für ein anderes.

Die anderen, die Euro- und Europaskeptiker, werden einwenden, die Krise sei lediglich in einer Liquiditätsschwemme ertränkt und durch eine Monetarisierung von Staatsschulden gelöst worden, die Zündschnur, die damit gelegt worden sei, brenne und werde eben später ihr Ziel erreichen. Mit Europa hat das freilich nichts zu tun, die Öffnung der Liquiditätsschleusen ist ein globales Phänomen. Und vielleicht hat sich ja in den vergangenen Jahren auch ein Epochenwechsel ergeben, der viele bisherige Problemstellungen über den Haufen geworfen hat.

Der „Schwarze Schwan" (Nassim Taleb) trieb am 15. September 2008 mit der Insolvenz der Investmentbank Lehman Brothers, die zwar „too big to fail" war, von Marktradikalen aber dennoch in die Insolvenz geschickt wurde, an die Gestade der Marktwirtschaften der Welt. Um genau zu sein, sein Gastspiel begann im südlichen Manhatten. Das dann folgende Phänomen war einmalig in der globalen Wirtschaftsgeschichte. Förmlich über Nacht breitete sich das Killervirus, das der Schwarze Schwan mit sich führte, in der kapitalistischen Welt aus und nagte an den Nervenhüllen des Systems: Am Morgen waren sie zerstört, und es breitete sich Misstrauen aus. Zunächst zwischen den Banken, wenig später in der Realwirtschaft und schließlich bei den Verbrauchern.

So überraschend der Schwarze Schwan aus dem dunklen Nichts aufgetaucht war, so schnell verschwand er auch wieder im Dunkel des Unerklärlichen. Nach einem halben Jahr resoluter Krisenbekämpfung in den Metropolen der Welt – alle, die Staaten und ihre Notenbanken, zogen am gleichen Strang – und einem weiteren Vierteljahr war der wirtschaftliche Teil der Krisenbekämpfung erledigt. Das Jahr 2009 wird zwar als jenes mit den tiefsten Wirtschaftseinbrüchen der großen Volkswirtschaften der Welt in die Wirtschaftsgeschichte eingehen, am Ende des Jahres 2009 war der Einbruch aber eingedämmt. Die Staaten griffen zu allen ihnen zur Verfügung stehenden Mitteln, sie verstaatlichten trudelnden Banken und Industriekonzerne, legten Konjunkturprogramme auf und, last but not least, kommunizierten Vertrauen. Die Zentralbanken fuhren geschwind die Leitzinsen nach unten, kreierten neue Instrumente der Geldpolitik und öffneten die Liquiditätsschleusen. Nur die Giftmischer und Kasinospieler des Marktradikalismus monierten diese Politik, nach ihnen hätte die „reinigende Krise" noch viel mehr Raum zur Entfaltung haben und nicht schon bei der Insolvenz von Lehman Brothers stoppen sollen.

Alles schien gut. – Im sich verziehenden Dunst der ausklingenden globalen Finanzkrise braute sich oder wurde gebraut aber eine zweite

Krise zusammen, nämlich die sogenannte europäische Staatsschuldenkrise. Die Maßnahmen zum Containment der Krise mussten nämlich finanziert werden, und das gelang den europäischen Staaten nur durch eine gewaltige Erhöhung der Kreditaufnahme. Das war schon aus anderen Krisen bekannt, meist war es so, dass dann im folgenden Aufschwung die Kreditaufnahme, partiell jedenfalls, zurückgefahren werden konnte. Da es um Systemrettung ging, konnte auch kein vernunftbegabter Mensch ein solches Verfahren in Frage stellen.

Als sich die europäische Krise langsam aufbaute, konnte sie zunächst noch als die Prolongation der globalen Finanzkrise verkauft werden. Die sensibel und risikoavers gewordenen Kapitalmärkte beobachteten nun Staaten wie Griechenland, Portugal oder Irland, die späteren Programmstaaten, eben erheblich kritischer und verlangten hohe Risikoprämien für ihre Kredite. Das allerdings kann nur als Irrglaube charakterisiert werden. Die Kapitalmärkte und ihre Akteure wurden gerade aus der höchsten Not gerettet und traten nunmehr mir nichts dir nichts wieder als selbstbewusste Strafinstanzen auf? Die europäische Krise, so werden wir in unserer Analyse versuchen nachzuweisen, hatte weder eine Verbindung zu der globalen Finanzkrise noch zu den Staatsschulden. Um es pointiert zu formulieren: Sie hätte zu jedem anderen beliebigen Zeitpunkt ausbrechen oder entfacht werden können.

An dieser Stelle beginnt gewissermaßen unsere Analyse. Die Diagnose „Eurokrise" und „Staatsschuldenkrise" hatten wir oben bereits verworfen. Die Kernthese der Arbeit lautet demgegenüber: *Zwischen 2009 und 2012 spielte in der europäischen Währungsunion eine Krise, innerhalb derer sich eine Metamorphose bzw. ein Ordnungswechsel von der alten Währungsunion in einen neuen Typ Währungsunion vollzog.* Entstehung und Ursachen dieser Krise, Modellwechsel bei der Währungsunion und Auswirkungen der Krise in das wirtschaftliche und politische Umfeld bilden das Thema der Arbeit. Also Ordnungspolitik.

Die Ordnungspolitik, man könnte auch sagen die deutsche Ordnungspolitik, handelt es sich doch um einen Markennamen, der so nur in Deutschland bekannt ist, hat einen zweifelhaften Ruf. Schon bei der Übersetzung in andere Sprachen wird es holprig, gibt es doch keine direkte Entsprechung in anderen Sprachen. Das Englische bietet als Begriffe „regulatory process" oder „regulatory policy" oder auch „legal governance" an, im Französischen findet man meist „gouvernance économique", seltener „politique d'économie". In der internationalen ökonomischen Diskussion spielt die deutsche Ordnungspolitik eine mehr als marginale Rolle, Außenseiterrolle käme fast schon einer Schmeichelei gleich. Sogar national ist die Ordnungspolitik als Wissenschaft vom Aussterben bedroht, werden doch gegenwärtig gerade die letzten Lehrstühle an Hochschulen geschlossen. Die Mainstream-Ökonomie hat sich auf die Mathematik verlegt und mathematisieren lässt sich bei der Ordnungspolitik nicht viel, sie ließe sich bestenfalls in den Vorannahmen der Modelle verwerten. Bei Keynesianern genießt die Ordnungspolitik auch keinen guten Ruf, sie rümpfen die Nase, wenn ihnen der Begriff begegnet. Die Keynesianer kennen nur Prozesspolitik, also die funktionalen makroökonomischen Zusammenhänge mit eingespeisten Daten.

Die konventionelle deutsche Ordnungspolitik Freiburger Prägung zieht sich deshalb den Unmut von allen Seiten der Wissenschaft zu, weil sie Norm- und Werteentscheidungen ins Zentrum stellt und daraus Theorien, Thesen und Prinzipien ableitet. Sie stellt im Grunde ein doktrinäres Lehrgebäude dar. Das ist der erste Vorwurf. Der zweite Vorwurf lautet, dass sie ihr Normen- und Wertegebäude aus einer untergegangenen, vormodernen Wirtschaftsform ableitet, einer Art Manufakturkapitalismus des frühen 19. Jahrhunderts. Die Antiquiertheit hat freilich nicht verhindert, dass, wie wir sehen werden, einer der Zentralbegriffe dieser Ordnungspolitik, der Haftungsbegriff, zum Schlüsselbegriff der neoliberalen Krisendiagnose und -bekämpfung wurde. – Dieser Typ Ordnungspolitik ist ausdrücklich nicht gemeint, wenn in der dem folgenden Text von einer Ordnungskrise die Rede ist.

Bei Heiner Flassbeck findet man den en passant gestreuten Hinweis, dass Währungsunion nicht gleich Währungsunion ist. „Finanzkrisen sind auch von den Ökonomen weitgehend unerklärte Phänomene, und die inhärente Logik von Währungsunionen ist noch weniger verstanden" (2014, S. 36). Unsere Arbeit versucht in der Tat den Nachweis anzutreten, dass es verschiedene Typen von Währungsunionen gibt, die sich in ihrer ordnungspolitischen Funktionalität, ihren Grundlagen und ihren Wirkungen unterscheiden.

Das dieser Arbeit unterliegende Verständnis von Ordnungspolitik nimmt zuallererst die längst fällige Erweiterung um die europäische Komponente vor. Ordnungspolitik weiter im nationalen Paradigma zu verstehen, bedeutete, dass auf sie noch mehr Staub fiele, als ohnehin schon gefallen ist. Allgemein lässt sich sagen, dass die europäische Integration keinen Anwendungsfall von (deutscher) Ordnungspolitik darstellt, sondern dass umgekehrt die europäische Integration mit ihrem riesigen Vertragswerk selbst in die Ordnungspolitik eingeht und diese in eine europäische Ordnungspolitik umgestaltet. Da die europäische Gemeinschaft in der Vergangenheit, aber selbst noch in der Gegenwart in ihrem Kern ein ökonomisches Projekt verkörpert, könnte – wiederum allgemein formuliert – gesagt werden, dass nahezu das gesamte europäische Vertragswerk in die Ordnungspolitik einfließt.

Selbstredend können wir nicht das Rechtswerk in toto in die Analyse aufnehmen. Als handelnde Akteure der europäischen Integration müssen aber die zentralen Institutionen in die Darstellung eingeflochten werden. Das sind der Europäische Rat, der Ministerrat, die Eurogruppe, die EU-Kommission, das Europäische Parlament.

Von den diversen Spielregeln, die die Funktionsweise der Währungsunion regulieren, wird allen anderen voran der im Artikel 125 des „Vertrags über die Arbeitsweise der Europäischen Union (AEUV)" festgehaltene Haftungsausschluss – der „No-bail-out-Artikel" – herangezogen, da ihm für die Entzifferung der Krise ein zentraler Stellenwert beikommt. Spätestens in der europäischen Krise ist der Begriff der Haftung zum Schlüsselbegriff ordnungspolitischer deutscher Vorstellungen aufgestiegen. Und bei der Analyse des oben genannten Artikels aus den EU-Verträgen werden wir sehen, dass es gar nicht so einfach ist, den Begriff eineindeutig zu bestimmen. Dem No-bail-out-Artikel und seiner Interpretation wird jedenfalls in unserer Analyse ein Hauptaugenmerk gewidmet.

Aber nicht nur das Gegenwärtige der europäischen Politik wird eine Rolle spielen. Auch das gleichsam Zeitlose der Integrationsgrundlagen und -voraussetzungen muss mit aufgenommen werden. Wir nennen diesen Komplex „Integrationsprämissen". Jedes Integrationsprojekt formiert sich auf einem Fundament, von dem aus mit den Integrationsprämissen Wirkungen ausgehen, denen fast die Qualität von Gesetzmäßigkeiten zukommt. An dieser Stelle seien nur zwei der wichtigsten genannt: Integration, erst recht europäische Integration, steht nicht für ein Nullsummenspiel. Eine der Integrationsprämissen lautet, dass der Wille zu Integration Großzügigkeit voraussetzt. Kommt man direkter auf das europäische Gelände, dann stößt man auf die Prämisse der deutsch-französischen Parität in der Gestaltung des europäischen Werks.

Die Analyse erfordert es, immer wieder auf die Währungsgeschichte, auf Währungsregime und auf die Währungspolitik zu rekurrieren. Aus der Währungstheorie ist bspw. zu hören, dass Wechselkursordnungen nicht ohne eine hegemoniale Struktur, eine Ankerwährung, auskommen. Der ordnungspolitische Systemwechsel in der europäischen Krise hat nun genau dazu geführt, dass es wieder eine Art Anker gibt, dieses Mal einen

Staat, Deutschland. Die neue Währungsunion zeichnet sich durch eine hegemoniale Struktur aus. Handelt es sich hierbei um einen akzidentiellen Wiedergänger oder steckt System dahinter, benötigen auch Währungsunionen einen Anker, einen Hegemon? Weitere Themen aus dem Bereich der Währungspolitik streifen die Frage der Eindeutigkeit und Interpretationsfähigkeit von Spielregeln, die politischen und ordnungspolitischen Grundlagen einer Währungsunion und ihre Funktions- und Wirkungsweise.

Damit ist das Gelände kartographiert, auf dem sich unsere Argumentation entwickeln wird. Es bleibt noch die Ankündigung des Inhalts der sieben Teile. Die Ereignisgeschichte der Krise wird in *Teil 1* erfasst. Einerseits werden zentrale neue Positionsbestimmungen der deutschen Wirtschaftspolitik in den Jahren vor der europäischen Krise herausgearbeitet, andererseits werden die Vorgeschichte der Krise (bis auf den Maastrichter Vertrag zurück), der Krisenausbruch, der Krisenverlauf und die Krisenlösung skizziert. Das Phänomen, dass (alte) Fiktionalisierungen der Marktwirtschaft in der globalen Krise aufgebrochen sind, (neue) Fiktionalisierungen in der europäischen Krise aber hinzugekommen sind, wird Gegenstand in *Teil 2* sein. Ein Ausflug in die jüngere Währungsgeschichte mit den drei großen Währungsordnungen des Goldstandards, der Bretton-Woods-Ordnung und dem Europäischen Währungssystem (EWS) in *Teil 3* soll Linien zu der gegenwärtigen europäischen Ordnungskrise aufzeigen. Da moderne Ordnungspolitik, wie oben angedeutet, ohne das europäische Vertragswerk und Kenntnisse um die Integrationsgeschichte nicht mehr auskommt, wird in *Teil 4* de lege artis zur Integration allgemein zusammengetragen. Der Kern der Analyse findet sich in *Teil 5*. Herausgearbeitet wird einerseits das, was wir „egalitäre Währungsunion" nennen, deren Regeln das erste Jahrzehnt der europäischen Währungsunion bestimmt haben. Andererseits wird das Nachfolgemodell, das der europäischen Krise entsprungen ist, die „hegemoniale Währungsunion", analysiert, wobei sich zeigen wird, dass deren Funktionsweise am bisherigen Verständnis von europäischer Integration rüttelt. *Teil 6* thematisiert in Deutschland kursierende alternative Krisenerklärungen und setzt sich damit auseinander. Abschließend wird auf der Basis der relevanten Entwürfe in *Teil 7* ein Blick auf den mutmaßlich zukünftigen Pfad der Integration geworfen.

Ausdrücklich verzichtet die Arbeit auf die Skizze europafreundlicher, vielleicht auch konsistenter Utopien. Darüber sind schon genug kluge Essays, emphatische Manifeste und überzeugende Entwürfe in Büchern verfasst worden. Klugheit, Emphase und Überzeugungskraft verhindern aber nicht, dass diese Arbeiten ebenso kraft- wie wirkungslos bleiben, meist weil sie von einer abgehobenen Ebene her formuliert sind, sei es, dass sie die europäische Integration nicht verstehen, sei es, dass sie den tatsächlichen Kern der europäischen Krise nicht erfassen.

Die US-amerikanische „Financial Crises Inquiry Commission" (FCIC), im Mai 2009 vom US-Kongress zur Untersuchung der Ursachen und Hintergründe der Krise eingesetzt, kommt in ihrem Abschlussbericht, ihrem „Report", zu dem folgenden zentralen Ergebnis: „Die Finanzkrise wäre vermeidbar gewesen" (2011). Im Verlauf unserer Arbeit werden wir feststellen, dass eine solche Aussage für die europäische Krise nicht ohne weiteres getroffen werden kann. Dessen ungeachtet stünde den Europäern eine unabhängige Kommission zur Untersuchung ihrer Krise auch gut an.

Teil 1: Der Krisenverlauf

Völlig unstrittig ist, dass Deutschland bei der Bekämpfung der europäischen Krise, die zu Beginn des Jahres 2010 begann sich auszubreiten, eine zentrale Rolle spielte. Es ist daher naheliegend, nach den wirtschafts- und ordnungspolitischen Vorstellungen zu fragen, mit denen die deutschen Akteure europapolitisch aktiv wurden. Bevor wir die Verlaufsgeschichte der europäischen Krise nachzeichnen, werden wir also die zentralen wirtschafts- und ordnungspolitischen Entscheidungen aus dem Jahrzehnt vor der Krise herausarbeiten. Es wird sich zeigen, dass diese Weichenstellungen – ohne mit dieser Intention zustande gekommen zu sein – als Blaupause für die spätere europäische Krisenbearbeitung dienten.

In Deutschland hat sich für die europäische Krise der letzten Jahre verhältnismäßig fest der Begriff der „Staatsschuldenkrise" eingebürgert. Einleitend wurde bereits betont, dass sie dies ganz sicher nicht war. Dennoch wählen wir als Einstieg in die Analyse einen Aspekt des öffentlichen Kredits, nämlich die Entwicklung der Renditen öffentlicher Anleihen in der Eurogruppe. Aus einer Nachzeichnung der Entwicklung dieser Größen kann nämlich eine Periodisierung des Krisengeschehens gewonnen werden, womit eine erste Struktur für die Analyse gewonnen ist.

Auf der Basis der Periodisierung erfolgt dann das Referat der Ereignisgeschichte der Krise. Anhand der Bewegungen und Oszillationen an den Kapitalmärkten lassen sich die Vorgeschichte, die Verlaufsgeschichte und die Ergebnisse der Krise nachzeichnen. Dabei wird sich herausstellen, dass sich sowohl der Krisenbeginn wie auch das Krisenende recht präzise bestimmen lassen. Gewonnen sind damit auch erste Hinweise auf die unterliegenden Ursachen.

1. Vier Weichenstellungen in Deutschland vor der Krise

Im ersten Jahrzehnt des neuen Jahrtausends kam es in der deutschen Wirtschaftspolitik unter Beteiligung fast aller politischen Parteien zu vier zentralen Verschiebungen, die die spätere Anti-Krisenpolitik in Europa in entscheidendem Maße bestimmen sollte. Hinlänglich bekannt ist die *erste* Weichenstellung unter der rot-grünen Bundesregierung aus dem Jahr 2004, die mit den sogenannten Hartz-Reformen bzw. der Agenda 2010 verbunden ist. Wir werden diese Weichenstellung nur knapp referieren, da sie als solche nicht Thema der Arbeit ist, sondern nur von ihren Auswirkungen her auf die Funktionsweise der Währungsunion von Interesse ist. Weniger bekannt ist die Umorientierung der Wirtschaftspolitik in den Unionsparteien nach dem Leipziger Parteitag von 2003 als *zweite* Weichenstellung. Sie lässt sich knapp damit umreißen, dass neoliberale Umbaupläne von der Union aus dem politischen Inneren herausgenommen und in die internationale und europäische Politik umgesetzt wurden. Die *dritte* Weichenstellung ergab sich am Ende der Großen Koalition, als mit der sogenannten Schuldenbremse die wohl bedeutendste wirtschaftspolitische Reform in der deutschen Nachkriegsgeschichte beschlossen wurde. Als *vierte* Weichenstellung schließlich erkennt man in den ersten Wochen und Monaten nach dem Ausbruch der globalen Finanzkrise 2008 den fundamental nationalwirtschaftlichen Krisenbekämpfungsmodus.

Für alle Weichenstellungen galt zum Zeitpunkt ihrer Entstehung, dass sie in ihrer Brauchbarkeit für europäische Dimensionen bestenfalls in Ansätzen erkennbar waren. Und für alle Weichenstellungen galt und gilt, dass sie in die Richtung auf eine mikroökonomische Betrachtung makroökonomischer Zusammenhänge wiesen.

1.1 Die Arbeitsmarktreform

Werden Wirtschafts- und Politikräume in einer Währungsunion ohne weitergehende Unionierungsmaßnahmen zusammengeführt, müssen die politischen Träger der Währungsunion Absprachen treffen, damit ein friktionsfreies Funktionieren der Währungsunion gewährleistet ist. Was den Politikraum betrifft, haben die europäischen Akteure mit den einschlägigen Artikeln im Maastrichter Vertrag sowie im Sekundärrecht (dem Stabilitätspakt, später dem Fiskalpakt und dem ESM) eine ganze Reihe von Vereinbarungen getroffen, die für ein reibungsloses Funktionieren der Währungsunion sorgen sollen.

Es hätte aber mindestens einer weiteren Absicherung der Währungsunion auf gesamtwirtschaftlicher Ebene bedurft, damit die Währungsunion auf Dauer funktioniert. Da der Wechselkurs als Ausgleich zwischen den Wirtschaftsräumen in der Währungsunion ausfällt, muss eine Absicherung gegenüber auseinanderlaufenden Preis- und Einkommensentwicklungen gefunden werden, mithin eine Art *Einkommenspakt*, der gewährleistet, dass die Entwicklung bei den beiden genannten Parametern, Preise und Einkommen, nicht zu weit auseinanderläuft. Bekanntlich hat es einen solchen Pakt vor dem Ausbruch der europäischen Krise nicht gegeben. Wenn sich dann die Einkommen und Preise in den verschiedenen Wirtschaftsräumen disparat entwickeln – und der Wechselkurs als Ventil für einen Ausgleich wegfällt –, kann es zu gravierenden Verzerrungen bei den innergemeinschaftlichen Handelsbilanzen kommen.

Betrachten wir die Einkommensentwicklung: In Deutschland (vgl. Abb. 1) zeigt sich, dass die Reallöhne seit Beginn der Währungsunion praktisch nicht gestiegen sind, Jahre eines leichten Anstiegs wurden durch Jahre eines Verlustes bei den Reallöhnen abgelöst. Angeknüpft wurde damit an eine Entwicklung, die mit der deutschen Einheit begonnen hatte. Was vor Beginn der Währungsunion kein Problem war, sollte sich aber mit Beginn der Währungsunion zu einem Problem entwickeln, da nämlich jetzt in dem einheitlichen Geldraum Länder mit unterschiedlichen „Einkommenskulturen", gewerkschaftlichen Schwerpunktsetzungen und Arbeitsmarktregulierungen zusammengefasst wurden. Die allgemeine Schwäche bei der Einkommensentwicklung in Deutschland auf der Ebene der Tarifverträge und der Normalarbeitsverhältnisse wurde noch erheblich verstärkt durch die Agenda 2010 und die in ihr enthaltene Hartz-IV-Gesetzgebung der rot-grünen Bundesregierung. Am unteren Rand des Arbeitsmarktes wurden Regulationen und Sicherungen entfernt, was in der Summe zu Niedriglöhnen, geringen Sozialeinkommen und einer Vielfalt von prekären Beschäftigungsverhältnissen führte. Gesamtwirtschaftlich wirkte sich dies in sinkenden bzw. kaum steigenden Lohnstückkosten, geringen Konsumausgaben und in einer auseinanderlaufenden Einkommensentwicklung aus. Der sozialdemokratische Kanzler Gerhard Schröder brüstete sich 2005, einen Blick nach Europa werfend, mit der Aussage:

„Wir haben unseren Arbeitsmarkt liberalisiert. Wir haben einen der besten Niedriglohnsektoren aufgebaut, den es in Europa gibt."

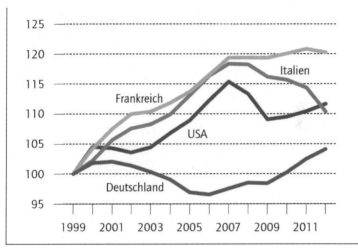

Abb. 1: Reallohnentwicklung in Deutschland im Vergleich mit anderen Ländern

Quellen: EU-Kommission, DIW 2013.

In den Partnerländern der Währungsunion bot sich dagegen ein ganz anderes Bild. Die Einkommen stiegen, angelehnt an die Produktivitätsentwicklung und dementsprechend entwickelten sich die Lohnstückkosten. In der Literatur wird in diesem Zusammenhang häufig der Vergleich Deutschlands mit Frankreich herangezogen. Während die Reallöhne in Frankreich seit 1999 um 20 Prozent stiegen – leicht stärker als die Produktivitätsentwicklung –, verschaffte sich Deutschland durch eine stagnierende Entwicklung bei den Löhnen und die Öffnungen am Arbeitsmarkt einen Wettbewerbsvorteil bei den Lohnstückkosten und damit der Wettbewerbsfähigkeit der eigenen Wirtschaft um rund 20 Prozent gegenüber Frankreich (vgl. Abb. 2). Die Autoren (Flassbeck 2012, S. 29 ff.,

Herrmann 2013, S. 223) verbuchen: Frankreich hat alles für eine Währungsunion Notwendige „richtig gemacht", ist aber durch das „Lücken-Ausnutzungsverhalten" von Deutschland im Wettbewerb massiv zurückgefallen. Ähnlich ging es anderen Ländern in der Währungsunion.

Abb. 2: Entwicklung der Lohnstückkosten im Euroraum

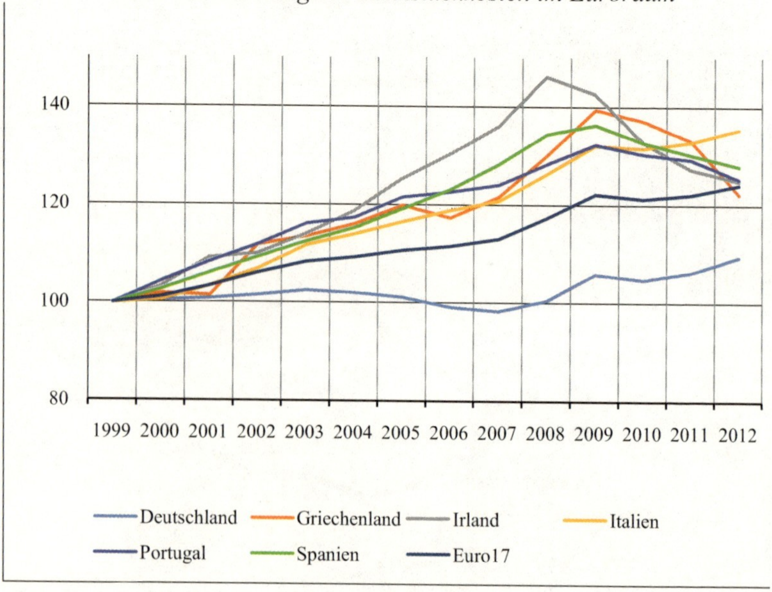

Quellen: EU, EZB, SVR.

In Deutschland steuerte die Einkommensentwicklung nach der Wiedervereinigung und dem neoliberalen Schwenk unter Rot-Grün in der Arbeitsmarktregulierung seit 2004 auf Stillstand und Maßhalten zu. Innerhalb der Währungsunion führte dies zum Aufbau von disproportionalen Entwicklungen in Hinblick auf die meisten anderen Teilnehmer. Damit ist nicht erklärt, wie es zur Krise in der Währungsunion kam, wohl aber offengelegt, wie man sich deutscherseits eine Antikrisenpolitik unter europäischer Flagge vorstellen würde, nämlich als Wettbewerb um eine Senkung der Einkommen und damit der Lohnstückkosten.

Die Funktionsweise einer Währungsunion kann mit der Funktionsweise einer Festplatte verglichen werden. In einer Festplatte rotieren übereinanderliegende Scheiben mit der gleichen Drehzahl, weil sie von einem Motor angetrieben werden. Nur die synchrone Rotation gewährleistet das sachgerechte Funktionieren des Gesamtsystems. Die einzelnen Drehscheiben einer Währungsunion (Preissystem, Kreditsystem, Einkommenssystem, Arbeitsmarkt usw.) müssen sich auch synchron bewegen. Wenn die Drehzahlen der Platten alle in supranationaler Geschwindigkeit drehen, funktioniert die Festplatte „Währungsunion". Kommt es aus irgendeinem Grund dazu, dass eine der Platten aus dem Takt gerät und eine andere Rotationsgeschwindigkeit erhält, zerbirst die Festplatte.

Insgesamt zeichnet sich das europäische Integrationsprojekt also durch eine Komposition übereinander gelagerter Platten aus. Dies sei noch einmal an einem anderen Beispiel verdeutlicht. Die Platte „Binnenmarkt" dreht bspw. in supranationaler Geschwindigkeit und gewährt den Arbeitnehmern Freizügigkeit. Wenn die darunter liegende Platte der Sozialsysteme in nationaler Geschwindigkeit dreht, ergeben sich Abstimmungsprobleme zwischen den Platten. Verhalten sich bspw. Arbeitnehmer nach dem Rhythmus „Binnenmarkt" und nehmen ihr Recht auf freie Beweglichkeit in Anspruch, verhalten sich also so, als sei die Eurogruppe eine Gesamtwirtschaft wie eine Nationalwirtschaft, stoßen sie auf nationale Arbeitsmärkte und nationale Sozialsysteme, die dazu neigen, ihre Rechte zu missachten und sie auszuschließen, obwohl eigentlich Freizügigkeit garantiert ist. Ähnlich ergeht es einem französischen oder italienischen Unternehmer, der sich jahrelang, was Technik und Organisation angeht, auf einem Niveau mit seinem Konkurrenten aus Deutschland sah, plötzlich aber im Wettbewerb zurückfällt, weil er bei den Lohnkosten in entscheidenden Nachteil geraten ist.

1.2 Der Ehrbare Kaufmann und das Haftungsprinzip

Für die spätere Krise in der Währungsunion wurde auch eine parteiprogrammatische Weichenstellung wichtig, deren Bedeutung zum Zeitpunkt der Entstehung in der Tragweite noch nicht erkennbar war. Sie betraf eine Umorientierung der Wirtschaftspolitik in den Unionsparteien. Die marktfundamentale Wende auf dem Leipziger Parteitag der CDU im Dezember des Jahres 2003 (Abschaffung der steuerlichen Progression,

Kopfpauschale im Gesundheitssystem, Erhöhung des Rentenalters) und der nachfolgende relative Misserfolg bei der Bundestagswahl 2005 (nur knapper Vorsprung gegenüber der SPD) wurden parteiintern offensichtlich so gedeutet, dass man mit einem unverblümten innenpolitischen Marktradikalismus keine Wahlen gewinnen könne.

Seit längerer Zeit schon begegnete man in wirtschaftspolitischen Parteidokumenten der Union und ihrer Anhänger einer Figur, die bis dato nur in abseitigen wirtschaftsethischen Seminaren gegenwärtig war. Die Rede ist von der Figur des „Ehrbaren Kaufmanns". Auf der Landkarte des soziologischen Personals hatte der außenstehende Betrachter diese Figur eher in der umliegenden Region, eben der Provinz vermutet, vielleicht in einer Maschinenbau-Gemeinde Süddeutschlands, wo es solche patriarchalischen Figuren aus den mittelständischen Unternehmen in den Gemeinderäten geben soll, jedenfalls hätte man nicht erwartet, den Ehrbaren Kaufmann plötzlich auf den Bühnen des internationalen Finanzkapitals anzutreffen.

Ende 2008, in der sich urplötzlich ausbreitenden Weltwirtschaftskrise, wurde nun die Figur des Ehrbaren Kaufmanns unversehens in einen ganz anderen Kontext gestellt und sie bot hier ganz unverhoffte Orientierungen. Im Antrag des Bundesvorstandes der CDU „Die Mitte. Deutschlands Stärke" für den auf das Wahljahr 2009 vorbereitenden Parteitag in Stuttgart fand sich folgende zentrale Ausführung:

> „Alle Marktteilnehmer stehen in der Verantwortung, sich der vor allem im Mittelstand vorgelebten Ethik des Handelns zu besinnen. Wir brauchen eine Renaissance des Leitbildes des ‚Ehrbaren Kaufmanns'" (CDU 2008, S. 3).

Als handlungsleitende Werte dieser Figur wurden genannt: Nachhaltigkeit, Vernunft, Solidarität, Ehrlichkeit, Verantwortungsbereitschaft und Anstand. Und man hätte noch hinzufügen können: Mut zur Übernahme von Haftung. Im Anschluss an diese Ausführungen wurde unmittelbar geschlossen, dass es gelte, dieses Leitbild im internationalen Ordnungsrahmen durchzusetzen, um damit die internationale Finanzmarktkrise zu bekämpfen und Europa einen verlässlichen Ausweg aus der Krise zu weisen.

Das Regierungsprogramm 2009-2013 der beiden Unionsparteien („„Wir haben die Kraft. Gemeinsam für unser Land"), verabschiedet von den beiden Parteivorständen im Juni 2009 in Berlin, griff das Leitbild auf

1. Vier Weichenstellungen in Deutschland vor der Krise

und formulierte in Anspielung auf das im internationalen Finanzwesen errichtete komplexe System:

> „Wir brauchen international eine Wirtschaftsordnung, die von Verantwortungsbewusstsein getragen wird und sich an den Prinzipien des ‚ehrbaren Kaufmanns' orientiert. Diese verantwortungsbewusste Wirtschaftsordnung ist die Soziale Marktwirtschaft" (CDU/CSU 2009, S. 6).

In seiner ganzen Rückwärtsgewandtheit gehört das Leitbild des Ehrbaren Kaufmanns in die Wirtschaftsweise kleiner eigentümerbasierter Warenproduzenten und Händler, die wirtschaftsgeschichtlich ihr Dasein in der Zeit zwischen dem Spätmittelalter und dem frühen 19. Jahrhundert hatten. Und als Idealschöpfung genau jener Zeit sind die Werte Ausdrucksformen des deutschen Idealismus und der deutschen Romantik, die sich gegen die Tendenzen der neuen Zeit wandten. Der Ehrbare Kaufmann steht für das deutsche Gegenbild zum westlichen „angelsächsischen Kapitalismus" mit seinen Managern, Bürokraten und Mehrheitsaktionären. Im Aufeinandertreffen der Antipoden begegnen sich Nachhaltigkeit und Anstand einerseits und Gier und Machtstreben andererseits, so jedenfalls die Wahrnehmung deutscher Ordnungspolitiker.[2]

Für die Union war mit dem Ehrbaren Kaufmann – die Figur festigte sich zum Eigennamen – eine Größe geboren, die nach den ersten Monaten der Rat- und Sprachlosigkeit gegenüber der globalen Finanzkrise eine Orientierung geben konnte. Bald erinnerte man sich daran, dass man in dem Ehrbaren Kaufmann durchaus einem alten Bekannten wiederbegegnete. Entschlackt man nämlich den Begriff seines aufgedunsenen moralischen Gehalts, dann bleibt als rationale juristisch-ökonomische Größe der Begriff der *„Haftung"*. Und von hier aus ist es nicht mehr weit zu dem Altmeister der deutschen Ordnungspolitik, Walter Eucken, der den Begriff der Haftung zu den „Konstituierenden Prinzipien" seiner Wettbewerbsordnung zählte (Eucken 1959, S. 172 ff.). Dort wird er eingereiht in eine Wirtschaftsform, die sich als expliziter Gegensatz zu den „Keynesianischen" Großformationen der Konzerne und Aktiengesellschaften

---

[2] Auch die FDP bekannte sich zu dem Leitbild. In ihren „Karlsruher Freiheitsthesen" aus dem Jahr 2012 formulierte sie: „Unsere Soziale Marktwirtschaft ist ... bedroht, wenn die Tugenden der ehrlichen Kaufleute gering geschätzt, wenn die Folgen privater Risiken vom Staat übernommen, wenn die Komplexität unüberschaubar und einzelne Akteure zu machtvoll werden" (S. 84). Entflechtung und Vereinfachung von Komplexen scheinen hier als weitere Bestandteile der Leitbilder auf.

verstehen, die infolge der Aufhebung des Haftungsprinzips zu verantwortungslosem Verhalten und Machtstreben führten. In der Finanzkrise begegnen uns die abschreckenden Verhaltensweisen in der Großformation als Zockertum und unersättliche Gier der Banker.

Über den Haftungsbegriff gelingt dann gewissermaßen die Übertragung des Ehrbaren Kaufmanns auf die gesamtwirtschaftliche Ebene und die internationale Ordnungspolitik. Wie so manch anderer unterschätzter Begriff machte der Begriff der Haftung eine fulminante Renaissance durch, wurde für die politischen Akteure im Kanzleramt und im Finanzministerium zum Zentralterminus der Krisendiagnose und wies die Perspektive für die anstehenden Umbaumaßnahmen bei der europäischen Krise. In den unterschiedlichsten Zusammenhängen wurde auf den Haftungsbegriff rekurriert – ob in der juristischen Sphäre beim Bundesverfassungsgericht im Zusammenhang mit seinem Urteil über den ESM, ob in der politischen Sphäre, wenn es den Akteuren in kaum zu überbietender populistischer Manier darum geht, die Haftungsnahme des Steuerzahlers zu vermeiden oder der mehr technokratischen Sphäre der Bankenregulierung, wenn bei der Bankeninsolvenz die „Haftungskaskade" von Eigentümer, Anteilseigner und Einleger veranschlagt wurde. Am bekanntesten freilich wurde in der Krise die sogenannte No-bail-out-Klausel des EU-Vertrages, das Verbot der Haftungsübernahme zwischen Staaten, ein Thema, das uns noch ausführlich in Teil 5 beschäftigen wird.

Die offensichtliche Tauglichkeit des Begriffs vom Ehrbaren Kaufmann und des Prinzips der Haftung für modernes wirtschaftspolitisches Handeln ändert allerdings nichts daran, dass der eine ins historische Panoptikum und das andere in den Bereich der vormodernen Unterkomplexitäten gehören. Der Begriff der Haftung ist den korrespondierenden Termini zuzuordnen, d.h., er setzt – soll er halbwegs sinnvoll kontextualisiert werden – Proportionalität voraus. In der nüchternen, aber dem Vergangenen hinterhertrauernden Sprache Euckens lautet dies:

> „Wer den Nutzen hat, muß auch den Schaden tragen. Schon im älteren Recht war dieser Grundsatz entscheidend für die Regelung der Haftung, also für die Zugriffsmöglichkeit in das Vermögen des Schuldners. Es galt auch zu Beginn der Industrialisierung noch weitgehend" (ebd., S. 172 f.).

Nach dem Abstieg aus der verhimmelten Sphäre der Moral in die Niederungen des ökonomischen und juristischen Alltags manifestieren sich Probleme. Bei der Haftungsnahme der unehrenwerten Kaufleute in der

1. Vier Weichenstellungen in Deutschland vor der Krise

Zeit der Aufarbeitung der Krise zeigten sich genau hier praktische Schwierigkeiten. Der französische Arbitrage-Händler Jérôme Kerviel, Angestellter der Großbank Société Général, der im Handelssystem seines Arbeitgebers – ohne die Absicht, sich persönlich zu bereichern – Terminkontrakte von 50 Milliarden Euro veranlasste, wurde erstinstanzlich zu fünf Jahren Haft und einer Schadensersatzzahlung von rund 4,9 Milliarden Euro verurteilt. Die Absurdität der „Haftungssumme", die etwas „ausgleichen" sollte, wurde im März 2014 von dem Kassationsgericht zurückgenommen, auch deshalb, weil nicht definitiv geklärt werden konnte, was individuelles und geduldetes Verhalten seitens der Bank war. Auch die Haftung, in die Bernhard Madoff, der mit einem Ponzi-System einen Schaden von 65 Milliarden Dollar verursacht haben soll, genommen wurde – 150 Jahre Haft – zeigt die Absurdität eines solchen Haftungsdenkens.[3]

Haftung ist eine individuelle, moralisierende, bestenfalls juristische Kategorie, deren prophylaktischer Wert begrenzt sein dürfte und die in Hinblick auf die Ausschaltung von Systemrisiken untauglich ist. Dem Wesen nach gehört der Begriff in den Bereich der Betriebswirtschaft und des Rechtswesens, einen Wert im Bereich der Ökonomie, die mit komplexen Zusammenhängen beschäftigt ist, hat er nur im Rahmen von neoliberalen Ideologisierungen. Gleichwohl stieg der Begriff im neoliberalen Lager zum Schlüsselbegriff der Krisenanalyse auf, er bewegte sich aus der Juristerei in die Ökonomie. Der Erfolg stellte sich nicht zuletzt deshalb ein, weil er zur Moralisierung prädestiniert ist und am alltäglichen Verständnis von Wirtschaft anknüpft.

---

[3] Nach dem Ende der Finanzkrise trat in Deutschland Ernüchterung und Enttäuschung um den einst so gefeierten Begriff der Haftung ein. In der juristischen Aufarbeitung der Krise (u.a. die Klagen gegen den ehemaligen Vorstandschef der HRE, den Ex-Chef der IKB und die Spitzenmanager der HSH Nordbank und der Bayerischen Landesbank betreffend) setzte sich die Erkenntnis durch, dass „Haftung" ein Begriff für die Moralphilosophie ist und Risikobereitschaft Bestandteil der unternehmerischen Entscheidung ist. In komplexen Gesellschaftsunternehmen, so stellte sich bei der juristischen Aufarbeitung heraus, muss mit anderen Sicherungen als in Familienunternehmen operiert werden. Jedenfalls ist die Enttäuschung darüber groß, dass die Manager mit individuellen Schuldzuordnungen vor Gericht nicht belangbar sind. – Auf Juristentagen werden die beziehungslosen Summen für die Haftungsnahme von Managern problematisiert.

1.3 Die Schwäbische Hausfrau und die Schuldenbremse

Kann die Figur des Ehrbaren Kaufmanns noch eine gewisse betriebswirtschaftliche Seriosität für sich beanspruchen, so gilt das nicht mehr für die dritte Figur, die in Deutschland bemüht wurde, um Antikrisenpolitik zu betreiben. In gnadenloser Simplifizierung dozierte die CDU-Vorsitzende Angela Merkel Anfang Dezember 2008 auf dem Bundesparteitag der CDU, wenige Wochen nach dem Ausbruch der Finanzkrise zu den Krisenursachen:

> „Auf einmal liest man überall, warum die Finanzmärkte vor dem Kollaps standen, auch von denen, die vorher noch Anlagen empfohlen haben, die sie selbst nicht begriffen haben. Dabei ist es eigentlich ganz einfach. Man hätte hier in Stuttgart, in Baden-Württemberg, einfach nur eine schwäbische Hausfrau fragen sollen. Sie hätte uns eine ebenso kurze wie richtige Lebensweisheit gesagt, die da lautet: Man kann nicht auf Dauer über seine Verhältnisse leben. Das ist der Kern der Krise."

Die Kaltschnäuzigkeit, mit der die Geisterschreiber hier formuliert haben, ist entwaffnend. Das Parteitagsprotokoll weist den letzten Satz zum Kern der Krise tatsächlich aus. Die Dinge wiederholen sich: Aus der schwäbischen Hausfrau wurde die Schwäbische Hausfrau, und ein ums andere Mal, wurde die Figur bemüht, um den europäischen Krisenstaaten später ihre Fehler nachzuweisen („über die Verhältnisse gelebt"). Dabei war zum Zeitpunkt, als die Sätze fielen, noch nicht einmal schemenhaft erkennbar, dass sich ein Jahr später eine europäische Staatsschuldenkrise aufbauen würde. Auch hier gilt: Die für diese Konzepte Verantwortlichen hatten ein gutes Gespür.

Die in der realen Politik spielende diesbezügliche ordnungspolitische Weichenstellung geriet am Ende, kurz vor ihrer rechtlich-politischen Umsetzung noch unter erheblichen Zeitdruck im Wettlauf mit der krisenhaften Zuspitzung an den Finanzmärkten. Die Rede ist von der Schuldenbremse, die im Sommer 2009 von den beiden deutschen Parlamentskammern, gewissermaßen als Krönung der Arbeit der Großen Koalition beschlossen wurde. Eine um ein halbes Jahr längere deutsche Legislatur hätte diesem politischen Projekt wohl den Garaus gemacht, da es weder in der Intention noch im Wortlaut auf die Konstellation der Krise passte und im Grunde allem widersprach, was international, aber auch in Deutschland an praktischer Wirtschaftspolitik betrieben wurde.

1. Vier Weichenstellungen in Deutschland vor der Krise 33

Obwohl nicht im Koalitionsvertrag von Union und Sozialdemokratie (2005) vorgesehen, machten es sich die politischen Partner zum Jahreswechsel 2006/2007 zur Aufgabe eine „Kommission zur Modernisierung der Bund-Länder-Finanzbeziehungen" zu begründen. Das Arbeitsvorhaben firmierte dann bald unter dem Begriff „Föderalismusreform II", was im Grunde genommen missverständlich war, da der Hauptinhalt des späteren Gesetzeswerks auf den Bund und nur am Rande auf die Länder bezogen war, man könnte auch sagen, es ging um Zentralisierung.[4]

„Schuldenbremse" ist ein populistischer Neologismus für ein Gesetzespaket, das die in den Artikeln 109 und 116 des Grundgesetzes enthaltenen alten Regelungen ersetzt.[5] Übergangsbestimmungen und Zusatzregeln finden sich in weiteren GG-Artikeln und Ausführungsgesetzen. Die Kernaussage lautet, dass die Haushalte von Bund und Ländern ohne Kredite auszugleichen sind. Leitbild ist also der ausgeglichene Haushalt. Die Übergangsfristen sehen vor, dass der Bund ab 2016 und die Länder ab 2020 danach verfahren müssen. Den Ländern ist es fortan grundsätzlich untersagt, Kredite aufzunehmen. Für die finanzschwachen unter ihnen sind, um dieses Ziel zu erreichen, „Konsolidierungshilfen" vorgesehen.[6]

Für den Bund sind Abweichungen vorgesehen, er kann Kredite in Höhe von 0,35 Prozent des nominalen BIP aufnehmen, wenn strukturelle Ursachen für die Kreditaufnahme vorliegen. Konjunkturell kann im Abschwung eine Kreditaufnahme erfolgen, die aber im Aufschwung zurückzuführen ist. In Konstellationen der Naturkatastrophe und außerge-

---

[4] Im Grunde wurde mit dem Begriff „Föderalismusreform" falsch deklariert. Der einzige Föderalismusaspekt in dem Paket lag darin, dass den Ländern ab 2020 jegliche Kreditaufnahme untersagt ist. Ansonsten besteht der Kern des Pakets aus einem ordnungspolitischen Fundamentaleingriff, etwa dem gleichzusetzen, der mit dem Einzug des Keynesianismus in das Grundgesetz, dem Stabilitätsgesetz, gleichzusetzen ist.

[5] Irreführend ist der Begriff „Schuldenbremse", weil es eine solche auch schon vorher gab. 1967 wurde im Rahmen der Keynesianischen Verständigung die „Goldene Regel" in das Grundgesetz eingeführt, dass die Nettokreditaufnahme des Staates die Höhe der staatlichen Investitionen nicht überschreiten sollte und nur bei einer „Störung des gesamtwirtschaftlichen Gleichgewichts" davon abgewichen werden dürfe. Fakt also ist, dass es bereits vorher eine „Bremse" gab, diese aber nicht bedient wurde.

[6] Im Laufe unserer Analyse wird uns auch noch die Föderalismusreform I begegnen. In deren Rahmen wurde der kompetitive Föderalismus als Leitbild für den neuen Staatsaufbau zu Grabe getragen. Einen weiteren Sargnagel für den Föderalismus deutscher Prägung brachte die zweite Reform mit der Abschaffung der Kreditaufnahmekompetenz für die Länder.

wöhnlicher Notsituationen kann von der Grundregel abgewichen werden, allerdings nur, wenn ein Tilgungsplan vorliegt. Alle Abweichungen werden durch einen Mechanismus erfasst und sollen planvoll auf das Normale zurückgeführt werden. Überwacht wird die Haushaltsführung von Bund und Ländern durch den 2010 gegründeten Stabilitätsrat, bestehend aus den Finanzministern der Länder und dem Bundesfinanz- sowie Wirtschaftsminister.

Zwei Aspekte sind im Rahmen unserer Arbeit von besonderem Interesse. Der erste Aspekt betrifft den Zeitpunkt, an dem die Schuldenbremse eingeführt wurde, der zweite Aspekt betrifft die ordnungspolitische Denkweise, die sich dahinter verbirgt. Wir beginnen mit dem Zeitpunkt, also dem Jahr 2006, in dem die Föderalismuskommission ins Leben gerufen wurde. Verdeutlicht werden soll mit einem Blick auf die Abb. 3 und 4, dass der Zeitpunkt des Beschlusses zur Schuldenbremse in höchstem Maße erstaunlich ist.

Abb. 3: Schuldenstandsquote in Deutschland

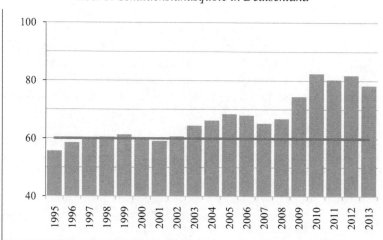

Quelle: Eurostat.

1. Vier Weichenstellungen in Deutschland vor der Krise

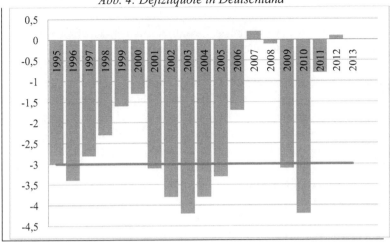

Abb. 4: Defizitquote in Deutschland

Quelle: Eurostat.

1.) Betrachtet man das Defizitkriterium zeigt sich, dass Deutschland in den Jahren 2002 – 2005 zwar die Maastricht-Grenze jeweils riss, dann aber für drei Jahre bis zu dem Jahrhundertereignis der Lehman-Insolvenz einen nahezu ausgeglichenen Haushalt aufwies. Ein Haushaltsnotstand, der zur Ergreifung von Notstandsmaßnahmen berechtigt hätte, sieht anders aus. Mitten in der Arbeit der Föderalismus-Kommission erarbeitete der deutsche Staat sogar einen leichten Überschuss.

2.) Auch bei dem Schuldenstandskriterium zeigt sich keine exorbitante Bewegung, für die Jahre 2006 und 2007 erkennt man sogar einen leichten Rückgang.

3.) Bleibt der Blick auf das reine Zahlenwerk beschränkt, gerät leicht in Vergessenheit, welche qualitativen Prozesse und welche Ursachen für die mittel- und langfristigen Entwicklungen bei der staatlichen Kreditaufnahme verantwortlich sind. Langfristig wirkt sicher noch die Herstellung der deutschen Einheit, die ganz wesentlich über die Kreditaufnahme finanziert wurde. Für die ersten Jahre des neuen Jahrtausends sind zwei Ereignisse für den Anstieg bei dem Finanzierungssaldo in Rechnung zu stellen. Zum einen der Wirtschaftseinbruch in den Jahren 2001/2 mit den entsprechenden Auswirkungen auf den Staatskredit, zum anderen die massiven Steuererleichterungen, die in der rot-grünen Regierungszeit umgesetzt wurden.

4.) Gab es also schon während der Tagungszeit der Kommission keinen zwingenden Anlass für die Reform, wird es dann, als die Entscheidung reifte und die Ergebnisse Gestalt annahmen, geradezu mysteriös. Als die Krise Anfang 2009 auf ihren Höhepunkt zusteuerte und der Staat überall auf dem Globus das Marktsystem förmlich an allen Ecken und Enden stützte und schützte, fiel den Deutschen nichts Besseres ein, als eine Schuldenbremse zu beraten und zu beschließen, mit der der Staat in seinen wirtschaftspolitischen Gestaltungsmöglichkeiten gravierend eingeschränkt werden sollte. Eine ganz große Mehrheit, fast eine Allparteienkoalition beschloss den größten ordnungspolitischen Einschnitt seit dem Stabilitätsgesetz von 1967 und dem Beschluss zur Einführung der europäischen Währungsunion 1992, in dessen Rahmen die Bundesbank abgeschafft wurde.

5.) Als auffällig muss dieser Akt nicht zuletzt deshalb gewertet werden, weil der Sache nach eine europäische Regelung mit dem Stabilitätspakt ja vorgelegen hatte.[7] Welche Signale sollten nach Europa und an die Kapitalmärkte gesendet werden? Der Alleingang Deutschlands konturierte den im Folgenden herausgearbeiteten nationalen Krisenmodus gegenüber Europa. Aus der Perspektive der Kapitalmärkte konnte er auch so gedeutet werden, dass europäischen Regelungen ohnehin nicht zu trauen sei und erst durch nationales Vorpreschen für Stabilität gesorgt werden könnte.

Aus all dem kann nur der Schluss gezogen werden, dass die Einführung der Schuldenbremse in Deutschland aus ideologischen Motiven heraus vorgenommen wurde, wirtschaftspolitische Notwendigkeiten waren jedenfalls weit und breit nicht zu sehen. Im Gegenteil. Nimmt man noch die globale Finanzkrise mit auf die Rechnung, dann sprach alles gegen eine solche Schuldenbremse.

Kommen wir nun zu dem zweiten Aspekt von Interesse, der die Schuldenbremse tragenden ordnungspolitischen Denkweise. Mit der Fesselung der staatlichen Kreditaufnahme fand – sieht man einmal von der gleichfalls regelbasierten Geldpolitik der Bundesbank ab – die Regelbasierung

---

[7] Der Unterschied lag „nur" beim Defizitkriterium, das im deutschen Fall bei 0,35 Prozent des BIP angesetzt wurde, im Stabilitätspakt bei 3 Prozent. Weder die nationale Schuldenbremse noch der supranationale Stabilitätspakt sehen einen Abbau bei der akkumulierten Schuld vor, so dass in der Zukunft der Schuldenstand bei 60 Prozent des BIP verharren könnte. Eine Komponente mit Schuldenabbau wurde erst, wie wir noch sehen werden, mit dem Fiskalpakt in das europäische Regelwerk eingefügt. Der Abbau soll dort aber auch nicht unter die 60-Prozent-Grenze reichen.

mit vollen oder halben Automatismen breiteren Eingang in die deutsche Wirtschaftspolitik, und zwar auf der stärksten zur Verfügung stehenden Ebene, der Verfassung. Regelbasierte Wirtschaftspolitik ist ein zentraler Bestandteil neoliberaler Politikkonzeptionen. Sie markiert den Gegensatz zu diskretionärer Politik. In ihrem Kern läuft sie darauf hinaus, den jeweils geregelten Bereich der Politik und letztlich der Demokratie zu entziehen, in der Annahme, dass damit optimalere Ergebnisse erzielt werden. Der Feind der Demokratie ist die Regelbasierung in der Wirtschaftspolitik. Der Regelbasierung – anstelle der politischen Auseinandersetzung und Kompromissfindung – haftet die stille Gewalt und der Ruch des Autoritarismus an.

An dieser Stelle sollen einige wenige grundsätzliche Anmerkungen zur Regelbindung in der Wirtschaftspolitik erfolgen. Das Konzept der Regelbindung fußt auf der Überlegung, dass in der Demokratie durch Mehrheitsbeschluss Entscheidungen zustande kommen können, die ökonomisch problematisch sind oder gar zerstörerisch wirken. Deshalb müssten im Wege der Selbstbindung („tie my hands"), so die Argumentation, bestimmte Bereiche der Demokratie entzogen und entweder an unabhängige Institutionen oder an regelhafte Prozesse überantwortet werden. Selbstbindung ist also das Schlüsselwort der Regelbindung in der Demokratie.

Gelegentlich wird in diesem Zusammenhang das Odysseus-Szenario zur Plausibilisierung angeführt. Der griechische Held ließ sich von seinen Freunden vor der Querung der Insel der Sirenen an den Mast binden und sich und seinen Freunden die Ohren verkleben. Die Griechen trachteten so den zauberhaften und todbringenden Gesängen der Sirenen zu widerstehen. Der Unterschied zwischen dem Odysseus-Szenario und der Regelbindung in der Wirtschaftspolitik ist allerdings der, dass die Griechen noch viele andere Gefährdungen zu bestehen hatten, während der Marktradikalismus die wirtschaftspolitischen Regeln in Stein meißelt, in die Verfassung einfügt und so für die Ewigkeit vorsieht. Genau damit ist aber, wie wir gleich sehen werden, ein durchaus aktuelles Problem verbunden.

Abb. 5: Regel und Spiel: Kontext

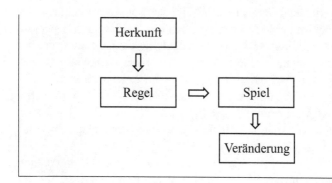

Der Glaube an die Überlegenheit einer bestimmten Form des Wissens, Misstrauen gegenüber der Demokratie und Misstrauen gegenüber der Überzeugungskraft des guten Arguments sind die Ausgangspunkte des Konzepts wirtschaftspolitischer Regelbindung. Es sind keine guten Ausgangspunkte.

Nähert man sich der Sache von der Regelseite her, ist festzustellen, dass bei Existenz einer guten Regel alle Politiker in jeder Situation die Regel anwendeten, so dass der Regelcharakter, der ja immer auch eine Zwangsmaßnahme mit negativen Auswirkungen darstellt, überflüssig wäre. Gibt es aber eine bessere Regel als die gute Regel, ist die Regelbindung unvorteilhaft. Stellt sich die Regel als schlechte heraus, bindet sie die Akteure an einen Automatismus, der nur Nachteile und ungewünschte Resultate bringt.

Der gedankliche Kontext des Konzepts ist nicht minder abstrus. Der Ausgangspunkt der Annahme ist, dass zum Zeitpunkt der Regelformulierung die höchste Stufe des Wissens über das zu reglementierende Gebiet erreicht ist und zu keinem späteren Zeitpunkt eine höhere Stufe erlangt werden kann. Das aber ist eine zutiefst anmaßende und wissenschaftsfeindliche Unterstellung (vgl. dazu Nullmeier 2012, S. 158).

Problematisch sind die Annahmen des Konzepts auch in Hinblick auf das zu organisierende Spiel bzw. Gebiet, womit wir zurückkommen auf das Odysseus-Szenario. Die Regelbindung, insbesondere wenn sie konstitutionell verankert ist, ist per definitionem starr und unterscheidet gerade nicht zwischen möglichen Anwendungsbereichen. Eine Regel für eine Zentralbank, mit der Preisstabilität gewährleistet werden soll, kann aber nicht unterschiedslos für eine inflationäre und deflationäre Konstellation formuliert werden. Die im alten monetaristischen Konzept vorgesehene Regelbindung einer konstanten Ausweitungen der Geldmenge um einen bestimmten Prozentsatz hätte die moderne Politik der bedeutenden Zentralbanken der Welt in der globalen Finanzkrise (Quantitativ Easing) nie zugelassen, und bei strikter Anwendung hätte eine solche Regelbindung die Welt in eine wirtschaftliche Katastrophe geführt.

Zurück zum Zeitpunkt der Verabschiedung der Schuldenbremse. Sie wurde verabschiedet in einer Situation, in der der Staat der Retter der Marktwirtschaft, in Sonderheit des Finanzkapitalismus war. Für Wirtschaftshistoriker, die nach Zeitgemäßheit, nach Tendenzen und Entwicklungen, „die in der Luft liegen" suchen, wird es dereinst einmal schwer sein, aus dem Gewebe der Zeit herauszulesen, was die Deutschen dazu getrieben hat, die Schuldenbremse mitten in der staatlichen Rettung der Marktwirtschaft in die Welt zu setzen.

Eigentümlich wirkt in diesem Zusammenhang auch eine Begründung des damaligen Finanzministers Peer Steinbrück, die er in einer Fernsehsendung zum Besten gab:

„Es geht um die Signalwirkung an die Kapitalmärkte. ‚Wie ernst meint ihr das eigentlich?' (…) Das heißt, wir reden in diesem Zusammenhang über die Bonität der Bundesrepublik Deutschlands".

Die Bonität Deutschlands und der Währungsunion war nicht bedroht, es gab einen nahezu einheitlichen Anleihezins und einheitlich hohe Ratings, und es war nicht so, dass die Kapitalmärkte beeindruckt werden mussten, sondern die Kapitalmärkte hofften darauf, staatlich gerettet zu werden.

In allen europäischen Staaten, auch in Deutschland, erhöhte sich die staatliche Kreditaufnahme mit dem Jahr 2009 zum Zwecke der Krisenbekämpfung, weil strauchelnde Banken gerettet werden mussten, die Konjunktur gestützt werden musste und die Sozialetats in die Höhe schnellten. Es herrschte also das, was man – untertreibend so in der Schuldenbremse genannt – eine Ausnahmesituation nennen könnte. Und just in der Ausnahmesituation wird eine Spielregel für die Normalität formuliert, ohne Not und zwingende Umstände.

Im Grunde schon zum Zeitpunkt der Verabschiedung (Sommer 2009) war klar, dass der wirtschaftliche Einbruch in Folge der globalen Finanzkrise einen Epocheneinbruch darstellte, in dessen Gefolge so oder so ganz neue wirtschaftliche Grundkonstellationen herrschen würden. Dass dieser Aspekt von den Verantwortlichen der Großen Koalition ganz und gar ausgeblendet wurde und eine Regel für alte, vielleicht längst untergegangene Zeiten in die Verfassung geschrieben wurde, verdeutlicht die Blindheit und Verstocktheit der Akteure. Der säkulare Anstieg der Staatsverschuldung – grob: seit Beginn der siebziger Jahre – in den meisten OECD-Staaten, stellt möglicherweise ein Strukturphänomen fortgeschrittener moderner Staaten dar, ebenso wie der säkulare Rückgang in der gesamtwirtschaftlichen Produktivität und der Wachstumsraten in den gleichen Staaten. Mit Zwangsmaßnahmen in der Art der Selbstbindung kommt man der Lösung solcher Probleme nicht näher.

In gleichem Maße absurd und fatal wurde die Verabschiedung der Schuldenbremse durch die politisch-wirtschaftliche Konstellation, in die sie hineingesetzt wurde. Absurd, weil angesichts des in Folge der Krisenbekämpfung gestiegenen Sockels der Verschuldung das Gegenteil einer Schuldenbremse notwendig gewesen wäre, nämlich über den Staatskredit induzierte Wachstumsimpulse.[8] Fatal, weil die Schuldenbremse zur Blaupause für den späteren europäischen Fiskalpakt wurde, der sich dann wie ein Bleigewicht für die wirtschaftliche Erholung in der Eurozone auswirkte.

1.4 Der nationalwirtschaftliche Krisenbekämpfungsmodus

Als am 15. September 2008 die Investmentbank Lehman Brothers Insolvenz meldete, benötigte die US-Regierung eine Woche, um ein erstes 700 Milliarden Dollar schweres Rettungsprogramm für die Banken auf den Weg zu bringen. Das Mutterland des Kapitalismus erwies sich wieder einmal als Mutterland des Pragmatismus und erkannte den Ernst der Lage in Windeseile. Die Aufforderung der US-Regierung, ähnliche Maßnahmen alsbaldig auch in Europa zu ergreifen, lehnte die Bundesregierung noch in der selbstgefälligen Gewissheit ab, es handele sich um ein spezifisch US-amerikanisches regionales Problem. Im Nachhinein will man gar nicht daran denken, welches Verständnis von Globalisie-

---

[8] Wäre die Schuldenbremse in eine konjunkturelle Hochphase eines Wirtschaftszyklus vor dem Epochenbruch 2008 in die Ordnungspolitik eingefügt worden, hätte es – abgesehen von allen anderen Erwägungen gegen eine solche Regel – möglicherweise weniger Bedenken gegeben. Den Staat in seinen wirtschaftlichen Handlungsmöglichkeiten zu einem Zeitpunkt zu restringieren, zu dem er als einziger und alleiniger Retter der Marktwirtschaft auftritt, kann nur als verrückt bezeichnet werden.

rung und wirtschaftlichen Zusammenhängen bei den professionellen Regierungsberatern vorlag. In naiv-provinzieller Manier erklärte der damalige Bundeswirtschaftsminister (CSU): „Jeder kehrt vor seiner Tür und sauber ist das Stadtquartier" (22. September 2008). Wenige Tage später dozierte der Bundesfinanzminister (SPD) im Bundestag über die Zukunft der USA im Weltfinanzsystem, über die Vorzüge des deutschen Bankensystems und die robuste deutsche Realwirtschaft. Eine Krisengefahr für Deutschland und Gegenmaßnahmen schloss er kategorisch aus, obwohl die Industriekreditbank (IKB) schon über ein Jahr vorher mächtig ins Trudeln gekommen war.

> „Weil die Verhältnisse bei uns anders sind, ist ein Programm, das dem ähnlich ist, das die Amerikaner aufgelegt haben, in Deutschland oder in Europa nicht sinnvoll und auch nicht notwendig. Das ist der Grund, warum wir im Namen der Bundesregierung über dieses Wochenende für Deutschland die Übernahme eines solchen Programms und die Beteiligung abgelehnt haben" (Steinbrück am 25. September 2008).

Drei Tage später wurden Liquiditätsprobleme bei dem großen deutschen Immobilienfinanzkonzern Hypo Real Estate (HRE) bekannt, und die Finanzkrise war in Deutschland angekommen.

Sie war auch mit aller Wucht in Europa angelangt, diverse europäische Banken standen im Feuer, u.a. die irische Anglo Irish Bank, die belgische Dexia, die niederländische Fortis, die britische Royal Bank of Scotland und eben die deutsche Hypo Real Estate. Dabei gab es in Europa durchaus Akteure, die ein Gespür für sich auftürmende Gefahren hatten. Der französische Staatspräsident Sarkozy als Ratspräsident der Europäischen Union erkannte die Zeichen der Zeit blitzschnell und berief für das Wochenende des 4. Oktober 2008 eine Krisensitzung der vier großen EU-Staaten in Paris ein, um von dieser Plattform aus ein europäisches Rettungspaket zur Bankenrettung zu verkünden. Die deutsche Politik in Gestalt der Kanzlerin und ihres Finanzministers blockten bei dem Treffen europäische Krisenlösungsstrategien entschieden ab und leiteten damit den Krisenbekämpfungsmodus der folgenden Wochen, Monate und Jahre ein, der aus einem bedenkenlosen wirtschaftlichen Nationalismus bestand. Auf der europäischen Ebene, in den USA und beim IWF wurde die deutsche Weigerung mit Entsetzen zur Kenntnis genommen. Jürgen Habermas notierte:

„Als damals die Finanzkrise ausbrach, haben sich Angela Merkel und Peer Steinbrück bei dem entscheidenden Treffen in Paris der Forderung von Nicolas Sarkozy und Jean-Claude Juncker nach einem gemeinsamen europäischen Vorgehen der EWU-Länder widersetzt. Hier zeichnete sich das Reaktionsmuster des nationalen Alleingangs schon deutlich ab" (2011, S. 97).

Am Sonntag, dem 5. Oktober 2008, also nur Stunden nach dem Pariser Gipfel, kam es dann im Kanzleramt zu der berühmten Verkündung an die deutsche Bevölkerung: „Wir sagen den Sparerinnen und Sparern, dass ihre Einlagen sicher sind" (Merkel mit Steinbrück). Garantiert wurde damit eine Summe von 568 Milliarden Euro an Einlagen. Natürlich lief diese Garantie auf eine reine Vertrauensmaßnahme hinaus, die bei einem tatsächlich Run, einer Kapitalflucht oder ähnlichem nicht wirklich hätte eingehalten werden können. Dieser eine Satz der elf Worte ging über die Einlagegarantie weit hinaus und bedeutete die Versicherung, dass die deutsche Politik bedingungslos für das deutsche Finanzsystem einstehen würde.

Unterstellt man, dass die attentistischen Haltungen der deutschen Politik in den ersten beiden Wochen nach der Lehman-Insolvenz intellektuell ungebrochen waren, man sich also tatsächlich auf einer Insel der Glückseligen in einer durch und durch internationalisierten Finanzwelt wähnte, dann offenbart dies zunächst einiges von der Expertise im Kanzleramt und im Finanzministerium, den Schaltzentralen der Macht. Obwohl die innere Stabilität der Finanzmärkte gerade abrupt und empfindlich gestört war, hielt man die internationalen Finanzbeziehungen doch wohl eher für eine stabile Insellandschaft mit jeweils regionalen Koloriten, die wegen der „Vorzüge des deutschen Bankensystems" (Steinbrück) die Möglichkeit des Abkoppeln und der singulären Beherrschbarkeit bot.

Nach und nach dämmerte es den deutschen Akteuren aber, dass der Schwarze Schwan doch schon in Deutschland aufgetaucht war und plötzlich blickten die Experten in ein tiefes schwarzes Loch mit einem schwindelerregenden Abgrund. Für Verwirrung und Ratlosigkeit wird nicht viel Zeit geblieben sein. Die Geschwindigkeit und mitunter auch die Kopflosigkeit, mit der die Garantieerklärung im Kanzleramt, die Regulationsgesetze für den Finanzmarkt und die Rettung der HRE vonstattengingen, ließen jedenfalls darauf schließen, dass man beim Problembewusstsein mittlerweile den „state oft the art" erreicht hatte. Jede rationale Erwägung hätte dann aber nahegelegt, dass auf dem Vierer-Gipfel

1. Vier Weichenstellungen in Deutschland vor der Krise

vom 5. Oktober 2008 und den danach in rascher Reihe folgenden Spitzengesprächen eine europäische Lösung gesucht worden wäre. Dass die internationale Finanzwelt ein vernetztes System darstellte, war schon damals eine Binse. Man suchte aber keine europäischen Lösungen, die deutsche Seite entschloss sich zu einem nationalen Alleingang nach dem anderen. So als existiere die Wirtschaftsgemeinschaft der Europäer nicht, wähnte man sich in der Großen Koalition in der Krisenwahrnehmung wie nach der Weltwirtschaftskrise 1929. In dieser zweiten Jahreshälfte 2008 hat sich in Deutschland ein einmaliger Hang zur nicht-kooperativen Lösungsstrategie mit teilweise irrationalen Zügen herausgebildet.

Mitte Oktober, gut vier Wochen nach dem Einschlag vom 15. September, am 17./18. Oktober 2008, erblickte ein „Eilgesetz" das Licht der Welt, das Finanzmarktstabilisierungsgesetz (FMStG). Ziel des Gesetzes war die Stabilisierung des Finanzmarktes, und zwar des deutschen Finanzmarktes. Um einer befürchteten Kreditklemme zuvorzukommen, wurde – Kern des Gesetzes – ein Fonds mit einem Volumen von 100 Milliarden Euro eingerichtet, der über Garantien auf insgesamt 500 Milliarden Euro heraufgehebelt wurde. Nur en passant bemerkt: das entspricht genau der Summe, auf die sich die knauserigen Deutschen bei der Gestaltung des ESM auf europäischer Ebene eingelassen haben. Natürlich ging auch diese Maßnahme auf Kosten des Steuerzahlers.

Ende Oktober, als sich das Überspringen der Krise aus der Finanzsphäre in die Realwirtschaft ankündigte, verstärkte Sarkozy seine Bemühungen um eine europäische Antwort auf die Krise. In einer Rede vor dem EU-Parlament warb er für eine europäische Wirtschaftsregierung, für eine aktive Konjunkturpolitik, ein Hilfsprogramm für die Automobilindustrie usw. Die deutsche Reaktion wiederholte sich: Das Bundeskanzleramt reagierte mit Verdruss auf die französische Initiative, diese sei nicht abgestimmt gewesen, berge die Gefahr einer Spaltung der Union, weil sie „an den Nerv" der Union rühre, den Binnenmarkt. Offensichtlich wollte man diesen in all seinen Verzierungen über die Krise retten.

Im November war die Finanzkrise vollends in der Realwirtschaft angelangt, so dass Forderungen nach Konjunkturprogrammen mehr und mehr die öffentliche Diskussion bestimmten. Die EU-Kommission – jeder Neigung zu einem unüberlegten Keynesianismus unverdächtig – griff die Vorschläge der französischen Ratspräsidentschaft auf und versuchte eilig, bis zum Jahresende ein solches Konjunkturprogramm mit fiskalischen Impulsen zusammenzustellen. Die Große Koalition in Berlin reagierte unzweideutig. Aus dem Kanzleramt wurde weiter der Attentismus der vergangenen Wochen verbreitet.

Die Kanzlerin, in wirtschaftlichem Nationalismus jetzt gut in der Übung, formulierte bei einem Treffen am 24. November 2008 in Paris: „Jedes Land leistet seinen eigenen Beitrag" und empfahl „ein Stück Abwarten" sowie „Maßnahmen, die überhaupt kein Geld kosten". Sarkozy konterte ironisch: „Wir brauchen weitere Maßnahmen. Frankreich arbeitet daran, Deutschland denkt darüber nach". Selbst in der „Zeitung für Deutschland", der FAZ, sonst nicht für unbedachtes Europäertum bekannt, gab man sich irritiert:

> „Die Diskussion über die von der Finanzindustrie auf die Realwirtschaft übergeschwappte Krise wird in Berlin ‚national'-ökonomisch geführt; also auf Deutschland bezogen … Im Ausland wird zunehmend irritiert beobachtet, dass aus der Regierung der größten europäischen Wirtschaftsnation kaum Initiativen kommen, welche die internationale Debatte voranbringen, sondern Deutschland nur zögerlich, fast missmutig auf Vorschläge reagiert, die von der Einsicht getragen werden, dass eine globale Krise auch globale Antworten erfordert",

so einer der Herausgeber, Günther Nonnenmacher.

Das Mauern der Deutschen gegen eine europäische Konjunkturpolitik wurde maßgeblich und wenig verhüllt aus dem deutschen Finanzministerium organisiert, in dem ein Sozialdemokrat saß. Von französischer Seite wurde beklagt, dass eine „orthodoxe Sekte" unter deutscher Führung das unkooperative Verhalten steuere. Mit den billigsten Argumenten wurde gegen den „groben Keynesianismus" polemisiert. Was die Neoliberalen den Sozialdemokraten in Sachen Keynesianismus in den siebziger Jahren mit aller Nachhaltigkeit eingebläut hatten, war jetzt wie eine an der falschen Stelle springende Schallplatte als Echo wortgetreu auf allen Kanälen zu hören.

Die EU-Kommission realisierte frühzeitig, dass ein angemessenes Konjunkturprogramm nicht zustande kommen würde und verfiel auf einen Taschenspielertrick. Man veranschlagte als anzustrebende Summe 130 Milliarden Euro, addierte die bereits vorliegenden nationalen Programme, ergänzt um einen eigenen minimalen Betrag aus den Strukturfonds. Ein europäisches Programm war dies nicht. Am 26. November präsentierte sie dann ein „ehrgeiziges Paket antizyklischer makroökonomischer Krisenbewältigungsmaßnahmen zur Unterstützung der Realwirtschaft" (EU-Kommission 2008, S. 6). Das Paket umfasste, wie erwartet, eine Addition der nationalen Programme, ergänzt um EU-Mittel in Höhe von 30 Milliarden Euro.[9] Auch in Deutschland wurden, wenig überraschend, Mittel zusammengerechnet, die unabhängig von der drohenden Rezession schon längst im regulären Haushalt eingestellt waren.

Trotz alledem – nach und nach entstand ein Krisenbekämpfungsprogramm mit allen Elementen, die ehedem für Planwirtschaft, Marxismus und Keynesianismus standen. Bis zum Sommer des folgenden Jahres kamen als einzelne Elemente zusammen:

- die Garantieerklärung für die Sparer und die Geldvermögen (5. Oktober 2008),
- das Finanzmarktstabilisierungsgesetz mit dem Bankenrettungsfonds (Eilgesetz vom 17. Oktober 2008),
- das Enteignungs- oder Rettungsübernahmegesetz (7. April 2009), das es erlaubte Banken zu verstaatlichen,
- die Konjunkturpakete I (November 2008) mit einem winzigen Nachfrageprogramm, aber dem „Glanzstück" (Horn 2011, S. 146) der Verlängerung der Kurzarbeitsregelung und das Konjunkturpaket II (Januar 2009) mit einem angemesseneren Volumen von 48 Milliarden Euro (u.a. mit der „Abwrackprämie"),[10]
- und schließlich die Verstaatlichung der Commerzbank (Januar 2009) und dann die Stützung, später die Verstaatlichung der HRE (Mai 2009).

Wie in anderen Ländern auch war mit diesem Programm die Fundamentalkrise infolge der Lehman-Insolvenz 2008 angemessen bekämpft, im Sommer 2009 war die Krise auch im Wesentlichen gelöst. Zu diesem Zeitpunkt konnte man noch nicht wissen, dass mit einem anderen Gesetzesvorhaben, der Schuldenbremse, ein ganz neues Krisenkapitel aufgeschlagen wurde, ein Kapitel, das nicht aus Marktversagen entsprang, sondern aus Politikversagen. Es wuchs sich dann aus zu einer massiven europäischen Krise.

---

[9] Nach Angaben der Kommission belief sich der konjunkturelle Impuls mit dem Pseudoprogramm auf 1,5 Prozent des BIP. Geradezu mickrig machte sich die europäische Zahl im Vergleich mit den anderen großen Wirtschaftsblöcken aus. Die USA hatten im Winter 2008/09 ein Programm von 790 Milliarden Dollar geschnürt, China noch im November 2008 ein Konjunkturprogramm von 460 Milliarden Euro und Japan ein Paket von 116 Milliarden Euro an haushaltswirksamen Ausgaben.

[10] Für einen Überblick zu den beiden Konjunkturpaketen vgl. Horn 2011, S. 145 ff.

Das Programm entsprang gänzlich der nationalen Gedankenwelt, es war durchwirkt vom Denken in der nationalen Gesamtwirtschaft und es kannte in seinen Maßnahmen, seinen Zielen und seinen Adressaten nur eines – die Nation. Nichts davon war europäisch abgestimmt, nichts davon supranational inspiriert und nichts davon in eine europäische Strategie eingebettet. Alles davon hätte in einer Welt ohne jede europäische Integration oder Wirtschaftsgemeinschaft und ohne jeden Bezug auf eine international vernetzte und globalisierte Welt umgesetzt werden können. Das war Nationalökonomie pur.

1.5 Zusammenfassung

Im zweiten Jahrzehnt nach der deutschen Einheit erfolgten in Deutschland vier fundamentale ordnungspolitische Weichenstellungen, die die spätere Anti-Krisenpolitik in Europa in ganz entscheidendem Maße prägen sollten. Zusammengefasst lauten diese Weichenstellungen:

– Die Wettbewerbsfähigkeit der deutschen Wirtschaft sollte durch eine Öffnung der Untergrenzen am Arbeitsmarkt und „maßvolle" Abschlüsse bei den Tarifeinkommen erhöht werden.

– Wirtschaftspolitik sollte unter strikt monokausalen Ketten betrieben werden, die Makroökonomik verschwand weitgehend und wurde ersetzt durch ein mikroökonomisches, z.T. moralisch aufgeladenes Steuerungsmodell. Dementsprechend stieg der Haftungsbegriff zum wirtschaftspolitischen Schlüsselbegriff auf.

– Der Staat sollte wirtschaftspolitisch entschieden an seine Grenzen herangeführt werden, über die Schuldenbremse und generell durch regelbasierte Automatismen sollte die Entpolitisierung und Entdemokratisierung von Wirtschaftspolitik weiter voran getrieben werden.

– Für das europäische Mehrebenensystem wurde zu Beginn der Jahrhundertkrise eine klare Devise ausgegeben. Sie lautete: Nationale Krisenbekämpfung hat absolute Priorität vor europäischer Politik.

Mit diesem Quartett ordnungspolitischer Überzeugungen und Neueinstellungen steuerte Deutschland in die europäische Krisenbekämpfung. Daran ist nicht alles neu, und es zeigen sich auch keine radikalen Kurswechsel, im Gegenteil, es handelt sich um Konturierungen älterer ordnungspolitischer Traditionen. Auffallend sind in diesem Zusammenhang

1. Vier Weichenstellungen in Deutschland vor der Krise 47

vier unterliegende Tendenzen, die die Überzeugungen und Neueinstellungen für sich genommen und untereinander verbindend kennzeichnen.

Fast durchgehend tritt erstens eine Tendenz zur *Personalisierung* in Erscheinung. Als Charaktermasken für jeweilige wirtschaftspolitische Konzepte sind uns in der obigen Skizze der Ehrbare Kaufmann, die Schwäbische Hausfrau und der Nationalökonom begegnet, einzig die wirtschaftspolitische Trimmung auf Wettbewerbsfähigkeit durch Einkommensverzicht scheint nach einer solchen Charaktermaske zu suchen. Da die entsprechende Politik in Deutschland stets unter der Überschrift der Förderung der Exportwirtschaft firmiert, lässt sich als Vertreter der Industriearbeiter der einschlägigen Industrien identifizieren.[11]

Als zweite Tendenz präsentiert sich die *Vereinfachung*. Das mag, da es in diesem Zusammenhang auch um politischen Transfer geht, naheliegend und verstehbar erscheinen. Dennoch ist der Umschlag von Vereinfachung in Simplifizierung mehr als fragwürdig. Kein vernunftbegabter Mensch wagte sich mit dieser Vereinfachungsenergie an naturwissenschaftliche Themen, z.B. die Berechnung Riemannscher Flächen, komplexe volkswirtschaftliche Zusammenhänge wurden in Deutschland in den vergangenen Jahren aber hemmungslos dekonstruiert.

Als ein Teil dieser Vereinfachungstendenz zeigt sich die *Perspektivenverengung* als dritte Tendenz. Makroökonomie schnurrte bei den zentralen Akteuren der Wirtschaftspolitik auf die Unternehmensperspektive zusammen, wurde ohne Rücksicht dekontextualisiert und in Gestalt von Austeritätsprogrammen in die Wirklichkeit umgesetzt.

Die Tendenz zu hemmungsloser *Moralisierung* ist als vierte Tendenz erkennbar. Mit den ökonomischen Sekundärtugenden des Sparens, des Maßhaltens, der Bescheidenheit usw. konnte – jedenfalls in Deutschland – ein stabiles Bündnis zwischen steuernder Politik und Alltagsverstand hergestellt werden. Dass in diesem Wust immer wieder auch die Nationalmoral mitschwang, irritierte die Akteure in der europäischen Krise eher nicht, das Gegenteil war der Fall.[12]

---

[11] In den Jahren nach dem sozialpolitischen Umbau kam es zu konzentrierten Debatten darüber, ob eine Erhöhung des Hartz-IV-Regelsatzes um fünf Euro ausreichend sei. Gleichzeitig wurden in der Nähe fünfstelliger Beträge liegende Jahresendprämien in der Automobilwirtschaft, und wahrscheinlich nicht nur dort, auf die Lohnkonten überwiesen, ohne dass darüber vergleichbar konzentriert diskutiert worden wäre.

[12] Angesichts der Tendenz zur Moralisierung notiert Krugman: „Im Gegensatz dazu beruht die Keynessche Ökonomie grundsätzlich auf der Annahme, dass Makroökonomie eben *keine* ‚Moralität', kein *Morality Play* (Herv.i.O.) ist, sondern dass Depressionen vielmehr im Wesentlichen technische Funktionsstörungen sind" (2013, S. 55).

2. Die Entwicklung der Renditen öffentlicher Anleihen in der Eurogruppe

Mit der Einordnung der europäischen Krise als Staatsschuldenkrise ist immerhin gewährleistet, dass man sich im Umfeld des Themas bewegt. Die erhöhte Kreditaufnahme in den europäischen Staaten ab 2009 als Krisenursache zu deklarieren, läuft auf den bekannten Denkfehler hinaus, Ursache mit Wirkung zu verwechseln, was an dieser Stelle nicht weiter zum Thema gemacht wird. Vor der Ursachenforschung steht gemeinhin die Auseinandersetzung mit der Phänomenologie der Dinge und in diesem Sinne soll ein Aspekt der öffentlichen Schuld, nämlich die Entwicklung der Anleiherenditen der Staaten der Währungsunion zum Ausgangspunkt der Analyse gemacht werden.

Es wird sich zeigen, dass über die Ordnung der Phänomene eine erste Erkenntnis gewonnen werden kann, die Erkenntnis nämlich, dass die Entwicklung der Anleiherenditen der Eurostaaten einem deutlich identifizierbaren Muster folgt, über das nachzudenken sich lohnt. Wenn von Muster die Rede ist und nicht einfach von Abfolge, Phasen oder Reihen, dann ist darin angelegt, dass die Entwicklung zu einem Punkt zurückkehrt, von dem sie ihren Ausgang nahm.

In diesem Sinne beginnt die Beschäftigung mit der Phänomenologie der Krise mit einigen wenigen klärenden Informationen zur Anleiherendite, um dann durch die Beschreibung der Entwicklung der Anleiherenditen der Staaten der Währungsunion eine Phasierung zu gewinnen, die uns schließlich in die Empirie der europäischen Krise führt. Am Ende wird das oben angekündigte Muster erkennbar.

2.1 Allgemeine Erwägungen zum staatlichen Anleihezins

Nehmen Staaten zur Finanzierung ihrer Ausgaben Kredite am privaten Kapitalmarkt auf, zahlen sie ihren Gläubigern – in Abhängigkeit von ihrer Bonität und der Laufzeit des Kredits – als Schuldner einen Zins. Grundsätzlich gilt, dass längere Laufzeiten einen höheren, kürzere Lauf-

2. Die Entwicklung der Renditen öffentlicher Anleihen in der Eurogruppe

zeiten einen niedrigeren Zins bedingen. Neben den Laufzeiten unterscheiden sich die Papiere durch zahlreiche Formen, in Deutschland gibt es Anleihen, Obligationen, Schatzbriefe usw. In modernen Marktwirtschaften führt eine staatliche Institution – in Deutschland ist es die Finanzagentur des Bundes – eine Auktion durch, aus der heraus der zu zahlende Zins für das betreffende Papier ermittelt wird. Bieter in diesem Verfahren ist eine zugelassene Gruppe von nationalen und internationalen Banken. Dieser Vorgang der unmittelbaren Kreditaufnahme bei privaten Gläubigern wird der Primärmarkt genannt.

In den elaborierten westlichen Marktwirtschaften legen sich die Staaten darauf fest, dass sie ihre Kredite nicht bei ihrer Notenbank aufnehmen, sondern Private zwischenschalten, da hiermit ein erstes Vertrauensverhältnis in den Staatskredit geschaffen wird.

Die in Umlauf gebrachten Papiere sind wiederum selbst handelbar, um ihre Liquidität zu sichern. Die dafür vorgesehene Institution – meist an einer Börse angesiedelt – ist der sogenannte Sekundärmarkt. Verkäufer und Käufer dieser Papiere verkaufen bzw. kaufen diese zu einem bestimmten Kurs, der am Anfang der Ausgabekurs ist. Werden viele von den Papieren verkauft, z.B. weil ein Staat in „Verruf" geraten ist und die Rückzahlung nicht mehr als sicher gilt, ergibt sich ein großes Angebot, so dass der Kurs fällt und im Gegenzug dazu der Zins steigt. Im Extremfall kann es zu einem förmlich Kursverfall kommen, eine Anleihe, die vorher mit 100 Prozent ausgegeben wurde, kann auf einen Kurswert von 50 Prozent fallen. Dem Käufer, der ein erhebliches Risiko beim Kauf eines solchen Papiers eingeht, wird dafür ein hoher Zins gezahlt. Kurs und Zins verlaufen also invers.

Nimmt man nun die Höhe der Anleihezinsen von verschiedenen unabhängigen Staaten – ganz unabhängig von Primärmarkt und Sekundärmarkt – in Betracht, zeigt sich, dass der Zins unterschiedlich hoch liegt. Fundamental gehen hier drei Faktoren ein, zum einen die Inflationsrate, zum anderen die Markteinschätzung über die Bonität des staatlichen Schuldners und schließlich die angenommene Entwicklung für den Wechselkurs der betreffenden Währung, in der die Anleihe aufgenommen wird. Staaten mit hoher Inflationsrate und häufigeren Abwertungen müssen am Markt einen höheren Zins entrichten als Staaten mit niedriger Inflation und prospektiven Aufwertungen. Daraus folgend entwickelt sich am Markt eine Hierarchie von Anleihezinsen, in der sich die drei Faktoren reflektieren. Der Staat oder die Staaten mit dem geringsten

Risiko bei den drei Faktoren zahlt bzw. zahlen den geringsten Zins, die anderen Staaten zahlen eine darüber liegende Risikoprämie.

Die Gläubiger können die Risiken selbst einschätzen und in ihre Kalkulationen mit einbeziehen, sie können aber auch auf professionelle Risikoermittler zurückgreifen, die Ratingagenturen. Diese analysieren die Bonität der Staaten und damit letztlich den Risikoaufschlag mit Auftrag und ohne Auftrag und bieten damit dem Gläubiger eine mehr oder weniger große Sicherheit für das Anlagerisiko.

Der Staat, der den geringsten Zins am Kapitalmarkt – ob am primären oder am sekundären Markt – zu entrichten hat, gibt in gewisser Weise den Maßstab für die anderen Staaten vor.[13] In der europäischen Krise war dies zumeist Deutschland. Von diesem Punkt ausgehend ergibt sich eine ganze Palette von Anleihezinsen, die sich aus dem Zins des stabilsten Landes und einer Risikoprämie – sieht man von der Inflation ab – zusammensetzen.[14]

Die Risikoprämie ist alles andere als eine lineare, monokausal oder rational ableitbare Größe. Sie ergibt sich aus Markteinschätzungen, die zusätzlich eher national oder eher international eingefärbt sein können. Es können Erfahrungswerte der Vergangenheit einfließen, aber auch Erwartungen in Hinblick auf die Zukunft. In Situationen der allgemeinen Hysterie, also in tiefen Krisen, stellen sich andere Risikoprämien ein als in Situationen einer stillen Konjunktur.

Versuche, Zinshöhe und Risikoprämie zu objektivieren, stellen zum einen die Ratings der Agenturen dar, zum anderen die sogenannten Kreditausfallderivate (Credit Default Swaps, CDS). Die bekannten Ratingagenturen können sich allerdings irren, wie nicht zuletzt die Finanzkrise gezeigt hat. Bei den CDS wiederum handelt es sich um höchst spekulative Papiere, Derivate, „Over the Counter" gehandelt, kaum bis wenig reguliert. Außerdem erlauben sie Spekulationen auf die Zahlungsunfähigkeit einer Firma oder eines Staates, was sie in die Nähe einer Wette rückt.

---

[13] Es gibt auch Konstellationen, in denen der Staat überhaupt keinen Zins entrichten muss. Im Mai 2012 bspw. zahlte der Staat Deutschland für eine Anleihe mit zweijähriger Laufzeit und einem Volumen von 5 Milliarden Euro 0,00 Prozent Zinsen. Im Sommer 2014 drehten sich die Verhältnisse noch weiter, bei kurzfristigen deutschen Anleihen verzichteten die Gläubiger auf einen Zins und entrichteten eine Gebühr für den Anleihekauf.

[14] Um den Inflationsfaktor auszuschalten, gehen die Staaten häufiger dazu über, inflationsindexierte Papiere zu emittieren.

2. Die Entwicklung der Renditen öffentlicher Anleihen in der Eurogruppe

In die Einschätzung der Bonität eines Staates fließen zahlreiche Faktoren ein. Da die Beziehung zwischen Gläubiger und Schuldner keine symmetrische Beziehung darstellt, ist es naheliegend, dass die Bonitätsfaktoren von den Gläubigern erarbeitet werden. Der Reigen der Faktoren reicht von ordnungspolitischen Parametern (z.b. unabhängigen Zentralbanken, Arbeitsmarktreformen, Schuldenbremsen usw.) über wirtschaftliche Prozessdaten wie Wachstumsraten oder Inflationsraten bis hin zu politischen Einschätzungen (etwa im Falle von an die Regierung gekommenen Linksregierungen). Ein Faktor unter vielen und wahrscheinlich gar nicht einmal der wichtigste sind die fiskalischen Daten des Staates (Schuldenstand und Defizitquote).

Einen direkten Pfad von der fiskalischen Situation eines Staates zu seiner Risikoprämie, wie in den letzten Jahren gerade in Deutschland vermutet, gibt es nicht. Die kleine Zusammenstellung in Tabelle 1 zum Schuldenstand und zum Anleihezins zeigt, dass es Staaten mit außerordentlich hohem Schuldenstand und niedrigem Anleihezins gibt (Japan), aber auch Staaten mit verhältnismäßig geringer Verschuldung, und hoher Verzinsung. Im Übrigen werden wir weiter unten sehen, dass die meisten Staaten der Welt (UNO: 193 Mitgliedstaaten) entweder überhaupt nicht oder nur sehr gering verschuldet sind. Das liegt nicht daran, dass diese Staaten „gut und sparsam wirtschaften", sondern weil es „arme" Staaten sind, die von keinem Gläubiger der Welt überhaupt einen Kredit erhalten.

Tab. 1: Schuldenstand und Anleihezins ausgewählter Länder für 2013

	Schuldenstand	*Anleihezins*
Belgien	102	2,65
Deutschland	78	1,73
Griechenland	175	10,01
Großbritannien	91	2,29
Schweden	41	2,34
Japan	243	0,69
Kanada	89	2,26
USA	105	2,35

Quellen: Eurostat, OECD.

Bislang wurde vom Anleihezins für souveräne, ein eigenes Geld emittierende Staaten ausgegangen. Die Dinge verändern sich, wenn eine Währungsunion in Betracht gezogen wird. In diesem Zusammenhang muss zunächst festgehalten werden, dass es für die Einstellung und Entwicklung des Anleihezinses von Staaten, die eine Währungsunion begründen, keine Erfahrungswerte und schon gar keine Theoretisierungen gibt. Es ist umgekehrt so, dass die – geht man zurück auf das Jahr des Grundsatzbeschlusses – schon über zwei Jahrzehnte alte europäische Währungsunion selbst auf die Bestimmungsgründe für die Entwicklung des Anleihezinses hin erforscht werden muss.

Bei einer Währungsunion wird aus einer multifaktoriellen eine monofaktorielle Beeinflussung des Anleihezinses, Inflationsrate und Wechselkursrisiko entfallen nämlich. Der einzige Faktor, der bestehen bleibt, ist die Bonität des einzelnen Staates bzw. der einzelnen Staaten. Wenn nun weiter angenommen wird, dass die Währungsunion in jedem Falle eine Vertrauensgemeinschaft ist, jedenfalls kein offener Club mit beliebiger Mitgliedschaftsaufnahme und Austritten ergibt sich ein starkes Argument für eine Pendellierung des Zinses für die einzelnen Staaten auf ein einheitliches Niveau. Noch weiter gestützt wird diese Vermutung, wenn der Club hohe Hürden, quasi Bürgschaften, für die Mitgliedschaft einfordert, bspw. Aufnahmekriterien wie bei der Gründung der europäischen Währungsunion (vgl. die vier Konvergenzkriterien). Und ein drittes Argument lässt sich aus der allgemeinen Vereinssoziologie ableiten. Dort kann beobachtet werden, dass unter bestimmten Voraussetzungen das Renommee der Clubmitglieder durch den Club entsteht und nicht über das Profil des einzelnen Mitglieds.

Nicht eindeutig sind die Einschätzungen der Märkte, also der sie ausmachenden Akteure und Institutionen, in Hinblick auf die Bewertung einzelner Faktoren, z.B. politisch-juristischer Regulierungen. Eine expressis verbis formulierte Regel – z.B. die No-bail-out-Klausel – kann kontradiktorische Markteinschätzungen generieren, also gleiche Anleihezinsen für alle Staaten der Währungsunion herbeiführen oder auch das Gegenteil. Umgekehrt kann die Abwesenheit einer Regel, z.B. in Hinblick auf die Bundesgarantie in dem föderalen Gebilde Deutschland, am Markt dazu führen, dass dort davon ausgegangen wird, dass auch hochverschuldete Bundesländer (wie Berlin, Bremen oder das Saarland) ihre Schulden bedienen bzw. der Bund dies im Extremfall eines Zahlungsausfalls übernimmt. In Deutschland gibt es allenfalls eine implizite Bundesgarantie, meist abgeleitet aus dem Länderfinanzausgleich oder der Tatsache, dass die hochverschuldeten Länder Strukturhilfen erhalten.

Abb. 6: Renditen zehnjähriger europäischer Staatsanleihen. Deutschland und die Krisenstaaten

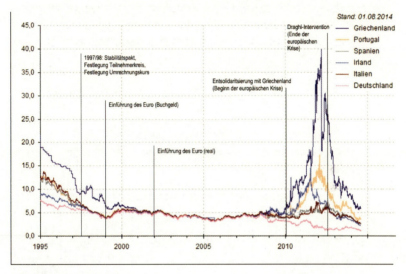

Quelle: Markt-Daten.

Es handelt sich eben um Markteinschätzungen. Auch die in der europäischen Währungsunion in der Krise herausgebildete Hierarchie von Anleihezinsen – die, nebenbei bemerkt, in etwa der alten Hierarchie am Währungsmarkt der achtziger Jahre entspricht – kann nicht zwingend so gedeutet werden, dass hier mehr oder weniger solide Staaten auf Grund objektiver Daten eingruppiert werden. Der Zinsspread zwischen Deutschland und den anderen Staaten kann auch so interpretiert werden, dass die enorm niedrigen Zinsen für deutsche Anleihen und die mitunter enorm hohen Zinsen für südeuropäische Anleihen in der Krise nicht Solidität spiegeln, sondern die Rolle Deutschlands als Zuchtmeister oder – wie es vormals in Wechselkursordnungen hieß – als Anker der Währungsunion. Diese Zuchtmeisterrolle ergibt am Markt einen Bonus. Insofern hängen die Anleihezinsen in der Währungsunion wie in einem System kommunizierender Röhren miteinander zusammen.

Im Folgenden geht es darum, aus der Beschreibung der Entwicklung der Anleiherenditen der Mitglieder der Währungsunion eine Phaseneinteilung abzuleiten.

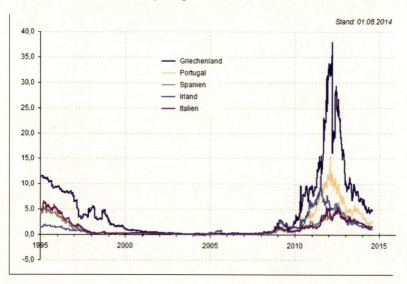

Abb. 7: Zinsdifferenzen (Spreads)
zur Rendite zehnjähriger deutscher Staatsanleihen

Quelle: Markt-Daten.

2.2 Die Entwicklung der Anleiherenditen im Euroraum: Phaseneinteilung

In Abb. 6 sind die Renditen für zehnjährige Anleihen auf dem Sekundärmarkt von Staaten der Eurogruppe seit 1995 zusammengestellt. Abb. 7 zeigt die Zinsdifferenzen (Spreads) verschiedener Staaten gegenüber Bundesanleihen. Mit der Beschreibung dieser Entwicklung und der daraus folgenden Phaseneinteilung ergeben sich – wie angedeutet – erste Fragestellungen und Anhaltspunkte für die Krisenanalyse.

2. Die Entwicklung der Renditen öffentlicher Anleihen in der Eurogruppe

Übereinstimmend bieten beide Abbildungen eine Einteilung der Entwicklung in vier Phasen an:

Phase 1: Divergenz im Währungswettbewerb und Konvergenz im Übergang zur Währungsunion (1992/95 – 1997/8)

Phase 2: Zinsgleichheit in der Währungsunion (1997/8 – 2009/10)

Phase 3: Divergenz in der Krise der europäischen Währungsunion (2010 – 2012)

Phase 4: Konsolidierung und erneute Konvergierung (ab 2012).

Etwas vergröbert kann die *Phase 1* mit den neunziger Jahren gleichgesetzt werden. Zu Beginn des Jahrzehnts stand diese Phase ordnungspolitisch im Zeichen des Maastrichter Beschlusses zur Gründung einer Währungsunion. Die währungspolitische Realität war gekennzeichnet einerseits durch den Währungswettbewerb, der sich in den Zinsdifferenzen, also Risikoprämien, ausdrückte und andererseits durch die kaum mehr regulierende Wechselkursordnung des EWS. Eindeutig erkennbar ist im Verlauf des Jahrzehnts, dass sich die Spreads minimierten und die Anleiherenditen konvergierten. Ende der neunziger Jahre wird der Korridor der sich annähernden Anleiherenditen immer schmaler, so dass am Ende die Zinsen fast gleiches Niveau aufweisen. Diese Konvergenz kann auf drei Faktoren zurückgeführt werden: 1.) den geräuschlosen, konfliktfreien Übergangsprozess zur Währungsunion (erste und zweite Stufe), innerhalb dessen intern und extern Vertrauen generiert wurden, 2.) die Verabschiedung des Stabilitätspakts 1997, die den Finanzmärkten zusätzliche Sicherheit über den Stabilitätswillen der Mitglieder der Währungsunion signalisierte, und 3.) die konkreten Schritte der praktischen Umsetzung der Währungsunion mit der Feststellung des Teilnehmerkreises (11 Staaten) an der Währungsunion (Ratsbeschluss am 3. Mai 1998), der Festlegung der Umrechnungskurse (31. Mai 1998), der Einführung des Euro als Buchgeld (1. Januar 1999) und schließlich der realen Einführung des Euros (1. Januar 2002).

Zu Beginn der *Phase 2* ist es offensichtlich so, dass die Staaten von den Kapitalmärkten nicht mehr als Staaten, sondern als Teilnehmer der Währungsunion wahrgenommen werden. Im Trägerkreis der Währungsunion sind die Spreads so gut wie verschwunden, alle Teilnehmer entrichten den gleichen Zins bei der Kreditaufnahme. Im Grunde ist diese Konstellation bereits 1997/98 erreicht. Wiederum etwas vergröbert kann gesagt werden, dass sie während des gesamten ersten Jahrzehnts im neuen Jahrtausend Bestand hatte. Auch für Griechenland, das am 1. Januar 2001 der Währungsunion beitrat, kann zunächst der Konvergenzprozess und anschließend die Nivellierung auf den gleichen Stand der Anleiherendite ausgemacht werden.

Das Ende der Phase 2 sollte etwas näher ausgeleuchtet werden. Zunächst zur Terminierung: ganz sicher zu Ende geht die Phase der Zinsgleichheit in der ersten Jahreshälfte 2010. Die Zinsen für griechische Anleihe springen signifikant nach oben, und zwar in den Wochen vor und nach dem grundsätzlichen Beschluss, das Land vom Kapitalmarkt zu nehmen und mit Troika-Krediten zu versorgen (Anfang Mai 2010). Zu beachten ist aber erstens, dass der Ausbruch der globalen Krise am 15. September 2008 zunächst nichts an der Konstellation gleicher Anleihezinsen im Euroraum ändert. Obwohl sich das Misstrauen an den Kapitalmärkten, insbesondere im Interbankenbereich, schlagartig ausbreitet, passiert an der Schnittstelle zwischen Staat und Kapitalmarkt in der Währungsunion zunächst nichts. Von dem epidemisch sich ausbreitenden Argwohn gegenüber allen Kreditketten bleibt die europäische Währungsunion verschont. Registriert werden muss zweitens, dass das Jahr 2009 eine Art Übergangsjahr darstellt, da es zunächst milde Ausschläge bei den Anleihezinsen für gewisse Staaten zeigt.

Die europäische Krise und damit *Phase 3* beginnt in der ersten Jahreshälfte 2010. Zunächst rasen die griechischen Risikoprämien an den Sekundärmärkten für Staatsanleihen förmlich durch die Decke. Sie lagen vom September 2011 bis zum Oktober 2012 dauerhaft bei über 18 Prozent und erreichten in der Zeit der Umschuldung Spitzenwerte von 35 Prozent. In der zweiten Jahreshälfte 2010 folgten Portugal und Irland, zwar nicht mit den eklatanten Ausschlägen wie im Falle Griechenlands, doch aber deutlich. Die beiden nächsten Kandidaten, die im Jahresverlauf 2011 folgten, waren Italien und Spanien, deren Anleihen sich in der Spitze bei Werten um 7 Prozent bewegten.

Darüber hinaus ist bemerkenswert, dass sich Risikoprämien für Frankreich und andere Länder der Währungsunion (ab der zweiten Jahreshälfte 2011) einstellen, so dass sich insgesamt die paradoxe Konstellation einer Staatenhierarchie entlang von Risikoprämien auf den Anleihemärkten präsentiert, die in verblüffender Weise an die Konstellation des Währungswettbewerbs der Zeit vor der Währungsunion erinnert.

Phase 4 setzt in der zweiten Jahreshälfte 2012 ein. Nach den verbalen Interventionen des EZB-Präsidenten Mario Draghi fallen an den Sekundärmärkten für Staatsanleihen die Renditen, die Spreads verringern sich,

2. Die Entwicklung der Renditen öffentlicher Anleihen in der Eurogruppe

ohne allerdings auf Null zu gehen. Ende April 2014 sank bspw. die Rendite für zehnjährige spanische Anleihen am Sekundärmarkt auf knapp unter 3 Prozent, was gegenüber deutschen Anleihen einen Risikoaufschlag von etwa 2 Prozent ausmachte. Auch konnten im Frühjahr 2014 alle vier Programmländer – Griechenland, Irland, Portugal und Zypern – wieder am Primärmarkt mit vorsichtigen Kreditaufnahmen antreten. Zwei dieser Länder, Irland und Portugal, stehen in Hinblick auf die Kreditaufnahme mittlerweile wieder auf eigenen Füßen. In der Gesamtbetrachtung zeigt sich Mitte 2014 einerseits eine Beruhigung, insofern die Risikoprämien keine exorbitanten Ausmaße mehr haben, andererseits ist aber zu verzeichnen, dass eine Grundstruktur von hierarchisierten Anleihezinsen – vergleichbar der Konstellation im Währungswettbewerb – vorliegt.

Damit liegt die Aufgabenbeschreibung für den nächsten Schritt vor: Es gilt im Folgenden die Hintergründe der Konstellationen in den vier Phasen aufzuzeigen, nach Ursachen für den jeweiligen Phasenwechsel zu recherchieren und zu prüfen, ob die Währungsunion mit der erneuten Konvergierung der Anleiherenditen in Phase 4 im Sinne eines Musters wieder zu den Anfängen der Phase 1 zurückkehren wird.

Bevor wir dazu kommen, werfen wir noch einen Blick auf die konventionellen Erklärungen für die Entwicklung der Anleihezinsen, wie sie in Abb. 6 zu sehen ist.

Die Standarderklärung – von Neoliberalen und Keynesianern geteilt – für die konvergierenden und dann gleichen Zinsen (unsere Phasen 1 und 2) lautet, dass das Verschwinden der Risikoprämien einen typischen Fall von *Marktversagen* indiziere.[15] Obwohl der Markt oder die Märkte eigentlich alles Wissen sammeln, haben in diesem Fall die Verarbeitungsmechanismen versagt und zu falschen Ergebnissen – nicht mehr vorhandenen Risikoprämien – geführt. Die Krise schließlich (unsere Phase 3) reflektiere die Lernfähigkeit der Märkte (Menkhoff 2011), die Zinsspreads seien zurückgekehrt und spielten nunmehr ihre eigentliche

---

[15] Man trifft auf Aussagen dieser Art: „Wir finden, dass die Finanzmärkte in den Jahren vor der Finanzkrise eine recht eingeschränkte Risikowahrnehmung hatten und kaum zwischen einzelnen Ländern unterschieden" (Bernoth/Erdigan 2010, S. 12). Bei Blyth (2013, S. 81 f.) findet sich für die Phase 1, die Konvergierung der Anleihezinsen, die Erklärung, dass sich die großen europäischen Banken, als sie die Konvergenz bemerkten, massenhaft mit Anleihen aus Griechenland, Italien usw. eindeckten und daraus ein Geschäft machten. Dabei habe es sich um die „mother of all moral hazard trades" gehandelt.

Rolle als Marktsignale für die Politik, indem sie die Risiken von Staaten aufzeigten. Staaten mit niedrigen Anleihezinsen stünden auf der richtigen Seite, Staaten mit hohen Anleihezinsen (immer gedacht für die Währungsunion) seien problematische Staaten.

Für den Anstieg der Spreads werden im Einzelnen, aber durchaus mit unterschiedlichem Gewicht als Faktoren der Anstieg der Risikoaversion der Gläubiger, eine steigende Liquiditätsprämie, ein erhöhtes Kreditrisiko sowie eine veränderte Bewertung von Fundamentaldaten (fiskalische Daten, Leistungsbilanzsaldo, Wettbewerbsfähigkeit usw.) angeführt (vgl. dazu Joebges/Grabau 2009, Bernoth/Erdogan 2010, Deutsche Bundesbank 2011, Hochstein 2013).

Nun waren diese Faktoren, die angeblich für die Divergenz (Zinsspread) verantwortlich sind, allesamt bereits in der Zeit der Konvergenz (Zinsangleichung) gegeben, so dass sich die Frage von Neuem stellt, was für die veränderte Beurteilung bzw. Gewichtung der Märkte verantwortlich ist. Die Fingerübungen, die in diesem Zusammenhang von den Autoren vorgeführt werden, erwecken durchweg den Verdacht, dass die Figur des circulus vitiosus ausgemalt werden soll.

3. Vorgeschichte, Verlauf und Ausgang der Krise

3.1 Der Aufbau von Vertrauen in die entstehende Währungsunion 1990 – 1998

Die erste Phase erstreckte sich, wie bereits erwähnt, von dem Zeitpunkt des Beschlusses zur Gründung der Währungsunion in den frühen neunziger Jahren bis in das Vorfeld der praktischen Umsetzung der Währungsunion Ende des Jahrzehnts. Das Jahrhundertwerk der Währungsunion sollte ordnungs- und prozesspolitisch in einem dreistufigen Prozess vorbereitet werden. Was die Ordnungspolitik anging, war für die zukünftige EZB mit dem 1994 gegründeten Europäischen Währungsinstitut (EWI) ein Vorläufer vorgesehen, der allerdings über keine geldpolitische Macht verfügte. Die nationalen Zentralbanken waren zu diesem Zeitpunkt als rechtliche Voraussetzung in die Unabhängigkeit zu entlassen. Ein Jahr vor der Einführung des Euros als Buchgeld (1999) löste die EZB 1998 das EWI ab. Die Prozesspolitik wurde von Beginn an dezentral, d.h. durch die souveränen Nationalstaaten gesteuert. Sie waren es, die sich in einem Konvergenzprozess für die spätere Mitgliedschaft im Club zu qualifizieren hatten.

In diesem Prozess galt es die vier im Maastricht-Vertrag niedergelegten Konvergenzkriterien zu beachten. Es handelte sich um

– die beiden Fiskalkriterien (Defizitquote durfte 3 Prozent des BIP nicht überschreiten, der Schuldenstand nicht 60 Prozent des BIP),

– die Preisstabilität, die einzuhalten war (Maßstab waren die drei preisstabilsten Länder),

– das langfristige Zinsniveau (gemessen am Nominalzins von öffentlichen Anleihen am Sekundärmarkt mit einer Restlaufzeit von 10 Jahren)

– und das Wechselkurskriterium (Mitgliedschaft im EWS und Ausschluss von Abwertungen).

Abgeschlossen wurde der Prozess mit einem Konvergenz-Bericht der Kommission (1997), der elf Teilnehmer für die Währungsunion empfahl.[16] Großbritannien und Dänemark entschieden sich schon frühzeitig gegen eine Mitgliedschaft (Opting-out-Klausel), Schweden entzog sich später und Griechenland erfüllte die Konvergenzkriterien nicht, so dass alle anderen der damals 15 EU-Mitgliedstaaten für die Währungsunion bereit waren.

Bei den Konvergenzkriterien hatte sich schon bald eine Fokussierung auf das Kriterium der Preisstabilität, ganz besonders in Deutschland, und die beiden fiskalischen Kriterien herauskristallisiert. Das Misstrauen in Deutschland, ob die zukünftige EZB sich in die Stabilitätskultur der Bundesbank einreihen könnte und wollte, war sehr groß. Insbesondere in dieser Frage traute man den „inflationsverliebten" Partnern aus Südeuropa nicht über den Weg. Interessant vor dem Hintergrund der späteren Entwicklung ist die durchaus weit verbreitete Auffassung von Experten zu den Fiskalkriterien. Der damalige Chefvolkswirt der Deutschen Bank, Norbert Walter, konstatierte:

> „Zwar ist eine solide Finanzpolitik aus verschiedenen Gründen für das Gelingen der EWU wichtig. Ihre Bedeutung für die Wahrung der Geldwertstabilität wird aber überschätzt, denn das Störpotential für die Geldpolitik, das von den Budgetdefiziten ausgeht, ist in empirischer Betrachtung relativ gering. Dies gilt zumindest dann, wenn die Defizite in den öffentlichen Haushalten nicht als Zentralbankkredit mit der Notenpresse finanziert werden. Mit der deutschen Diskussion um die Kommastelle beim Budgetdefizit geriet indes die eigentlich entscheidende Frage aus dem Blickfeld des wogenden Meinungsstreits: Welche Voraussetzungen müssen für den Euro tatsächlich gegeben sein, um die Stabilität der neuen Währung dauerhaft zu sichern?" (Walter 1998)

Für das Folgende können wir festhalten: Der Maastricht-Vertrag hatte den direkten Staatskredit der EZB an einen Mitgliedstaat verboten, es kam auch nie zu entsprechenden Versuchen oder Versuchungen. Die Hauptaufgabe der EZB und der Währungsunion, die Begründung und Aufrechterhaltung einer Stabilitätskultur, also ein stabiles Preisniveau, hat die EZB besser erfüllt als die Bundesbank.

---

[16] In der Stellungnahme der Bundesbank (1998) deuteten die deutschen Währungshüter an, dass in ihren Augen Belgien und besonders Italien aufgrund der hohen Schuldenstände nicht geeignet seien.

3. Vorgeschichte, Verlauf und Ausgang der Krise

Aus der Rückschau verdient noch ein anderer Aspekt aus der Vorgeschichte der Währungsunion Beachtung, er betrifft die Art und Weise der Steuerung des Übergangsprozesses. Wir haben die Steuerung des Übergangs zur Währungsunion oben dezentral genannt. Das bedeutet, dass keine supranationale Institution – in Frage gekommen wäre die Kommission oder ein am Anfang des Prozesses gegründeter Europäischer Währungsfonds (vgl. Teil 4) – den Prozess steuerte.

Um dies angemessen einzuordnen, muss man sich vor Augen halten, dass die zentrale Maßnahme für die erste Stufe des Dreistufenprozesses die Liberalisierung des Kapitalverkehrs in dem zu unionierenden Währungsraum war. Das bedeutete, dass alle politischen Planungen unter direkter Beobachtung der Kapitalmärkte standen und was die Märkte anrichten konnten, hatten sie bald mit der Spekulation gegen das britische Pfund gezeigt. Im Frühherbst 1992 wurde – u.a. von George Soros – auf eine Abwertung des Pfunds spekuliert, die, nachdem alle Verteidigungslinien zusammenbrachen, tatsächlich auch kam. Das britische Pfund und die italienische Lira schieden aus dem Wechselkursverbund aus. Die rücksichtslose Hochzinspolitik der Bundesbank nach dem Wiedervereinigungsboom brachte dann das EWS insgesamt ins Wanken, so dass, nach heftigen Auseinandersetzungen mit Frankreich, die Bandbreiten für Interventionen auf +/− 15 Prozent gedehnt wurden. Das geschah Anfang August 1993.

Schon in der Frühphase des Übergangs zur Währungsunion kündigten sich also höchst unruhige Zeiten an. Ähnlich wie zwei Jahrzehnte später sammelte sich der neoliberale akademische Widerstand gegen die Währungsunion auf Unterschriftenlisten („Manifest der 62 Ökonomen"). Ein Plebiszit hätte in der deutschen Bevölkerung weder im Westen noch im Osten in den neunziger Jahren eine Mehrheit erbracht. In allen Parteien gab es neben Zustimmung auch deutliche und beachtliche Ablehnung der Währungsunion. Die Bundesbank als Hüterin der deutschen Stabilitätskultur – schon bei der deutschen Einheit in ihren Bedenken übergangen – blieb im Grundton gegenüber der Währungsunion skeptisch und reserviert, obwohl gerade auf stabilitätspolitischem Gebiet enorme Fortschritte in den neunziger Jahren in allen Kandidatenländern gemacht wurden (vgl. Bundesbank 1998).

Obwohl es also reichlich Anlass gab, am Fundament für die Realisierung der Währungsunion zu zweifeln – der alte Werner-Plan von 1970 zur Gründung einer Währungsunion kam ja auch nicht über die Planungsphase hinaus – blieb es an den Kapitalmärkten ruhig. Eine glaubwürdige Politik der Bundesregierung unter dem Kanzler Helmut Kohl ließ überhaupt keinen Zweifel daran aufkommen, dass man es mit der Währungsunion ernst meinte. Damit war eine stabile Vertrauenskonstellation gegeben, die zentrale Voraussetzung für Märkte, um in eine neue institutionelle Phase überzugehen.

Das Vertrauen zeigte sich auch an den Märkten. Sowohl die Renditen wie auch die Renditedifferenzen zeigten eine eindeutige Richtung. Als 1997 der Stabilitäts- und Wachstumspakt – ein zusätzlicher Schutzwall zu den im Maastrichter Vertrag vorgesehenen fiskalischen Spielregeln – ausgehandelt und 1998 die Europäische Zentralbank gegründet war und im gleichen Jahr die Konvergenzberichte vorlagen, war die große Lösung in Hinblick auf die Mitgliedsländer der Währungsunion auch an den Kapitalmärkten erreicht. Es gab so gut wie keine Zinsdifferenzen mehr zwischen Deutschland einerseits und den zehn Ländern andererseits. Da die Zinskonvergenz zu den einschlägigen Kriterien gehörte, war man auf die Konvergenz auch angewiesen.[17] Sie wurde so kommentiert:

„Die starke Annäherung des Zinsniveaus in den EU-Staaten signalisiert, dass die Finanzmärkte der EWU gute stabilitätspolitische Aussichten einräumen" (Duden 1998, S. 386).

3.2 Die Sicherung von Vertrauen in die etablierte Währungsunion 1998 – 2009

Die zweite Phase – abgelesen an den Anleiherenditen – erstreckte sich von dem Zeitpunkt der intensiven Vorbereitung auf die Währungsunion (1997/98) bis in das Jahr 2009, als sich erste Oszillationen auf den Anleihemärkten zeigten. Zu Beginn dieser Phase wiederholte sich der Prozess der Zinskonvergenz in Hinblick auf Griechenland, als feststand, dass das Land zwölftes Mitglied im Club werden wollte. Die griechischen Zinsen waren auf dem Niveau des Euroclubs angelangt; obwohl der Schuldenstand des Landes bezogen auf das BIP nahe an 100 Prozent lag, gab es nicht einmal die kleinste bemerkenswerte Oszillation. In dieser

---

[17] Das Zinskriterium lautete, dass der langfristige Zinssatz am Sekundärmarkt für Staatspapiere nicht um mehr als zwei Prozentpunkte über dem entsprechenden Zinssatz der drei preisstabilsten Länder liegen sollte. Also: Die Konstrukteure der Währungsunion legten Wert auf den egalisierten Anleihezins. Etwas anderes hätte auch keinen Sinn gemacht.

3. Vorgeschichte, Verlauf und Ausgang der Krise

Phase interpretierten die Kapitalmärkte die Währungsunion der Sache nach wie einen Bundesstaat mit einer Bundesgarantie, vergleichbar etwa der Konstruktion in der Bundesrepublik Deutschland, in welcher der Zins eines hochverschuldeten Bundesstaates, z.b. Berlins, nur unwesentlich über dem des Bundes pendelt. Für die Seher und Leser des Marktes war dies *Marktversagen*. Wir kommen darauf zurück.

Von Interesse an der zweiten Phase sind insbesondere die Ereignisse in der Mitte des Jahrzehnts. Im Herbst 2004 wurde zunächst bekannt, dass Griechenland seit dem Jahr 2000 das Defizitkriterium verletzt hat. Wenig später folgte die Nachricht, dass auch in den entscheidenden Jahren 1997 – 1999 vor der Entscheidung zum Beitritt in die Währungsunion falsche Zahlen zum Defizitkriterium an die Kommission übermittelt wurden. Obwohl die Kommission und der Rat der Finanzminister den Vorgang mit deutlicher Verstimmung quittierten, wurden keine wirksamen Sanktionen ergriffen. Ein Sprecher der Kommission kolportierte, dass „das Rad nicht zurückgedreht" werden solle. Auch an den Anleihemärkten herrschte Ruhe.

Den gravierenderen Fall aber produzierten Deutschland und Frankreich, die die Drei-Prozent-Grenze beim Defizitkriterium seit 2001 überschritten und das von der Kommission angestrebte Verfahren gegen sie über den Ecofin-Rat aufhielten, um schließlich im Jahr 2005 eine komplizierte Modifikation des Stabilitätspaktes, die auf eine Lockerung hinauslief, durchzusetzen. Obwohl sich der Streit über Jahre hinzog, obwohl sich die Akteure an die Verträge (Sekundärrecht) heranmachten und eine Regelaufweichung bewirkten und obwohl es sich mit Deutschland und Frankreich um die beiden zentralen Länder der Währungsunion handelte, regte sich an den Kapitalmärkten nicht einmal eine laue Luft. Die Euro-Anleihen blieben quasi bundesstaatlich.

Und selbst noch am Ende der Phase, im Jahr 2008, als nach der Lehman-Insolvenz das Blitzeis über die Kapitalmärkte niederging und in der zweiten Septemberhälfte von einem Tag auf den anderen Vertrauensketten rissen, zeigte sich an den Märkten für Euro-Staatspapiere nichts. Auch der potentielle Wackelkandidat Griechenland mit dem schlechtesten Datenkranz konnte sich weiter zu günstigen Konditionen Kredite besorgen und ruhige Fiskalpolitik betreiben. Und als die Banken untereinander schon längst keine Kreditbeziehungen mehr eingingen, der Interbankenbank vergletschert war, und erste kleinere Oszillationen an den Anleihemärkten auftraten und Griechenland eine minimale Risikoprämie zu entrichten hatte, wurde, wie wir gleich sehen werden, ein Musterbeispiel an direkter politischer Kommunikation mit den Kapitalmärkten vorgeführt.

Die Risikoprämien für Staatsschulden aus wirtschaftlich eher schwachen Euro-Ländern waren im Sommer 2009 leicht angestiegen, eine Diskussion über eine wirkliche Bedrohung oder einen Staatsbankrott o.ä. war nicht zu verzeichnen; die Risikoprämien gingen dann in der zweiten Jahreshälfte wieder zurück. Die Ratingagentur Standard & Poor's hielt den vorübergehenden Anstieg der Spreads im Januar 2009 für übertrieben und prognostizierte demzufolge ein baldiges Zurückgehen. Einer ihrer Analysten hob hervor: „Die Mitgliedschaft im Euro-Raum schützt vor externen Schocks" (FAZ 18.02.2009, S. 17).

Dieser Aspekt der Schutzfunktion einer Währungsunion von souveränen Staaten – ein Aspekt, den wir in Teil 5 noch vertiefen werden –, insbesondere für kleinere und eher wettbewerbsschwächere Staaten, trat in den ersten Monaten der Finanzkrise einerseits für die osteuropäischen Nichtmitglieder der Währungsunion zutage, deren Währungen sich Abwertungen und Spekulationen ausgesetzt sahen. Andererseits gewann die Mitgliedschaft in der Währungsunion in dieser Zeit erheblich an Attraktivität. Von Vorteil war der Schutz der Währungsunion speziell für jene Mitgliedsländer, die in einer Ordnung des Währungswettbewerbs an erster Stelle von Kapitalflucht, Spekulation und Abwertung betroffen gewesen wären, also jene Länder, die später dann die Kandidaten der europäischen Krise wurden.

Die Schutzfunktion der Währungsunion wurde durch eine damals beachtliche Wirkung entfaltende, in den späteren Analysen der Krise aber gänzlich in Vergessenheit geratene politische Intervention[18] nachhaltig bekräftigt. In den Wochen vor und nach der Jahreswende 2008/9 zogen die Risikoprämien auf den Märkten für Staatspapiere, wie wir gesehen haben, erstmals etwas deutlicher an. Auf dem Sekundärmarkt stieg der Spread zwischen deutschen und portugiesischen Titeln nach einer Senkung der Bonität Portugals von „AA-" auf „A+" von 1,3 auf 1,6 Punkte. Gravierender noch war, dass Griechenland Anfang Februar 2009 auf dem Primärmarkt für eine dreijährige Anleihe eine Risikoprämie von 2,5 Punkten entrichten musste, was einem Zins von 4,3 Prozent entsprach (FAZ 12.02.2009). Angesichts dieser Entwicklungen kam am 16. Februar

---

[18] In der auf den Finanzmarkt bezogenen Analysten-Literatur wurde die Anmerkung des deutschen Finanzministers durchaus zur Kenntnis genommen, vgl. bspw. Heinen 2009, S. 8.

2009 die genannte Intervention durch den deutschen Finanzminister, der auf einer Parteiveranstaltung in Düsseldorf ausmalte, was passieren würde, wenn eines der Länder in gravierende Schwierigkeiten gerate: Dann, so Steinbrück, „wird die Gesamtheit behilflich sein müssen" (FAZ 17.02.2009).

In eine ähnliche Richtung, wenngleich in der Tonlage vorsichtiger, äußerte sich der damalige Währungskommissar Joaquìn Almunia. Wenige Tage nach den Einlassungen Steinbrücks erklärte er unter Bezugnahme auf mögliche Finanzierungsschwierigkeiten Griechenlands am 3. März 2009:

> „Wenn eine solche Krise in einem Euro-Staat auftritt, gibt es dafür eine Lösung, bevor dieses Land beim Internationalen Währungsfonds um Hilfe bitten muss." Und weiter: „Es ist nicht klug, öffentlich über diese Lösung zu sprechen, aber die Lösung besteht" (Zitiert nach Wissenschaftlicher Beirat 2011, S. 18).

Man hört aus der Äußerung förmlich das Händeringen heraus, nur nicht die schlafenden Hunde an den Kapitalmärkten zu wecken. Das Stillschweigen sollte noch ein halbes Jahr halten, dann brachen alle Dämme, und es konnte über das Schicksal Griechenlands in der deutschen und damit der europäischen Politik spekuliert werden. Es begann der Prozess der Erosion von Vertrauen, innerhalb weniger Wochen war das Vertrauen weggespült.

3.3 Die Erosion von Vertrauen 2009/2010

Im Herbst 2009 begann schließlich die dritte Phase, die Krise der europäischen Währungsunion. Eingeläutet wurde diese Phase durch zwei Regierungswechsel: Zum einen den Regierungswechsel in Deutschland im September 2009, der eine schwarz-gelbe Koalition an die Macht brachte, und zum anderen einen Regierungswechsel in Griechenland mit gleichsam umgekehrten Vorzeichen, eine sozialistische löste eine konservative Regierung ab.

Zu diesem Zeitpunkt hatte sich, wie oben gesehen, in Deutschland – noch unter der großen Koalition – ein spezifischer Krisenbekämpfungsmodus bei der Bekämpfung der globalen Finanzkrise mit verschiedenen Versatzstücken längst herausgebildet. Es sollte sich zeigen, dass dieser

Modus zur Blaupause für die Bekämpfung der europäischen Krise werden würde.

Der griechische Teil der Krisenouvertüre begann Anfang Oktober, nach dem Wahlsieg der PASOK. Ähnlich wie es 2004 die Konservativen taten, deckten die griechischen Sozialisten noch im gleichen Monat auf, dass das Haushaltsdefizit für das laufende Haushaltsjahr nicht 6 Prozent des BIP betragen, sondern eher bei dem doppelten Wert liegen würde.[19] Damit begann eine Eskalation, die ihr vorläufiges Ende ein halbes Jahr später im April 2010 fand, als auf den Finanzmärkten für griechische Staatsanleihen Zinsen von über 20 Prozent aufgerufen wurden. Damit war Griechenland der Sache nach kein Kreditnehmer mehr und musste aus der normalen fiskalischen Finanzierung aussteigen, da laufende und zu tilgende Kredite nicht mehr refinanziert werden konnten. Es setzte die Periode der Notkredite und Troika-Programme ein, die im Wechsel mit Sparpaketen die nächsten Jahre bestimmen sollte.

Bevor wir darauf näher eingehen, muss das halbe Jahr zwischen Herbst 2009 und Frühjahr 2010 näher in Betracht gezogen werden. Es war die Zeit der Entsolidarisierung, wenn man es aus europäischer Perspektive betrachtet, und die Zeit der Erosion von Vertrauen, wenn man es aus finanzpolitischer Perspektive betrachtet. Wir hatten im vorigen Teil gesehen, dass noch Anfang 2009 das schützende Netz der Steinbrück-Almunia-Erklärungen über den bedrohten Ländern an den Anleihemärkten gespannt war.

Im Dezember 2009 fiel dann eine Grundsatzentscheidung für den weiteren Umgang der Gemeinschaft mit Griechenland. Den Analysten bei den Ratingagenturen war nicht verborgen geblieben, dass sich in Deutschland gerade eine schwarz-gelbe Koalition an der Macht eingerichtet hatte (der Koalitionsvertrag war am 24. Oktober unter Dach und Fach), von der eine andere Außenwirtschaftspolitik erwartet werden konnte. Die Ratingagenturen selbst hatten in Hinblick auf die betriebswirtschaftliche Schärfe ihrer Gutachten auch einiges gutzumachen, hatten sie doch im Vorfeld der globalen Finanzkrise in den USA massenweise viel zu milde Ratings testiert. Man stand also unter Druck. Die Offenbarungen aus Griechenland boten jetzt eine wunderbare Möglichkeit, einen neuen Realitätssinn zu demonstrieren.

---

[19] Angesichts der Entwicklung in anderen Ländern der Eurogruppe (z.B. Irland, das 2009 auf 13,9 Prozent und 2010 auf unfassbare 30,6 Prozent Jahresdefizit kam) oder Großbritannien bzw. USA, die beide fast 12 Prozent Defizit aufwiesen, war diese Zahl gar nicht einmal so außergewöhnlich. Und dennoch setzte eine Hysterie ein.

3. Vorgeschichte, Verlauf und Ausgang der Krise 67

Am Dienstag, dem 8. Dezember 2009, stufte die Ratingagentur Fitch die Bonität Griechenlands von A- auf BBB+ herab. Die beiden anderen großen Agenturen hatten bereits am Vortag ähnliches angekündigt und schickten noch „negative" Aussichten hinterher. Bis dato stellten die Länder der Währungsunion eine Phalanx dar, jetzt war ein Mitglied herausgebrochen, denn erstmals wurde einem Mitglied der Eurogruppe die hohe Kreditwürdigkeit abgesprochen. Griechenland befand sich plötzlich auf dem Niveau eines Schwellenlandes. Verstehen muss man dabei, dass speziell dieses Rating mehr eine Prognose für die Zukunft darstellte, denn auf einer Analyse veränderter Daten beruhte. An der griechischen Gesamtschuld, die nicht einmal an der Spitze der Eurogruppe lag, konnte sich so schnell nichts geändert haben. Das einzige Novum lag darin, dass sich die geschätzte Neuverschuldung für das laufende Jahr auf 12,7 Prozent des BIP summieren würde. Das allerdings konnte angesichts der Tatsache, dass das Jahr 2009 den Tiefpunkt der globalen Finanzkrise markierte, nicht wirklich als Sensation gelten.

Die Rendite für griechische zehnjährige Anleihen sprang leicht an (5,39 Prozent), erreichte aber immer noch keineswegs das Niveau vom Jahresanfang, als Steinbrück und Almunia die Bewegung beruhigten. Der Unterschied zum Jahresanfang bestand am Jahresende darin, dass in Politik und Medien eine wahre Treibjagd auf Griechenland begonnen wurde. Urplötzlich war das Land hochverschuldet, einem Staatsbankrott nahe, Dominoeffekte in der Währungsunion wurden an die Wand gekritzelt.

Die künstlich erhitzte Diskussion wäre ideal geeignet für eine neuerliche beruhigende Intervention der europäischen Politik gewesen. Das Gegenteil trat ein, die Europäer waren offensichtlich selbst infiziert. Am Freitag, dem 11. Dezember 2009, fand der EU-Gipfel in Brüssel statt, und die Botschaft, die von ihm ausging, lautete: „Griechenland muss sich selbst retten." Die Union, die in ihren Verträgen ganz oben in ihrer Werteskala die Solidarität zwischen den Mitgliedstaaten angesetzt hat, verkündete auf dem Gipfel, dass das Land auf Hilfe nicht hoffen könne.[20]

---

[20] Die Botschaft war eindeutig. Dass im Umfeld des Gipfels durchaus eine Vielstimmigkeit herrschte, stimmt freilich auch. Die Kanzlerin wurde in der Presse mit diesem Hinweis zitiert: „Wir tragen gemeinsame Verantwortung... Das, was in einem Mitgliedsland passiert, beeinflusst alle anderen." Die schwedische Europa-Ministerin Cecilia Malmström formulierte: „Wir sind eine Familie, wir versuchen uns gegenseitig zu unterstützen und zu helfen." Was darunter zu verstehen war, brachte noch am ehesten die Formel zum Ausdruck, dass man zu Solidarität bereit sei, nicht aber zu Hilfe.

Erstmals war das No-bail-out eindrucksvoll verkündet. Es half auch nichts, dass der griechische Ministerpräsident Papandreou drastische Sparmaßnahmen in Gang gesetzt hatte. Es half auch nichts, dass in den folgenden Tagen vorübergehend über deutsch-französische Anleihen, die Griechenland im Fall des Falles aus der Bredouille helfen könnten, spekuliert wurde. Das Steinbrück-Almunia-Netz war durchschnitten.

Für den Prozess der Entsolidarisierung in der Währungsunion fehlte nur noch der I-Punkt als rundender Abschluss. Und der wurde unwillentlich geliefert von der EZB. Einen Tag vor Weihnachten erblickte eine EZB-Studie aus der Reihe „Legal Working Papers Series" das Licht der Welt, sie trug den Titel „Withdrawal and Expulsion from the EU and EMU. Some Reflections". Übersetzt: „Austritt und Ausschluss aus der EU und der EWU. Einige Überlegungen". Der Verfasser? Ein Grieche (vgl. Athanassiou 2009).

In dem entscheidenden Monat Dezember 2009 waren bereits alle relevanten Begriffe um die Krise der europäischen Währungsunion in der Öffentlichkeit vertreten. Das Auseinanderbrechen der Währungsunion, der Staatsbankrott einzelner Staaten, der Austritt aus der Währungsunion, die, wie es damals hieß, „alte Idee" gemeinsamer staatlicher Schuldscheine, der Kauf von privaten und öffentlichen Schuldtiteln durch die EZB usw. usf. – alles war in der Diskussion und auch das Lösungsmittel für die Krise war präsent: So wie Merkel und Steinbrück eine vertrauensbildende Maßnahme im Oktober 2008 am Beginn der globalen Finanzkrise vollzogen, so wie Steinbrück und Almunia am Jahresanfang 2009 vertrauensbildend wirkten und so wie schließlich Draghi bei der Lösung der Krise der Währungsunion vertrauensbildend wirkte, so hätte auch diese Krise Ende 2009 gelöst werde können. Die Entscheider hatten aber offenbar anderes im Sinn.

Ende Januar/Anfang Februar 2010 stiegen die Zinsen für den griechischen Staat erneut über 6 Prozent. Fast täglich war in dieser Zeit von der „griechischen Tragödie" zu lesen, wobei die Ausmaße, gemessen an den späteren Größenordnungen, geradezu winzig waren. Zu dieser Zeit wurde in Deutschland noch jede finanzielle Hilfe für Griechenland schroff dementiert. Eine Wende brachte der Brüsseler Sondergipfel am 11. Februar 2010.[21] Man verständigte sich grundsätzlich über finanzielle Hilfen für Griechenland, wobei das Volumen, die Rede war von 20-25 Mil-

---

[21] Mit diesem Sondergipfel begann der Reigen der exzeptionellen Treffen zur Krise der Währungsunion. Es etablierte sich eine Governance der beiden „Eurogruppen-Räte".

liarden Euro, gemessen an den späteren Summen, grotesk niedrig lag. Während die Griechen zunächst die Bittstellerei zu vermeiden trachteten, war es Anfang März so weit, dass man – noch inoffiziell – um finanzielle Hilfe nachsuchte. Unter der wirtschaftspolitischen Kuratel stand man ohnehin schon. Die Papandreou-Regierung legte ein Sparprogramm nach dem anderen auf. Klar war auch, dass es sich bei der europäischen Hilfe um bilateralen Beistand handeln würde.

Nach der grundsätzlichen Verständigung auf Hilfen für Griechenland kam es im März 2010 zu einem Streit über die institutionelle Verankerung der Griechenland-Hilfe. Gegenüber standen sich die Europaskeptiker aus dem Kanzleramt einerseits und der Europäer Wolfgang Schäuble andererseits. Schäuble hatte in einem ganzseitigen Gastbeitrag in der Financial Times Deutschland den Vorschlag unterbreitet, als Konsequenz aus der Krise um Griechenland weitere Integrationsschritte innerhalb der Eurozone zu planen und einen dem IWF vergleichbaren Europäischen Währungsfonds (EWF) mit Durchgriffsbefugnissen zu gründen. Der Vorschlag sei nicht auf die aktuelle Situation und die Notfallmaßnahmen zur Stabilisierung Griechenlands gerichtet, auch nicht auf die Diskussion um eine Wirtschaftsregierung:

> „Meine Überlegungen zielen vielmehr darauf ab, die Währungsunion mit ihrer besonderen stabilitätspolitischen Ordnung sui generis robuster und krisenfester zu machen."[22]

Der Grundsatzbeschluss zur Hilfe für Griechenland wurde auf einem EU-Gipfel am 26. März 2010 getroffen. Falls sich Griechenland nicht mehr zu vertretbaren Zinsen über die Märkte finanzieren könnte, sollte ein Notpaket mit bilateralen Krediten das Land vor der Insolvenz retten. Das Einverständnis der Deutschen war nur zu haben über die Einbindung des IWF in die Rettungsmaßnahmen, was gegen heftigen Widerstand von Frankreich und der EZB geschah. Für Europäer musste es wie ein Hohn klingen: Der IWF avancierte zum Federführer der Sanierung in einem EU-Land.

Das Kapitel über die Beteiligung des IWF an der europäischen Hilfsaktion für Griechenland wurde schon lange vor den Beschlüssen Anfang

---

[22] Unterstützung fand der Schäuble-Vorschlag bei der EU-Kommission. Ein förmlicher Aufschrei zeigte sich bei den deutschen Neoliberalen, u.a. auch bei dem damaligen Bundesbank-Chef Axel Weber, der einen EWF für „unvereinbar mit den Verträgen" hielt.

Mai 2010 begonnen. Bereits im Januar des Jahres befand sich eine IWF-Delegation zu Beratungen im griechischen Finanzministerium. Anfang Februar bot der damalige IWF-Chef Dominique Strauss-Kahn dem Land Hilfe seitens des IWF an. Es ist möglich, dass die Griechen mit der Kontaktierung des IWF versuchten, zu einseitigen Betreuungen und Beratungen seitens der EU zu entkommen, klar war aber, dass jeder Europäer, der noch sein europäisches Geschirr im Schrank hatte, das Ansinnen einer Beteiligung des IWF scharf zurückweisen musste. Und so geschah es auch. Dass auf Druck aus dem Kanzleramt der IWF doch mit an Bord geholt wurde, hatte mehrere Gründe.

Den Entscheidern im Kanzleramt, das Finanzministerium war in dieser Phase wohl nicht mehr an den zentralen Entscheidungen beteiligt, war wohl wichtig, der Griechenland-Hilfe ein möglichst „uneuropäisches" Gesicht zu verleihen. Mit der Kooptation des IWF hatte die Trägerschaft des Programms den Zuschnitt eines internationalen Konsortiums, das weit entfernt war von einer Hilfsmaßnahme im Geiste „europäischer Solidarität", wie sie in Artikel 122 AEUV angerissen ist. Über den IWF waren faktisch auch die USA mit beteiligt. Möglicherweise war die IWF-Beteiligung auch Ausdruck der Tatsache, dass hinter den Kulissen von dort aus Druck auf die Deutschen ausgeübt wurde, damit eskapistische Lösungen, die die Währungsunion in Gefahr bringen konnten, vermieden wurden.[23]

Ein Machtzuwachs der EU-Kommission war darüber hinaus noch zusätzlich dadurch vermieden, dass die EZB Teil der sich formierenden Troika war. Das hatte zwar den unschönen Beigeschmack, dass die gepriesene Unabhängigkeit der europäischen Notenbank relativiert würde, da sie in ein politisch motiviertes Hilfsprogramm eingespannt war. Dass die heilige Kuh „Unabhängigkeit" später noch viel weiter relativiert wurde, war von Anfang an mit einberechnet.

Gefragt war schließlich die Expertise des IWF als hartem unnachgiebigen Sanierer, als der er seit seinem Paradigmenwechsel Ende der siebziger/Anfang der achtziger Jahre aufgetreten war. Unter Strauss-Kahn

---

[23] Ein weiterer Aspekt dürfte in der Person Strauss-Kahn gelegen haben. Zum damaligen Zeitpunkt galt als sicher, dass er der sozialistische Präsidentschaftskandidat werden würde und damit, ebenfalls relativ sicher, der zukünftige Präsident der französischen Republik. Der IWF als Helfer der Griechen konnte sich im Wahlkampf sehen lassen. Sein Drängen auf Beteiligung an der Griechenlandhilfe wird sich auch daraus erklären, dass in Griechenland drei große französische Banken engagiert waren.

3. Vorgeschichte, Verlauf und Ausgang der Krise

verlor er einiges an seinem Schrecken, der Franzose war es auch, der von der Politik der „Strafzinsen" nichts wissen wollte.

Der Sache nach blieb der Vorstoß des deutschen Finanzministers, einen EWF zu gründen, wohl der letzte Versuch, den IWF aus der Griechenland-Hilfe herauszuhalten. Die Europa-Skeptiker im Kanzleramt hatten sich offensichtlich schon seit längerem darauf festgelegt, den IWF in die Griechenland-Hilfe einzubeziehen, und zwar nicht als Rat- sondern auch als Geldgeber. Auch die EZB reihte sich bei den Gegnern einer IWF-Beteiligung ein. Ihr Präsident verlautbarte: „Ich glaube nicht, dass dies angemessen wäre."

Derweil ließ die europäische Politik es zu, dass internationale Spekulanten (Hedgefonds) auf alles Mögliche spekulierten. Auf einen Währungsverfall beim Euro, auf steigende Kurse bei griechischen Anleihen (falls die Eurogruppe sich zu einer Rettung entschließen sollte), auf fallende Kurse bei griechischen Anleihen (falls die Deutschen an ihrer harten Verweigerungshaltung festhalten sollten), und, last but not least, auf einen Verfall der Währungsunion. Die Eurogruppe wurde zum öffentlich Gespött und erinnerte in diesen Tagen an eine Bananenrepublik.

Das am 2. Mai 2010 beschlossene Griechenland-Paket umfasste 110 Milliarden Euro, war auf drei Jahre hin ausgelegt und trug bilaterale Kredite in Höhe von 80 Milliarden der Euro-Partner und 30 Milliarden des IWF zusammen. Der deutsche Anteil an dem Kreditpaket lag bei 22,4 Milliarden Euro, abgewickelt wurde das Geschäft, was Deutschland betrifft, über die Kreditanstalt für Wiederaufbau (KfW). Die Summe wurde in mehreren Tranchen ausgezahlt. Als „Gegenbuchung" musste die griechische Seite den Austeritätskurs noch einmal anziehen. Das entsprechende Sparpaket passierte das Parlament in Athen am 6. Mai 2010. Griechenland war das erste EU-Land, das damit seine wirtschaftspolitische Souveränität gänzlich an eine supernationale Behörde, bald bürgerte sich der Begriff Troika ein, abtrat.[24]

---

[24] Für die Troika ist der Begriff „supranational" nicht geeignet, da dieser ausschließlich für das europäische Integrationsprojekt vorgesehen ist. „International" ist die Troika auch nicht, da sie ja in einem supranationalen Kontext agiert. Deshalb der Begriff „supernational".

3.4 Die Programmzeit

Direkt in die supernationale Bearbeitung gerieten in der Krisenphase (2010-2012) drei kleinere Länder, Griechenland, Irland und Portugal, kurz davor standen zwei große Länder, Spanien und Italien, wobei Spanien „halb" in den Mechanismus gezogen wurde. Ganz am Ende traf es noch Zypern (2013).

Verlauf, Bearbeitung und Ergebnis des Krisenprozesses gehorchten – mit gewissen Abweichungen im Einzelnen – einem gemeinsamen *Muster*. Unter Verlaufsaspekten ging dem jeweiligen Antrag auf Hilfe eine mehrwöchige Phase der Abwehr und Fluchtversuche vorher, bis die Anleihen, ob auf den Sekundär- oder den Primärmärkten, eine solche Höhe erreichten, dass eine autonome Finanzierung des Staates nicht mehr möglich war. Wenn auch nicht ursächlich, so gehörte zu jeder Krisengenese die Herabstufung durch eine oder mehrere Ratingagenturen. Angeheizt wurde die Szenerie durch allerlei Spekulationen in der Öffentlichkeit, in schrillen Farben wurden die Zahlungsunfähigkeit einzelner Staaten und der Untergang der Währungsunion beschworen. Analysten begaben sich ins Hochgebirge spekulativer Annahmen und machten dort die *„Todeszone"* für Anleihezinsen aus, jenseits derer eine Kreditaufnahme von Staaten nicht mehr möglich sei.[25]

Die Staaten stellten dann einen Antrag und handelten anschließend mit der Troika ein *„Memorandum of Understanding"* aus, innerhalb dessen sie einen Souveränitätsverzicht vollzogen und harte fiskalische Sparmaßnahmen zusagten. Die Krisenbearbeitung – angesetzt in allen Fällen auf drei Jahre – war an dem Ziel der fiskalischen Konsolidierung orientiert, insbesondere an der Größe des Schuldenstandskriteriums, das in der gesetzten Frist eine bestimmte Marge erreichen sollte. Die Troika vermittelte über den Weg des Kredits jeweils eine festgelegte Programmsumme, die in mehreren Tranchen ausgezahlt wurde. Die Auszahlung erfolgte erst, wenn die zugesagten Reformen umgesetzt waren. Gläubiger

---

[25] Die Aufgeregtheiten um die „Todeszone" gehen auf Simulationen des Vermögensverwalters Flossbach von Storch zurück. Wenn ein Anteil der Zinszahlungen von 30 Prozent am Steueraufkommen erreicht sei, gerate ein Staat baldigst in zu dünne Luft und die Märkte entzögen ihm dann die Kreditwürdigkeit (vgl. Flossbach/Vorndran 2012, S. 101, 123 f., 169). Belastbar ist die Zahl nicht. Man muss nicht unbedingt das Beispiel Japans anziehen, um die Zahlenakrobatik ins Wanken zu bringen. Staaten können immer Steuern erhöhen oder glaubwürdige Wirtschaftsreformen auflegen. Wie wir weiter unten sehen werden, wird aber auch die Wissenschaft von dem Glauben beherrscht, man könne mathematisch bezifferbare Grenzen der Staatsverschuldung ermitteln.

waren zunächst die Eurostaaten, dann der EFSF, später der ESM und der IWF. Während der Programmzeit kam es zu massiven sozialen Protesten, die von den jeweiligen Regierungen innenpolitisch verarbeitet werden mussten. Das von außen durch die Troika gesetzte Ziel sollte sein, dass sich die Staaten nach dem Auslaufen des Programms wieder zu verträglichen Zinsen an den Kapitalmärkten Kredite besorgen konnten.

3.4.1 Griechenland

Griechenland ist unter mehreren Aspekten in der Dreier- bzw. Vierergruppe ein Sonderfall. Das Land kam in den „Genuss" zweier Rettungspakete, es kam zu einem Schuldenmoratorium und es wurde in einer Weise unter die Suprematie der Troika gestellt, die sich von den beiden anderen Programmstaaten abhebt.

Das am 2. Mai 2010 von Eurogruppe, EZB und IWF beschlossene Kreditpaket belief sich auf 110 Milliarden Euro, wovon die Euroländer 80 und der IWF 30 Milliarden Euro beitrugen. Es handelt sich um bilaterale Kredite. Die Tranchen waren vierteljährlich angelegt. Bevor das erste Rettungspaket vollständig abgearbeitet war, wurde am 21. Februar 2012 ein zweites Paket aufgelegt – vorausgegangen war der Grundsatzbeschluss am 21. Juli 2011. Das Volumen des zweiten Pakets betrug 172,6 Milliarden Euro. Gläubiger war dieses Mal der neu gegründete EFSF mit 144,6 und der IWF mit 28,0 Milliarden Euro. Die Auszahlung erfolgte wiederum in Tranchen. Bereits bei der Vereinbarung zum zweiten Programm war klar, dass damit auch der Schuldenschnitt unterstützt werden sollte. Während die Geber – auf deutschen Druck hin – beim ersten Paket noch Zinssätze, die auf Strafzinsen hinausliefen, verlangten, hatte man beim zweiten Paket ein Einsehen in dieses unsinnige Unterfangen, stellte die Zinsen auf 3,5 Prozent zurück und vereinbarte eine Laufzeitverlängerung von siebeneinhalb auf fünfzehn Jahre für die Tilgung.[26]

---

[26] Die Irreführung der deutschen Öffentlichkeit im Zusammenhang mit der Griechenland-Hilfe ist schier grenzenlos. Dass es sich bei dem deutschen Anteil an der Hilfe z.T. um Bürgschaften, die nichts kosten, und z.T. um Kredite handelte, auf die Zinszahlungen fällig sind, wird meist vergessen. Noch komplexere Zusammenhänge wurden der Öffentlichkeit schon gar nicht mehr zugemutet. Die Monitor-Sendung „Griechenlandkrise: Das Märchen vom deutschen Zahlmeister" (gesendet am 1. März 2012) trug einerseits Zahlen von Gustav Horn vor, wonach die deutschen Exporte durch die krisenbedingte Euroschwäche um 50 Milliarden Euro gestiegen sind. Und andererseits die

Im April und Mai 2011 ging das Trial-and-Error munter weiter. Griechenland musste hinnehmen, dass seine Zinsen auf den Sekundärmärkten in absurde Bereiche durchschossen: Am 26. April stiegen die Renditen für zweijährige Papiere auf 24,1 Prozent, für zehnjährige Papiere auf 15,3 Prozent. Im Vorfeld wurde an den Märkten und bei den interessierten Marktbeobachtern in der einschlägigen Presse über eine notwendige Umschuldung („haircut") und einen möglich Austritt des Landes aus der Währungsunion spekuliert. Die halbherzigen Gegenmaßnahmen der wirtschaftspolitischen Akteure lauteten: Klaus Regling (Chef des EFSF, später des ESM): „Es gibt keinen Plan B für Griechenland." Gertrude Tumpel-Gugerell (EZB): „Es geht auch *ohne* Umschuldung." Olli Rehn (Währungskommissar) am 2. Mai: „Ich wiederhole: Umschuldungen sind *kein* Bestandteil unserer Strategie gegen die Euro-Krise und werden es *niemals* sein" (Herv.d.Verf.).

Von den Ratingagenturen senkte Standard & Poor's langfristige griechische Anleihen am 14. Juni 2011 auf CCC, den schlechtesten Rang aller bewerteten Länder der Welt. Seit März 2012 galt Griechenland als zahlungsunfähig. Das Armutszeugnis für die Repräsentanten der europäischen Währungsunion, deren Zentralbank eine Währung emittiert, die zu den elaboriertesten der Welt zählt, konnte größer nicht sein. Übertroffen wurde das Testat der Agenturen nur noch durch das Debakel des Schuldenschnitts. Die politischen Akteure der Eurozone hatten sich in einem Maße verheddert, dass die völlig perspektivlose Maßnahme wie in einer Tunnelbohrung umgesetzt wurde.

Der Schuldenschnitt ging auf einen Grundsatzbeschluss der Eurogruppe vom 26./27. Oktober 2011 zurück. Nachdem, wie zu erwarten war, der Schuldenstand des Landes aufgrund der radikalen Sparmaßnahmen und der folgenden Nachfrageausfälle auf 160 Prozent des BIP gestiegen war, wollte man mit einem Moratorium langfristig – gemeint war bis 2020 – dafür sorgen, dass die Gesamtschulden auf 120 Prozent des BIP fallen und Griechenland zu diesem Zeitpunkt wieder ohne Finanzhilfen auskommt. Die Beratungen über Details zogen sich viele Monate hin. Auf der deutschen Weltbühne wurde die mittlerweile bekannte Begleitmusik gegeben, wahlweise wieder über die griechische Tragödie, die Faulheit der Griechen oder die Entlassung des Landes aus der Eurozone.

Zahl von 45-65 Milliarden Euro, die Deutschland an Zinskosten gespart hat, da die Kapitalzufuhr die Zinsen in die Keller purzeln ließ, so der Chefanalyst der Bremer Landesbank, Folker Hellmeier.

3. Vorgeschichte, Verlauf und Ausgang der Krise 75

Am Ende lief es darauf hinaus, dass die privaten Gläubiger auf 53,5 Prozent – das entsprach bei einer staatlichen Gesamtschuld von 375 Milliarden Euro (2011) 107 Milliarden Euro – verzichteten, die EZB bestand darauf, dass die in ihren Tresoren liegenden griechischen Anleihen nicht betroffen sind.

Kaum mehr überschaubar sind die zahllosen Sparpakete, die die jeweils gerade Regierenden in Griechenland aufgelegt hatten, sowie die Zusagen, die sie gegenüber der Troika getätigt hatten. Zahlreich auch die Regierungswechsel während der Programmzeit. Besonders hervorzuheben von den politischen Eruptionen ist der Plan des damaligen Ministerpräsidenten Papandreou vom 1. November 2011, eine Volksabstimmung über die auf dem Euro-Gipfel beschlossenen Sparauflagen durchzuführen. Die neue europäische Innenpolitik auf dem Gipfel sorgte dafür, dass er das Vorhaben diskret zurückzog und wenige Tage später seinen Platz als Regierungschef räumte.

3.4.2 Irland

Das nächste Programmland wurde Irland, das Mitte Juli 2010 zunächst von der Ratingagentur Moody's herabgestuft wurde und dann einen schmerzhaften Renditeanstieg bei der Auflage einer zehnjährigen Anleihe zu verzeichnen hatte. Es sollte aber noch vier Monate dauern, bis das sich heftig wehrende Land als erstes Euroland unter den neu gegründeten Schirm des EFSF schlüpfen sollte.

Unter fiskalischen Gesichtspunkten galt Irland jahrelang geradezu als vorbildlich. In den Jahren vor dem Ausbruch der globalen Finanzkrise lag die Schuldenstandsquote bei rund 25 Prozent des BIP, womit das Land weit unter dem Eurogruppendurchschnitt lag. Irland glitt aber schon früh, vor dem Ausbruch der globalen Finanzkrise, in eine wirtschaftliche Rezession ab. Sie begann Ende 2007, 2008 brach die Wirtschaft schließlich förmlich ein (über 6 Prozent Rückgang des BIP). Um die Entstehungsgründe der europäischen Krise angemessen nachvollziehen zu können, verdient es hervorgehoben zu werden, dass an den Anleihemärkten für irische Titel bis in das Frühjahr 2010 Ruhe herrschte. Erst als sich der Vorhang nach dem ersten Akt der griechischen Tragödie senkte, Griechenland zunächst isoliert wurde, dann aufgefangen werden musste, also im Mai 2010, schnellten die Zinsen für irische Anleihen in die Höhe. Wenn die Dämme des Vertrauens einmal brüchig geworden sind, reißen schnell Löcher an anderen Stellen auf. Bis zu dem genannten Zeitpunkt war das, was wir später die Schutzfunktion der Währungsunion nennen werden, noch vollständig intakt.

Die fundamentalen Ursachen für die irische Krise sind zum einen in einer heiß gelaufenen Immobilienkonjunktur und zum anderen – damit zusammenhängend – einem völlig überdimensionierten Finanzsektor zu suchen. Die seit 2007 fallenden Immobilienpreise führten zu einer Überschuldung privater Haushalte und, zusammen mit Insolvenzen im gewerblichen Immobiliensektor, zu Zahlungsausfällen in der Kreditwirtschaft. Die Kreditwirtschaft ihrerseits, bis zum Ausbruch der Krise nicht nur überdimensioniert, sondern auch in höchstem Maße unterreguliert, musste gestützt werden. Ein großer Teil der späteren Hilfskredite floss in den Bankensektor, teilweise kam es auch zu Verstaatlichungen (Anglo Irish Bank).

Als sich die Krise im Herbst weiter zuspitzte, konnte man es sich im Kanzleramt nicht verkneifen, auf dem EU-Gipfel am 29. Oktober 2010 in Brüssel bei dem zu errichtenden „Krisenmechanismus" (EFSF) lauthals eine Gläubigerbeteiligung (von Banken) zu fordern, was die Kapitalmärkte prompt mit einem weiteren Aufschlag auf irische Papiere quittierten.[27] Sarkozy ließ Merkel gewähren, der irische Premier Brian Cowen, um die labile Situation seines Landes wissend, beschwerte sich entsprechend. Als wenige Wochen später das irische Hilfspaket verabschiedet wurde, einigte man sich gleichzeitig auf die Grundlinien des zukünftigen Hilfsmechanismus (EFSM), die Beteiligung der Gläubiger erschien nicht im Vertragswerk. Von dem deutschen Lieblingsspielzeug war zu diesem Zeitpunkt nicht mehr die Rede, zu marktradikal und zu abwegig waren solche Vorstellungen. Die Iren mussten, wie die anderen Länder, förmlich zu ihrem „Glück", dem wirtschaftspolitischen Souveränitätsverzicht, gezwungen werden: Überlegungen in der irischen Politik, Banken in die Insolvenz zu schicken und vor allem die ausländischen Gläubiger nicht zu bedienen, wurden offensichtlich durch erheblichen Druck von außen – nicht zuletzt der EZB, die reichlich irische, aber auch mit ihnen verflochtene festländische Banken am Tropf hatte – abgewen-

---

[27] Offensichtlich schwebte deutschen Marktradikalen vor, dass das Land, das um Hilfe bei dem Krisenmechanismus nachsucht, vorab einen „Haircut" auf Kosten der Banken vornimmt, die privaten Gläubiger also an der Beseitigung der Zahlungsschwierigkeiten beteiligt. Auf die Nebeneffekte – Spekulation gegen die Papiere des Staates und Turbulenzen im Bankensystem – wies ein Direktoriumsmitglied der EZB in einem Beitrag zwei Wochen später hin (Bini Smaghi 2010).

3. Vorgeschichte, Verlauf und Ausgang der Krise 77

det. Zu groß war auch die Gefahr eines unübersehbaren Reißens von Kreditketten. Auch die erzwungene Rettungspolitik in Irland war ein Beispiel dafür, dass nur Hasardeure das moralisch-populistische Haftungsprinzip in die Praxis umsetzen wollen.

Das Land beantragte am 21. November 2010 offiziell bei der EU und dem IWF Hilfe. Bei einem Sondertreffen von Eurogruppe und EU-Finanzministern am 27./28. November 2010 wurde Irland eine Kredithilfe in Höhe von 85 Milliarden Euro zu 5,83 Prozent mit einer Laufzeit von drei Jahren gewährt. Wie im Falle Griechenland sollten die Mittel in Tranchen in vierteljährlichen Abständen ausgezahlt werden, nach einer Prüfung durch Eurogruppe und IWF, ob die Sanierungsauflagen eingehalten wurden. Getragen wurde die Summe durch Irland selbst (in Gestalt eines Rückgriffs auf einen Rentenreservefonds), die nunmehr bestehenden EFSM, den EFSF sowie Großbritannien, Schweden und Dänemark, also Nicht-EU-Länder, deren Banken aber stark in Irland engagiert waren. Später wurde auch bei Irland das Konzept der Strafzinsen aufgegeben (Reduktion auf 3,5 Prozent) und die Laufzeit der Kredite verlängert.[28]

Der Fall Irland ist unter mehreren Aspekten von Interesse. Mit Blick auf das Auflagenprogramm ist zunächst beachtenswert, dass die Troika darauf verzichtete, Irland von seinem Konzept der „Kampfsteuern" – die Unternehmenssteuern liegen auf einem absurd niedrigen Niveau (Körperschaftssteuer: 12,5 Prozent) – abzubringen. Eine deutliche Steuererhöhung hätte nicht nur das Volumen der Hilfskredite heruntergesetzt, sondern wäre auch im Sinne einer europaweiten Chancengleichheit beim Wettbewerb gewesen. Die Generosität muss vor dem Hintergrund gesehen werden, dass die „großherzige Mutter" EU dem Land seit seinem Beitritt (1973) über ein Vierteljahrhundert zu einem beispiellosen wirtschaftlichen Aufholprozess verholfen hat („keltischer Tiger") und dass sich die Europäer im Jahr 2009 zwei Volksabstimmungen bieten ließen, bis der Lissabon-Vertrag in die Ratifikation gehen konnte. Beachtenswert ist auch, dass die Iren sich in dem wirtschaftlichen Aufholprozess einen Bankensektor aufbauen konnten, der völlig überdimensioniert, aber unterreguliert war – alles unter stiller Beobachtung der EU-Kommission.

Gegen Ende der Programmzeit musste dem Land noch einmal außerhalb des „Memorandum of Understanding" geholfen werden. Der

---

[28] Das Konzept der Strafzinsen sah so aus: der EFSF konnte für seine erste Anleihe im Januar 2011 zu 2,89 Prozent Zinsen realisieren, an Irland weitergereicht wurden sie mit etwa dem Doppelten (5,83 Prozent).

irischen Notenbank, Teil des ESZB, wurde im Zusammenhang der „Finanzierung" der in die Insolvenz gegangenen Anglo Irish Bank gestattet, einen Schuldschein des Staates in langlaufende Staatsanleihen (erste Tilgung 2038) zu tauschen, wodurch das Volumen der Staatsanleihen drastisch in die Höhe schoss, für den Staat aber ein beachtlicher Zahlungsaufschub erwirkt war. Dem neoliberalen Irland hat man diese durch die Notenbank gestützt Staatsfinanzierung offensichtlich verziehen. Wir kommen darauf zurück.

Bei der Aufarbeitung der Krise um das Programmland Irland werden die Erfolge des keltischen Tigers in der Vergangenheit und das Dahinsiechen in der Gegenwart selten im Zusammenhang gesehen. Was der Neoliberalismus dazumal als – in der betriebswirtschaftlichen Sprache formuliert – Geschäftsmodell feierte, hat zu monströsen Disproportionalitäten und Wucherungen geführt. Selbstkritische Stimmen, etwa aus der EU-Kommission, unter deren Augen das irische Erfolgsmodell ja so reüssierte, hat man danach nicht gehört.

Irland verließ – fristgemäß – das Rettungsprogramm der Euroländer am 15. Dezember 2013 und gewann damit seine fiskalische Souveränität zurück. Seit Sommer 2012 platzierte man Anleihen am Kapitalmarkt und konnte sich zu erträglichen Zinsen finanzieren. Obwohl das Land weiterhin mit einem mehr als instabilen, unterkapitalisierten Bankensektor und einer Gesamtverschuldung (Staat, Private und Unternehmen), die viermal so hoch ist wie das BIP, lebt, wird es vom internationalen Neoliberalismus als hoffnungsfrohes Modell gefeiert. Zu sehr hängt der Neoliberalismus an dem alten (und neuen) Geschäftsmodell des irischen Staates.

3.4.3 Portugal

Portugal erwischte es als drittes Land. Bevor es zum Programmland wurde, spielte sich das schon von Irland her bekannte Spiel ab: Die Anleihen für portugiesische Papier zogen an – in den Wochen vor und nach dem Jahrwechsel 2010/11 pendelten sie bei über 7 Prozent für zehnjährige Titel – und die Ratingagenturen stuften herab.

Zu Beginn des Jahres 2011 gab es sogar eine Reihe positiver Nachrichten für das Land: China kündigte an, dass man gedenke, neben spanischen auch portugiesische Anleihen zu kaufen, was ein wenig Druck von der Risikoprämie nahm. Die Wirtschaftsbilanz für das Jahr 2010 fiel positiv aus, man hatte ein kleines Wachstum zu verzeichnen (1,94 Prozent Zuwachs beim BIP), und weil man Fortschritte beim Defizitabbau

3. Vorgeschichte, Verlauf und Ausgang der Krise

machte, ließ Standard and Poor's wissen, dass keine Herabstufung in der Kreditwürdigkeit mehr geplant sei. Getrübt wurde die verhältnismäßig gute Stimmung nur durch den deutschen Druck hinter den Kulissen, unter den Rettungsschirm zu schlüpfen. Während man die Griechenlandhilfe noch im Zeitlupentempo organisierte, konnte es bei Irland und Portugal gar nicht schnell genug gehen.

Jedenfalls gab es in Portugal weder einen überdimensionierten Kreditsektor noch eine heiß gelaufene Immobilienspekulation. Was es allerdings in den ersten zehn Jahren der Währungsunion – Portugal war von Anfang an dabei – gab, war ein erheblicher Zufluss an Auslandskapital. Ebenfalls zu verzeichnen war – ähnlich wie im Falle Griechenlands –, ein rapider krisenbedingter Anstieg in der Staatsverschuldung und eine eher ungünstige Wirtschaftsstruktur. Und zur Vorgeschichte gehört, dass in Portugal, genauso wie in den beiden anderen Programmländern, Banken aus den beiden großen Eurostaaten Deutschland und Frankreich erheblich engagiert waren.

Derweil ging es in den ersten Monaten 2011 in der europäischen Öffentlichkeit und Politik kreuz und quer durcheinander. Die EZB plante – mitten in der Krise – eine Zinserhöhung, der entstehende ESM wurde in der deutschen Politik klein geredet, indem schon vorab verkündet wurde, dass er keine Anleihen würde kaufen können. Fast täglich wurde über ein Hilfegesuch Portugals bei der Eurogruppe spekuliert. Prompt kam als Antwort der Kapitalmärkte der Zinsauftrieb für portugiesische Papiere. Die EZB versuchte dem mit dem Ankauf portugiesischer Anleihen zu begegnen. Noch nicht erwähnt wurde, dass am 9. Februar 2011 der designierte deutsche Chef der EZB, Axel Weber, seinen Verzicht auf eine Kandidatur bekannt gab. Alles Nachrichten, die wenig zu einer Beruhigung der Kapitalmärkte beitrugen.

Anfang April 2011 war es dann soweit: Im März hatte die sozialistische Regierung ihren Rücktritt erklärt. Die Risikoaufschläge auf portugiesische Staatspapiere zogen kräftig an, während die Ratingagenturen die Bonität herabstuften. Die Märkte waren hochgradig verunsichert, nicht zuletzt weil in der Öffentlichkeit eine chaotische Debatte um eine Umschuldung Griechenlands wogte. Am 6. April dann bezeichnete es der portugiesische Finanzminister Fernando Teixeira als notwendig, einen Hilfeantrag zu stellen. Anfang Mai 2011 einigte man sich mit Eurogruppe und IWF auf ein Paket von 78 Milliarden Euro, wovon die Eurostaaten 52 und der IWF 27,5 Milliarden Euro trugen. Im Gegenzug trat die noch amtierende Regierung ihre wirtschaftspolitische Souveränität ab und verpflichtete sich auf ein hartes Anpassungsprogramm, das alle bekannten Maßnahmen aus dem neoliberalen Instrumentenkasten (Privatisierungen, Steuererhöhungen, Kürzungen bei Sozialausgaben und Entlassungen im Staatssektor) umfasste. Eines der Programmziele sollte die Reduktion der Nettokreditaufnahme auf drei Prozent des BIP für das Jahr 2013 sein.

Aus der Programmzeit Portugals sticht im Vergleich zu den anderen Programmstaaten nicht hervor, dass es zu einem Regierungswechsel kam. Das passierte in allen Programmländern. Es sticht hervor das portugiesische Verfassungsgericht, das vier programmbezogene Gesetzesänderungen der Regierung – die beiden letzten betrafen die Arbeitsmarktflexibilisierung und die Entlassung von Beamten – blockierte und an das Parlament zurückverwies.

Das Programmende für Portugal kam pünktlich am 17. Mai 2014, und zwar ohne Abfederung durch einen Übergangskredit durch den ESM. Portugal kann sich seither wieder an den Kapitalmärkten finanzieren. Das zeigte die Auflage einer zehnjährigen Anleihe zu einem Zinssatz von 3,4 Prozent am 9. Mai 2014. Ein Schatten fiel nur durch das im Sommer 2014 ins Taumeln geratene Unternehmens- und Bankenkonglomerat Espírito Santo, das staatlich gestützt werden musste.

3.4.4 Zypern

Zypern ist ein kleines Land, und es lohnte sich eigentlich nicht angesichts der Dimension des späteren Rettungspakets, ausführlicher auf die Krise des Landes einzugehen. Die Zypern-Krise vom März 2013 hatte tatsächlich auch nicht die Dimension, dass sie die gesamte europäische Rettungspolitik noch einmal gefährdet hätte. Die Zypern-Krise ist aus einem anderen Grund von Interesse. Der ordnungspolitische Teil der Krise der Währungsunion war seit dem Spätsommer 2012 durch die Draghi-Interventionen beendet. In Zypern bot sich aber die Gelegenheit, insbesondere für den deutschen Neoliberalismus, die vermeintlichen Erkenntnisse aus der Krise – nach dem Schuldenschnitt für Griechenland – einer weiteren empirischen Belastungsprobe auszusetzen.[29] Es ging darum, endlich ein-

---

[29] Slowenien stand zu diesem Zeitpunkt ebenfalls am Abgrund des Übergangs zum Programmland. Auch hier wurde vernehmlich über eine Beteiligung der Aktionäre und Sparer diskutiert.

3. Vorgeschichte, Verlauf und Ausgang der Krise 81

mal die Haftungsidee aus der ordnungspolitischen Theorie in die Praxis zu entlassen.

Zu den Präliminarien des Falls Zypern gehörte der in der Öffentlichkeit aufgeführte Disput über die Systemrelevanz des Landes. Während die Europäer (Rehn, Draghi) ohne Wenn und Aber darauf beharrten, Zypern in der Eurozone zu halten, gefiel sich der deutsche Finanzminister in Spekulationen darüber, dass eine Insolvenz des Landes keine Bedeutung für das Gesamtsystem habe. Auch die Bundesbank ließ frühzeitig wissen, dass man auf der Gläubigerhaftung bestehen wolle, was möglicherweise riskante Löcher in die Kreditketten hätte reißen und zu einer Bedrohung für das ganze Land werden können. Allerdings handelte es sich nicht nur um einen Streit um Worte. Die Qualifizierung einer Einheit als „systemrelevant" stellte die Voraussetzung dar, damit der europäische Rettungsmechanismus überhaupt in Gang kommen kann.

Zypern war bereits seit Juni 2012 bei der Eurogruppe vorstellig geworden und suchte um Hilfe nach. Das war ein ganz anderes Verhalten als bei den anderen drei Programmländern, die im Vorfeld heftige Gegenwehr entfalteten. Im Frühjahr 2013 wurde die Sache dringend, da man fällige Anleihen nicht mehr bedienen konnte und der zypriotische Bankensektor ansehnlich in griechischen Anleihen investiert war und durch den Schuldenschnitt erhebliche Verluste erlitt. Zypern und sein Finanzsektor gerieten in die Krise, weil das Haftungsprinzip an anderer Stelle praktiziert wurde.

In einer Überrumpelungsaktion hatten die Finanzminister der Eurogruppe am Freitag, dem 15. März 2013, Zypern die Entscheidung mitgeteilt, dass es bei den Sanierungsmaßnahmen zu einer Zwangsbeteiligung der Sparer kommen müsse. Obwohl das Hilfsprogramm längst nicht die Dimension hatte, von der man lange Zeit ausging – rund 10 statt 17,5 Milliarden Euro –, bestanden die Entscheider auf einer Beteiligung der Bankkunden: Guthaben über 100.000 Euro sollten eine Abgabe von 9,9 Prozent, Guthaben darunter eine solche von 6,75 Prozent entrichten. Damit wären 5,8 Milliarden Euro zusammengekommen.

Gewährt werden sollte Zypern eine Kredithilfe von 10 Milliarden Euro durch den ESM (die IWF-Beteiligung war noch nicht klar). Insbesondere vier Maßnahmen musste das Land im „Memorandum of Understanding" als Reformmaßnahmen akzeptieren: 1.) Privatisierungen (staatliche Telefongesellschaft, Energieversorger, Häfen), 2.) der Bankensektor sollte bis 2018 auf das EU-Durchschnittsvolumen schrumpfen, 3.) die

Körperschaftssteuer sollte von 10 auf 12,5 Prozent steigen, 4.) Wirtschaftsprüfer sollten die Einhaltung der Anti-Geldwäschegesetze prüfen. Das Management der Zypern-Aktion war – gewollt oder ungewollt – chaotisch. Andere Urteile liefen auf „politisches Kollektivversagen", „Dilettantismus" und „Wahnsinn" hinaus. Schon Wochen zuvor wurde in der Presse kolportiert, im deutschen Finanzministerium werde dieses Mal eine besondere Maßnahme, die Beteiligung der Sparer, erwogen. Nicht zufällig tauchten in dieser Zeit am Boulevard auch Berichte über „russische Geldwäsche" auf, die unter dem Dach der beiden zypriotischen Großbanken stattfinden sollte.

Als besondere Verhandlungsnacht wird jene auf Samstag, den 16. März 2013, in der Finanzministerrunde der Eurogruppe eingehen. Nach zehnstündiger Verhandlung „akzeptierte" die zypriotische Seite auf erhebliche deutsche Pression das Ergebnis, dass bei der Krisenlösung alle Sparer zu beteiligen seien, obwohl in der gesamten EU ein Schutz von Sparguthaben bis 100.000 Euro rechtlich zugesichert wird. Mit dem Bruch der Einlegergarantie hätte aus einem Strohfeuer ein Flächenbrand in der Währungsunion entstehen können. Helles Entsetzen ergriff die Kapitalmärkte, und wenige Tage später, am 19. März 2013, lehnte das zypriotische Parlament die Lösung ab, sie wurde als „neo-kolonialistisch" bezeichnet.

Nach dem Entsetzen, das die „Methode Sparerbeteiligung" an Kapitalmärkten, bei Experten und in Zypern selbst hervorgerufen hatte, stritt das deutsche Finanzministerium ab, den Plan ausgeheckt zu haben, Erfinder seien vielmehr die EZB, die Kommission und die Zyprioten selbst gewesen. Man habe eher an eine Gläubiger- bzw. Aktionärsbeteiligung gedacht. Das Dynamit, mit dem hier in der deutschen Regierungspolitik hantiert wurde, brachte also schnelle Absetzbewegungen und Versicherungen, die Einlagen der Kleinsparer seien sicher.

Zwei Wochen später kam dann die endgültige Einigung. Der gesamte Finanzierungsbedarf Zyperns bis 2016 belaufe sich nicht, wie ursprünglich vermutet, auf 17,5 Milliarden Euro, sondern auf 23 Milliarden Euro. Die Troika hatte ihre Hilfskredite auf 10 Milliarden Euro (davon 1 Milliarde Euro durch den IWF) gedeckelt, so dass der Rest von Zypern selbst aufzubringen war. Die Verwendung der zehn Milliarden Euro aus dem ESM war wie folgt vorgesehen: 7,5 Milliarden Euro sollten in den Haushalt fließen, der Rest, 2,5 Milliarden Euro, in die Sanierung des Bankensektors, wobei die beiden Großbanken davon ausgenommen sein sollten. Die Laiki Bank sollte gänzlich abgewickelt, die Bank of Cyprus umge-

3. Vorgeschichte, Verlauf und Ausgang der Krise

baut werden. Grundsätzlich galt dann, dass Einlagen bis 100.000 Euro gesichert waren, wenngleich nicht sofort frei verfügbar, der Kapitalverkehr wurde drastisch eingeschränkt. Die Laiki Bank wurde in eine „Good Bank" und eine „Bad Bank" aufgespalten, erstere der Bank of Cyprus zugeschlagen, letztere sofort abgewickelt. Die Bank of Cyprus wurde in der Weise rekapitalisiert, dass Guthaben über der Einlagensicherungsgrenze in Anteilsscheine umgewandelt wurden.

Als die Einigung in trockenen Tüchern war, leistete sich der neue Eurogruppen-Chef Jeroen Dijsselbloem, seit Januar des Jahres 2013 im Amt, einen weiteren finanzmarktpolitischen faux pas. Der Niederländer ließ sich, nachdem er in den Wochen zuvor schon zum denkbaren Austritt Griechenlands aus der Währungsunion Stellung bezog, in mehreren Interviews darüber aus, dass das im zweiten Anlauf der Zypern-Krise gefundene Modell der Gläubiger- und Bankenbeteiligung, die Haftungsnahme der beiden zypriotischen Großbanken bei der europäischen Krisenlösung, jetzt als „Blaupause" gelten könne. Wiederum gab es helle Aufregung, dieses Mal bei den europäischen Großbanken. Abends wurde alles dementiert, bei den makroökonomischen Anpassungsprogrammen handele es sich um „maßgeschneiderte" Lösungen, Sonderfälle, ohne jeden Modellcharakter.

Im Gegenzug für die Notkredite sicherte Zypern folgendes zu: neben der angedeuteten Bankenschmelzung und Verkleinerung des gesamten Finanzsektors, eine Erhöhung der Unternehmenssteuern, Goldverkäufe, Privatisierungserlöse, sozialpolitische Maßnahmen (u.a. Rentenkürzungen, Erhöhung des Renteneintrittsalters, Kürzungen im Gesundheitssystem), inländische Anleihebesitzer sollten zu einer Laufzeitverlängerung gebracht werden und Maßnahmen gegen die Geldwäsche.

Immerhin vermochte das Zypern-Debakel zu offenbaren, welche innere Stabilität die Eurozone mittlerweile erlangt hatte. Das Missmanagement oder der Versuchsballon, der mit dem ersten Lösungsversuch gestartet wurde, die schier bodenlose, teils ins Rassistische getriebene und mehr oder weniger willkürliche Konfiskation von Geldvermögen und schließlich das absichtsvolle oder dümmliche Kommunikationsdesaster des neuen Eurogruppen-Chefs um die „Blaupause" hatten als Gemisch eigentlich fast alles, um eine massive Kapitalflucht der Geldvermögensbesitzer im gesamten Euroraum und einen Run der Sparer auf ihre Bankguthaben auszulösen. Nichts dergleichen ist in den Tagen danach geschehen. Der mehr als fade Beigeschmack neben den sozialpolitischen Auswirkungen der Krisenlösung liegt in der rüden Umgangsweise mit kleinen Teilnehmern der Währungsunion und der Tatsache, dass das Land bzw. seine Banken infolge einer Eurogruppen-Entscheidung, der griechischen Teilinsolvenz, in die Schieflage gekommen sind.

3.4.5 Die Ergebnisse der Programmzeit für die vier Länder aus europäischer Perspektive

Zum Ausbruch der Krise formuliert die Bundesbank in einer ersten Bewertung der Anpassungsprozesse in den Programmländern:

> „Mit dem Ausbruch der Finanz- und Wirtschaftskrise 2007/2008 fand der insgesamt nicht nachhaltige Expansionsprozess der Vorjahre in diesen Ländern ein abruptes Ende. Die Wachstumsperspektiven und damit einhergehend die Bonität von privaten Haushalten, Unternehmen, Finanzinstitutionen und auch des Staates wurden grundlegend neu bewertet" (Bundesbank 2014, S. 14).

Das ist, selbst wenn man die Anpassungsprozesse für notwendig hält, milde formuliert, reichlich ungenau. Der „Expansionsprozess" dieser Länder fand erst zwei Jahre später ein Ende, und er kam nicht aus heiterem Himmel, sondern als Ergebnis spezifischer europapolitischer Prozesse. Erst danach wurde die Bonität „grundlegend neu bewertet".

Der Schwerpunkt der Arbeit liegt auf der Ordnungspolitik der Währungsunion, deshalb erfolgen an dieser Stelle keine kritischen Bilanzen zu der Programmzeit der einzelnen Länder. Die angelegte Perspektive wird die europäische sein.

- Auffällig ist zunächst ein Time Lag in der Krisenbearbeitung zwischen den großen Eurostaaten oder den Kernstaaten einerseits und den kleinen Eurostaaten bzw. der Peripherie andererseits. Während in ersteren die Banken- und Finanzkrise und als Folge davon der Anstieg beim öffentlichen Schuldenstand im Wesentlichen im Jahr 2009 gestoppt war, begann sie in der Peripherie erst zu diesem Zeitpunkt.

- Die drei größeren Programmländer weisen unterschiedliche Wirtschaftsprobleme auf, die mit einem schematischen Austeritätskonzept bekämpft wurden. Griechenland hatte ein Problem der staatlichen und gesellschaftlichen Effizienz, Irland ein Problem des aufgedunsenen Banken- und Immobiliensektors und Portugal ein Problem ungünstiger Wirtschaftsstrukturen. Mit Austeritätspolitik allerdings bewältigt man keine Strukturprobleme.

3. Vorgeschichte, Verlauf und Ausgang der Krise

– Das zeigt sich auch in den nackten Daten, auf die die Troika-Politik in erster Linie gezielt hat. Die Kennzahlen der Unternehmungen „Griechenland", „Irland" und „Portugal" haben sich in der Programmzeit alle verschlechtert (vgl. die Tabellen 2 bis 4). Griechenlands Wirtschaft ist in den Jahren der Programmzeit um mehr als ein Viertel geschrumpft, die Schuldenstandsquote schnellte hoch, und die Passivierung der Leistungsbilanz wurde nicht aufgrund einer neuen Exportstärke halbwegs gestoppt, sondern weil es, krisenbedingt, zu einem Einbruch bei den Importen kam. Irlands Wachstumseinbruch war bei weitem nicht so stark. Dafür entnimmt man dem Zahlenmaterial eine Explosion bei den Staatsschulden. Auch der Einbruch in Portugal war nicht so stark wie in Griechenland, aber auch in diesem Land hat sich der Schuldenstand fast verdoppelt. Es bleibt als Paradoxon: *vor* der Programmzeit waren die Kennziffern der Programmstaaten nicht gut, was zum Anstieg der Risikoprämie bei den Anleihen der Staaten führte, *nach* der Programmzeit sind die Kennziffern noch schlechter, was zu einem Rückgang der Risikoprämien führte.

– Auch immanent konnte das einseitig auf die Reorganisation fiskalischer Größen zielende Sanierungsprogramm der Troika nicht überzeugen. Um es als trivialen Rechenvorgang in Hinblick auf die Schuldenstandsquote auszudrücken: In dem Maße wie die Sparprogramme den Zähler verkleinerten, sprang die Politik gewissermaßen in den Nenner, indem dort die Nachfrage ausfiel und das Sozialprodukt schrumpfte. Wenn in einem Bruch Zähler und Nenner schrumpfen, dann ließe sich eine Reduktion des Quotienten (Schuldenquote) nur dadurch bewältigen, dass mehr gespart wird als die Wirtschaft schrumpft. Das ist ein Unterfangen, das gesamtwirtschaftlich nicht funktioniert.

– Europapolitisch wird die Programmzeit von Griechenland, Irland und Portugal als die erste Periode verbucht werden, in der supra- oder supranational regiert wurde. Damit ist – unabhängig von der Bewertung der Regierungsergebnisse – ein neues Kapitel in der europäischen Innenpolitik aufgeschlagen worden.

– Die Nachzeichnung des ordnungspolitischen Teils der europäischen Krise erfolgt im nächsten Schritt. An dieser Stelle kann aber schon festgehalten werden, dass in der Programmzeit nicht nur neue Institutionen entstanden sind, sondern dass die Programmländer auch ein Labor für die Erprobung neoliberaler Politikmodule waren. Genannt seien als wichtigste Module die Staateninsolvenz, die Gläubigerhaftung und der Kauf von Zeit durch die Notenbank.

– Und schließlich: Die Programmzeit wird als Paradebeispiel für die Kommunikation der Politik mit den Märkten in die Bücher der Wirtschaftsgeschichte eingehen. Vor dem Hintergrund staatlich geretteter Banken- und Finanzinstitute konnten eben diese selbst als Finanzmärkte davon überzeugt werden, kleinen Euroländern keine vernünftige Finanzierung zu ermöglichen.

Tab. 2: Ausgewählte Wirtschaftsdaten zu Griechenland

	2007	2008	2009	2010	2011	2012	2013
Wachstum (BIP)	3,54	-0,22	-3,14	-4,94	-7,11	-6,38	-4,21
Nettokreditaufnahme (in % am BIP)	-6,5	-9,8	-15,7	-10,7	-9,5	-9,0	-12,7
Schuldenstand (in % am BIP)	107,4	112,9	129,7	148,3	170,3	156,9	175,1
Leistungsbilanzsaldo (in % am BIP)	-11,2	-13,6	-13,6	-12,1	-10,4	-7,5	-3,8

Quelle: Eurostat.

Tab. 3: Ausgewählte Wirtschaftsdaten zu Irland

	2007	2008	2009	2010	2011	2012	2013
Wachstum (BIP)	5,0	-2,2	-6,4	-1,1	2,2	0,2	-0,3
Nettokreditaufnahme (in % am BIP)	0,2	-7,4	-13,7	-30,6	-13,1	-8,2	-7,2
Schuldenstand (in % am BIP)	24,9	44,2	64,4	91,2	104,1	117,4	123,7
Leistungsbilanz saldo (in % am BIP)	-4,1	-4,8	-4,4	-2,3	0,0	2,3	4,0

Quelle: Eurostat.

Tab. 4: *Ausgewählte Wirtschaftsdaten zu Portugal*

	2007	2008	2009	2010	2011	2012	2013
Wachstum (BIP)	2,37	-0,01	-2,91	1,94	-1,55	-3,17	-2,32
Nettokreditaufnahme (in % am BIP)	-3,1	-3,6	-10,2	-9,8	-4,3	-6,4	-4,9
Schuldenstand (in % am BIP)	68,4	71,7	83,7	94,0	108,2	124,1	123,0
Leistungsbilanzsaldo (in % am BIP)	-10,4	-11,1	-11,2	-11,4	-9,5	-6,5	-2,8

Quelle: Eurostat.

3.5 Das ordnungspolitische Trial and Error

Im Folgenden wird der ereignisgeschichtliche Teil der Ordnungsanalyse nachgezeichnet, der systematische folgt in Teil 5. Nachdem die Vertrauensbasis für Griechenland, aber auch für die Währungsunion insgesamt in einem halbjährigen Prozess zerstört wurde, begann im Frühjahr 2010 der Krisenprozess im engeren Sinn. Gut zwei Jahre später sollte er mit der Intervention des EZB-Präsidenten Draghi, der das Vertrauen in die Währungsunion wieder herstellte, sein Ende finden. Die Akteure der Eurogruppe ergriffen in dieser Zeit zahlreiche Initiativen, ließen sie wieder fallen, verfielen in Streit und waren auf Kompromisse angewiesen, ganz wie man sich einen Prozess des Suchens und Findens von und in einer Gruppe vorstellt. Insgesamt unterlag den Aktivitäten kein Plan, auch ein roter Faden lässt sich nicht ohne weiteres gewinnen, am Ende zeigte sich aber doch die stabile Gesamtform eines neuen Typs von Währungsunion.

Die Bundeskanzlerin eröffnete, nachdem die Solidarität mit Griechenland aufgekündigt war, im Frühjahr 2010 eine neue Etappe in der Krise. Am 17. März 2010, noch bevor das erste Rettungspaket für Griechenland geschnürt war, verkündete sie in einer denkwürdigen Rede vor dem Deutschen Bundestag:

> „Er (Schäuble, d.Verf.) hat Vorschläge gemacht, dass wir für die Zukunft ein Vertragswerk bekommen, aufgrund dessen es als Ultima Ratio sogar möglich ist, ein Land aus dem Euro-Raum auszuschließen, wenn es die Bedingungen langfristig immer wieder nicht erfüllt. Sonst kann man nicht zusammenarbeiten."

Damit war nicht nur die Verunsicherung Griechenlands auf eine neue Stufe gehoben, sondern auch die Spekulation um das Fortbestehen der Währungsunion als Ganzer eröffnet. Das weite Feld denkbarer (und vorher undenkbarer) Möglichkeiten war zu sehen, und in diesen zwei Krisenjahren wurden diese auch zum Thema gemacht. Es war das Gegenteil dessen, was die Kanzlerin mit ihrem damaligen Finanzminister im Oktober 2008 tat und was der Funktion von Politik entsprechen sollte, nämlich in der Krise die Vermittlung von Vertrauen und Sicherheit zu gewährleisten.

Die europafeindliche deutsche Presse hat sich in den Monaten nach dem Ausbruch der Akutphase der Krise jauchzend den Spaß erlaubt, die deutsche Entwicklungspolitik in der Trial-and-Error-Phase durch Konfrontation von Politikeraussagen nach dem Prinzip „Vorher" und „Nachher" als Chaos- oder Lügenveranstaltung vorzuführen. Die bekannteste Entlarvung als Lügner musste sich dabei der Finanzminister gefallen lassen. Er formulierte am 24. Juli 2010 in einem Interview in der FAZ:

„Die Rettungsschirme laufen aus. Das haben wir klar vereinbart."

Nicht einmal ein Jahr später war der ESM als dauerhafter Schutzschirm beschlossene Sache und seine Funktionsweise in einen Vertrag gegossen.

Zu den ordnungspolitischen Auffälligkeiten der Anfangszeit gehört die Konstruktion der Troika. Nachdem auf dem beginnenden Weg des Versuchs und Irrtums zunächst über eine deutsch-französische Kaufaktion griechischer Anleihen spekuliert wurde, kam schnell auch eine Beteiligung des IWF ins Spiel. Wir werden weiter unten darauf zurückkommen, warum man die EU-Kommission nicht mit der Aufgabe der Betreuung der Programmländer beauftragt hat. Fest steht, dass die Kooptation von IWF und EZB für sie, die Kommission, ein Affront sein musste. Dass die EZB als Mitglied in der Troika auftauchte, war ebenfalls ungewöhnlich, da die Übernahme wirtschaftspolitischer Gewalt an und für sich nicht zu ihren Aufgaben gehört. Das größte Mirakel allerdings bleibt der IWF als Mitglied der Troika. Bekannt ist, dass das Kanzleramt dieses Mandat durchsetzte, nach außen begründet mit der Kompetenz des IWF. Auch die Niederlande sollen sich für diesen Ansatz ausgesprochen haben. Und natürlich alle antieuropäischen Neoliberalen. Dass damit die ganze Welt – China und Russland, Schwellen- und Entwicklungsländer und nicht zuletzt die USA, die alle Mitglieder im IWF

3. Vorgeschichte, Verlauf und Ausgang der Krise

sind – zu den europäischen Sanierern gehören würde, wirft ein sehr bizarres Licht auf das europäische Projekt und sein Selbstverständnis.

Eine Woche nach dem Griechenland-Paket entstand in Brüssel auf einer Sondersitzung des Finanzministerrats der erste Rettungsschirm. Der Brüsseler Gipfel vom 7. bis 9. Mai 2010 brachte die später so genannten European Financial Stability Facility (EFSF) mit einem Kreditvolumen von 750 Milliarden Euro, das sich aus drei Teilen zusammensetzte. 60 Milliarden stammten aus EU-Mitteln, 440 Milliarden Euro aus Garantien aus den Nationalstaaten 250 Milliarden Euro aus Mitteln des IWF. Der damalige französische Staatspräsident Sarkozy triumphierte, dass die Institution zu „95 Prozent auf französische Vorstellungen" zurückgehe und die herbeigesehnte Wirtschaftsregierung bringe. Die deutschen Marktradikalen beklagten, dass damit der Einstieg in die Transferunion beschritten und das „Bail-out-Verbot" des Artikels 125 AEUV gebrochen worden wäre.[30] Wir werden in Teil 5 sehen, dass beide Einordnungen falsch waren. An dieser Stelle mag die Feststellung genügen, dass der Schirm, der zur Beeindruckung der Märkte gedacht war, das Gegenteil bewirkte, er legte die Zündschnur an die Staatshaushalte der nächsten Krisenkandidaten. An den Kapitalmärkten fragte man sich, wozu eine Institution gründen, wenn sie nicht auch in Anspruch genommen werden sollte.

Am 7. Juni 2010 war die EFSF, eine Zweckgesellschaft nach Luxemburger Recht unter dem Vorsitz von Klaus Regling, formell in Kraft. Die Institution verkörperte ein anderes Modell als das Griechenland-Paket, das bilaterale Kredite vermittelte. Die EFSF, gegründet von der damals 17 Mitglieder umfassenden Eurogruppe, sollte, so der Grundgedanke, Kredite zu günstigen Zinsen am Kapitalmarkt aufnehmen und sie an den Krisenstaat weiterreichen, der sich nicht mehr zu vertretbaren Zinsen am Kapitalmarkt finanzieren konnte. Ein gewisser Strafzins sollte aber beibehalten werden. In der Organisationsstruktur nahm die EFSF den späteren ESM vorweg. Um an den Kapitalmärkten ein hohes Rating zu erzielen wurde der Fonds zu 120 Prozent abgesichert. Tatsächlich war es so, dass er bei der Kreditaufnahme stets Zinsen realisierte, die etwas über den (niedrigen) deutschen Anleihezinsen lagen. Umstritten blieben für den ESM bis zuletzt drei Fragen: 1.) die Frage, ob der Fonds eine

---

[30] Gegen das Gesetz, das die deutsche Beteiligung am EFSF regelte, erhoben neoliberale und konservative Wissenschaftler und Politiker Klage beim Bundesverfassungsgericht, womit – nach dem sogenannten Lissabon-Urteil – eine neue Runde in der europapolitischen Rechtsprechung des Gerichts eingeläutet wurde.

Bankenlizenz erhalten sollte; 2.) die Frage, ob der Fonds an den Sekundärmärkten Anleihen von „bedrohten" Staaten kaufen dürfte und 3.) die Frage, ob das Volumen des Fonds für eine ernsthafte Krise ausreichend sei oder ob er gehebelt werden müsse.

Im Herbst des Jahres 2010 waren in dieser Phase des Trials and Errors mehr Irrtümer und Merkwürdigkeiten zu verzeichnen. Zu den Merkwürdigkeiten gehörte das ominöse Treffen von Merkel und Sarkozy am Strand von Deauville in Vorbereitung auf den Gipfel am 28./29. Oktober 2010 in Brüssel. Am größten war die Aufregung in den Partnerstaaten und den europäischen Institutionen, weil sich ein weiteres Mal die beiden Großen als Allein- und Vorentscheider gefielen, so dass sich der Eindruck eines europäischen Direktoriums verfestigte. Inhaltlich äußerte sich das der Presse präsentierte einseitige Papier erstens zur Finanzpolitik und plädierte für eine Verschärfung des Stabilitätspakts und zweitens zu einem „robusten Krisenbewältigungsmechanismus", der die gerade begründete EFSF auf der Basis einer Vertragsveränderung, so hieß es ausdrücklich, ablösen und die Möglichkeit einer „Beteiligung privater Gläubiger" beinhalten sollte. Die Presse war sich uneinig, wer wen „über den Tisch gezogen hat". Sarkozy Merkel, weil er verhinderte, dass im Stabilitätspakt ein Automatismus eingebaut wurde, oder Merkel Sarkozy, weil sie durchgesetzt hat, dass es zu einer Vertragsveränderung und einer Gläubigerbeteiligung kommen sollte. Die spätere Entwicklung sollte zeigen, dass nichts des Angekündigten das Licht der Welt erblickte, also Irrtümer produziert wurden. Der spätere Fiskalpakt wurde außerhalb der Verträge verabschiedet, die Verschärfung des Stabilitätspakts kam auf dem Wege des Sekundärrechts zustande und die Automatismen wurden vollständig vom Tisch genommen.

Nachdem Irland im November 2010 unter dem Rettungsschirm war – und danach um mehrere Stufen von den Ratingagenturen heruntergestoßen wurde –, wurde die Diskussion während des restlichen Jahres von einer Aufstockung des zu gründenden Rettungsschirms und einer vertraglichen Verankerung bestimmt. Die intendierte Vertragsveränderung kam angeblich deutschen Wünschen entgegen, da man sich so besser mit dem Bundesverfassungsgericht arrangieren könnte. Mit dem Vorschlag der Aufstockung des geplanten Rettungsfonds, durch den Kommissionspräsidenten Manuel Barosso ins Spiel gebracht, machte sich dieser nicht nur Freunde in Deutschland. Versuche des Eurogruppen-Chefs Juncker, Eurobonds als Lösungsansatz in den Vordergrund zu rücken, erhielten Absagen, in Deutschland wurde sofort gerechnet: 17 Milliarden Euro zusätzliche Zinskosten brächte diese Idee als Belastung für Deutschland, da man weniger günstige Zinsen in Kauf nehmen müsste. Der Gipfel am Wochenende des 17. Dezember 2010 verlief alles in allem harmonisch. Im Hintergrund aber schon entwickelte sich ein portugiesisches Problem. Auf dem Gipfel kam es schließlich zu einer Veränderung des Lissaboner Vertrages. Nachdem im Mai 2010 die Grundsatzentscheidung für einen europäischen Fonds gefällt wurde, beschloss der Gipfel vom 28./29. Oktober 2010 einen dauerhaften Krisenmechanismus einzurichten. In einer Erklärung der Eurogruppe wurden die Eckpunkte des zu gründenden ESM festgelegt. Der Dezembergipfel schließlich schuf die rechtliche Grundlage für dessen Gründung. Im Wege des vereinfachten Vertragsänderungsverfahrens (AEUV Art. 48, Abs. 6)[31] wurde der Art. 136 um folgenden Absatz 3 erweitert:

> „Die Mitgliedstaaten, deren Währung der Euro ist, können einen Stabilitätsmechanismus einrichten, der aktiviert wird, wenn dies unabdingbar ist, um die Stabilität des Euro-Währungsgebiets insgesamt zu wahren. Die Gewährung aller erforderlichen Finanzhilfen im Rahmen des Mechanismus wird strengen Auflagen unterliegen."

Die Vertragsänderung sollte am 1. Januar 2011 in Kraft treten. Von dem deutschen Neoliberalismus wurde die Vertragsergänzung als „Öffnungsklausel" des No-bail-out-Artikels und Übergang in die „Transfer- und Haftungsunion" gedeutet.

Das erste Vierteljahr 2011 war im Wesentlichen durch die Vorbereitungen für die Modellierung des anstehenden europäischen Fonds, des ESM, sowie die Modifikationen bei der „Economic Governance" bestimmt. Zwei vorbereitende Gipfel – am 4. Februar und am 11./12. März 2011 – leisteten die Vorarbeit, am 24./25. März wurde das Gesamtpaket verabschiedet (vgl. Bundesbank 2011, S. 53 ff.). Von deutscher Seite aus ging es darum zu verhindern, dass der zukünftige ESM ein starker, autonom agierender Fonds würde, stets sollte er nur als Ultima-Ratio-Institution agieren. Man sorgte u.a. dafür, dass er nicht am Kapitalmarkt beim Kauf von Staatspapieren auftreten durfte. Nach den Aufregungen in den Monaten zuvor war mit dem Charakter als intergouvernementaler Veto-

---

[31] Unter bestimmten eng umgrenzten Bedingungen muss nicht der große Weg der Vertragsänderung über Konvent, Regierungskonferenz und nationale Ratifikation gegangen werden.

Institution, die der ESM wurde, jetzt in Deutschland bei den meisten Entwarnung angesagt.

Viel Nebel breitete sich aus, als die Bundesregierung in den ersten Wochen des Jahres mit einem „Pakt für Wettbewerbsfähigkeit" auf der europäischen Bühne auftrat. Verirrte Kommentatoren deuteten dies als einen Wiedergänger der unseligen Globalsteuerung auf europäischer Bühne oder gar als Hinwendung zu den französischen Forderungen nach einer europäischen Wirtschaftsregierung. Auf dem Gipfel Ende März war von dem Spuk schon nicht mehr die Rede. Aber der Pakt sollte sich später wieder melden.

Zu dem Gesamtpaket gehörte als Bestandteil der „Economic Governance" die Reform im Stabilitäts- und Wachstumspakt (SWP), der „Euro-Plus-Pakt" (EEP) und die Einführung eines Verfahrens bei makroökonomischen Ungleichgewichten. Diese drei Komponenten der zukünftigen Anti-Krisenpolitik waren auf dem März-Gipfel im Grundsatz beschlossen worden, sie mussten bis zum Sommer noch die Hürde im Europaparlament nehmen. Der SWP wurde verschärft, allerdings nicht in der von den Deutschen gewünschten Richtung mit Automatismen. Auch behielt der Ministerrat die Letztentscheidung bei möglichen Sanktionen. Der EEP zielte auf eine Stärkung der Wettbewerbsfähigkeit seiner Mitglieder, blieb aber auf der Ebene eines Paktes, formulierte also Absichtserklärungen. Das Verfahren bei makroökonomischen Ungleichgewichten wurde auf deutschen Druck bei den Grenzwerten entschärft und beschränkte sich weitgehend auf Frühwarn- und Empfehlungsdimensionen.

Im Hintergrund vollzog sich an den Anleihemärkten ein bekanntes Spiel. Wie im griechischen und wie im irischen Fall musste Portugal erhöhte Risikoprämien zahlen und die Ratingagenturen stuften das Land herab. Wie üblich waren Ursache und Wirkung kaum auseinanderzuhalten. Ebenfalls schon üblich war, dass sich das Land vehement gegen den drohenden Souveränitätsverlust zur Wehr setzte. Des Öfteren wurde in diesen Wochen auch die Umschuldung Griechenlands hin und her bewegt.

In dieser Zeit arbeitete sich die Krise auch auf die Ebene der geldpolitischen Mandatsträger vor. Der designierte EZB-Präsident, der Bundesbank-Chef Axel Weber, verzichtete Anfang Februar 2011 auf seinen zukünftigen und gleich auch auf seinen gegenwärtigen Posten. Webers Rücktritt verursachte bei den ideologischen Gesinnungsgenossen in Deutschland helle Empörung, da ihm das als Fahnenflucht ausgelegt wurde.

In einen Irrgarten geriet in dieser sich zuspitzenden Krise die EZB selbst. Am 7. April 2011 hob sie den Hauptrefinanzierungssatz von 1 auf 1,25 Prozent wegen „drohender Inflationsgefahren" an und stellte dabei weitere Erhöhungen in Aussicht. Der EZB-Präsident Trichet befand sich in den letzten Wochen seiner Amtsperiode und wollte möglicherweise als entschiedener Gegner der Inflationsgefahren in die Annalen eingehen. In Europa wurden derweil eher deflationäre Gefahren vermutet, mit Befremden wurde diese Maßnahme zur Kenntnis genommen, allein in Deutschland sah man sich in seinen hysterischen Inflationswitterungen bestätigt. Trichet gefiel sich aber auch noch mit einem bizarren politischen Vorschlag: er entwickelte die Idee eines „europäischen Finanzministeriums" auf der Basis einer „neuartigen Form der Konföderation souveräner Staaten" mit Aufsichts- und Durchgriffsrechten in die Wirtschaftspolitik hochverschuldeter Staaten. Wir kommen darauf zurück.

Als sich im Sommer 2011 panikartige Stimmungen an den Börsen und Kapitalmärkten ausbreiteten und Erinnerungen an die gerade überwunden geglaubte Schockstarre nach der Lehman-Pleite im Jahr 2008 wach wurden, wurde der angestrebte Zinskorridor nach oben diskret zurückgezogen und man verlegte die Aktivitäten auf andere Gebiete.

Im Profil des Krisenverlaufs ragt nach der ersten Maiwoche 2010, an deren Ende das erste Griechenland-Paket und die Gründung eines europäischen Fonds standen, die gut ein Jahr später sich einstellende Oszillation – zweijährige griechische Staatsanleihen notierten zeitweise bei einem Zins von über 30 Prozent – um das zweite Griechenland-Paket heraus. Obwohl das Land schon ein Jahr eines beispiellosen Austeritätskurses hinter sich hatte, schossen an den Finanz- und Politikmärkten Zinsen, Gerüchte und Paniknachrichten ins Kraut. Obwohl eine Zahlungsunfähigkeit Griechenlands überhaupt nicht zur Debatte stand, weil das Land seit einem Jahr durch die Gelder aus dem Rettungspaket versorgt wurde, spekulierte die deutsche Öffentlichkeit munter auf eine drohende Zahlungsunfähigkeit.

Anfang Juni war man im deutschen Finanzministerium in seinen Planungen soweit entschlossen – es lag ein internes Papier vor –, dass man eine Beteiligung privater Gläubiger für ein zweites Rettungspaket für Griechenland durchfechten wollte, eine „sanfte Umschuldung" im Wege einer erzwungenen Laufzeitverlängerung von Anleihen. Der Haftungsdoktrin sollte unbedingt Geltung verschafft werden. Garniert war der Vorschlag mit dem an Populismus kaum zu überbietenden „Argument", nicht nur der Steuerzahler dürfe herangezogen werden, sondern auch die

Privaten. Helle Aufregung gab es darob im restlichen Europa und bei der EZB, die sogar damit drohte, im Falle einer Gläubigerbeteiligung als Sicherheit hinterlegte griechische Papiere nicht mehr zu beleihen.[32] Der deutsche Finanzminister hatte die Forderung in einem Brief an seine Kollegen im Ministerrat bekräftigt. Die deutsche Opposition wollte in noch größerem Populismus harte Umschuldungsmaßnahmen. Am 10. Juni 2011 wurde in einem Entschließungsantrag durch den Bundestag bekräftigt, dass eine „angemessene Beteiligung privater Gläubiger" bei einer neuen Hilfe für Griechenland stattfinden müsse.

Eine zwingende Notwendigkeit für die öffentliche Zuspitzung in der Diskussion um ein zweites Rettungspaket für Griechenland – etwa in dem Sinne, dass ein konkreter Zahlungsausfall drohte – gab es nicht. Das Land stand unter Kuratel der Troika und dieser sind bei ihren Berechnungen im Frühjahr 2010 offensichtlich gravierende Fehler unterlaufen. Zum einen hatte man fatal unterschätzt, in welchem Maße der austeritätsbedingte Wirtschaftseinbruch erfolgen würde, zum anderen hatte man vorgesehen, dass das Land 2012 mit langfristigen Kreditaufnahmen an den Kapitalmarkt zurückkehren sollte. Das erwies sich jetzt als illusionär. Das Rettungspaket war damit unterfinanziert, so dass ein zweites aufgelegt werden musste. Überdies sollten Griechenland weitere Windungen in der Sparspirale abgerungen werden.

Griechenland kam überhaupt keine „Schuld" zu. Das Land ist den Sparauflagen nachgekommen, man stand vor der Auszahlung der fünften Tranche in Höhe von 12 Milliarden Euro, das Testat der Troika war positiv, allenfalls bei den Privatisierungen war man in Verzug, kein Wunder angesichts der miserablen Marktlage.[33]

Bei einem „Zweier-Gipfel" zwischen Merkel und Sarkozy im Kanzleramt am 17. Juni 2011 wurde die tiefe Zerrissenheit über der Frage der griechischen Insolvenz, die in den Wochen zuvor geherrscht hatte, durch

---

[32] Die Argumentation der EZB hatte etwas Bigottes: Wenn es zu einer Umschuldung komme und diese würde von den Ratingagenturen als „erzwungen" gewertet, würden griechischen Anleihen auf D („Default" = Ausfall) herabgestuft, so dass sie von ihr nicht mehr bei Finanzierungsgeschäften akzeptiert werden könnten. Die Folge: ein Zusammenbruch des griechischen Bankensystems. Bigott ist dies, weil die EZB nur ein kleines Steinchen aus dem Mechanismus eines marktwirtschaftlichen Kreditsystems – also ihren eigenen Vorschriften – herausnehmen müsste, nämlich die Bonitätsbewertung durch eine etablierte Ratingagentur.

[33] Die IWF-Regel besagte, dass eine Tranche erst dann ausgezahlt werden dürfte, wenn die Finanzierung für die nächsten zwölf Monate gesichert sei.

einen Formelkompromiss zunächst abgemildert: die Beteiligung der privaten Gläubiger solle auf „freiwilliger Basis" geschehen.

Der Sondergipfel am 22. Juli 2011 brachte dann folgende Beschlüsse: Ein neues Rettungspaket für Griechenland, eine Zinssenkung für Kredite aus dem Rettungsschirm, was einer Abkehr von der Politik der Strafzinsen gleichkam, und eine Laufzeitverlängerung von griechischen Anleihen. Außerdem sollte die Beteiligung privater Gläubiger angestrebt werden, wobei die Modalitäten noch weitgehend unklar waren. Es sollte noch Monate dauern, bis eine belastbare Krisenlösung zusammen war, es hatte den Anschein, als wolle man die Kapitalmärkte mit einer episch angelegten Dramaturgie unterhalten.

Die EZB konnte erst wenige Tage vor dem Brüsseler Sondergipfel der Eurogruppe für den Kompromiss gewonnen werden. Die bei ihr eingelagerten griechischen Papiere würden nicht für den Schuldenschnitt herangezogen. Die Staaten würden für griechische Anleihen bürgen. Entsprechend wurde das Instrumentarium der EFSF bzw. des späteren ESM, die präventiv tätig werden dürften, ausgeweitet. Deutsche Kritiker sahen darin einen weiteren Schritt in Richtung einer Haftungsunion und eine Entmachtung des Bundestags.

Nach der Zerstörung des Vertrauens in die Währungsunion durch die Entsolidarisierung Griechenland betreffend Anfang 2010 war der Beschluss zur Teilinsolvenz Griechenlands der zweite katastrophale Fehler der europapolitischen Akteure. Eine sachliche Notwendigkeit dafür lag nicht vor, es ging um ideologische Satisfaktion für deutsche Haftungsschwärmerei. Die Währungsunion erhielt damit den Beigeschmack der Fremdheit, des Diktatorischen und des Dschungelgesetzes. Dass sie ein Renommee – in der Anlegersprache: „standing" oder „performance" – zu verteidigen hatte, wurde völlig ausgeblendet und purer Ideologie geopfert. Die Sparer und Kapitalanleger hatten verstanden, die Verunsicherung fraß sich weiter durch den Euroraum. Die nächsten Kandidaten waren die Schwergewichte Italien und Spanien.

Ende Juli brach an den Weltbörsen Panik aus, der Goldpreis stieg täglich und die Risikoprämien für die europäischen Problemstaaten, v.a. Italien und Spanien, erreichten die „Todeszone" bei den zehnjährigen Anleihen (6 bis 7 Prozent). Der europäische „double dip", der nach der globalen Reaktion zweite Konjunktureinbruch, nahm langsam Gestalt an. Die gerade überwunden geglaubte Krise war zurück, auch weltweit. Im ideologischen Überbau brachen sich die üblichen Reaktionen der Panik, der self-fullfilling prophecies und der radikalen Vorschläge Bahn. Die

Ratingagentur Standard & Poor's reduzierte die Bonität der USA von AAA auf AA+. Europafreundliche Stimmen auf dem Kontinent schoben erneut die Eurobonds als Lösungsansatz für die gestiegenen spanischen und italienischen Zinsen kräftig in den Vordergrund. Ganz am rechten Rand meldeten sich nationalistische Gruppierungen zu Wort und prognostizierten oder sehnten die Auflösung der Währungsunion herbei, in Finnland die Wahren Finnen, in Frankreich der Front National mit Marine LePen, in den Niederlanden der Rechtspopulist Geert Wilders. Die wirtschaftsnationalen Euro-Feinde in Deutschland legten ein ums andere Mal Bedenken gegen die gefassten Beschlüsse vor, berechneten die Kosten der Eurobonds und wendeten Exit-Strategien für Griechenland bzw. die Währungsunion hin und her.[34]

Nachdem die EZB ihre Anleihekäufe seit März 2011 ausgesetzt hatte, griff sie seit Donnerstag, dem 4. August 2011, wieder auf dem Sekundärmarkt ein, da die Wirkung der Geldpolitik gestört sei. Man hielt dies für eine vorübergehende Aktion, da man zum damaligen Zeitpunkt noch davon ausging, dass die in der Gründungsphase befindliche EFSF selbst auf dem Markt intervenieren könne. Bekanntlich ist es – ein weiterer Irrtum im Trial-and-Error-Spiel – anders gekommen. Seit Montag, dem 8. August 2011, kaufte die EZB dann auch in großem Stil Anleihen von Italien und Spanien, was fürs erste dafür sorgte, dass der Zins für zehnjährige italienische Papiere deutlich sank.

Im Hintergrund erfolgten Krisengespräche, z.B. traf der italienische Finanzminister den Euro-Gruppenchef Jean-Claude Juncker. Viel Unmut zog sich Kommissionschef Barroso zu, da er in einem Schreiben feststellte, der Beschluss des Euro-Gipfels Mitte Juli sei nicht ausreichend, da die EFSF in ihrem Volumen viel zu gering bemessen sei. Das war in die Richtung gedacht, dass Italien mit seinen zu finanzierenden Schulden (Gesamtschuldenstand: nahezu 2 Billionen Euro) vom Markt genommen werden müsste. Das der EFSF zugedachte bisherige Volumen von 440 Milliarden Euro hätte die Kapitalmärkte kaum beruhigen können, es war eher für eine Einladung zur Spekulation auf italienische Anleihen geeignet. Der Streit um die quantitative und qualitative Ausstattung des euro-

---

[34] Zu den unglaublichen Peinlichkeiten dieser Zeit gehörte, dass sich Finnland seine Zustimmung für das zweite griechische Rettungspaket nur mit einem Pfand abkaufen ließ. Die Griechen sollten für die Privatisierung vorgesehenes Vermögen, z.B. einen Hafen, bei einem Treuhänder in Luxemburg hinterlegen. Die Neoliberalen im Parlament der Slowakei sorgten dafür, dass die Reform der EFSF, deren Kreditvolumen auf 780 Milliarden Euro aufgestockt werden sollte, blockiert wurde.

3. Vorgeschichte, Verlauf und Ausgang der Krise

päischen Rettungsschirms sollte sich in den nächsten Wochen und Monaten fortsetzen.

Die Ratlosigkeit muss schon sehr groß gewesen sein, als Merkel und Sarkozy zu einem Sondertreffen am 16. August 2011 in Paris zusammenkamen. Dort einigte man sich auf einen Brief an den EU-Ratspräsidenten Van Rompuy. Darin wurde, ohne dass der Begriff „Wirtschaftsregierung" fiel, eine „Stärkung der wirtschaftspolitischen Steuerung des Euro-Währungsgebietes" vorgeschlagen. Ferner hob man eine neue Institution aus der Taufe, das regelmäßige Treffen der Staats- und Regierungschefs des Euro-Währungsgebietes (zweimal pro Jahr), auf denen die wirtschaftspolitische Steuerung vorgenommen werden sollte. Als Vorsitzender vorgesehen war der Ratspräsident. Sarkozy nannte dieses Gremium in der Pressekonferenz dann „Wirtschaftsregierung". Damit wurde die institutionelle Schwächung der Kommission und ihres Präsidenten weiter voran getrieben. Der in den Verträgen eigentlich verankerte Eurogruppen-Chef blieb völlig unerwähnt. Das Papier skizzierte schließlich die Grundzüge des späteren Fiskalpakts mit der „Goldenen Regel" des Haushaltsausgleichs in der Verfassung. Am Ende wurden einige steuerliche Ziele benannt, u.a. die Einführung einer Finanztransaktionssteuer und eine gemeinsame Bemessungsgrundlage für die Körperschaftssteuer. Mit Blick auf die in der Zwischenzeit mächtig angeschwollene Diskussion um die Eurobonds erklärten Merkel und Sarkozy, der vorher noch dafür geworben hatte, dass diese nicht zu den Zielen gehörten, die Deutschland und Frankreich vertreten.

Dessen ungeachtet entwickelte sich die Debatte um die Eurobonds weiter, u.a. weil für Mitte September 2011 ein Bericht der EU-Kommission zum Thema erwartet wurde. Ungewöhnlich war in diesem Zusammenhang eine Intervention von Standard & Poor's, die für Eurobonds eine Bonität auf der Ebene von Griechenland (CC) im Fall des Falles ankündigte. Das zeigte, dass man sich auf dieser Seite des Kapitalmarkts in das Anti-Eurobond-Lager geschlagen hatte.

Einen weiteren Querschläger produzierte auch ein Urteil des Bundesverfassungsgerichts zur EFSF vom 27. Oktober 2011. In einem früheren Urteil verfügte das Gericht, dass jede Entscheidung in dem Veto-Organ EFSF durch den Deutschen Bundestag abzusegnen sei. Der hatte sich inzwischen darauf verständigt, dass in eilbedürftigen Fällen ein Neuner-Gremium des Parlaments entscheiden sollte. Das Gericht untersagte diese Effizienz anstrebende Regel im Wege der einstweiligen Anordnung.

Unterdessen entwickelte sich im Herbst das Krisengefühl forciert weiter, nicht zuletzt weil sich die Rezession verfestigte. Für den 23. Oktober 2011 war ein Gipfel vorgesehen, an den die Erwartungen auf eine Art Befreiungsschlag geknüpft wurden, die avisierte Tagesordnung thematisierte das Ganze der Krisenaspekte: das Griechenlandpaket (die Auszahlung der nächsten Tranche, die Erfüllung der Auflagen, die Aufstockung des zweiten Pakets, die Details zum Schuldenschnitt), die Rekapitalisierung der europäischen Banken, die im Sommer wieder in die Schlagzeilen gerieten, die Hebelung und das Instrumentarium (Bankenlizenz) des EFSF/ESM, die Vorbereitung der geplanten Vertragsänderung in Hinblick auf die Schärfung der Haushaltspolitik. Der eigentlich angesetzte Termin lag eine Woche vorher, die Verschiebung deutete darauf hin, dass weitreichende Entscheidungen zu treffen waren, aber auch darauf, dass sich tiefe Zerwürfnisse über die Antikrisenpolitik aufgetan hatten.

Während die Presse von Chaostagen in Brüssel sprach, konstatierte Eurogruppen-Chef Juncker eine „desaströse Außenwirkung", Merkel ließ lauwarm dementieren, dass es ein Zerwürfnis mit Paris gäbe, Sarkozy hielt sich zugute, dass er für den Verzicht Frankreichs auf eine Banklizenz der EFSF die Bestätigung erhalten habe, dass die EZB weiter mit Käufen auf den Sekundärmärkten aktiv bleibe. Hier wurden also schon die Konturen der späteren Krisenlösung deutlich. Damit diese erreicht werden konnte, bedurfte es aber noch einiger Schleifen im Spiel des Versuchs und Irrtums.

Von der deutschen Öffentlichkeit kaum zur Kenntnis genommen wurden die Konkretisierungen, die mit Blick auf die im Sommer auf den Weg gebrachte Wirtschaftsregierung vorgenommen wurden. Die Abschlusserklärung des Gipfels beschrieb in einem Anhang „zehn Maßnahmen zur Verbesserung der wirtschaftspolitischen Steuerung im Euro-Währungsgebiet". Dort wurden regelmäßige Euro-Gipfel durch die Staats- und Regierungschefs angekündigt und, wie geplant, das Amt des Präsidenten des Euro-Gipfels vorgesehen, wobei einstweilen offen blieb, ob es eine hauptamtliche Stelle sein sollte.

Anfang November 2011 wurden dann zwei weitere Kapitel in dem Buch über die Genesis der europäischen Innenpolitik aufgeschlagen. Nachdem die ersten Kapitel schon prall mit Anschauungsmaterial zu den Programmländern und der Programmzeit gefüllt waren, konnte man jetzt den hinter den Kulissen und mit viel unsichtbarem Druck erzeugten Rücktritt zweier Ministerpräsidenten von zwei Euroländern bestaunen.

3. Vorgeschichte, Verlauf und Ausgang der Krise

Der eine, der italienische Ministerpräsident Silvio Berlusconi, wie der andere, der griechische Ministerpräsident Giorgos Papandreou, machte Platz für eine technokratische Expertenregierung.

Das Jahresende war einerseits durch die Vorbereitungen zum Brüsseler Gipfel, auf dem Entscheidungen zu dem später so genannten Fiskalpakt getroffen werden sollten, bestimmt. Andererseits waren die Finanzmärkte in einem bedenklichen Zustand. Von einer Kreditklemme (im Übergang zum Realsektor) war die Rede, weiter bestehendem hochgradigen Misstrauen im Interbankensektor (Geldmarkt) und den bedrohlichen „Todeszinsen" auf den Märkten für Staatspapiere. Die von den Deutschen durchgesetzte und zu verantwortende Teilinsolvenz für Griechenland – von der jetzt immer öfter betont wurde, dass es sich um eine Ausnahmeentscheidung gehandelt habe – hatte ihre Wirkung nicht verfehlt.

Auch die EZB trat auf den Plan oder auf das Schlachtfeld. Sie traf am 7. Dezember 2011 die Entscheidung zu einer weiteren Zinssenkung (auf 1 Prozent) und dann im Rahmen der quantitativen Lockerung, dass sie Banken unbegrenzt zu günstigen Zinsen Geld für drei Jahre leihen würde.[35] Die von ihrem Präsidenten so genannte „Dicke Bertha" umfasste 489 Milliarden Euro, sie flossen im Tenderverfahren zu den europäischen Geschäftsbanken, besonders aus südlichen Ländern.

Der Rats-Gipfel am 9. Dezember 2011 verfehlte dann das Ziel, die beabsichtigte Verschärfung der Fiskalpolitik in vertragliche Formen zu gießen. Da sich Großbritannien weigerte, ein ordentliches Vertragsänderungsverfahren, wie inständig von den Deutschen gewünscht, mitzutragen, kam es lediglich zu einem zwischenstaatlichen Abkommen, dem „Vertrag über Stabilität, Koordinierung und Steuerung in der Wirtschafts- und Währungsunion" – später „Fiskalpakt" genannt –, der eine nationale Verankerung von „Schuldenbremsen", eine Begrenzung des Staatsdefizits, ein verschärftes Defizitverfahren sowie einen Abbau der aufgelaufenen Staatsschuld vorsieht.

Der Jahresanfang 2012 war durch die Diskussion bestimmt, wie die Details der griechischen Teilinsolvenz aussehen sollten. Die EZB, die mittlerweile für etliche Milliarden Euro griechische Anleihen in ihren Büchern hatte, wehrte sich weiter mit aller Vehemenz dagegen, selbst an

---

[35] Sarkozy dachte sich die Sache dann so, dass damit die Krise behoben sei, da jeder Staat zu „seinen Banken" gehen könne, um sich zu günstigen Zinsen Finanzmittel zu beschaffen („Sarkozy-Trade"). Die Banken könnten dabei angesichts des günstigen EZB-Zinses (1 Prozent) ein gutes Geschäft mit „ihrem" Staat machen, wenn sie ihm unterhalb der Todeszone Geld leihen würden.

dem Schnitt beteiligt zu werden. Für sie wäre das monetäre Staatsfinanzierung. Die Griechen ihrerseits brachten eine neue Zahl ins Spiel: Die privaten Gläubiger sollten nicht auf 50 Prozent, sondern auf 53,5 Prozent des Nennwerts ihrer Papiere verzichten, wobei der Betrag noch nicht feststand.

Mitte Januar hatte Standard & Poor's die Kreditwürdigkeit von neun Euro-Staaten herabgesetzt, u.a. von Frankreich, Österreich, die die Spitzenbewertung verloren, und von Portugal, das auf Ramschniveau heruntergesetzt wurde. Deutschland behielt die Spitzenbewertung.

Auf den Anleihemärkten schien der erhoffte „Sarko-Trade" – im Verbund mit der Dicken Bertha – zu funktionieren. Bei Auktionen von spanischen und italienischen Staatspapieren waren deutlich gefallene Renditen zu verzeichnen. Die EZB ihrerseits bereitete ihren zweiten Einsatz mit der Dicken Bertha vor, der für Ende Februar 2012 vorgesehen war. Die alte Ordnung war an den Finanzmärkten aber keineswegs eingetreten. Nicht nur, dass die Banken hohe Guthaben bei der EZB parkten (463 Milliarden Euro), am 9. Januar 2012 kam es sogar dazu, dass bei einer Versteigerung von kurzfristigen deutschen Schatzwechseln die Gläubiger bereit waren, ihrerseits einen kleinen „Zins" zu zahlen. Der Gläubigerzins als neue Kategorie erblickte das Licht der Welt.

Am 29. Februar 2012 schließlich setzte die EZB ihren zweiten gewaltigen Schuss aus der Dicken Bertha. Mit dem dreijährigen Kreditangebot von 529,5 Milliarden Euro zu einem Zins von 1 Prozent für die europäischen Banken (Dreijahrestender). Nach dem ersten Dreijahrestender hatte sich die Lage am Interbankenmarkt zwar merklich entspannt, gleichwohl blieb die Befürchtung, dass die Geldmärkte wieder austrocknen und die Kreditklemme bei der Kreditvergabe an den Realsektor sich ausbreiten könnte.

Beim wenige Tage später stattfindenden EU-Gipfel wurde von 25 Ländern – Großbritannien und Tschechien verweigerten die Unterschrift – der jetzt so genannte Fiskalpakt unterzeichnet. Die deutsche Bundeskanzlerin nannte ihnen einen „Meilenstein in der Geschichte der EU". Er ging dann in die nationalen Ratifikationsverfahren.

In der Zwischenzeit schälten sich die Details zur griechischen Teilinsolvenz heraus, einem der längerfristig angelegten Projekte der Krisenbekämpfung bzw. des ordnungspolitischen Umbaus der Währungsunion. Mitte März waren die Verhandlungen zwischen Griechenland und den privaten Gläubigern – die EZB war aus dem Spiel – so weit gereift, dass man an die praktische Umsetzung gehen konnte. Damit wurde die weltweit größte Umschuldung der Nachkriegszeit auf den Weg gebracht. Es handelte sich um eine Zwangsumschuldung, in deren Rahmen Schuldtitel im Volumen von 177,25 oder 197 oder 235 Milliarden Euro – so genau konnte das zu diesem Zeitpunkt niemand sagen – in neue Schuldtitel mit unterschiedlichen Laufzeiten und unterschiedlichen Zinsen umgetauscht wurden. Dabei verloren die Gläubiger 53,5 Prozent des Nennwertes ihrer Titel. Damit waren die Voraussetzungen geschaffen, dass das zweite Hilfspaket starten konnte. Die Schuldenquote Griechenlands war – vorübergehend – auf 124 Prozent des BIP reduziert.

Die konkreten Zahlen zur griechischen Insolvenz beseitigten die Kalamitäten keineswegs. Den Akteuren auf den Kapitalmärkten war damit nur klar geworden, dass ihre Gegenspieler in der Politik vor nichts zurückschrecken würden. Durch das Mantra der Haftungsnahme waren potentiell alle bedroht, nur wusste keiner, wen es als nächsten erwischen würde. Portugal wurde häufiger als der nächste Kandidat genannt. Da halfen auch die Dicken Berthas mit ihrer Liquiditätsschwemme nichts, und den Versicherungen, dass Griechenland ein Einzelfall bleiben würde, musste man angesichts der allfälligen Hilflosigkeiten der Europolitiker nicht glauben.

Dass man immer noch damit rechnete, dass eventuell Spanien und Italien unter das Dach von EFSF/ESM fliehen müssten, bewies die nach langen Auseinandersetzungen von Deutschland akzeptierte Erhöhung des Kreditvolumens auf 700 Milliarden Euro im März 2012. Kurz darauf wurde eine Aufstockung auf eine Billion Euro gefordert, was in Deutschland die üblichen Abwehrreflexe hervorrief.

Im Frühjahr/Sommer 2012 spitzte sich die Krisenentwicklung immer mehr auf die Frage zu, ob die Lösung eher über die eingerichteten Fonds, EFSF und ESM, gesucht würde oder eher über die Geldpolitik. Völlig aus dem Rennen waren die ordnungspolitischen Vorschläge aus der europafreundlichen Wissenschaft (Eurobonds, Schuldentilgungsfonds u.ä.), spätestens nach der Formulierung Merkels vor der FDP-Bundestagsfraktion, dass es mit ihr – „solange ich lebe" – keine gesamtschuldnerische Haftung gebe (Juni 2012). Die wirtschaftsnationalen Ansätze eines Exits Griechenlands oder gar einer Auflösung der Währungsunion wurden nur in den einschlägigen Öffentlichkeiten beschworen, standen in der konkreten Europapolitik aber nicht zur Debatte, wahrscheinlich zu keinem Zeitpunkt.

Je nach Perspektive hatten die beiden Wege des politischen Institutionalismus (Fiskalpakt und die „Brandmauer" ESM) und der Geldpolitik unterschiedliche Vor- und Nachteile. Aus der Perspektive der Geberländer, d.h. in erster Linie Deutschlands, hatte der institutionalistische Weg den Vorteil einer direkteren Einflussnahme auf die Wirtschaftspolitik der Nehmerländer. Der Nachteil dieses Weges wäre sicher gewesen, dass die mittlerweile aufgetürmten innenpolitischen Hürden (Parlamentsbeteiligung, Verfassungsgericht, Stimmung in der Bevölkerung, Mehrheitsbeschaffung, Koalitionsfriede, medialer Widerstand) eine Höhe erreicht hatten, die es schwierig machte, weitere Rettungsmaßnahmen in Gang zu setzen. Die Bankenlizenz für den ESM, die wohl erforderlich gewesen wäre, wollten die Verantwortlichen in Deutschland in keinem Fall akzeptieren. Der geldpolitische Lösungsansatz hatte den Reiz des Unpolitischen, allerdings den Nachteil, dass die politische Einflussnahme auf die versorgten Länder nicht ohne weiteres mehr möglich gewesen wäre. Zu berechnen war auch die insbesondere in Deutschland grassierende Inflationspanik und die überall lauernde ordnungspolitische Orthodoxie.

Im Mai 2012 und den darauf folgenden beiden Monaten eskalierte die Krise nach der vorübergehenden Ruhe durch die beiden Dicken Berthas dann fast täglich. Durch den griechischen Schuldenschnitt waren die Kapitalmärkte bereits in einer Art Dauererregungszustand. Dann kam der Anstieg der Spreads für Spanien und Italien, zwei großen Ländern, deren wirtschaftspolitische Souveränität nicht so einfach zu brechen war und deren Banken ganz sicher als systemrelevant zu gelten hatten. Die Sache wurde bedrohlich.

Unruheherde gab es aber auch in der Politik. Die Regierungsbildung in Griechenland scheiterte, und es wurden Neuwahlen angesetzt. Spekulationen um ein Ausscheiden Griechenlands aus dem Eurosystem häuften sich. Das Image des Landes war dermaßen ramponiert, dass es – mitten in Europa – als „failing state" galt.

Spanien musste in diesen Tagen seine Defizitzahlen für das Jahr 2011 nach unten korrigieren. Obwohl die Kommission dem Land entgegenkam bei der Reduktion des Staatsdefizits, schossen die Anleihezinsen beharrlich weiter nach oben. Die Katastrophennachrichten zur spanischen Bankia belasteten die Kreditwürdigkeit des spanischen Staates zusätzlich. Mancher wollte das Land förmlich unter den Rettungsschirm treiben. Die Kapitalflucht nahm zu und die dortigen Regionen kamen in Schwierigkeiten. Forderungen, dass die EZB in Schieflage geratene spanische Banken direkt mit Liquidität versorgt, gewissermaßen am Staat vorbei, wie es in den USA 2008 praktiziert wurde, stießen auf heftigen Protest aus Deutschland. Deutlich wurde bei alledem aber, dass Spanien nicht

3. Vorgeschichte, Verlauf und Ausgang der Krise

gewillt war, unter den Rettungsschirm zu gehen, sondern einen „eleganteren" Weg suchte, der nicht mit Souveränitätsverzicht verbunden war. Die von Deutschland propagierte Austeritätspolitik geriet zugleich international immer mehr in die Kritik. Obama forderte von Merkel auf dem G-8-Treffen im Mai 2012 in Camp David, man müsse in Europa mehr für das Wachstum tun. Deutschland war international in gleichem Maße isoliert, wie es an der Austeritätspolitik beharrlich festhielt. Die OECD warnte vor einer Rezession, forderte die Abkehr von zu deutlicher fiskalischer Straffung und plädierte für die Einführung von Eurobonds. Diese Diskussion flackerte insbesondere vor dem Sonder-Gipfel der Eurogruppe am 24. Mai 2012 noch einmal auf. Die seit einigen Wochen in der Eurogruppe stattfindende Wachstumsdiskussion war von ihrer quantitativen Ausstattung her aber kaum geeignet, die rezessiven Tendenzen abzubrechen.

Mittlerweile war klar, dass sich die Währungsunion seit August 2011 in einer Rezession befand. Die grenzüberschreitende Kreditvergabe wurde gedrosselt. Auf den Anleihemärkten stieg die Risikoprämie für spanische Papiere (gegenüber deutschen) auf 5 Prozent. Die Ratingagentur Fitch stufte Spaniens Bonität gleich um drei Stufen von A auf BBB herunter. Am Wochenende des 9./10. Juni 2012 kam dann die Einigung in der Eurogruppe auf die sanfte Rettung Spaniens. Anders als Irland – das sich prompt auch beschwerte – wurde Spanien der Weg der europäischen Rekapitalisierung seiner Banken gestattet, was verhinderte, dass es zu schmerzhaftem Souveränitätsverzichten und strengen wirtschaftspolitischen Auflagen kam. Das Land sollte 100 Milliarden Euro aus dem ESM für die Stützung seiner Banken erhalten. Der Kredit ging an den Bankenrestrukturierungsfonds Frob. Spanien blieb zwar das Schicksal eines Programmlandes erspart, die Kapitalmärkte honorierten die Lösung allerdings nicht. Italienische und spanische Anleihen hielten sich jetzt dauerhaft in der „Todeszone" auf.

In den Tagen vor und nach den Wahlen in Griechenland am 17. Juni 2012 schossen alle möglichen Gerüchte ins Kraut. In Deutschland hatte der Spiegel schon Mitte Mai „Akropolis Adieu! Warum Griechenland jetzt den Euro verlassen muss" getitelt, Ende Juni folgte dann der Aufmacher „Wenn der Euro zerbricht. Ein Szenario". Dann war plötzlich von einem Notfallplan für Griechenland in der EZB die Rede, einem Austritt oder Ausschluss des Landes aus der Währungsunion. Als der befürchtete Wahlsieg Syrizas ausblieb, beruhigte sich weder die Lage in der deutschen Öffentlichkeit noch an den europäischen Kapitalmärkten. Die

Renditen von italienischen und besonders spanischen Anleihen schossen nach oben und in Deutschland stand ein Urteil des Bundesverfassungsgerichts zum ESM und Euro-Plus-Pakt an. Das Gericht monierte die schlechte Information des Bundestages zu den beiden europäischen Krisenbekämpfungsmitteln. Als sich in der gleichen Woche Bundestagsmehrheit und -minderheit auf eine schnelle Verabschiedung des Gesetzes zum ESM in der darauffolgenden Woche einigten – die Opposition erhielt eine Zusage für die Finanztransaktionssteuer –, um ein Inkrafttreten am 1. Juli 2012 zu erreichen, bat das Verfassungsgericht den Bundespräsidenten, das Gesetz nicht zu unterschreiben, da eine Reihe von Eilanträgen gegen den ESM vorlägen. Urplötzlich war von einer Verfassungskrise die Rede, da die Kanzlerin angeblich versuchte, den Bundespräsidenten unter Druck zu setzen, um eine Unterschrift zu erreichen.

Vor dem EU-Gipfel in der darauffolgenden Woche trafen sich die vier Großen der Währungsunion in Rom und verhandelten über ein Wachstumsprogramm. Der damalige italienische Regierungschef Mario Monti trat anschließend vor die Presse und erläuterte das noch undeutliche Programm, sprach aber von der Irreversibilität des Euros, eine Formulierung die in den folgenden Wochen noch eine Rolle spielen würde. Der Spiegel hatte berichtet, im deutschen Finanzministerium sei ein Geheimpapier zum Auseinanderbrechen der Währungsunion angefertigt worden, das von einem Wirtschaftseinbruch in Deutschland um 10 Prozent des BIP und einem Anstieg der Zahl der Arbeitslosen auf 5 Millionen ausgehe. Aus dem gleichen Haus kam in diesen Tagen der Hinweis, dass eine Volksabstimmung über die fortschreitende europäische Integration schneller kommen könne, als man bisher geglaubt habe. So jedenfalls äußerte sich der deutsche Finanzminister. Der Präsident des Bundesverfassungsgerichts ließ es sich nicht nehmen, den Ball aufzugreifen und beizupflichten.

Vor dem EU-Gipfel in Brüssel am 29. Juni 2012 machten Spanien und Italien Druck, da sie von ihren hohen Zinsen herunter wollten. Forderungen lauteten wieder auf eine Bankenlizenz für den ESM bzw. die direkte Finanzierung der Banken durch den ESM. Nachdem die Kanzlerin in diesen Tagen die Vergemeinschaftung der Schulden in Europa (Eurobonds) kategorisch ausgeschlossen hatte, blieb nur noch dieser Weg. Dann kam der Gipfel, auf dem die deutsche Kanzlerin angeblich durch italienisches Intrigenspiel „ausgetrickst" wurde. Der Italiener Monti hatte in frühmorgendlichen Interviews seine Sicht der Dinge erläutert. Das Gipfelkommuniqué hielt lediglich fest, dass ein einheitlicher Aufsichtsmechanismus

3. Vorgeschichte, Verlauf und Ausgang der Krise

für europäische Banken unter einer diesbezüglichen Einbeziehung der EZB angestrebt werde und der ESM Banken direkt kapitalisieren sollte. Etwas milchig hieß es am Ende, die EFSF/ESM-Instrumente sollten „flexibel und effizient" genutzt werden und die EZB sollte „als Vertreter der EFSF/des ESM bei der wirksamen und effizienten Durchführung von Markttransaktionen (...) fungieren". Bei der Erläuterung durch Gipfelteilnehmer, auch durch Merkel, wurde erwähnt, dass der ESM am Sekundärmarkt für Staatsanleihen auftreten oder auch Titel am Primärmarkt absichern könne, jedenfalls sollte Druck aus den spanischen und italienischen Anleihen entweichen.[36] Der „Triumpf", den Monti davon trug, bezog sich nur darauf, dass er in seiner frühen Pressekonferenz davon sprach, für Italien Großes herausgeholt zu haben und den Anschein erweckte, bei Aufkäufen von italienischen Anleihen durch die Rettungsschirme nicht mit Auflagen rechnen zu müssen, womit der Druck der Märkte relativiert gewesen wäre.

Mit den Gipfelbeschlüssen ging die Europapolitik, insbesondere die deutsche, nach den vorherigen Festlegungen an den äußersten Rand dessen, was vertretbar war. Die Märkte ließen sich dadurch dennoch nicht beeindrucken. Obwohl der spanische Bankensektor durch die Finanzierung aus dem Rettungsfonds aus dem Feuer genommen war, kletterten die Renditen für spanische Anleihen auf neue Rekordhöhen. Am 23. Juli 2012 erreichten sie für zehnjährige Papiere 7,56 Prozent. Die Stimmung verschlechterte sich zusehends. Die deutsche Bundesbank in Gestalt ihres Präsidenten kritisierte die Gipfelbeschlüsse, Zypern kündigte Probleme an und meldete sich vorsorglich als Programmland an. Aus Finnland war zu hören, dass man nicht um jeden Preis am Euro hänge. Der Euro, schon seit der Teilinsolvenz für Griechenland an den Devisenmärkten im Fallen, verlor weiter an Ansehen und Außenwert. Das deutsche Verfassungsgericht verkündete zwischenzeitlich, dass man sich mit dem Urteil über den ESM Zeit lassen wolle und vertagte sich auf den 12. September 2012.

Im Juli 2012 erreicht die eskalierende Krise auch die Ökonomenzunft. Zunächst konnte man in der FAZ vom 2. Juli 2012 eine kluge, die späteren Ereignisse antizipierende Analyse des Chefvolkswirts der Berenberg Bank lesen. Der Autor ging einleitend auf die verstopften geldpolitischen

---

[36] Die Empörung bei deutschen Neoliberalen war groß. Der FAZ-Herausgeber Holger Stelzner verzweifelte: „Warum bloß hat Bundeskanzlerin Merkel das mit sich machen lassen?"

Kanäle ein, die die Zinspolitik der EZB – trotz Zinssenkung und Liquiditätsschwemme – nicht mehr in der realen Wirtschaft ankommen ließe. Dann formulierte er:

> „Sie (die EZB, d.Verf.) muss Anlegern die Angst nehmen, Europa könnte selbst solvente Staaten wie Spanien und Italien während einer Finanzmarktpanik einfach pleitegehen lassen... Die EZB (sollte) ankündigen, dass sie ab einem hoch gesetzten Schwellenwert Staatsanleihen nachweislich solventer Euro-Mitglieder notfalls unbegrenzt kaufen würde... Ist das EZB-Signal glaubwürdig, braucht sie kaum Anleihen zu erwerben. Beruhigen sich die Märkte, kann die Geldpolitik wieder wirken."

Und so ähnlich ist es auch gekommen. Neben Weitsichtigkeit gab es aber auch nationale Borniertheit. Den EU-Gipfel von Anfang Juli 2012 aufgreifend richteten sich 172 deutsche Professoren gegen eine europäische Bankenunion und die Bankensanierung durch den ESM, da davon nur die „Wall Street, die City of London – auch einige Investoren in Deutschland – und eine Reihe maroder in- und ausländischer Banken" profitierten. Die Konsequenz der Professoren, Bankeninsolvenzen müssten zugelassen bzw. die Gläubigerhaftung konsequent durchgesetzt werden. Deutsche und europäische Wirtschaftswissenschaftler beklagten die gedankliche Armut und den latenten Nationalismus der Professoren. Der Schweizer Ökonom Charles Wyplosz attestierte dem Text offene Fremdenfeindlichkeit. Ende Juli 2012 legte eine Gruppe europäischer Wissenschaftler ein Gutachten vor, in dem man vor einem Zusammenbruch des Eurosystems mit unkalkulierbaren Folgen warnte.

In Spanien gerieten die 17 Regionen unter Druck, da sie einen hohen Finanzierungsbedarf bis zum Jahresende hatten, ebenso wie die Politiker. Der spanische Außenminister bezeichnete die EZB als „Untergrundbank", weil sie nichts gegen den Anstieg bei den Anleihezinsen des Landes unternehme. Der Wirtschaftsminister trug in der Öffentlichkeit offensiv das Ansinnen vor, dass die EZB direkt auf dem Sekundärmarkt spanische Papiere aufkaufen solle. Der Aktienmarkt des Landes brach ein. Spanien geriet dermaßen in die Enge, dass nur noch die Perspektive über die EFSF blieb, die am Sekundärmarkt tätig werden könnte. Auf jeden Fall wollte das Land den Übergang zum Programmland vermeiden. In der letzten Juli-Woche häuften sich dann die Spekulationen um einen Austritt Griechenlands aus der Währungsunion bzw. eine griechische Zahlungsunfähigkeit.

3. Vorgeschichte, Verlauf und Ausgang der Krise 107

Gute Nachrichten gingen förmlich unter: Der EFSF konnte am 17. Juli 2012 Papiere mit einem leicht negativen Zins platzieren, um sie an Programmländer weiterzureichen, zu einem höheren Zins. Der Bundestag stimmte mit großer Mehrheit für die EFSF-Hilfe für die spanischen Banken (am 19. Juli 2012), wobei der Finanzminister betonte, dass der spanische Staat für die Hilfe in der Haftung stehe. Bemerkenswert am Rande war, dass Kommissionspräsident Barroso am Donnerstag, dem 26. Juli 2012, erstmals seit Ausbruch der Krise im Mai 2010 in Griechenland zu einem Besuch eintraf.

Im Juli 2012 hatte sich also die Krise dermaßen festgefressen, dass die politischen Lösungsansätze über den ESM – der Fiskalpakt spielte in diesem Zusammenhang keine Rolle, da er eher prophylaktisch wirkt – an den Kapitalmärkten nicht mehr als überzeugend registriert wurden. Es ist wichtig in diesem Zusammenhang festzuhalten, dass der Begriff „Krise" in dieser Zeit ein Kommunikationsproblem zwischen Politik und Kapitalmärkten markierte. Materiell wurde dieses Kommunikationsproblem lediglich in den gewaltig ansteigenden Zinskosten für Spanien und Italien. Für Eindruck an den Märkten hätte in dieser Situation wahrscheinlich nicht einmal der europäische Wiedergänger der Merkel-Steinbrück-Erklärung vom Oktober 2008 in Gestalt einer Merkel-Hollande-Erklärung über die Irreversibilität der Währungsunion in ihrer bestehenden Zusammensetzung, also unter Einschluss Griechenlands, gesorgt.

Lässt man nun die verschiedenen Ereignisse der Monate Juni und Juli, wie sie oben zusammengestellt wurden, Revue passieren, dann kam für die Lösung der Krise in der Währungsunion nur noch deren Zentrale, also die EZB, in Frage und nicht mehr die dezentrale Politik der europäischen Finanzföderalisten, auch nicht die der beiden Führungsstaaten. Und die Lösung durch die EZB konnte erst kommen, als die Politik, in Sonderheit Deutschland, die entsprechenden Signale vermittelte.

Bevor wir auf die Draghische Intervention eingehen, soll aber noch ein Blick zurück auf die bisherige Krisenpolitik der EZB geworfen werden. Die von der deutschen Orthodoxie bei den Maastrichter Verhandlungen und dem späteren Übergangsprozess zur Währungsunion so vehement geforderte Unabhängigkeit der neuen Bank war stets insofern relativiert, als sie unter ständiger Beobachtung, man kann fast sagen eines ganzen Landes, besonders aber seiner Ordo-Wächter stand, die eine Art stabilitätspolitischen Dauerdruck auf das Personal der EZB ausübten. Dadurch fiel die EZB-Politik in der Tendenz stets restriktiver aus, als es geschehen wäre, wenn eine wirklich unabhängige europäische Zentralbank gehandelt hätte.[37] Durch diese Grundkonstellation bedingt kam die Restriktionspolitik, also die Zinspolitik, der EZB vor der Krise zu früh und mitten in der Krise zog man zu früh die Zügel an. Im Vorfeld der Krise, also in den Jahren 2007 und 2008, hatte die EZB offensichtlich die Signale für die globale Finanzkrise nicht erkannt. Wenn Geschäftsbanken kollabieren, schrillen in Zentralbanken alle Alarmglocken, jedenfalls dann, wenn sie nicht von der immanenten Stabilität der Finanzmärkte ausgehen. Schon 2007 gab es reichlich Nachrichten über Liquiditätsprobleme bei der US-amerikanischen Investmentbank Bear Stearns. 2008 brach sie im Frühjahr zusammen und wurde von JP Morgan Chase und der Fed übernommen. In Europa geriet die britische Northern Rock im Herbst 2007 infolge der Subprime-Krise in den USA in massive Liquiditätsprobleme, sie blutete förmlich aus und wurde im Februar 2008 verstaatlicht. Im Sommer 2007 häuften sich in Deutschland die schlechten Nachrichten um die IKB Bank, die im Laufe des Jahres nicht mehr abrissen, so dass die Bank im Jahr 2008 zu einem Schleuderpreis verkauft wurde.

Und dennoch: Die EZB erhöhte am 14. März 2007, am 13. Juni 2007 und am 9. Juli 2008, jener Zeit der klargewordenen Subprime-Krise und der ersten Bankenzusammenbrüche, den Leitzins (Hauptrefinanzierungsgeschäfte). Nach der Lehman-Insolvenz brauchte sie drei Wochen, um zurückzuschalten und dann bis zum Jahresende fünf Schritte, bis die Zinsen merklich nach unten geschleust waren. Schon am 13. April 2011 und am 13. Juli 2011 setzte sie wieder Zinserhöhungen an, zu einem Zeitpunkt, als die Eurogruppe nach der griechischen Insolvenz geradeaus in eine Rezession steuerte. Dann folgten ab November 2011 wieder Zinssenkungen. Die Zinspolitik der EZB folgte einem Schlingerkurs.

Der Einbezug der EZB in die europäische Krisenpolitik geschah auf drei Ebenen. Zunächst wurde sie dauerhaftes Mitglied der Troika seit Mai 2010. Zeitgleich begann sie im Mai 2010 im Zusammenhang mit dem ersten Rettungspaket für Griechenland ihre Interventionen am An-

---

[37] Die neu von der EZB entwickelten Instrumente in der Krisenbekämpfungspolitik (Dicke Bertha, SMP- und OMT-Programm, ECCL, ELA) wurden in Deutschland dauerhaft mit den Warngesängen vor den Inflationsgefahren begleitet. Selbst als sich angesichts des massiven Nachfrageeinbruchs in der Eurozone deflationäre Phänome zeigten, behielten die Samuraikämpfer der Preisstabilität ihre irrationalen Warnrufe bei. In einem Interview zum Jahreswechsel 2013/14 griff Draghi die „perversen" Inflationsängste der Deutschen auf. Die Aufregung im deutschen Heerlager war groß.

3. Vorgeschichte, Verlauf und Ausgang der Krise

leihemarkt. Auch hier folgte die EZB einem Schlingerkurs. Das Securities Markets Programme (SMP) vom Mai 2010, von dem damaligen EZB-Präsidenten Jean Claude Trichet initiiert, begann im Mai 2010 und wurde schon im Juli des Jahres wieder auf Null gefahren. Nach einer längeren Pause setzten im August 2011 wieder Käufe von Anleihen ein, die aber im Januar 2012 zurückgefahren wurden. Im September 2012 folgte schließlich die Ankündigung des Nachfolgemodells, des „Outright Monetary Transactions" (OMT). In der deutschen Öffentlichkeit hat man das Programm nicht verstanden oder verstehen wollen, es war in seiner Konditionalität erheblich restriktiver als sein Vorläufer, v.a. aber war es auf Nicht-Anwendung hin angelegt. Jedenfalls sollte mit der Verkündung des OMT-Programms das Ende der Euro-Krise kommen. Drittens setzte die EZB um den Jahreswechsel 2011/2012 ihre quantitative Waffe ein, die oben geschilderten Dicke-Bertha-Programme, die aber letztlich nicht zum Erfolg führten.

Zurück zur Krisenchronologie. Am 26. Juli 2012 fiel in London auf der „Global Investment Conference" in einer Rede des EZB-Präsidenten dann der Satz:

„Within our mandate, the ECB is ready to do whatever it takes to preserve the euro. And believe me, it will be enough."

Die Ankündigung für die Zukunft erfolgte vor dem Hintergrund eines Hinweises auf die europapolitische Vergangenheit, dass nämlich das im Euro investierte politische Kapital enorm und der Euro irreversibel sei.[38] Das Problem der Gegenwart im Euroraum bestehe aus der finanziellen Fragmentierung, so dass der grenzüberschreitende Interbankenmarkt nicht mehr funktioniere.

Wenige Tage später, am 2. August 2012, entschied der EZB-Rat mit großer Mehrheit[39] das Vorhaben, auf den Sekundärmärkten kurzfristige Staatsanleihen von gefährdeten Staaten zu kaufen, wenn diese vorher ein Hilfsersuchen bei dem Rettungsschirm gestellt hätten. Weitere Konkretisierungen sollten Anfang September erfolgen.

---

[38] Nur am Rande sei vermerkt, dass der EZB-Präsident hier angesichts des Versagens der Politik, die im Sommer 2012 ihr Pulver verschossen hatte, eine schöne ironische Pointe gesetzt hat.

[39] Nur der Präsident der Bundesbank stimmte dagegen. Er setzte damit die traurige Tradition deutschen Außenseiterverhaltens fort. Der als EZB-Chef vorgesehene Weber (Februar 2011) und das Direktoriumsmitglied Stark (September 2011) traten genau wegen der Frage der Anleihekäufe schon zurück.

Als dann am 6. September 2012 die Abdeckplanen von dem OMT-Programm gezogen wurden, sah es gar nicht mehr so bedrohlich aus. Es war strikt konditioniert und unterschied sich damit wesentlich von dem alten SMP-Programm. Nur kurzfristige Papiere sollten gekauft werden, und die betreffenden Staaten mussten vorher ihre wirtschaftspolitische Souveränität durch einen ESM-Antrag abgeben. In unserer ordnungspolitischen Analyse werden wir darauf zurückkommen, dass die Maßnahme nicht, wie absichtsvoll in der deutschen Öffentlichkeit lanciert wurde, aus politisch-fiskalischen Erwägungen heraus begründet wurde, sondern ausdrücklich aus geldpolitischen Gründen („within our mandate").

Für die Einordnung der Draghi-Intervention muss beachtet werden, dass sie aus zwei Teilen bestand. Erstens aus einer Grundsatzerklärung und zweitens aus einer Konkretion. Die Grundsatzerklärung war zweifelsfrei der wichtigere Teil. „Whatever it takes" bedeutete die Garantieerklärung für die Währungsunion, ihre Irreversibilität, und, wie die Dinge lagen, auch für den Bestand der Währungsunion in Hinblick auf die Mitgliedschaft Griechenlands. Der an den Kapitalmärkten geprägte Spruch, nicht gegen die Zentralbank zu wetten, wurde auch hier zur Maxime der Akteure. Weiter Papiere aus Italien und Spanien massenhaft zu verkaufen, konnte ebenso riskant sein, wie es sich lohnen konnte, wieder auf der Käuferseite aufzutreten. Die Konkretion war auch nicht so konstruiert, dass sie mengenmäßig an den Kapitalmärkten nachhaltig überzeugt hätte.

Die EZB-Lösung hatte mehrere Vorteile: Es war die „unpolitische" Lösung, die politikferne Lösung, die nicht ständig parlamentarisch vermittelt werden musste. Außerdem verfügte die EZB über alle Mittel, um sofort tätig zu werden. Auch die personelle Mehrheit der „Romanisten" in den europäischen Gremien, auch der EZB, hatte aus deutscher Perspektive durchaus ihren Charme, erlaubte es doch einerseits das fallweise Distanzieren und andererseits die Selbstversicherung deutscher geldpolitischer Ideale.

Jedenfalls war schon in den Tagen nach der Londoner Rede an den Anleihemärkten sichtbar, dass die Zinsen für italienische und spanische Papiere fielen und eine allgemeine Entspannung eintrat. Der „Draghi-Effekt" stellte sich ein. Die Krise als Vertrauens-Krise war beendet. In gewisser Weise schloss sich damit ein Kreis.

3. Vorgeschichte, Verlauf und Ausgang der Krise

3.6 Die Zeit nach der Krisenlösung

Nach dem Hieb der EZB auf den gordischen Knoten im Spätsommer 2012 setzte an den Kapitalmärkten sofort ein Entspannungsprozess ein, der bis in den Sommer 2014 andauerte. Die Anleiherenditen konvergierten wieder. Ordnungspolitisch blieb nicht mehr viel zu bearbeiten. Die Gestaltung der Bankenunion war noch das größte Projekt. Der EMS, in Details immer noch umstritten, erhielt seine endgültige Form. Außerhalb der neuen Ordnung der Währungsunion, eher im Verborgenen bleibend, wurde die Minimalform einer Finanztransaktionssteuer verabschiedet. Prozesspolitisch präsentierte sich die Situation in einzelnen Ländern sehr unterschiedlich, allerdings in keinem Land gut. Nur in Deutschland hatte man das Gefühl, die europäische Rettungspolitik erfolgreich gestaltet zu haben. Auch das Bundesverfassungsgericht passte sich den mächtigen Winden der Entspannung an. Alle Signal waren also auf Bilanz gestellt, am Schluss dieses Abschnitts wird dem mit der Frage Rechnung getragen, ob die Austeritätspolitik an ihr Ende gekommen ist.

3.6.1 Entspannung an den Kapitalmärkten

Wir beginnen mit dem Blick auf die Symptome der Entspannung nach der Draghi-Intervention. Zunächst verdichtete sich der Eindruck, als habe zwischen den zentralen Akteuren der Eurogruppe irgendwann im Sommer eine Verständigung über die einzuschlagende Strategie stattgefunden. Das betrifft in der Hauptsache den geldpolitischen Lösungsansatz. Im Krisenverlauf war aus Ländern wie Frankreich, Italien und Spanien der gewählte Ansatz – die EZB als „lender of last resort" – des Öfteren vorgebracht worden, wurde aber nicht aufgegriffen. Vorschläge in diese Richtung waren von der deutschen Politik nicht zu vernehmen, so dass man davon ausgehen kann, dass man im Sommer 2012 den Widerstand gegen den Ansatz aufgegeben hatte.[40] In der deutschen Presse wurde in den Wochen danach auch von einer deutlichen Isolation des Bundesbankpräsidenten Weidmann berichtet, der sofort nach der Entscheidung der EZB auf einen massiven Konfrontationskurs ging.

---

[40] Im Netz erzählt man die Geschichte von einer Frankfurter Diskussionsveranstaltung mit dem Investor George Soros. Der weiß zu berichten, dass die Kanzlerin das Folgende zu Draghi gesagt habe: „Sie haben Deutschlands Unterstützung. Tun sie alles in ihrer Macht stehende, um den Euro zu bewahren."

Andere Indizien für die aus Deutschland mit gesteuerte Gesamtlösung waren Äußerungen der Kanzlerin im August 2012. Bei dem Besuch des griechischen Ministerpräsidenten Samaras am 4./5. August formulierte Merkel den Satz: „Ich möchte, dass Griechenland Teil der Eurozone bleibt, das leitet alle Gespräche." Die ins Hysterische entglittenen Diskussionen aus den Sommerwochen um einen griechischen Exit oder einen Bankrott waren damit endgültig beendet. Ebenso beendet war die Diskussion um die Endgestalt des ESM. Bei einem Besuch des italienischen Ministerpräsidenten Monti Ende August schloss die Kanzlerin kategorisch aus, dass dieser eine Bankenlizenz erhalten könne.

Bei der Schlüsselgröße der europäischen Krise, den Anleiherenditen, setzte unmittelbar nach der Draghi-Intervention die Abwärtsbewegung ein. Rund vier Wochen nach Draghis Ankündigung verzeichnete Italien, das lange nicht mehr bei Langläufern am Markt aufgetreten war, einen merklichen Rückgang bei den Zinsen, 5,82 Prozent wurden bei einer Auktion für zehnjährige Papiere erzielt. Spanische Papiere erzielten ebenfalls niedrigere Zinsen, zehnjährige Anleihen rentierten am Sekundärmarkt mit 6,5 Prozent Zinsen. In der Woche nach der Konkretion des Programms wurden für portugiesische Zehnjährige weniger als 8 Prozent notiert, womit sich der Zins im Vergleich zum Jahresanfang halbiert hatte. An allen Finanzmärkten verbreiteten sich gute Nachrichten.

Fast zwei Jahre später, im Juni 2014 war zwar noch nicht ganz die Konstellation der Vorkrisenzeit hergestellt, sie war aber auch nicht mehr sehr weit entfernt davon. Zehnjährige Papiere von Italien, Portugal und Spanien lagen an den Sekundärmärkten alle unter 5 Prozent Rendite, nur für griechische Papiere wurden noch rund 6 Prozent registriert. Und die Tendenz zeigte weiter nach unten. Da die Anleihezinsen der Nordländer weitgehend konstant blieben, verringerten sich die Risikoprämien entsprechend. Eine Ausnahme in diesem Gesamtbild der Entspannung war nur Zypern, das, wie wir oben sahen, im Frühjahr 2013 in den Programmstatus übergehen musste.

Bei der Beschreibung der Entwicklung der Anleiherenditen fiel eingangs die Formulierung, dass ein gewisses Muster erkennbar sei. Der Hinweis spielt auf zwei Aspekte an. Zum einen darauf, dass sich die Konvergenz Ende der neunziger Jahre fast symmetrisch zu der Divergenz in der europäischen Krise (2010-12) verhält. Beide Vorgänge vollzogen sich als Prozess und nicht als abrupte Umstellung. Bezogen auf die hier vertretene These lautet die Verbalisierung dazu, dass Vertrauen schrittweise aufgebaut und schrittweise abgebaut wird. Die zweite Beobachtung betrifft das Auslaufen der Krise (2012-14), das erneut konvergierende Anleihezinsen zeigt. Damit verbindet sich die Frage, ob am Ende der neuen Konvergenz wieder der gleiche Anleihezins steht, wie er in der zweiten Phase bestanden hat. Wir werden in Teil 5 sehen, dass dies unwahrscheinlich ist.

3.6.2 Die Situation einzelner Länder

Vor dem Hintergrund der schweren Rezession, in der sich die EU und die Euro-Länder mittlerweile befanden, stand neben Griechenland *Spanien* im besonderen Interesse der Akteure auf den Kapitalmärkten. Nach der EZB-Entscheidung zum konditionierten Ankauf von Anleihen rechnete man allenthalben mit einem baldigen Hilfe-Antrag Spaniens beim ESM, zumal das Land auch am 10. Oktober 2012 durch Standard & Poor's in der Kreditwürdigkeit um zwei Stufen auf „BBB-" herabgestuft wurde. Damit lag das Land auf „Junk"-Ebene, d.h. die Investition würde als „spekulativ" eingeschätzt werden. Die Regierung in Madrid wehrte sich indessen weiter mit Händen und Füßen gegen einen großen ESM-Antrag – einschließlich der Gewährung der OMT-Käufe – und die politische Abstufung zum „Programmland". Spanien hoffte vielmehr auf die kleine ESM-Hilfe, die „Enhanced Conditions Credit Line" (ECCL),[41] in deren Folge dann die EZB-Käufe eintreten können.

Der Widerstand Spaniens gegen den Programmland-Status hat sich gelohnt. Der im Sommer 2012 zugesagte Kredit aus der EFSF von 100 Milliarden Euro für die Bankensanierung – er sollte in mehreren Tranchen ausgezahlt und von der Umsetzung gewisser Auflagen abhängig gemacht werden – wurde am Ende (2014) gar nicht einmal ganz ausgeschöpft. Lediglich 41,5 Milliarden Euro rief das Land für die Sanierung der Großbank Bankia ab. Begleitet wurde der Prozess angesichts der tiefen Wirtschaftskrise in Spanien durch eine nachsichtigere Politik der Kommission in Hinblick auf die Schuldenzahlen und die Erreichung gewisser Fristen.

Am 5. Dezember 2012 trat der zwischenzeitlich gegründete ESM erstmals in Aktion. Er nahm fast 40 Milliarden Euro am Kapitalmarkt auf,

---

[41] Die ECCL wurde auf dem Gipfel 2011 geschaffen. Ursprünglich war die ECCL ein Finanzinstrument für Nicht-Euro-Staaten, das im Jahre 2002 auf dem Weg einer Verordnung geschaffen wurde. Damit sollte Staaten ein Beistand gewährt werden, die in Zahlungsbilanzschwierigkeiten geraten oder geraten sind.

die überwiegend an den spanischen Bankenrettungsfonds Frob (Fondo de Restructuración Bancaria) weitergereicht wurden. Die Aufstockung des Eigenkapitals war eine der Voraussetzungen zur Sanierung des spanischen Bankensystems, das durch die Immobilienkrise in eine Schieflage geraten ist.

Die Krise der Währungsunion erhielt ihre maximale Zuspitzung im Sommer 2012, als die beiden großen Länder Spanien und Italien an den Kapitalmärkten in Verruf gerieten. Mit der politischen Lösungsstrategie über den ESM-Arm konnte hier nicht für Abhilfe gesorgt werden. Italien ist – in absoluten Zahlen ausgedrückt – mit fast 2 Billionen Euro nach Deutschland der größte Schuldner in der Eurogruppe. Ein Fonds, der gerade ein Viertel dieser Summe aufzubringen in der Lage ist, ist hier machtlos. Es musste also nach einer Lösung gesucht werden, die über unendliche Mittel verfügen kann.

Italien wäre aber auch aus anderen Gründen nicht geeignet gewesen, Programmland zu werden. Zwei davon seien hier angeführt. Der erste Grund hängt wiederum mit der Größe des Landes zusammen. Die Souveränität eines so großen Landes wie Italien lässt sich nicht so brechen, wie das mit den drei kleinen Programmländern bewerkstelligt wurde. Dazu gesellen sich zahlreiche andere Faktoren, z.B. dass das Land europäisches Urgestein ist und zu den Gründungsmitgliedern der Gemeinschaft zählt. Der zweite Grund betrifft die Wirtschaftsstruktur des Landes. Die globale Finanzkrise traf in Italien nicht auf ein marodes Bankensystem, sie hat realwirtschaftlich kein so tiefes Loch wie in anderen Ländern gerissen und der Schuldenstand ist auch nicht exorbitant in die Höhe geschnellt. Die strukturellen Probleme Italiens, die Zweiteilung des Landes, das ineffektive politische System und die chronische Wachstumsschwäche, bestanden vor der globalen Krise und sie blieben nach der Krise. Die Kapitalmärkte hatten vor diesem Hintergrund im ersten Jahrzehnt der Währungsunion Italien mit einem „deutschen" Anleihezins versorgt, warum sollte dies nach der Krise anders sein. Italien ist nicht aufgrund spezifischer Probleme, meist Fundamentalfaktoren genannt, an den Kapitalmärkten in Verruf geraten, sondern wegen typischer Infektionsprobleme, Übertreibungen und Dominoeffekten.

Irland war schon im Laufe der Programmzeit wieder vorsichtig an den Kapitalmarkt zurückgekehrt, nachdem es 2010 keinen Kredit mehr bekommen hatte, und hatte gelegentlich mit Versuchsballons am Markt operiert. Die Zinssätze bei den Auktionen fielen, die Leistungsbilanz hatte sich langsam gedreht. Im November 2013 konnte Irland fristgemäß

3. Vorgeschichte, Verlauf und Ausgang der Krise

als erstes an den internationalen Anleihemarkt zurückzukehren und den unangenehmen Status als Programmland hinter sich lassen. Davor aber bedurfte es einer Art Wunderlösung, denn die Iren mussten eine für ihre Verhältnisse geradezu riesige Bank in die Insolvenz entlassen.

Im ganzen Jahr 2012 schwärte im europäischen Hintergrund eine Krise. Das Land war mit einem absurd überdimensionierten Bankensektor in die Krise getaumelt und musste mit einer gigantischen Summe – 64 Milliarden Euro, davon allein 31 Milliarden Euro für die Anglo Irish Bank – in den „Teufelskreis" der Bankenrettung einspringen. Das war keine einfache Bankenkrise, sondern mit die größte Bankenkrise in der Finanzgeschichte und das mit einer Kreditaufnahme, die noch die Griechenlands überstieg. Finanziert wurde die Rettung über ein ELA-Programm (Emargancy Liquidity Assistance, Liquiditätshilfe für den Notfall), Notkredite der EZB, die der irische Staat über einen Schuldschein mit einer Laufzeit von 20 Jahren zurückzahlen sollte. Das Ausfallrisiko lag bei der irischen Nationalbank, die aber, nur nebenbei angemerkt, ein Teil des ESZB ist. Die Sanierungserfolge wurden nun, im Jahr 2012, aber gefährdet, weil der internationale Handel zusammenbrach, auf den Irland extrem angewiesen war. Zinszahlungen wurden ausgesetzt, seither wurde verhandelt. Die Lösung, das irische Kreditprogramm auf den ESM zu übertragen, wurde von Deutschland ausgeschlossen, wegen der fatalen Signalwirkung. Also hoffte man auf die EZB, die die Sache aber scheute, da es sich um monetäre Staatsfinanzierung handelt.

Die „Wunderlösung" kam durch eine Schuldscheinkonstruktion, die um mehrere Jahrzehnte gedehnt wurde, da man die Jahresraten ansonsten kaum hätte finanzieren können. Anfang Februar 2013 war es dann so weit. Nachdem eineinhalb Jahre mit der EZB verhandelt wurde, kam es fast über Nacht zu einer Lösung, der irische Staat konnte verkünden, dass er für die Rückzahlung des Schuldscheins von 30 Milliarden Euro einen Zahlungsaufschub erreicht hatte (bis zum Jahr 2053), wobei die erste Tilgung erst 2038 fällig würde. Die an sich Ende März 2013 fällige erste Rate von 3,1 Milliarden Euro entfiel damit, insgesamt „ersparte" sich Irland damit zunächst Schuldscheine von rund 20 Milliarden Euro, die den Haushalt belastet hätten. Die EZB hatte die Lösung „zur Kenntnis genommen", blieb aber weiter auf dem Verdacht der monetären Staatsfinanzierung sitzen. Der Schuldschein befand sich jetzt im Tresor der irischen Nationalbank, und zwar auf eignen Rechnung, außerhalb der Bilanz des Eurosystems. Er wurde im Rahmen der ANFA-Bestände bilanziert und überschritt die eigentlich zulässige Höhe.

Insgesamt handelt es sich um ein ebenso komplexes wie „schlüpfriges" Verfahren. Da das Land aber der Liebling des internationalen Neoliberalismus ist, prasselt nicht mehr viel Hader über die gefundene Lösung nieder. Jedenfalls muss Irland viel weniger Häme ertragen als etwa Zypern und Griechenland. Auch die Europäer hatten ein massives Interesse daran, dass Irland im November 2013 an den Kapitalmarkt zurückkehren könnte, sonst wäre der Mythos vom Vorzeigeland der Eurorettung zerstört worden.

Noch am unauffälligsten hat *Portugal* im Mai 2014 die Programmzeit hinter sich gelassen, zumindest wenn man von den sozialen Verwerfungen, die diese angerichtet hat, absieht. Das Land profitierte, wie die anderen Krisenländer, nicht etwa davon, dass man, einem Unternehmen gleich, eine erfolgreiche Sanierung hinter sich gebracht hat, um auf der Basis eines neuen „Geschäftsmodells" neu durchstarten zu können. Es war auch nicht so, dass die Kapitalmärkte, einschließlich der Ratingagenturen, die dem allgemeinen Trend folgten, jetzt neues Vertrauen in das Land hatten, weil vieles besser wurde. Mit Fug und Recht könnte auch das Gegenteil behauptet werden. Die Lage um Portugal und die anderen Länder hatte sich entspannt, weil eine Lösung für die Währungsunion als Ganzer gefunden wurde. Damit wiederholte sich eine Konstellation vom Beginn der Krise. Die Länder rutschten in die Notsituation, nicht weil sie als einzelne Länder in problematische wirtschaftspolitische Zwänge geraten sind, sondern weil die Währungsunion – ihr bisheriges Regelwerk – politisch in Frage gestellt wurde. Jetzt profitierten die Länder von der neuen Vertrauenskonstellation.

Zypern war, wie wir gesehen haben, ein Sonderfall insofern, als das Problem schon nach der eigentlichen Krisenzeit auftauchte. Das Land hatte zwar schon auf dem Höhepunkt der Krise im Sommer 2012 signalisiert, dass man Hilfe beanspruchen würde, es bedurfte aber weiterer Eskalation, bis im Frühjahr eine Lösung gefunden wurde. Allem Anschein nach ging es darum, das neoliberale Zauberwort der Krise, das Haftungsprinzip, auf Praxistauglichkeit zu testen. Offensichtlich war es auch so, dass der Fall Zypern noch einmal einen Schub in die Diskussion um die Herstellung einer europäischen Bankenunion brachte. Europapolitisch verdeutlichte der Fall auch, in welcher Weise das Prinzip der Supranationalität gegenüber kleinen Ländern und deren Bevölkerung durchgesetzt werden kann.

Nach der grundsätzlichen Verständigung auf die Krisenlösung im Sommer 2012 und der folgenden Draghi-Intervention löste sich auch das griechische Problem. So wie *Griechenland* zu Beginn der Krise ein Paradebeispiel für die Destabilisierung eines Staates war, so wurde im Herbst 2012 und in den Monaten danach das Paradebeispiel für die Stabilisierung eines Staates vorgeführt.

Es begann mit einem Streit zwischen IWF und dem deutschen Finanzminister, ob Griechenland auf dem Wege eines weiteren Schuldenschnitts und einer zeitlichen Streckung des fiskalischen Reformprogramms geholfen werden sollte. Während Schäuble auf der Jahrestagung des IWF in Tokio am 10./11. Oktober 2012 die Anregungen der IWF-Direktorin Christine Lagarde schroff zurückwies, schloss er zu Beginn der folgenden Woche eine Zahlungsunfähigkeit des Landes oder einen Austritt aus der Währungsunion kategorisch aus. Damit folgte er den Aussagen der Kanzlerin wenige Wochen zuvor. Als kurzfristiger Lösungsschritt wurde aus der EZB angeregt, dass Griechenland mit den nächsten Troika-Krediten eigene Anleihen zurückkaufen könne.

Als Merkel im Oktober 2012 Griechenland besuchte, waren die grundsätzlichen Dinge geklärt: Dem Land würde geholfen werden, und es sollte in der Währungsunion bleiben. Die Treibjagd auf das Land, die in Deutschland im Sommer Urstände gefeiert hatte, wurde hinter den Kulissen abgeblasen. Ende Oktober, vor dem nächsten Treffen der Eurogruppe, konnte ein EU-Diplomat mit den Worten zitiert werden:

„Die politische Vorgabe lautet doch schon lange, dass Griechenland so oder so gerettet wird – jetzt geht es nur noch darum, die Bedingungen auszuhandeln."

Nicht die Fachleute der Troika waren gefragt, sondern die Politik.

Anfang November lag der Troika-Bericht immer noch nicht vor. Am 16. November 2012 sollte Griechenland alte Schulden bedienen, dafür musste die anstehende Tranche von 31 Milliarden Euro freigegeben werden. Die bereits beschlossene zweijährige Verlängerung für die Verwirklichung der Sparziele sollte über ein Schuldenrückkaufprogramm unter Beteiligung des ESM umgesetzt werden. Für das unmittelbare Problem wurde eine Verlängerung der Laufzeit der „T-Bills" bei der EZB diskutiert.

Am 27. November 2012 war es dann so weit, dass für die neu aufgetauchten Finanzierungsprobleme im Rahmen des zweiten Rettungspakets eine Lösung gefunden war. Die Tagung der Eurogruppe im Rahmen des Ministerrats ergab nach dreizehnstündigen Verhandlungen ein komplexes

Lösungsbündel mit zahlreichen Detailmaßnahmen, welche die Beteiligten wohl selbst nicht ganz überblickten.

Zu den Maßnahmen zählte zunächst das Schuldenrückkaufprogramm, in dessen Rahmen der griechische Staat eigene Anleihen, die zum entsprechenden Zeitpunkt niedrig notierten – sie lagen bei rund 35 Prozent des Nennwerts –, zurückkauft, um damit die Schuldenquote zu drücken. Für dieses Programm sollte es Gelder aus dem EFSF geben. Dann wurden die Zinsen aus früheren Kreditierungen Griechenlands abermals gesenkt, ähnlich die Maßnahme, dass Garantiegebühren für Kredite aus der EFSF gesenkt wurden. Die Laufzeiten für bisherige europäische und nationale Kredite wurden verlängert (z.T. bis 2044). Gewinne der nationalen Zentralbanken aus der bisherigen Griechen-Rettung sollten an Griechenland weitergereicht werden. Damit waren die Voraussetzungen für die nächste Tranche aus dem Hilfsprogramm am 13. Dezember 2012 (10,6 Milliarden Euro für den Haushalt, 23,8 Milliarden Euro für die Bankenrettung) erfüllt. Eine Ausweitung des T-Bill-Programms über die EZB sollte nicht vorgenommen werden, wohl aber die EZB nicht darauf bestehen, dass die Kreditierung aus der Sommer-Maßnahme bestehen bleibt.

Im Sommer 2012 wurde Griechenland durch das ELA-Programm (Emergency Liquidity Assistance Programme) weitergeholfen. Danach ist es nationalen Notenbanken erlaubt, in Notsituationen auf eigene Rechnung Kreditinstitute mit Liquidität zu versorgen. Die damit alimentierten griechischen Banken kauften Anleihen ihres Staates.

In welchem Maße die Vermittlung von Vertrauen aus der Politik auf die Märkte wirkt, konnte man nicht nur an dem kontinuierlichen Fall bei den Anleiherenditen für griechische Papiere auf den Sekundärmärkten beobachten, im April 2014 spielte sich an den Finanzmärkten ein wahres Mirakel ab. Es war kaum ein Jahr vergangen, dass die griechische Teilinsolvenz vollzogen war, da konnte der griechische Staat, kurz vor einem Besuch der Kanzlerin in Athen, erstmals am Kapitalmarkt antreten, um eine fünfjährige Anleihe zu platzieren. Das Papier war mehrfach überzeichnet und konnte für einen verhältnismäßig günstigen Zins von 5 Prozent untergebracht werden. Von der Politik wurde jetzt so viel an Vertrauen generiert, dass dieses Ergebnis möglich war bei einem Schuldenstand von 172 Prozent des BIP, was – nebenbei formuliert – zeigt, wie unsinnig absolute Zahlen bei Schuldenständen und daraus abgeleitete Folgen sind.

3. Vorgeschichte, Verlauf und Ausgang der Krise

Das Gesamtbild von Entspannung, Lösung und Aufklärung, das sich nach der Garantieerklärung für die Währungsunion nach und nach vermittelte, wurde zwar durch die Zypern-Krise noch einmal erschüttert, nachdrücklicher war aber die Trübung an einer anderen Stelle. Seit dem Vollzug des Machtwechsels in *Frankreich* im Frühjahr 2012 zu François Hollande, der aus der Opposition heraus die in der Eurogruppe austarierte Kompromisslinie immer wieder in Frage stellte, wurde das Land zunehmend an den Rand gedrängt. Zaghafte französische Versuche, die Kompromisslinie entlang der deutschen Austeritätspolitik zu verschieben, misslangen. Die von Hollande favorisierte Wachstumsinitiative vom Sommer 2012 erwies sich schnell als Etikettenschwindel, der Fiskalpakt – im Wahlkampf massiv in Frage gestellt – wurde, wie von der Vorgängerregierung ausgehandelt, ratifiziert und der EMS blieb insgesamt eine eher schwächliche Institution.

Am 20. November 2012 war es so weit, dass das sozialistisch regierte Frankreich die Quittung bekam: Moody's entzog dem Land die Bestnote von AAA, da die strukturelle Wettbewerbsschwäche nicht entschieden genug bekämpft würde. Standard and Poor's hatte schon im Januar herabgestuft. Knapp zwei Wochen später folgte übrigens die Abstufung der Fonds EFSF und ESM von der Bestnote auf die zweitbeste Note Aa1 durch Moody's.

Ende Mai 2013 hatte die Kommission Frankreich zu vermehrten Reform- und Sparbemühungen aufgefordert. Der französische Staatspräsident machte durch seine Reaktion deutlich, wo genau bei den mächtigen EU-Staaten den supranationalen Institutionen die Grenzen gezogen werden. Während die Supranationalen in den Programmstaaten durchregieren bis hinein in die Haushalte, Schulen und Fernsehanstalten, lassen es sich die Souveränen nicht einmal bieten, kleinere Maßregelungen auf der Ebene der Diplomatie anzuhören. Hollande nannte die „Einmischung" der Kommission ein „Diktat", das er sich verbitte.

Im Frühjahr 2014 war man sich in Deutschlands Öffentlichkeit sicher: Frankreich ist der neue „kranke Mann Europas". Besorgniserregende Phänomene eines industriellen Niedergangs wurden registriert, das Land komme um eine Sozialreform wie die der rot-grünen Koalition aus dem Jahr 2004 nicht herum. Wachstum kam kaum zustande und die Arbeitslosigkeit erreichte Rekordhöhen. Zum veritablen europäischen Außenseiter wurde Frankreich, als der Front National bei den Europawahlen 2014 zur stärksten Partei wurde.

3.6.3 Die Finanztransaktionssteuer

Ein ordnungspolitisches Regulativ, das es verdient hätte stärker im Vordergrund zu stehen, fristete im Verlauf der europäischen Krise eher ein Schattendasein. Gemeint ist die Finanztransaktionssteuer. Immerhin aber gelang es den Europäern auf diesem Gebiet einen kleinen Teilerfolg zu erzielen, nach dem Ende der Krise erhielt diese Steuer nämlich Gesetzesform. Zurückgehend auf eine Entschließung im Europäischen Parlament vom März 2010 machte der bald vorliegende Entwurf für ein europäisches Gesetz durch die Kommission die üblichen Stationen durch, bis er schließlich im Juni 2012 im Ministerrat landete, der feststellte, dass keine Unterstützung durch alle 27 Mitgliedstaaten vorliege. Deutschland und Frankreich verständigten sich bald darauf im Wege der „Verstärkten Zusammenarbeit" (Artikel 20 AEUV) die Initiative weiter zu verfolgen.

Der Richtlinienvorschlag der Kommission vom 14. Februar 2013 sah schließlich für 11 EU-Staaten Mindeststeuersätze von 0,1 Prozent für den Aktien- und Anleihehandel und 0,01 Prozent für den Derivatehandel vor. Intendiert ist – im Sinne der Tobin-Steuer – u.a. den Hochfrequenzhandel einzuschränken und einen Beitrag der Banken für mögliche krisenhafte Entwicklungen im Finanzsektor festzulegen. Gerechnet wurde mit 30 bis 35 Milliarden Euro, die in den europäischen Haushalt fließen sollten. Im Mai 2014 stand schließlich fest, dass die kleine Ländergruppe am 1. Januar 2016 mit der schrittweisen Umsetzung beginnen wollte, indem der Handel mit Aktien und einigen Derivaten besteuert wird.

3.6.4 Das Bundesverfassungsgericht zur Eurorettung

Das Bundesverfassungsgericht musste sich von Anfang an mit der so genannten Euro-Rettungspolitik beschäftigen. Die Griechenland-Hilfe war noch gar nicht richtig angelaufen, der Bundestag hatte gerade am 7. Mai 2010 ein Gesetz zu Gewährleistungen zur Absicherung von Krediten verabschiedet, da musste das Gericht schon am selben Tag in Aktion treten und lehnte den Antrag auf einstweilige Anordnung auf eine Annullierung des Gesetzes ab. Klagen und Verhandlungen zunächst zur Griechenland-Hilfe, dann zur EFSF setzten sich fort – und wurden negativ beschieden. Einen Erfolg konnten Abgeordnete des Bundestages dann erzielen, als es darum ging, die Kompetenzerweiterung der EFSF durch ein Sondergremium des Parlaments (Neuner-Gremium) absegnen lassen. Das Gericht entschied, dass der Bundestag als Ganzer zu informieren und zu beteiligen sei (Februar 2012). Die Bundesregierung musste sich auch den Vorwurf gefallen lassen, ihre Unterrichtspflichten in Hinblick auf die Gründung des ESM und den Euro-Plus-Pakt verletzt zu haben (Juni 2012). ESM und Fiskalpakt wurden im September 2012 in ihrer juristischen Umsetzung in deutsches Recht nicht beanstandet. Verfassungsbeschwerden und Organstreitverfahren in Hinblick auf die beiden neuen europäischen Institutionen wurden zurückgewiesen (März 2014).

Bundesverfassungsgericht: Urteile zu Europa und der Währungsunion (Auswahl)

12. Oktober 1993	*Maastricht-Urteil*
	Maastricht-Vertrag mit GG vereinbar.
	Begriff des Staaten*ver*bunds eingeführt.
	Demokratische Legitimation über die nationalen Parlamente.
	Prinzip der ausdrücklichen Einzelermächtigung bleibt erhalten.
30. Juni 2009	*Lissabon-Urteil*
	Lissabon-Vertrag mit GG vereinbar.
	Souveränität der Nationen nicht beeinträchtigt.
	Neues Begleitgesetz vonnöten: Ergänzung und Konkretion des Europa-Artikels.
07. September 2011	*Griechenland-Hilfe, EU-Rettungsschirm (EFSF)*
	Hilfen sind zulässig, aber:
	Haushaltsausschuss des BT muss jedem Schritt zustimmen, kein Automatismus.
28. Februar 2012	*Neuner-Gremium des Bundestages zu Euro-Rettung*
	Entscheidungen zu Euro-Rettung dürfen *nicht* in geheimem Sondergremium des BT gefällt werden.
7. Februar 2014	*OMT-Urteil*
	Zweifel an der Rechtmäßigkeit des OMT-Programms, aber Überweisung zur Prüfung an EuGH.
26. Februar 2014	*Sperrklausel bei Wahl zu EU-Parlament*
	Drei-Prozent-Sperrklausel bei Wahl zu EU-Parlament verfassungswidrig und ist deshalb aufzuheben
18. März 2014	*ESM-Urteil*
	ESM und Fiskalpakt mit GG vereinbar.

Der unter ordnungs- und europapolitischen Aspekten wichtigste Vorgang betraf das am 6 September 2012 von der EZB verkündeten OMT-Programm. Beschwerden, die darauf abzielten, der EZB eine Überschreitung ihres Mandats und damit eine Verletzung des europäischen Primärrechts nachzuweisen, hat das Gericht zur Vorlage an den Europäischen Gerichtshof weitergeleitet (Februar 2014). Inhaltlich hat sich das Gericht aber nicht zurückhalten können und mehrheitlich festgehalten, dass es die Auffassung der Beschwerdeführer teile. In Teil 5 unserer Arbeit werden wir insbesondere auf das Geheimpapier, das Bundesbankpräsident Weidmann an den mündlichen Verhandlungstagen vom 11. und 12. Juni 2013 vortrug, eingehen, da darin eine zugespitzte Position zur Zukunft der europäischen Integration formuliert ist.

3.6.5 Ende des Austeritätsdogmas?

Von offizieller Seite wurde die These, dass der in der Eurogruppe, insbesondere bei den Programmländern, eingeschlagene Austeritätskurs zu scharf angelegt sein könnte, erstmals im World Economic Outlook vom Oktober 2012 (IMF 2012, S. 41-43) dargelegt. Die dort knapp ausgebreitete Argumentation stellte eine radikale Revision der bisherigen Annahmen dar. Sie kam zu dem Schluss, dass der kurzfristige Multiplikator in den Konsolidierungsprogrammen massiv unterschätzt wurde und darin der Grund zu suchen sei, dass die Zwischenziele in den dreijährigen Sanierungsprogrammen systematisch verfehlt wurden. Wenn also die katastrophalen Auswirkungen der Sparpolitik auf die Konjunktur so erheblich unterschätzt wurden und das in einem offiziellen Papier eines Troika-Mitgliedes zu lesen war, konnte das nur bedeuten, dass es zu einer Absetzbewegung von der bisherigen Linie kommen würde. Gleichwohl haben die beiden anderen Troika-Mitglieder, EZB und Kommission, scharf widersprochen (EZB 2012, S. 90 ff.).

Bei dem Frühjahrsgipfel im März 2013 verschoben sich erkennbar die Orientierungen. Ein rigides Insistieren auf den Schuldenkriterien kam für die Kommission nicht mehr in Frage. Am Montag, dem 22. April 2013, schließlich wagte Kommissionspräsident Barroso bei einer Veranstaltung in Brüssel einen Vorstoß und dachte öffentlich über die Grenzen der Sparpolitik nach. Die Problematisierung war keineswegs radikal, der EU-Politiker sprach von einem Nebeneinander notwendiger Einschnitte und gezielter Wachstumsförderung, überraschend war nur, dass die Kritik für

Kommissionsverhältnisse so drastisch ausfiel. Beistand kam von EU-Präsident Van Rompuy, der bei der gleichen Veranstaltung die bisherige Politik ebenfalls in Frage stellte und wachstumsfördernde Maßnahmen forderte.

Die Nachdenklichkeiten Barrosos sorgten allenthalben für eine gewisse Unruhe. Bislang galten bei den bestimmenden europäischen Akteuren Formeln wie, dass Wachstum und Sparen keine Gegensätze seien. Ansonsten hatte man sich auf die in der EU-Geschichte lange schon herrschende „rhetorische Wachstumspolitik" – viel und häufig Wachstum fordern, faktisch aber bestenfalls Symbolisches dafür tun, wie z.b. auf dem Gipfeltreffen ein Jahr zuvor im Sommer 2012 – verständigt.

Zum gleichen Zeitpunkt stand die deutsche Politikvorgabe bei dem Treffen der G-20-Finanzminister und des IWF in Washington in der Kritik. Angesichts einer sich milde erholenden Weltwirtschaft drohte der austeritätsbedingte Wirtschaftseinbruch in Europa die Weltkonjunktur zu drosseln. Mit konkreten Politikempfehlungen – einer Stärkung der inländischen Nachfrage, einem verlangsamten Defizitabbau und einer Zustimmung zur rasch sich bildenden Bankenunion – wurden die Deutschen konfrontiert. Auf der Tagung leistete sich das Finanzministerium noch die Peinlichkeit mit der Forderung einer 90-Prozent-Schuldengrenze für die G-20-Länder aufzutreten, obwohl die Studie, die eine weitere willkürliche Schuldenzahl in die Welt gesetzt hatte, einige Wochen vorher in heftigem wissenschaftlichen Gegenwind stand.[42] Wie so häufig stand der deutsche Finanzminister isoliert auf der Tagung da.

Zwei Wochen nach Barrosos Kritik stellte Währungskommissar Rehn die Frühjahrsprognose der Kommission in Brüssel vor. Vor dem Hintergrund weiter schlechter Wachstumsaussichten – dem Euroraum wurde ein Rückgang des BIP von 0,4 Prozent prognostiziert – erhielten Frankreich und Spanien im Rahmen des sogenannten Defizitverfahrens der Kommission einen Aufschub für die Erreichung des Defizitabbaus von jeweils zwei Jahren. Den Niederlanden und Slowenien wurde ähnliches in Aussicht gestellt.

---

[42] Die Studie von Rogoff und Reinhart aus dem Jahr 2010 formulierte auf rein deskriptiver Ebene durch eine Zusammenstellung umfangreichen wirtschaftshistorischen Materials die These, dass jenseits einer Schuldensumme von 90 Prozent des Sozialprodukts das Wachstum einer Volkswirtschaft beeinträchtigt werde. Unabhängig von dem rein deskriptiven Charakter der Studie hatte sich dann noch herausgestellt, dass den Autoren Rechenfehler unterlaufen waren, die die Gesamtaussage gefährdeten. Vgl. dazu auch Krugman 2013.

Kurz vor dem Besuch bei seinem deutschen Kollegen formulierte der französische Finanzminister Pierre Moscovici vor dem Hintergrund der geschilderten Vorgänge eine weitreichende These: Mit den Beschlüssen der Kommission sei das „Ende einer bestimmten Form der finanzpolitischen Orthodoxie und das Ende des Dogmas der Austerität" gekommen. Das Ganze komme als Zäsur der Einführung des Euros gleich und stelle eine Wende in der europäischen Geschichte dar.

Anlässlich eines Treffens zwischen Merkel und Hollande in Paris am 30. Mai 2013 wurden dann Teile eines Papiers bekanntgegeben, das Frankreich und Deutschland für den kommenden Gipfel vorbereiteten und das die seit einiger Zeit laufenden Bemühungen um eine Konkretisierung der angestrebten Wirtschaftsregierung unterlegen sollte. Die Führung der Eurogruppe solle durch einen hauptamtlichen Eurogruppen-Chef übernommen werden, der die dann monatlich stattfindenden Eurogipfeltreffen koordinieren und leiten solle. Perspektivisch solle die Eurozone mit einem eigenen Budget ausgestattet werden, das dem Kampf gegen die Arbeitslosigkeit dienen solle.

Am gleichen Tag gab die Kommission einen umfassenden Bericht zu den laufenden Defizitverfahren (darin enthalten ist nur die laufende Verschuldung, nicht der Schuldenstand) bekannt. Er enthielt für eine Reihe von Ländern eine zeitliche Streckung, für Italien wurde das Ende des Defizitverfahrens angekündigt. Frankreich, Spanien, Slowenien und Polen erhielten jeweils zwei Jahre, die Niederlande, Portugal und Belgien ein Jahr Aufschub, um die avisierten Schritte zu realisieren und unter die Grenze von drei Prozent des BIP zu kommen.

Das Merkel-Hollande-Papier löste auf der supranationalen Etage Unbehagen aus, da das eigene Papier (das „Romanisten-Papier", in Arbeit seit Sommer 2012, vgl. Teil 6) insbesondere von Deutschland mit Ablehnung bis Ignoranz gestraft wurde. Die Rede war wieder einmal vom deutsch-französischen Direktorium. Neben dem hauptamtlichen Eurogruppen-Chef – ein altes französisches Anliegen, zum damaligen Zeitpunkt kam es aber doch überraschend – enthielt es auch Vorschläge zur Realisierung der Bankenunion noch vor der nächsten Europawahl 2014. Der ESM sollte danach in die Funktion des Direktfinanzierers von maroden Banken und des Abwicklers von insolventen Banken – im Anschluss an den Gipfelbeschluss vom Dezember 2012 – aufgewertet werden. Besonders umstritten war der Vorschlag, dass ein besonderes Abwicklungsgremium, so das Papier, eingerichtet werden soll. Eigentlich lag die konkrete Ausgestaltung bei der Kommission.

3. Vorgeschichte, Verlauf und Ausgang der Krise

Die Symptome der Reinigung und Sortierung setzten sich dann fort, als sich wenige Tage später der schon länger schwelende Streit innerhalb der Troika zuspitzte. Im Oktober 2012 war es das oben angeschnittene Eingeständnis des IWF-Chefökonomen Olivier Blanchard.[43] Dieses Mal legte der IWF mit einer weiteren, in der Deutlichkeit durchaus überraschenden Selbstkritik auf. Bei der Griechenland-Rettung speziell seien gravierende Fehler begangen worden. Der für den IWF tätige Missionschef in der Troika Poul Thomsen kritisierte für das Jahr 2010, dass die Auswirkungen der Sanierungspolitik viel zu optimistisch angesetzt waren, die Schuldentragfähigkeit nicht adäquat eingeschätzt worden wäre und dass 2012 der Schuldenschnitt zu spät und zu gering dimensioniert war. Daraufhin hagelte es für die internationale Organisation wiederum barsche Kritik von der supranationalen Kommission.

„Austarity. The History of a Dangerous Idea" lautet der Titel des Buches von Mark Blyth (2013). Im Spiegel-Interview lautet die Schlagzeile für sein Interview „Deutschland schafft das nicht". In den Schlussfolgerungen, die er in seinem Buch ausbreitet, schildert er, wenn die schmerzhaften Lösungswege der Inflation, der Deflation und der Staateninsolvenz vermieden werden sollen, zwei Pfade, die als Alternative zur Austeritätspolitik in Frage kommen. Das Hinweisschild des einen Pfades lautet „Repression", das des anderen „Steuererhöhung" (für die Spitzenverdiener und Vermögenden).[44] In Krugmans Polemik gegen die „Austerianer" (2013) erfährt man interessante Hintergründe über die europäische Austeritätspolitik der vergangenen Jahre. Der Aufsatz schließt mit verhaltener Hoffnung, dass das „Glaubensgebäude" Austerität nach all den Sackgassen, Blamagen und sozialen Katastrophen einstürzen könnte. Selbst bei Vertretern aus dem inneren Kreis der jüngsten europäischen Politik kann man angesichts der Sackgasse, in die die europäische Austeritätspolitik gesteuert ist („Against the Wall"), Nachdenkliches über die Austeritätspolitik lesen (Bini-Smaghi 2013).

---

[43] In diesem Zusammenhang sollte daran erinnert werden, womit deutscherseits die Kooptation des IWF in die Rettungspolitik begründet wurde. Sie lautete: Der IWF sei die einzige Einrichtung, die über das passende Krisen-Know-How und die einschlägige Erfahrung verfüge.

[44] „Financial Repression" lautet eine in jüngster Zeit des Öfteren zu hörende Diagnose (aber auch Therapie) für die gegenwärtige Wirtschaftspolitik. Gemeint ist damit, eine durch die Zentralbanken und ihre Politik der Nullzinsen (und andere Maßnahmen) gesteuerte Umverteilung von Sparern und Geldvermögensbesitzern hin zum Staat.

An dieser Stelle erfolgt keine Auseinandersetzung mit den Thesen der Autoren. Vor dem Hintergrund der obigen Skizze des ereignisgeschichtlichen Verlaufs der europäischen Krise und der zurück verfolgbaren Linien in die deutsche Politik soll lediglich auf das Massiv hingewiesen werden, das sich vor einer Umorientierung in Europa aufbaut. Die Anstrengung und das Gewicht, mit der die deutsche Politik Austerität in Europa durchgesetzt hat, sprechen nicht für die Möglichkeiten flexibler, pragmatischer Politik. Mit Blick auf die Anstrengung muss man registrieren, dass immerhin über mehrere Jahre hinweg unter Inkaufnahme zugespitzter Konfrontationen mit den Partnern und mit innenpolitischen Gefährdungen eine ganze Staatengruppe in eine ihr überwiegend fremde politische Richtung gelenkt wurde. Mit Blick auf das Gewicht muss zur Kenntnis genommen werden, dass diese Politik im politischen Raum auf einem ganz breiten Fundament steht, das Fundament im sozialen Raum dürfte schmaler sein.

3.7 Der Krisenverlauf in der Gesamtschau

Anhand des Nachverfolgs der Entwicklung der Renditen von Staatsanleihen der Währungsunion – meist werden zehnjährige Papiere des Sekundärmarktes zugrunde gelegt – ergibt sich ein eindeutiges Bild der Vorgeschichte, des Verlaufs und des Auspendelns der europäischen Krise. Die Vorgeschichte zeigt konvergierende, dann weitgehend auf gleichem Niveau liegende Renditen. Der Beginn der einsetzenden Krise lässt sich relativ präzise auf das Frühjahr 2010 datieren, das Ende auf den Spätsommer 2012. Am Anfang standen zusammen mit der Entsolidarisierung in Hinblick auf Griechenland die Zweifel an der Währungsunion, das Ende wurde durch die erneute Generierung von Vertrauen markiert. Insgesamt erkennt man eine Symmetrie, an ihrem Anfang waren überwiegend gleiche Anleiherenditen zu beobachten, in der Krise partiell weit auseinander laufende Renditen und am Ende wieder konvergierende Renditen, die aber nicht mehr so dicht beieinander liegen wie ehedem.

Es gab einen begrenzten *Dominoeffekt*, innerhalb dessen die Infektion im halbjährlichen Abstand von Griechenland (Mai 2010) zunächst auf Irland (November 2010), dann auf Portugal (Mai 2011) übergriff. Die nächsten weitaus größeren Steinchen in der Reihe, Spanien und Italien, wackelten in den Jahren 2011 und 2012. Als sich die schlechten Nachrichten um diese beiden Länder im Sommer 2012 zu einem Höhepunkt

3. Vorgeschichte, Verlauf und Ausgang der Krise

aufschaukelten, gab es offensichtlich zwischen den maßgeblichen Akteuren eine Verständigung, die auf die Versicherung der Irreversibilität der Währungsunion hinauslief. Der Fall Zypern aus dem Frühjahr 2013 stellte schon wegen seiner Größenordnung keine ernsthafte Bedrohung mehr dar.

Nach den anfänglichen Schwierigkeiten (mit Griechenland) hat sich eine Art „Rettungsroutine" herausgebildet, in deren Rahmen die beiden Fälle Irland und Portugal zügig bearbeitet wurden. In den „Memoranda of Understanding" wurden die Reformmaßnahmen dokumentiert. Als dreijährige Programme mit den fiskalischen Zielgrößen im Mittelpunkt konzipiert, hatten sie das Ziel, die Programmländer nach drei Jahren wieder an die Kapitalmärkte zurückführen zu können. Festgehalten wurde zunächst daran, den vereinbarten Zins für die Ersatzkredite noch auf Strafzinsniveau zu halten. Später wurde davon allerdings abgerückt, so dass faktisch zu Eurobonds-Konditionen kreditiert wurde.

Der Modus der Krisenbekämpfung vollzog sich auf zwei Schienen. Die erste Schiene bestand aus der Politik bzw. der Fiskalpolitik, die in erster Linie intergouvernemental angelegt war. Die zweite Schiene bestand aus der Geldpolitik, die naturgemäß supranational durch die EZB konzipiert war. Als die europäische Politik mit ihren verschiedenen Maßnahmen im Sommer 2012 am Ende war und sich keine Beruhigung der Märkte einstellte, trat die Geldpolitik mit ihrer Vermittlung von Sicherheit – im metaphorischen Sinn als „lender of last resort" – auf den Plan und zerstreute die Verunsicherung.

In der Krisenzeit entstanden eine ganze Reihe formalisierter neuer Institutionen und politischer Verfahrensweisen. Zu den neuen Institutionen zählen der Fiskalpakt, der ESM (samt seinem Vorläufer EFSF) sowie die Bankenunion. Die Verfahrensweisen betreffen die neue Economic Governance mit dem verschärften Stabilitätspakt und der makroökonomischen Überwachung. Gemeinsam ist ihnen, dass sie 1.) alle außerhalb des bestehenden Vertragswerks angelegt wurden, 2.) überwiegend für die Eurogruppe konzipiert sind und 3.) eine beachtliche *Aufwertung des Intergouvernementalismus* erbracht haben. In Teil 5 werden die neuen Institutionen und Verfahrensweisen ordnungspolitisch analysiert und eingeordnet.

Dort werden wir ebenfalls die informellen und erst im Schattenriss deutlich werdenden Veränderungen, die sich aus der Krise ergeben haben, betrachten. Der neue Intergouvernementalismus brachte nicht nur das Kerneuropa der Währungsunion voran, mit den dichteren Arbeitsformen auf der Ebene der Eurogruppe zeigen sich auch die Konturen einer zukünftigen Wirtschaftsregierung, und zwar auf der Ebene der beiden Räte. Die EZB hat durch ihre Politik und die Rolle als Krisenlöser enorm an Gewicht und Reputation gewonnen. Insgesamt erfuhr die europäische Geldpolitik einen Modernisierungsschub. Der Verantwortungsbereich der EZB umfasst jetzt faktisch die gesamte Währungsunion (vgl. Polster 2012a, 2012b).

Immer wieder werden wir in den folgenden Teilen auch auf den „Kern des Kerneuropas" zurückkommen und danach fragen, wie die deutsch-französische Achse die Krisenbearbeitung vollzogen hat. Unverkennbar ist, dass Deutschland in dem Krisenprozess die zentrale Rolle gespielt hat. Zu Beginn dieses Teils hatten wir die vier ordnungspolitischen Weichenstellungen in Deutschland herausgearbeitet und die These vertreten, dass sie das Modell darstellten, mit dem die zentralen deutschen Akteure die Anti-Krisen-Politik steuerten.

Zunächst sei an dieser Stelle der Ehrbare Kaufmann mit seinem Haftungsethos aufgerufen. Die politischen Akteure im Kanzleramt und im Finanzministerium ließen sich in ihrer europäischen Krisenpolitik von Anbegin an von dieser ökonomischen Denkfigur leiten. Oben haben wir aus der Rede der Kanzlerin zur bevorstehenden ersten Griechenlandhilfe im März 2010 zitiert, dass darüber geredet werden müsse, Mitglieder der Währungsunion – bei unbotmäßigem Verhalten – auszuschließen. In ihrer Regierungserklärung zum ersten Euro-Rettungsgesetz vor dem Bundestag am 19. Mai 2010 prägte die Kanzlerin nicht nur die später dann oft aufgerufene Formel „Scheitert der Euro, dann scheitert Europa", sondern es tauchte auch die in diesen Tagen oft zu hörende Forderung auf, dass man mit Blick auf die Verhinderung künftiger Schuldenkrisen als letzte Möglichkeit die „geordnete Insolvenz von Staaten" ermöglichen müsse.

Und mit der moralischen Denkfigur des Ehrbaren Kaufmann wurde konkrete Europapolitik gemacht. Mit den Fällen Griechenland und Zypern trat man den Beweis an, dass Staaten – wie andere Marktteilnehmer (vgl. Teil 2) auch, z.B. ehrbare und unehrenhafte Kaufleute – Insolvenz melden können und müssen. Und mit Zypern und den juristischen Regelungen zur Bankenunion wurde die Tragfähigkeit des Haftungsbegriffs als der Schlüsselkategorie für die Krisenbekämpfung bewiesen. Mit der Haftungskaskade zog man zwischen unsoliden Staaten und Banken eine Mauer zum unbescholtenen Steuerbürger.

3. Vorgeschichte, Verlauf und Ausgang der Krise 129

Dass nicht alle Blütenträume wahr wurden, mag die Ehrbaren Kaufleute aus Deutschland nicht stören. Das Insolvenzrecht für Staaten hätten sie am liebsten in alle neuen Spielregelsysteme, die in der Eurokrise entstanden sind (Fiskalpakt, Stabilitätspakt, ESM), hineingeschrieben. Die Europäer ließen sich dann von diesem deutschen Sonderweg in der Ordnungspolitik nicht alles bieten. In keinem der neuen Regelwerke findet sich etwas von dem deutschen Anti-Etatismus.

Zu dem Ehrbaren Kaufmann gesellte sich dann bei der Krisenbekämpfung mit der Schwäbischen Hausfrau eine zweite ökonomische Figur, die konkrete Europapolitik machen sollte. Die Schwäbische Hausfrau holte sich den IWF, der in einschlägigen Ländersanierungen seine Erfahrungen gemacht hatte, in die Küche, und es wurden die Konzepte Ländersanierung und die neuen fiskalischen Regeln zusammengestellt. Den Programmländern verordnete man wahre Rosskuren, die man in einem demokratischen Kontext der eigenen Bevölkerung oder den eigenen Bundesländern nie und nimmer zugemutet hätte.

Das Erbe, das die schwarz-gelbe Koalition hinsichtlich der Arbeitsmarktreformen angetreten hat und die damit verknüpfte europäische Industriepolitik des Wettbewerbs der Lohnstückkosten, begründete einerseits die starke Position, mit der die deutschen Akteure in der Krise auftreten konnten. Andererseits gilt es, aus deutscher Perspektive, das damit verbundene europapolitische Konzept dauerhaft zu machen und in den Zentralen der Integration zu verankern. Wir werden in Teil 7 darauf zurück kommen.

Es fehlt noch der Nationalökonom. Längst bevor die europäische Krise Gestalt annahm, war die Matrix der Krisenbekämpfung in Deutschland auf „national" programmiert. Während der europäischen Krise wurde diese Linie konsequent durchgehalten. Wir werden in Teil 7 sehen, dass sich damit – möglicherweise – ein ganz neuer Integrationsweg öffnete, ein Weg, der Integration nicht als Absterben des Nationalstaats versteht, sondern diesen durchaus konserviert.

Der andere potentielle Veto-Player in europäischen Grundsatzfragen, Frankreich, spielte in der europäischen Krise, jenseits der Frage, ob die Konservativen oder die Sozialisten regierten, eine Doppelrolle als „bellender Hund" und als „Wachhund". Beginnen wir mit der Rolle als Wachhund. Frankreich achtete aufmerksam darauf, dass das traditionelle europäische Gleichgewicht zwischen institutioneller Regulierung und automatischer marktmäßiger Regulierung beibehalten würde. Dem der Marktlogik folgenden Fiskalpakt wurde der ESM zur Seite gestellt. Im

Rahmen des europäischen Semesters wurde neben den fiskalpolitischen Verschärfungen auch ein neuer Aspekt in die wirtschaftspolitische Steuerung aufgenommen, nämlich die Bekämpfung allzu ausgeprägter makroökonomischer Ungleichgewichte. Auf die Rolle des bellenden Hundes zurückgezogen hat man sich bei den Fragen von Griechenlands Isolierung, der Troika-Besetzung, des griechischen Schuldenschnitts, der Banklizenz für den ESM, der Kapitalausstattung des ESM, der Einführung von Eurobonds und der Einrichtung einer Wirtschaftsregierung. Daraus kann die Schlussfolgerung abgeleitet werden, dass man die deutsche Position dem Grunde nach für die angemessene Reaktionsweise hielt, allerdings nicht den Minenhund spielen wollte. Die faktische Subordination unter die deutsche Politik hat, wie wir sehen werden, in Währungsfragen eine lange Tradition.

Teil 2: Die globale und die europäische Krise und die ordnungspolitischen Fiktionalisierungen

Mit einer furiosen Geschwindigkeit und einer ungewöhnlichen Deutlichkeit hat die globale Finanzkrise im Herbst 2008 in Erinnerung gerufen, dass das geldwirtschaftliche Marktsystem auf einer Reihe von *Fiktionalisierungen* beruht, die als institutioneller Ordnungsrahmen das System tragen. Wie aus dem Nichts kam eine Gefährdung für die Fiktionalisierungen auf und die Politik sah sich zu Rettungsaktionen genötigt.

Unter Fiktionalisierungen werden institutionelle Schöpfungen verstanden, die – ausgehend von dem Kern der politischen Regulation eines Marktprozesses – immer weiter im Sinne der marktbasierten Expansion verfeinert werden. Es handelt sich um Konstruktionen, mit denen versucht wird, die Vorzüge des Marktes für wirtschaftliches Handeln zu nutzen. Im normalen Gang der Dinge tritt das Bewusstsein, es mit Fiktionalisierung zu tun zu haben, völlig in den Hintergrund und sie geraten gewissermaßen in Vergessenheit, erst die Situation der Krise holt sie aus der Vergessenheit zurück. In dem Begriff der Fiktionalisierung ist enthalten, dass den Institutionen oder Fiktionalisierungen etwas Künstliches und Konstruiertes anhaftet, das gegen Gefährdungen geschützt werden muss, weil ihnen als sozialen Gebilden keine immanente Stabilität eigen ist. Vor allem anderen aber steht, dass die Fiktionalisierung auf Vertrauen basiert, so dass die Fiktionalisierungsökonomie auch Vertrauensökonomie ist.

In der Situation der äußersten Gefährdung, der bedrohlichen Ausbreitung der Krise wurde den politischen Akteuren, die die Fiktionalisierungen vorher in die Nähe physikalischer Gegenstände und Gesetzmäßigkeiten gerückt hatten, sehr schnell klar, dass da etwas gerettet werden musste, weil die Bedrohung und Gefährdung systemische Ausmaße annahm. Vorübergehend wurden dann die Fiktionalisierungen aufgehoben, das Als-ob verschwand und der Staat mit seiner Zentralbank griff absichernd in das Marktgeschehen ein.

Unterschieden wird im Folgenden zwischen alten und neuen Fiktionalisierungen. Unter alten Fiktionalisierungen werden grundlegende ordnungspolitische Institutionalisierungen verstanden, die in der Wirtschaftsgeschichte schon lange vorzufinden sind und die, in unterschiedlichem Maße, alle modernen marktwirtschaftlichen Ordnungen auszeichnen. Anspruch auf Vollständigkeit besteht nicht. Wirtschaftskrisen sind nicht nur zerstörerisch, sondern auch kreativ. In Europa hat die Krise aufgrund der Eigenheiten der Währungsunion dazu geführt, dass zu den alten neue Fiktionalisierungen traten, mit denen die Krise bekämpft und die nächste Epoche in der marktwirtschaftlichen Entwicklung angegangen werden sollte.

1. Die alten Fiktionalisierungen

Fakt ist, dass in der Situation der Systemkrise, wenn das Armageddon droht, die Fiktionalisierungen, die im normalen Gang in Vergessenheit geraten, nicht nur als solche hervortreten, sondern in der Situation der höchsten Gefahr und Not auch aufgehoben werden müssen. Sie als solche in der Situation der Systemkrise aufrecht zu erhalten, wäre nicht nur doktrinäre Prinzipienreiterei, sondern zeugte von naiver Unkenntnis der ordnungspolitischen Konstruktion einer Marktwirtschaft und einer eklatanten politischen Verantwortungslosigkeit, die zu einer Zerstörung der Gesamtordnung führen würde. Wenigstens das hat sich als Lehre aus den in der Großen Depression 1929 begangenen Fehlern bewahrt.

Im Herbst 2008 brach offensichtlich die größte Krise der modernen Wirtschaftsgeschichte aus. Diese Einordnung gilt nicht unbedingt für die krisenbedingten wirtschaftlichen Kennzahlen, etwa die Schrumpfung des BIP, oder soziale Größen, etwa die Arbeitslosigkeit, obwohl erstmals nach dem Zweiten Weltkrieg das globale BIP schrumpfte. Die Einordnung gilt für kaum messbare Größen wie die Schlagartigkeit des Eintretens der Krise, das Ausmaß des Misstrauens auf dem Interbankenmarkt und die Geschwindigkeit und die Dimensionen der wirtschaftspolitischen Reaktion seitens der Politik. Aus dem etwas größeren Abstand von fünf Jahren zeigt sich, dass die entscheidenden wirtschaftspolitischen Maßnahmen bereits in wenigen Wochen nach der Lehman-Insolvenz getroffen waren und dass das Krisental bereits am Ende des Jahres 2009 durchschritten war. Nach dem tiefen Einbruch 2009 stellte sich im Folgejahr in den wirtschaftlichen Zentren der Welt Wachstum ein. Es war die massive Intervention der Politik, welche das Marktsystem durch eine Reihe von systemunkonformen Maßnahmen gerettet hatte.

Um die im September 2008 beginnende Finanzkrise und ihre Bekämpfung modellartig abzubilden, bedarf es zunächst nur einiger weniger Komponenten: auf der einen Seite den Staat mit seiner Zentralbank und auf der anderen Seite den Finanzmarkt mit seinen einzelnen Instituten, also die Sphäre, in der die Krise aufgebrochen ist. An dieser Stelle blenden wir ein erstes Bild ein. Den Finanzmarkt stellt man sich am besten mit multilateral aufgestellten Dominosteinen – angesichts der offensichtlich geringen Eigenkapitalquoten und der aufgeschatzten Risikopapiere – von unterschiedlicher, aber durchweg beträchtlicher Höhe und schmaler Basis vor. Mit der Lehman-Insolvenz als Anfangsereignis war nun einer der größeren Dominosteine zunächst ins Wanken und dann ins Fallen geraten, womit er praktisch das gesamte weltweite Feld der Dominosteine insofern niedergerissen hat, als der Interbankenmarkt nahezu gänzlich zusammenbrach. Keine Bank traute mehr der anderen, die Kette der Kreditbeziehungen zwischen den Banken war über Nacht vollständig gerissen.

Das Bild von den Dominosteinen und der zusammenfallenden Dominoreihe bildet die Realität des Gewebes im Finanzsektor und den Ereignissen nach der Lehman-Insolvenz nur sehr grob ab, da es der Linearität verhaftet bleibt. An der Realität viel dichter befindet sich ein sehr anregendes Bild zur Vernetzung des Finanzsektors, das sich bei Lux (2012, S. 22) findet. Es zeigt einen, gemessen am globalen Finanzsystem, winzigen Ausschnitt der Kreditbeziehungen innerhalb des Finanzsektors (Interbankkredite). Die Autoren betonen, dass damit nur ein sehr kleiner Ausschnitt über die finanziellen Verflechtungen im Kreditsektor, und zwar in einem regionalen Bereich (Mailand), erfasst wird. Dem Betrachter dämmert angesichts dieser Darstellung etwas von der Komplexität und Störanfälligkeit des Systems auf globaler Ebene.

1. Die alten Fiktionalisierungen

Abb. 8: Vernetzung des Finanzsektors

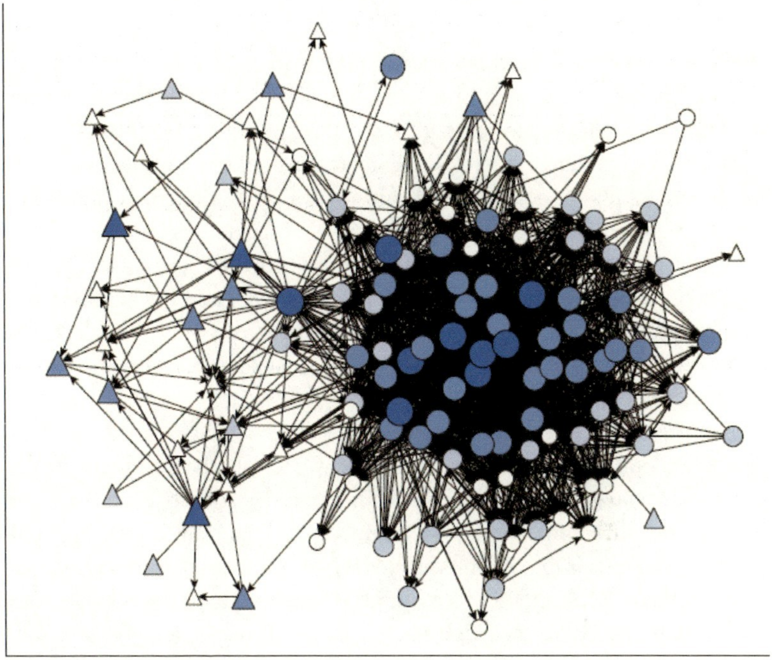

Quelle: Lux 2013, S. 22

„Die Grafik enthält alle Interbankkredite, die im 4. Quartal 2010 über die in Mailand ansässige Handelsplattform e-MID abgeschlossen wurden. Die Kreise stehen für italienische Banken (die Mehrheit der Teilnehmer dieser Handelsplattform), die Dreiecke für Banken mit Sitz außerhalb Italiens. Die Verbindungslinien zeigen bestehende Kreditbeziehungen an, Größe und Farbintensität der ‚Symbole zeigen die Höhe der vergebenen Kredite an. Diese Daten zeigen nur einen kleinen Ausschnitt der finanziellen Verflechtungen zwischen Kreditinstituten, sowohl in Bezug auf erfasste Kreditinstitute wie auch der Geschäfte zwischen ihnen. Es handelt sich dabei um das bislang einzige öffentlich verfügbare Datenmaterial zur finanziellen Binnenstruktur des Finanzsektors. Die Stabilität bzw. Störanfälligkeit eines solchen Systems lässt sich durch Methoden der Netzwerkforschung analysieren."[45]

---

[45] Vgl. D. Fricke, T. Lux: Core-Periphery Structure in the Overnight Money Market: Evidence form the e-MID Trading Platform, Kiel Working Paper, Nr. 1759, Kiel 2012

Von den drei Komponenten Staat, Zentralbank und Finanzmarkt her unterscheidet sich die europäische Krisenkonstellation dadurch, dass sie keinen „Staat" enthält und keinen homogenen Finanzmarkt, wie dies etwa in Nationalstaaten wie den USA, Großbritannien oder Japan der Fall ist. Statt eines Staates liegt eine staatenbundliche Union vor, welche die europäische Währungsunion trägt. Der Finanzmarkt ist nach wie vor und trotz aller Bekundungen zum Binnenmarkt bemerkenswert nationalstaatlich geprägt. Im Folgenden wird von diesen Besonderheiten der Eurogruppe einstweilen abgesehen und zunächst so getan, als handele es sich auch bei ihr um einen Staat mit einem homogenen Finanzmarkt. Danach legen wir über die Komponenten Staat, Zentralbank und Finanzmarkt das Nationengitter der Eurogruppe, wodurch dann die spezifisch europäischen Aspekte der Krise und die in ihr entstehenden Fiktionalisierungen deutlicher hervortreten.

Die *erste Stufe der Fiktionalisierung* betrifft den Staat als Ausgangspunkt des Fiktionalisierungsprozesses. In seinem Finanzministerium begründet er eine besondere Abteilung, die, und das soll als erste Stufe erfasst werden, die Funktion einer Zentralbank übernimmt. Im Anfangsstadium ist diese Zentrale noch weit von einer Autonomie entfernt, sie ist eine staatliche Behörde und folgt in ihrer Tätigkeit den Anweisungen des Finanzministers. Erst nach und nach wird im Prozess der Fiktionalisierung die Notenbank aus dem politischen Kontext herausgelöst und sie erhält den verfeinerten Status der Weisungsunabhängigkeit. Je weiter der Übergang in die Unabhängigkeit zurückliegt, desto mehr kann in Vergessenheit geraten, dass es sich bei dieser Bank letztlich doch um die Staatsbank handelt.

Mit der Herauslösung der Notenbank aus dem Finanzministerium ist auch die institutionelle Voraussetzung für die weiter unten aufzunehmende Fiktionalisierung der Trennung von Fiskal- und Geldpolitik gegeben. Nur noch in Ausnahmesituationen tritt der Staat dann auf die Bühne und mischt sich in die Geldpolitik ein, wenn er z.B. – ohne diese Bank zu befragen – alle Sparguthaben „garantiert", so geschehen kurz nach Ausbruch der Finanzkrise im Herbst 2008 im Berliner Kanzleramt.

Die geldpolitischen Ziele, die der Notenbank im Prozess der Autonomisierung mitgegeben werden, können unterschiedlich sein. Hier kann sich die Fiktionalisierung in unterschiedliche Richtungen weiterspinnen. Der US-amerikanischen Fed wurden drei Ziele zur Beachtung mitgegeben: die Preisstabilität, eine niedrige Arbeitslosigkeit und niedrige Zinsen. Die japanische Zentralbank ist zwar formal unabhängig, faktisch

1. Die alten Fiktionalisierungen 137

aber noch Teil der „Japan AG" und in die Gesamtwirtschaftspolitik eingebettet. Der EZB wurden „eineinhalb" Ziele auf den Weg gegeben, die Preisstabilität und, wenn möglich, die Förderung des Wachstums. Ihr Status der Unabhängigkeit ergab sich gewissermaßen zwangsläufig aus der Tatsache, dass es weder einen europäischen Staat noch ein solches Finanzministerium gibt. Insofern war sie die artifiziellste Fiktionalisierung, die man sich überhaupt nur denken kann, die EZB entstand gewissermaßen aus dem staatlichen Nichts.

Bleibt noch festzuhalten, dass das Bewusstsein über die Fiktionalisierung der unabhängigen Notenbank in den verschiedenen Staaten unterschiedlich ausgeprägt ist. In den angelsächsischen, den meisten europäischen, erst recht in den asiatischen Staaten pflegt man ein pragmatisches Verständnis und vermag in der Situation der Krise weniger skrupulös damit umzugehen. In Deutschland kultiviert man dagegen eher ein romantisches Verhältnis zu der genannten Fiktionalisierung und muss sich in der Situation der Krise gedanklich mitunter mächtig verbiegen.

Allerdings kann es mit der Romantik auch ein schnelles Ende haben. Angesichts der europäischen Krise muss konstatiert werden, dass die weisungsunabhängige Notenbank bei dem Mainstream der deutschen Neoliberalen keinen ordnungspolitischen Wert an sich darstellt. Kommt die unabhängige Notenbank auf die „falschen" geldpolitischen Ideen, sieht sie sich heftiger Anwürfe ausgesetzt. Diese gehen sogar so weit, dass Obstruktion innerhalb der Institution betrieben und die Bank vor den Kadi gezogen wird. Wichtiger noch als die Unabhängigkeit, so lautet die daraus zu ziehende Schlussfolgerung, ist den deutschen Neoliberalen die bestimmte Geldpolitik, die von der Notenbank verfolgt wird. Wäre die Gewähr gegeben, dass eine politisch dirigierte Notenbank die „richtige" Politik des immerzu knappen Geldes verfolgt, spräche nichts dagegen, wenn die Notenbank eine Unterabteilung des Finanzministeriums bliebe. Tatsächlich geht es dieser Position auch nicht um Geldpolitik, sondern um Stabilitätspolitik.

Eine moderne Geldwirtschaft entsteht mit der *zweiten Stufe der Fiktionalisierung*. Der Staat beauftragt seine Bank, die Geldversorgung der Unternehmen und Verbraucher einem Outsourcing zu unterziehen, so dass mit den privaten Geschäftsbanken eine zweite Ebene entsteht. Die Versorgung der Realwirtschaft mit Geld geschieht dann nicht mehr direkt, sondern über ein zweistufiges System, in dem nach der Zentralbank als zweite Stufe private miteinander in Wettbewerb stehende Geschäftsbanken einbezogen sind. Grundsätzlich ließe sich die Geldversorgung auch in einem einstufigen System organisieren, die Geschäftsbanken wären dann Zweigstellen oder Filialen der Zentralbank. Der Vorteil eines zweistufigen Systems besteht darin, dass zwischen Staat und Geld eine Entfernung eingeflochten wird, die vor allzu schnellen Zugriffen des Staates auf das letztlich von ihm emittierte Geld schützt, es stellt eine der vielen Selbstbindungen des demokratischen Staates in der modernen Wirtschaft dar. Das Geld und die Geldversorgung der Wirtschaft werden entpolitisiert. Insgesamt fungieren die Zentralbanken als *Geld*geber (an die Geschäftsbanken) und die Geschäftsbanken als *Kredit*geber an Wirtschaft, Verbraucher und Staat. Festzuhalten bleibt noch, dass die globale Finanzkrise auf der zweiten Ebene der modernen Geldwirtschaft ausgebrochen ist.

Die Skizze der ordnungspolitischen Fiktionalisierungen hat, wie betont, keinen Anspruch auf Vollständigkeit, ebenso wenig verfolgt sie das Ziel, alle Verästelungen und Verzweigungen aufzunehmen. Festgehalten soll aber mit Blick auf die europäische Krisenbearbeitung werden, dass mit der Schöpfung des Geschäftsbankensystems weitere Fiktionalisierungen möglich werden. Eine davon wird in der Währungsunion in der Weise beschritten, dass der Finanz- bzw. Bankensektor als Bankenunion aus dem wirtschaftlichen und politischen Ganzen herausgelöst wird und dem Prinzip der Selbstversicherung unterworfen werden soll, damit – so der freundliche Populismus – „der Steuerzahler" bei Krisenfällen nicht mehr herangezogen werden muss.

Fiktionalisierungen sind, wie eingangs erwähnt, immer Konstruktionen, keine evolutionären Gebilde. Die Gefahr, die im Prozess der Konstruktion entsteht, liegt in der statischen Fehlplanung. Keine Befürchtungen muss man hegen in Hinblick auf die in der europäischen Krise immer wieder aufgekommene Fiktionalisierungsidee von der „Zerschlagung der Großbanken". „Too big to fail" lautete die resignierende Feststellung der Anhänger der kleinteiligen Marktwirtschaft, gerne hätte man die gierigmonströsen Großbanken fallengelassen. Aber: Der Realismus der Akteure ist doch weit entfernt davon, mit der Fiktionalisierung eines Geschäftsbankensystems der kleinen Geldhändler Ernst zu machen.

Eine *dritte Stufe der Fiktionalisierung* wird erreicht, wenn der Staat den Rollenwechsel vom *Systemgaranten* der Marktwirtschaft zum *Marktteilnehmer* vollzieht, was durchaus einen gewaltigen Rollenwechsel darstellt. Er tritt als solcher Marktteilnehmer auf und besorgt sich bei den privaten Banken, der zweiten Stufe im System, Kredite für die Erledigung seiner Geschäfte. Er tut dies nicht mehr bei „seiner" Bank, der

Zentralbank, sondern eben den (meist) privaten Instituten. In einem einstufigen System, durchaus auch kompatibel mit einer Markt- und Geldwirtschaft, könnte die Notenbank ihrem „Herrn" direkt einen Kredit geben und dieser sicherte zu, dass er diesen im Laufe der vereinbarten Zeit samt Zinsen aus eingenommenen Steuern zurückzahlt. Allerdings wäre in einer solchen Ordnung die Verführung groß, dass sich der Staat in Notlagen opportunistisch verhält und die Tilgung hinauszögerte oder gar ganz aussetzte, ist es doch „sein" Geld, in dem er sich verschuldet und „seine" Bank, bei der er dieses tut.

Gleichwohl wird die genannte Fiktionalisierung partiell oder ganz aufgehoben, wenn der Staat in der Krise Banken verstaatlichen muss, um einen Systemkollaps zu vermeiden. Dann tritt doch die Konstellation auf, dass er sich den Kredit bei sich selbst besorgt. Unterstellt den Fall, der Staat müsste in einer gravierenden Krise ganz die Mimikry vom Marktteilnehmer ablegen und zurück zum Systemgaranten kehren, dann kann er sich den Zins für den aufgenommenen Kredit selbst schneidern, womit das hehre Ziel der Selbstbindung, die Herstellung von Druck auf den ökonomischen Umgang mit den begrenzten finanziellen Mitteln, jedenfalls vorübergehend aufgehoben wäre.

Von der Systematik her gehört die folgende Verästelung der Fiktion vom Staat als Marktteilnehmer eigentlich zu den weiter unten dargestellten neuen Fiktionalisierungen, da sie sich fast ausschließlich im deutschen Neoliberalismus Gehör verschaffen kann. Vermutlich konnte diese Verfeinerung auch nur in einem unvollständigen Staat wie Deutschland entstehen und Anhängerschaft gewinnen. Wenn der Staat auf den Status eines Marktteilnehmers zusammenzurrt, so die Überlegung, dann muss es auch eine Insolvenzordnung und ein Insolvenzrecht für Staaten geben. Wir werden in Teil 5 sehen, dass die Forderung nach einer Verrechtlichung der staatlichen Insolvenz von deutscher Seite auch in die europäische Debatte eingebracht wurde. Die Vernunft der Politik, soweit sie in Europa noch anzutreffen ist, hat bislang allerdings verhindert, aus dem Staat tatsächlich einen Marktteilnehmer zu machen.

In einem zweistufigen geldwirtschaftlichen System ist die Arbeits- und Machtteilung weiter vorangeschritten, so dass sich der Staat in einer größeren Entfernung, wie angedeutet, von dem Ausgangspunkt der Fiktionalisierung befindet. Und die Wegstrecke wird noch weiter verlängert. Die *vierte Stufe der Fiktionalisierung* liegt darin, dass der Staat mit den privaten Banken nicht – wie ansonsten bei Kreditgeschäften üblich – über einen Kredit und die Konditionen verhandelt, sondern im Wege einer *Versteigerung* – elaborierter: Auktion – den Zins ermitteln lässt. Der Staat bietet bspw. ein zehnjähriges Papier an, benennt das Volumen, das er anstrebt, und eine bestimmte Gruppe von zugelassenen Banken reicht „Gebote" ein und danach erfolgt die Zuteilung in bestimmten Quanta zu einem ermittelten Zins. Exemplarisch ist im beiliegenden Kasten die Bietergruppe von Banken bei Bundesemissionen zu sehen.

An diesem Verfahren zeigt sich, wie groß das Vertrauen des Staates in das von ihm geschaffene private Geschäftsbankensystem ist, unterstellt er doch bona fides, dass zwischen den Geschäftsbanken keinerlei Absprachen über den Zins stattfinden und derselbe ganz marktmäßig-objektiv ermittelt wird.

Mitglieder der Bietergruppe Bundesemissionen
(Stand: 5. August 2013, alphabetische Reihenfolge)

ABN AMRO Bank N.V.	HSBC Trinkaus & Burkhardt AG
Banca IMI S.p.A.	ING Bank N.V.
Banco Bilbao Vizcaya Argentaria S.A.	Jefferies International Limited
Banco Santander S.A.	J.P. Morgan Securities Ltd.
Bankhaus Lampe KG	Landesbank Baden-Württemberg
Barclays Bank PLC	Landesbank Hessen-Thüringen Girozentrale
Bayerische Landesbank	
BHF-Bank Aktiengesellschaft	Merrill Lynch International
BNP Paribas S.A.	Mizuho International plc
Citigroup Global Markets Limited	Morgan Stanley & Co. International plc
Commerzbank AG	Natixis
Crédit Agricole Corporate and Investment Bank	Nomura International plc
	Norddeutsche Landesbank Girozentrale
Credit Suisse Securities (Europe) Limited	Nordea Bank Finland plc
	Rabobank International
Danske Bank A/S	Scotiabank Europe plc
DekaBank Deutsche Girozentrale	Société Générale S.A.
Deutsche Bank AG	The Royal Bank of Scotland plc Niederlassung Frankfurt
DZ Bank AG Deutsche Zentral-Genossenschaftsbank	UBS Deutschland AG
Goldman Sachs International Bank	UniCredit Bank AG

Quelle: Bundesbank.

1. Die alten Fiktionalisierungen

An dieser Stelle muss zunächst zwischen großen und kleinen Staaten einerseits und dem Grad der Offenheit der betreffenden Volkswirtschaft andererseits unterschieden werden. Ein großer Staat mit vielen großen Geschäftsbanken kann bei diesen inländischen Banken seinen Kredit beziehen. Es wird sich über die Jahre hinweg mit diesen Banken eine Beziehung auf Augenhöhe aufbauen, weil beide Seiten aufeinander angewiesen sind. Der Staat reguliert und beaufsichtigt die Banken, umgekehrt werden die Banken sich bei der Festlegung des Zinses mäßigen. Anders verhält sich dies bei kleinen Staaten ohne breit und tief entwickelten Kapitalmarkt, erst recht wenn diese – und damit kommt die zweite Differenzierung ins Spiel – ihren Kapitalmarkt weit geöffnet haben. Kreditgeber sind dann nicht mehr nur einheimische Banken, die – wie bei großen Staaten – „patriotische Kredite" vergeben, sondern ausländische Banken, die keine Gemeinsamkeit mit dem betreffenden Staat verbindet. Den Fall eines großen Staates mit einem eigenen funktionierenden Bankensektor konnte man in der europäischen Krise bei Italien beobachten, den anderen Fall eines kleinen Landes mit internationalisiertem Kapitalmarkt bei Griechenland, dessen Staatskredit zu großen Anteilen von ausländischen Banken, v.a. deutschen und französischen, finanziert wurde.

Aus aktuellem Anlass muss eingeflochten werden, dass sich innerhalb der Bankenwelt offensichtlich eine Art Korpsgeist herausgebildet hat, der zu allerlei Absprachen zum eigenen Vorteil und zum Nachteil des Rests der Welt geführt hat. Die als Wettbewerbssystem gedachte zweite Stufe des marktwirtschaftlichen Kreditwesens hat sich offensichtlich in vielerlei Hinsicht zunächst verselbständigt und dann verständigt. Manipulationen sind bislang nachgewiesen bei der Festsetzung globaler Referenzzinssätze (Libor und Euribor) für das Interbankensystem, Manipulationen bei den Wechselkursen, Absprachen beim Goldpreisfixing, der Umgehung von Embargomaßnahmen und der Begünstigung von Steuerhinterziehung.[46] Unterstellt man, dass hier die Spitze eines Eisberges deut-

---

[46] In den USA, die auch hier pragmatischer als die Europäer sind, wird das Verhältnis zwischen Staat und Geschäftsbanken daran deutlich, dass die Finanzinstitute – europäische wie auch US-amerikanische – seit Ende 2012 mit drakonischen Strafen wegen unterschiedlicher Delikte überzogen werden. Bis Mai 2014 kamen dadurch in einer Zählung Strafen in Höhe von 45 Milliarden Dollar zusammen (vgl. Kuls 2014). Zuletzt hatte sich die französische Großbank BNP Paribas wegen Verstößen gegen US-amerikanische Wirtschaftssanktionen mit den Behörden auf eine Strafe von 9 Milliarden Dollar „geeinigt". Einen noch höheren Strafzettel erhielt die Bank of America, die wegen Betrügereien bei Hypothekengeschäften Anfang August 2014 zu fast 17 Milliarden Dollar Strafzahlung an den Staat verurteilt wurde. – Insgesamt kann davon ausge-

lich wird, kann jedenfalls nicht ausgeschlossen werden, dass die Banken auch bei Anleiheauktionen bei der staatlichen Kreditaufnahme miteinander wohlwollende Absprachen getroffen haben.

In der geschilderten Art und Weise funktionieren das zweistufige Bankensystem und die staatliche Kreditaufnahme in modernen Geldwirtschaften in normalen Zeiten. Wenn allerdings der Schwarze Schwan auf der Bildfläche erscheint, gerät das ganze System mit seinen verschiedenen Konstruktionen und Fiktionalisierungen in Gefahr und unkonventionelle Rettungsmaßnahmen sind vonnöten. Oben wurde bereits die Garantie des Staates für die Sparguthaben erwähnt. Ein weiterer Fall, in dem der Staat als sein eigener „weißer Ritter" auftritt, liegt dann vor, wenn die privaten Banken auf der zweiten Stufe des Systems ins Wanken geraten und der größte anzunehmende Unfall droht, eine Gesamtlähmung des Bankensystem. Um diese drohende Kernschmelze zu vermeiden, verstaatlicht der Staat dieses oder jenes Institut oder auch alle, wenn die Not besonders groß ist. Die bekanntesten Fälle: das US-amerikanische Versicherungsunternehmen AIG, die britische Royal Bank of Scotland (RBS) und in Deutschland die Hypo Real Estate (HRE) sowie die Commerzbank.

Um die Verstaatlichung der Banken und/oder die ausfallenden Kredite zu finanzieren und um die marktwirtschaftlichen und monetären Ketten möglichst aufrechtzuerhalten, nimmt der Staat nicht einfach entschädigungslose Enteignungen vor oder streicht die Tilgungs- und Zinszahlung in der schier unendlichen Kette der Interbankenbeziehungen, sondern er verschuldet sich, um seine Rettungsaktion zu finanzieren. Parallel dazu öffnet seine Zentralbank die Geldschleusen und versorgt die Märkte über Nullzinspolitik, Mengenmaßnahmen und den Kauf auf den Primär- bzw. Sekundärmärkten von Staatsanleihen mit Liquidität.[47]

---

gangen werden, dass am Ende der juristischen Aufarbeitung in den USA eine dreistellige Milliardensumme zusammenkommt.

[47] Im Rahmen der sogenannten Abenomics – eines massiven Ankurbelungsprogramms der japanischen Wirtschaft zur Bekämpfung der Deflation – kaufte die Bank of Japan (BoJ) 70 Prozent der japanischen Staatsanleihen am Primärmarkt zur Ausweitung der Geldbasis. Wohlgemerkt, sie kauft am Primärmarkt. Die US-amerikanische Fed kauft seit September 2012 monatlich für 85 Milliarden Dollar am Anleihe- und Hypothekenmarkt, also am Sekundärmarkt, und pumpte damit Liquidität in den Markt, um das Wachstum zu fördern. Im Dezember 2013 hatte sie angekündigt, die monatlichen Käufe um 10 Mrd. Dollar zu kürzen. Die Bank von England hat noch stärker am Anleihemarkt interveniert und in diesem Rahmen ihre Bilanz verdreifacht. Nur in Deutschland gibt es die Hysterie gegen die Interventionen am Sekundärmarkt (OMT-Programm der EZB),

1. Die alten Fiktionalisierungen

Mit mehr oder weniger großen Variationen ist der geschilderte Ablauf das, was sich seit der Lehman-Insolvenz im September 2008 in den marktwirtschaftlichen Zentren abgespielt hat. Die Variationen lauten: in dem einen Land haben die Staaten direkt Kredit bei ihrer Zentralbank aufgenommen (Primärmarkt), im anderen Fall wurden die Zentralbanken auf den Sekundärmärkten aktiv und haben dort Anleihen aufgekauft.

Mit der Entlassung der Notenbank aus dem Status der Staatsbank in die Unabhängigkeit und der Einrichtung eines zweistufigen Bankensystems, den Fiktionalisierungen eins und zwei, eröffnet sich die Möglichkeit einer weiteren Fiktionalisierung, in unserer Zählweise die *fünfte Stufe der Fiktionalisierung*, nämlich die der *Trennung von Fiskal- und Geldpolitik*. In der deutschen ordnungspolitischen Standardtheorie ist die Trennung von Fiskal- und Geldpolitik notwendig, um das wichtigste geldpolitische Ziel, die Preisstabilität, realisieren zu können. Den beiden wirtschaftspolitischen Bereichen werden dann je unterschiedliche Ziele und Instrumentarien zugeordnet, die auch je unterschiedlich und apart in der Konjunkturpolitik eingesetzt werden. In der europäischen Krise war fast durchgehend vom deutschen Neoliberalismus geltend gemacht worden, dass die sogenannte Rettungspolitik nicht mehr ausreichend das ordnungspolitische Gebot von der Trennung von Fiskal- und Geldpolitik beachte. Wir kommen darauf zurück. An dieser Stelle muss aber noch darauf hingewiesen werden, dass diese Fiktionalisierung eine ganz besondere Bedeutung in der europäischen Währungsunion gewinnt. Sie erhält nämlich eine Art materielles Fundament dadurch, dass sie in den Statuten der Währungsunion festgeschrieben ist. Ihre spezifische Konstruktion läuft darauf hinaus, dass der Geldpolitik überhaupt keine Fiskalpolitik gegenüber steht, es gibt nämlich keine europäische Fiskalpolitik. Eben dieses macht den Charme der Währungsunion für manche Neoliberale aus.

Damit hängt eine weitere Besonderheit zusammen. Während die Fed und die Bank von England ihre Staaten in der Krise mit Liquidität durch Käufe auf dem sogenannten Sekundärmarkt direkt versorgten, wodurch letztlich den Staaten Zinskosten bei der Krisenbekämpfung erspart blieben – die Zinseinnahmen der dortigen Zentralbanken werden ja an den Staat ausgeschüttet –, wurde durch die europäische Konstruktion der Versorgung der Banken mit Liquidität durch die Dicke Bertha Subven-

---

und zwar schon auf der Ebene der Ankündigung, ohne dass etwas passiert wäre (vgl. für einen Überblick BMWT 2013, S. 8 ff.).

tionspolitik für die Banken betrieben, da diese fast zu Null-Zinsen Liquidität erhielten, die sie gewinnbringend, also zu höheren Zinsen, an die Staaten weiter verleihen konnten (vgl. Schelkle 2012). Das rentierte sich dann umso mehr, als die Risikoprämien für die in Schwierigkeiten geratenen Länder bei der Kreditaufnahme angestiegen sind. Damit ist auch die Grundlage dafür benannt, dass man in der europäischen Währungsunion eine Banken- und Finanzkrise zu einer Staatsschuldenkrise umdrapieren konnte.

Die Fiktionalisierung der Trennung zwischen Fiskalpolitik und Geldpolitik existiert in den Marktwirtschaften des Westens – immer mit der Ausnahme Deutschlands – weniger ausgeprägt. In Japan ist sie gänzlich unbekannt. In den USA und Großbritannien, aber auch in den anderen EU-Ländern, die nicht zur Währungsunion gehören, wurde aus der Fiktion in der Zeit der Krisenbekämpfung kein Dogma gemacht und pragmatisch verfahren.

Die nebst dieser rührendste Fiktionalisierung, die in der globalen Finanzkrise aufgebrochen ist, war die Fiktionalisierung von der unpolitischen weisungsungebundenen Zentralbank, schwebend im eigenen geldpolitischen Orbit mit einer einzigen Zielsetzung, der Preisstabilität. Sofort nach Ausbrechen der Krise haben die Zentralbanken in den „normalen" Nationalstaaten die Schleusen der Liquidität geöffnet und sind dem Staat als „lender of last resort" zur Seite gesprungen. Als die EZB mit ihrer Politik der „Dicken Bertha" und der Ankündigung des OMT-Programms eine ähnliche Politik ansteuerte, um ein deflationäres Desaster im Euroraum zu verhindern, erhielt sie aus allen Teilen der Welt Zustimmung. Nur die Hohen Priester des deutschen Wirtschaftsliberalismus versteiften sich darauf, die eucharistischen Messen der Fiktionalisierung – in diesem Fall der unpolitischen Zentralbank – weiter zu zelebrieren.

Fiktionalisierungen wohnt etwas Artifizielles inne, wurde eingangs erwähnt. Sie sind mehr oder weniger kunstvolle Geschöpfe regulierter Marktwirtschaften, die einen Zweck erfüllen sollen. Schon fast keine Fiktionalisierung mehr, sondern eher eine Erfindung, über deren Zweck man durchaus streiten kann, stellt die *sechste Fiktionalisierung* dar. Sie wurde nicht, wie die anderen Fiktionalisierungen, in der Krise entzaubert, sondern mit ihr verhält es sich ähnlich wie mit der Fiktionalisierung vom Staat als Marktteilnehmer, nämlich so, dass bestimmte Kräfte sie in der Vordergrund, gleichsam in die Mitte des Krisengeschehens geschoben haben, um ihr zu wahrhafter Geltung zu verhelfen (vgl. Bofinger in Sachverständigenrat 2013, S. 164 ff.). Die Rede ist von der Fiktionalisierung,

1. Die alten Fiktionalisierungen

dass die Finanzpolitik in der Demokratie der Aufsicht und Disziplinierung durch die Finanzmärkte bedürfe.[48]

Die Akteure in Politik und Wirtschaft müssen von den Fiktionalisierungen überzeugt sein. Fiktionalisierungen machen es erforderlich, dass die ihnen zugeschriebenen Funktionen von den Akteuren aufgegriffen und in einem Rollenspiel mitgespielt werden. In dieser Hinsicht hat es mit der sechsten Fiktionalisierung eine besondere Bewandtnis: Sie ist eine Art Alleinstellungsmerkmal des deutschen wissenschaftlichen und politischen Neoliberalismus. Nirgendwo sonst auf der Welt wird dieser Fiktionalisierung so gehuldigt wie in Deutschland. Keine Stellungnahme der Bundesbank und kein neoliberaler Rechtskommentar zum No-bail-out-Artikel des AEUV kommen ohne den Hinweis aus, dass die Finanzmärkte „schludriges" Finanzgebaren von opportunistischen Politikern durch Risikoaufschläge bei der staatlichen Kreditaufnahme sanktionieren (sollten). Tatsächlich ist es so, dass Staaten mit authentischen und tieferen demokratischen Traditionen, als sie Deutschland aufweisen kann, eine solche Denkweise fremd ist. Traurige Berühmtheit erlangte diese Fiktionalisierung in Deutschland, als auf einem der ersten Höhepunkte der europäischen Krise 2011 von der deutschen Bundeskanzlerin insinuiert wurde, dass die Demokratie auch „marktkonform" sein müsse.[49]

Die Disziplinierung der Politik durch die Finanzmärkte wurde aus dem europäischen System der Währungskonkurrenz in die Zeiten der

---

[48] Stellvertretend für die unzähligen Textbausteine zum Thema sei der Präsident der Bundesbank anlässlich der öffentlichen Anhörung des Haushaltsausschusses des Deutschen Bundestages zum EFSF zitiert (2011): „Wenn kein grundsätzlicher Regimewechsel mit weitgehender Aufgabe der nationalen fiskalischen Souveränität vollzogen wird, was eine Änderung der EU-Verträge und des Grundgesetzes erfordern würde, wird es entscheidend sein, den vertraglich vorgeschriebenen Haftungsausschluss und die damit zusammenhängende Disziplinierung der nationalen Finanzpolitiken über die Kapitalmärkte nicht zu entkernen, sondern im Gegenteil wieder zu kräftigen."

[49] Die Formulierung der Kanzlerin lautete so: „Wir leben ja in einer Demokratie und das ist eine parlamentarische Demokratie und deshalb ist das Budgetrecht ein Kernrecht des Parlaments und insofern werden wir Wege finden, wie die parlamentarische Mitbestimmung so gestaltet wird, dass sie trotzdem auch marktkonform ist." Sie fiel in einem Interview bei dem Besuch des portugiesischen Ministerpräsidenten Coelho im September 2011 und bezog sich eigentlich auf die Frage, ob die Schlagkraft des Rettungsschirms durch die parlamentarische Mitbestimmung beeinträchtigt werde. Später legte man im Kanzleramt Wert darauf, dass der Begriff der „marktkonformen Demokratie" nicht durch die Äußerungen der Kanzlerin gedeckt sei. Dem mag so sein. Ganz sicher aber ist, dass die gesamte Korona der wissenschaftlichen und finanzpolitischen Berater des Kanzleramts felsenfest von dieser Fiktionalisierung überzeugt ist.

Währungsunion herübergerettet. Wir werden in der späteren Analyse sehen, dass nur der Einfältige daran dachte, dass mit der Abschaffung des Währungswettbewerbs die Finanzmärkte sich auf neue Verhältnisse einstellen müssten.

Was rückt diese Fiktionalisierung so sehr in die Nähe der Erfindung und des wenig überzeugenden Artifiziellen? Wir belassen es an dieser Stelle bei drei Hinweisen, im Lauf der Analyse kommen wir immer wieder auf diese Fiktionalisierung zurück. Der erste Hinweis bezieht sich auf das Verhältnis von Staat und Finanzmärkten auf dem Höhepunkt der globalen Finanzkrise. Die Rollen von Herr und Knecht, von Realität und Fiktion waren klar verteilt: Der Staat setzte alle Mittel in Bewegung, um die Existenz und Funktionsweise der Finanzmärkte einigermaßen aufrechtzuerhalten. Wie wir oben gesehen haben: Er rettete, verstaatlichte und sorgte für Liquidität. Der zweite Hinweis bezieht sich auf das erste Jahrzehnt der Währungsunion. Die Finanzmärkte scherten sich einen Teufel um die ihnen zugedachten – fiktionalisierten – Anforderungen und „bewerteten" die Staaten der europäischen Währungsunion allesamt gleich, nichts war zu sehen von „disziplinarischen Zinsen".

Und der dritte Hinweis bezieht sich auf die postume Krisenzeit, die Zeit, in der die Aufräumarbeiten auf den Finanzmärkten begannen. Hier soll noch etwas verweilt werden. Der frühere Chef der Deutschen Bank, Rolf-E. Breuer, hat die Finanzmärkte, als man sie noch im Zustand der Unschuld wähnte, einmal als „Fünfte Gewalt" (Breuer 2000) bezeichnet und dazu auch das demokratietheoretische Unterfutter ausgebreitet. Das Unterfutter lautet: „Die Finanzmärkte spiegeln den westlichen Wertekanon wider."[50]

Nun hat sich in der Krise, wie schon mehrfach betont, die Hilfsbedürftigkeit der Finanzmärkte gezeigt. Bei den noch anhaltenden Aufräumarbeiten auf den Finanzmärkten, auch darauf wurde bereits eingegangen, werden die Konturen des Wertekanons der Finanzmärkte schemenhaft deutlich. Die Moralphilosophie hat in ihrer Analyse der Finanzkrise nachgewiesen, dass die Finanzmärkte durchseucht sind von der schändlichsten aller Todsünden, der Gier. Die Strafverfolgungsbehörden – insbesondere in den USA, erstaunlich wenig in Europa und Deutschland – decken eine um die andere kriminelle Handlung bei den institutionellen Trägern der Finanzmärkte, den Banken, auf: Zinsmanipulation,

---

[50] Vgl. dazu Häring 2014. Auf der Internetseite des Autors findet man auch den Link zu dem älteren Aufsatz des Vorstandssprechers der Deutschen Bank, aus dem hier zitiert wurde.

Wechselkursabsprachen, Absprachen beim Fixing des Goldpreises, Verstöße gegen Wirtschaftssanktionen, Mithilfe bei Steuerhinterziehung und Geldwäsche usw. usf. Und die Finanzpolitiker, besonders jene in Deutschland, die sich ja von den Finanzmärkten disziplinieren lassen wollen, stellen fest, dass die Branche überhaupt nicht geerdet ist, ihr fehlt es am Haftungsprinzip.

Man sieht: Die siebte Fiktionalisierung von der Disziplinierung der demokratischen Finanzpolitik durch die Finanzmärkte ruht auf einem sehr brüchigen Fundament. Und dennoch halten hohe Beamte aus Notenbank, Wissenschaft und Politik, allesamt verpflichtet auf den demokratischen Rechtsstaat, das selbstgewisse Plädoyer für die „Fünfte Gewalt" der Finanzmärkte.

2. Der Staat als Marktteilnehmer und der Teufelskreis

Große Wirtschaftskrisen treiben ihre eigenen Metaphern hervor, das wurde gelegentlich schon deutlich. Die prägende Metapher der Weltwirtschaftskrise von 1929 war der „Schwarze Freitag" der Börsenverluste, die aber eigentlich in den Tagen vorher zu registrieren waren. Zu Beginn der Finanzkrise 2008 wurde sehr schnell die farbengleiche Metapher vom „Schwarzen Schwan" aufgegriffen. Die zufällige Koinzidenz wollte es so, dass der Ausbruch der Krise mit der Publikation von Nassim Talebs „Der Schwarze Schwan. Die Macht höchst unwahrscheinlicher Ereignisse" (2007 englisch, 2008 deutsch) zusammenfiel. Das Buch hatte mit der Finanzkrise nichts zu tun, es arbeitete sich lediglich an verschiedenen „höchst unwahrscheinlichen Ereignissen" und der Reaktion von Menschen und Institutionen darauf ab, auch unter dem Aspekt, dass die Ereignisse ex post relativ einfach zu erklären sind. Und genau für eine solche Unwahrscheinlichkeit, eigentlich Unmöglichkeit hatte man ja auch eine Krise an den Finanzmärkten gehalten, da diese – so die beliebteste ökonomische Metapher – zum Gleichgewicht neigten.

Für die Beschreibung des europäischen Krisenprozesses hat sich seit etwa 2011 die Metapher vom *„Teufelskreis"* herausgebildet, in Deutschland besonders durch die Gutachten des Sachverständigenrats, in Europa besonders durch die Kommission verbreitet. Gemeint ist mit der Metapher, dass die Krise eigentlich aus drei sich wechselseitig verstärkenden Krisenherden – einer Bankenkrise, einer Staatsschuldenkrise und einer makroökonomischen Krise – bestehe. Um das Ergebnis vorwegzunehmen: Die Metapher vom Teufelskreis der drei Krisen verbildlicht so ziemlich die unverfrorenste These zur europäischen Krise.

Im Folgenden wird gezeigt, dass sie die europäische Krise bestenfalls deskriptiv abbildet und ihr keinerlei erklärender Wert innewohnt. Auch zwingende Schlussfolgerungen für eine Krisenlösung ergeben sich aus der Metapher nicht. Ein Vergleich der europäischen Krise mit der internationalen Konstellation wird zeigen, dass am Anfang und damit als krisenauslösender Faktor ein europäisches Vertrauensproblem stand.

2. Der Staat als Marktteilnehmer und der Teufelskreis 149

Abb. 9: Die drei Krisen des Euro

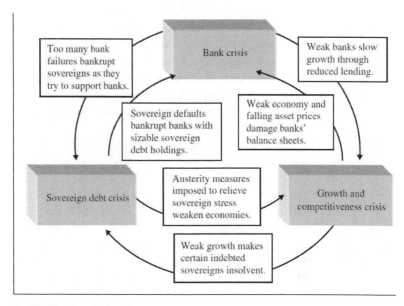

Quelle: Shambaugh, S. 159

Abb. 10: Teufelskreis der Banken-, Staatschulden- und makroökonomischen Krise

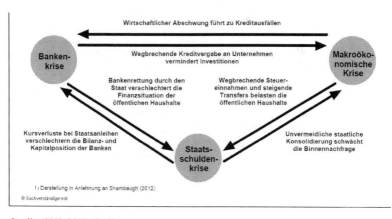

Quelle: SVR 2012, S. 65

Bei Shambaugh (2012), von dem der Sachverständigenrat das Bild, nicht die Metapher übernommen hat, wird der wechselseitige Zusammenhang von Wirtschaftskrise, Schuldenkrise und Bankenkrise auch angesprochen. Die Studie thematisiert nicht, wie und warum der Teufelskreis zustande gekommen ist, ihr Schwerpunkt liegt auf der Lösungsstrategie. Und die Vorschläge dafür laufen auf eine Paketlösung („a unified policy package", ebd., S. 200 – „to treat the three crises holistally", ebd., S. 207) hinaus, deren Bestandteile aus einer Erhöhung der Verbrauchssteuern, einer Bankenkapitalisierung durch den ESM, einer *aktiven* Haushaltspolitik in den Kernländern, einer weiteren Liquiditätsversorgung und einer Inflationierung durch die EZB (ebd., S. 206 f.) bestehen – mithin Ansätze, die den neoliberalen Anhängern der Teufelskreis-Hypothese das schiere Grauen vermitteln.

Wenn der deutsche Sachverständigenrat (SVR 2012, S. 65) vom „Teufelskreis der Banken-, Staatsschulden- und makroökonomischen Krise" spricht, dann meint er damit ein wechselseitiges Bedingungs- und Einflussgefüge zwischen den drei Krisenherden auf der Erklärungsebene (vgl. Abb. 9 und 10). Im Folgenden bleibt außer Betracht, dass der Teufelskreis recht eigentlich nicht ganz stimmig als Bild ist, handelt es sich tatsächlich doch um ein Dreieck oder eine Triade. Überdies fehlt der Figur auch noch die Räumlichkeit – die eben erwähnte Spirale, da es um sich selbst verstärkende Krisenherde geht.

Den Tanz eröffnet hat in den Augen des Sachverständigenrats eine wie aus dem Dunkel hervor preschende Bewegung:

> „Auslöser der *Misstrauenswelle* (Herv. i. O.) im Euro-Raum war im Frühjahr die dramatische Entwicklung der öffentlichen Finanzen in Griechenland" (Sachverständigenrat 2012, S. 65).

Wir haben in Teil 1 gesehen, dass man keinen plötzlich auftauchenden externen Faktor bemühen muss, um den Einstieg in den Teufelskreis plausibel zu machen. Es handelte sich vielmehr um einen überschaubaren, sich in einzelnen Schritten vollziehenden Prozess, innerhalb dessen ein beispielloser Kurswechsel in der deutschen Europapolitik vorgenommen wurde und die Entsolidarisierung mit Griechenland vonstattenging.

Zur Therapie schickt der Sachverständigenrat – in seiner Mehrheit zutiefst staatskritisch eingestellte Beamte – den schwindligen europäischen Patienten in den dreifach versäulten Tempel (vgl. Abb. 11). Dort wird eine therapeutische Mischung aus „Weiter so" im Bereich der Fiskalpolitik und einer Verwandlung der Fiktion vom Staat als Marktteilnehmer in die Realbildung des Staats als Marktteilnehmer (Insolvenzordnung für den Staat, Gleichstellung von Staatsanleihen mit anderen Aktiva in der Bankenbilanz) angeboten.

Abb. 11: Langfristiger Ordnungsrahmen für den Euroraum

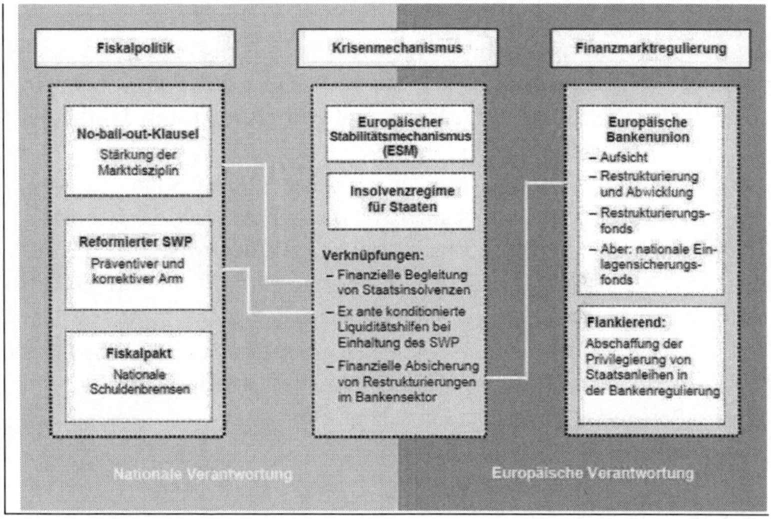

[Diagramm mit drei Säulen: Fiskalpolitik, Krisenmechanismus, Finanzmarktregulierung]

- **Fiskalpolitik**: No-bail-out-Klausel (Stärkung der Marktdisziplin); Reformierter SWP (Präventiver und korrektiver Arm); Fiskalpakt (Nationale Schuldenbremsen)
- **Krisenmechanismus**: Europäischer Stabilitätsmechanismus (ESM); Insolvenzregime für Staaten; Verknüpfungen: Finanzielle Begleitung von Staatsinsolvenzen, Ex ante konditionierte Liquiditätshilfen bei Einhaltung des SWP, Finanzielle Absicherung von Restrukturierungen im Bankensektor
- **Finanzmarktregulierung**: Europäische Bankenunion – Aufsicht, – Restrukturierung und Abwicklung, – Restrukturierungsfonds, – Aber: nationale Einlagensicherungsfonds; Flankierend: Abschaffung der Privilegierung von Staatsanleihen in der Bankenregulierung

Nationale Verantwortung | Europäische Verantwortung

Quelle: SVR, S. 103

Wenn die Europäer in ihren Dokumenten vom Teufelskreis zwischen Bankenrettung und Staatsverschuldung sprechen, und das taten sie seit 2011 häufig, dann meinen sie damit etwas anderes. Mit ihrem Bild vom Teufelskreis wollen sie auf den Sachverhalt hinaus, der oben geschildert wurde: dass der Staat (im Falle der USA, Großbritanniens und Japans) bzw. die Staaten (im Falle der Eurogruppe) die Banken retten musste bzw. mussten und dadurch die Staatsschuld anstieg. Es ging darum, eine der Fiktionalisierungen über die Krise hinweg zu retten, nämlich das zweistufige Bankensystem. Das hatten jedenfalls die mit Verantwortung ausgestatteten Politiker im Sinn, als sie die nach dem Lehman-Zusammenbruch mit seinen verheerenden Folgen nicht das Risiko weiterer Kettenreaktionen in Europa riskieren wollten. Dass der Staat die Bankenrettung über die Kreditfinanzierung betrieb, war in Kauf zu nehmen. Dass er dabei selbst immer weiter in den Strudel der Krise geriet, so die Europäer, mache gerade den Teufelskreis aus. Je mehr er Krisenbekämpfung betreibe, desto mehr gerate er selbst in die Krise. Insoweit hatte die Kommission – im Gegensatz zum Sachverständigenrat – noch ein halbwegs realistisches, unideologisches Bild von dem Teufelskreis.

Nichts aber kann etwas an dem grundsätzlichen Befund ändern, dass das Bild vom Teufelskreis empirisch falsch und nur dazu geeignet ist, die tatsächlichen Zusammenhänge zu verschleiern. Ein Blick auf die Entwicklung des BIP zwischen 2008, dem Jahr des globalen Krisenbeginns, und 2013 zeigt, dass in den vier Zentren der Finanzkrise das Krisental im Jahr 2009 durchlaufen wurde. Beginnend im Herbst 2008 und fortlaufend durch das gesamte Jahr 2009 setzten die staatlichen Rettungsmaßnahmen zur Sanierung des Bankensektors und des realen Sektors ein, was – wiederum für alle Zentren – im Jahr 2010 dazu führte, dass die Talfahrt gestoppt war und das BIP-Wachstum anzog. Mit der zweiten Jahreshälfte 2010 und dann für die Folgejahre differenzierte sich dann die Entwicklung. Während die USA, Großbritannien und Japan – in der Dynamik unterschiedlich – ihre Gesamtwirtschaft weiterhin stabilisierten, rutschte die Eurogruppe in eine Rezession. Der Rückschlag Japans für 2011 geht auf die Reaktorkatastrophe in Fukushima zurück.

Tab. 5: Veränderung des BIP in ausgewählten Ländern und der Eurogruppe

	2008	2009	2010	2011	2012	2013
USA	-0,3	-2,8	+2,5	+1,8	+2,8	+1,9
GB	-0,8	-5,2	+1,7	+1,1	+0,1	+1,0
Japan	-0,7	-5,5	+4,5	-0,8	+2,2	+1,2
Eurogruppe	+0,4	-4,4	+2,0	+1,6	-0,7	+0,4
Deutschland	+1,1	-5,1	+4,0	+3,3	+0,7	+0,4

Quelle: Eurostat, OECD. Angaben real in Prozent gegenüber dem Vorjahr.

2. Der Staat als Marktteilnehmer und der Teufelskreis 153

Es gibt nur eine wirtschaftspolitische Erklärung für die abweichende Entwicklung der Eurogruppe ab Sommer 2011. Der treppenweise Anstieg der Verunsicherung auf den Kapitalmärkten, der im Mai 2010 zunächst Griechenland in die Arme der entstehenden Troika trieb, dann im November des Jahres Irland und schließlich im April 2011 Portugal erfasste und im Frühsommer des Jahres 2011 den Schuldenschnitt für Griechenland manifest machte, gipfelte im Sommer in dem Übergreifen der allgemeinen Verunsicherung auf Spanien und Italien. Zusammen mit der beginnenden Austeritätspolitik in den genannten Staaten, die unter dem Eindruck des entstehenden Fiskalpakts zu einer allgemeinen Restriktionspolitik im Euroraum führte, wurde ein erneuter Wirtschaftseinbruch provoziert. Seit dem dritten Quartal 2011 befindet sich die Eurogruppe erneut in einer Rezession, die bis ins 2. Quartal 2013 anhielt und die, wenn man die Sonderkonjunktur Deutschlands herausrechnet, durchaus in einem beachtlichen Schrumpfungsprozess mündete.[51]

Jede Modellierung einer Krise muss Abstraktionen eingehen, die Frage ist, ob bei der Modellierung noch der Kontakt zur Realität gewahrt bleibt. Tatsächlich lässt sich die europäische Krise weder in einem Kreis noch in einem Dreieck abbilden, wenn nicht die Wirklichkeit unkenntlich verdreht wird. Am Anfang stand eine verhältnismäßig überschaubare Kausalkette. Ein instabiles (Teil)Marktsystem – der Finanzmarkt – ist schockartig aus der Balance geraten und sandte Wellen in Richtung der Realwirtschaft aus. Der Staat und die Zentralbank als die rahmengebenden und regulierenden Institutionen griffen als Stabilisatoren ein, stabilisierten sowohl im Finanzsektor (z.B. durch Liquidität oder vertrauensbildende Maßnahmen) wie auch im Realsektor (z.B. Nachfragestabilisierungen). Das Ganze war nicht kostenlos zu haben, die Krisenbekämpfung erforderte Geld, das sich der Staat via Kredit besorgte. Die sonstigen Finanzquellen, die Steuern, versiegten. So weit ist das eine schlichte *Kausalkette*, ein *Ursache-Wirkungs-Zusammenhang*, der mit den genannten geometrischen Figuren nichts zu tun hat.

Der Betrachter muss auch nicht im Kreis laufen, im Teufelskreis, so dass ihm schwindelig wird, wie die Metapher insinuiert, er kann sich ganz einfach auf einer Geraden bewegen, ganz ohne Schwindelgefühle.

---

[51] Schmieding (2012, S. 68 ff.) misst in diesem Zusammenhang dem griechischen Schuldenschnitt und der Untätigkeit der Europäer beim Übergreifen der Krise auf Spanien und Italien die bei weitem größte Bedeutung zu. Damit sei ein „großer Fehler" gemacht, eine „unnötige Rezession" herbeigeführt worden, die in einer „fahrlässig ausgelösten Krise" mündete (ebd., S. 81).

Schwindelgefühle ergreifen ihn erst, wenn die Bankenrettung und die Stabilisierung des vormals instabilen Finanzsektors vollzogen sind und der Staat den Preis – die höhere Staatsschuld – dafür gezahlt hat. Denn wenn die staatliche Agentur das nächste Mal einen Kredit bei den staatlich gerade gestützten Banken aufnimmt, vielleicht sogar bei den verstaatlichten Banken, also – könnte man sagen – den eigenen Banken, stellt sich plötzlich heraus, dass der Staat einen Strafzins entrichten muss, weil seine Bonität aufgrund der Schuldenkriterien bei den Banken in Verruf geraten ist.

Unter der saloppen Begrifflichkeit „Sarkozy-Trade" wurde Ende 2012, nachdem die EZB ihre erste Bazooka gefeuert hatte, die Anregung des französischen Staatspräsidenten aufgegriffen, dass sich die Banken von Problemstaaten jetzt günstig Geld bei der EZB beschaffen könnten, um es dann an „ihre" Staaten – zwar mit einem Aufschlag, aber immerhin – weiterzureichen. Dieser sollte aber weit entfernt sein von den gefährlichen Zinsen, die die Staaten vorher so in Nöte gebracht hatten. Sarkozy: „Das bedeutet, dass jetzt jeder Staat zu seinen Banken gehen kann, die Liquidität zu seiner Verfügung haben werden." Leider, so ließe sich sagen, hat diese Strategie zu Beginn der Krise nicht gegriffen, weil nämlich kleine Euro-Staaten nicht so viele und so gut ausgestattete Banken haben, als dass diese „ihre" Staaten mit Kredit versorgen könnten. Zum anderen zeigt sich in diesem Ansatz, wie fragmentiert der gesamte Finanzmarkt in der Euro-Gruppe mittlerweile war. In Griechenland engagierte deutsche und französische Banken handeln eben „unpatriotisch".

Damit verdreht sich der Teufelskreis in absurdes Theater. Einzelne Szenen daraus, die aufgeführt werden: Banken rutschen in eine Existenzkrise und werden vom Staat entweder gestützt oder verstaatlicht. Der Staat nimmt seinerseits Kredite auf und muss dafür steigende Zinsen entrichten. Diese werden ihm von den gerade verstaatlichten oder gestützten Banken in Rechnung gestellt. Diese Absurdität, die zwischenzeitlich auch das Zeug hatte, sich spiralig zu verstärken, verknüpft mehrere der oben referierten Fiktionalisierungen miteinander. Sie läuft letztlich darauf hinaus, dass sich der Staat seine Bankenrettungspolitik selbst verteuert. Dazu muss zweierlei gesagt werden: 1.) Die Absurdität vollzog sich nicht in den herkömmlichen Nationalstaaten USA, Großbritannien und Japan. 2.) Sie vollzog sich nicht in allen europäischen Staaten, sondern nur in den bekannten Krisenstaaten der Währungsunion.

Noch verdrehter wird die Sache, wenn der Staat den in Schieflage geratenen Banken beispringt, sie entweder mit Liquidität versorgt oder sie

2. Der Staat als Marktteilnehmer und der Teufelskreis 155

verstaatlicht, dafür Kredite aufnimmt, selbst in eine Art Schieflage gerät, weil über seine Schuldenkennziffern ein Schatten fällt und seine Anleihezinsen anziehen. Wenn nun bei den Anleiheauktionen genau die Banken sitzen, die der Staat vorher auf die eine oder andere Art gerettet hat und diese Banken durch ihre Gebote dazu beitragen, dass die Anleihezinsen des Staates in die Todeszone getrieben werden, stehen die Verhältnisse auf dem Kopf. Eben dies ist aber mit den Programmländern passiert.

Allerdings muss hier eine gewisse Einschränkung vorgenommen werden. Man muss nämlich über die bisher abstrakt erfolgende Darstellung des europäischen Krisenprozesses noch das *Nationengitter* der Währungsunion legen, um zu verstehen, was passiert ist. Wären es nur griechische Banken gewesen, bei denen der griechische Staat seine Kredite aufgenommen hätte, wäre es wahrscheinlich nie so weit gekommen, dass die Renditen an den Sekundärmärkten in den Todeszonenbereich steigen. Geschehen konnte dies nur, weil es die Währungsunion gibt und weil „nicht-patriotische" Anleger den griechischen Staat mit ihrem Marktverhalten an den Sekundärmärkten und ihrem Bieterverhalten am Primärmarkt für griechische Anleihen in die Bredouille brachten. Aber die Banken waren, wie wir noch sehen werden, nur Helfershelfer.

Eigentlich waren die Machtverhältnisse zwischen Staat und Finanzsphäre innerhalb weniger Wochen nach der Lehman-Insolvenz klar. Der Staat rettete die Banken und den Finanzsektor, er verstaatlichte, begann damit, weitläufige Regulationen aufzulegen und machte sich schließlich daran, Regress für die diversen „Schandtaten" zu fordern, die sich der Sektor zuschulden hat kommen lassen. Spielte in den Jahrzehnten zuvor die neoliberale Politik noch das Spiel von den mächtigen Finanzmärkten, gegen die die Politik nichts ausrichten könne, war nunmehr sehr schnell klar, wer Herr und wer Knecht ist. Nimmt man noch hinzu, dass die Zentralbanken ab 2008 sehr schnell ihre Leitzinsen auf oder gegen Null herunterfuhren und Geld zu niedrigen Zinsen mehr als reichlich vorhanden war, dann erhebt sich im Nachhinein schon die Frage, wie es die Euro-Europäer schafften, dass kleine Parzellen ihrer Union plötzlich in Finanzierungsnöte geraten konnten.

Wenn der „Teufelskreis" als Metapher für die Beschreibung der Krisenvorgänge nichts taugt, welche Metapher dann? Vergewissert man sich, dass es der Staat mit seiner Zentralbank war, der die Krise gelöst hat, dann könnte man auf die Metapher vom *Staat als Münchhausen, der sich am eigenen Schopfe aus dem Sumpf zieht*, verfallen. Und in gewisser

Weise stimmt das auch, wenn man die oben entwickelten Fiktionalisierungen in Rechnung stellt. Mit der durch den Staat über seine Zentralbank (erste Fiktionalisierung) zur Verfügung gestellten Liquidität rettete er das Geschäftsbankensystem (zweite Fiktionalisierung). Soweit ist Münchhausen aktiv.

Die Metapher vom Münchhausen passt dann bei weiterem Besehen doch wieder nicht. Sie passte nur, wenn man den Staat mit seiner Bank als Teil des Marktgeschehens, eben als Marktteilnehmer (dritte Fiktionalisierung), betrachtete. Da der Staat das aber gerade nicht ist, muss man auch nicht im Absurden nach Bildern suchen, um den Krisenprozess und seine Bändigung zu beschreiben. Der Staat mit seiner Bank ist der Organisator und Garant des Marktgeschehens. Ohne ihn oder mit ihm, wie seitens des Wirtschaftsliberalismus nahegelegt, wäre das gesamte System wie ein Kartenhaus eingestürzt.

Die Geldwirtschaft und die Marktwirtschaft, die durch den am 15. September 2008 aufgetauchten Schwarzen Schwan bedroht wurden, hängen am Staat als Organisator und letztem Vertrauensgeber, der sie „erfindet", sie am Laufen hält und sie – in der Gefahr – rettet. Der Staat ist der *Mastermind* der marktwirtschaftlichen Ordnung. Aus diesem Grund hat es in den USA, in Großbritannien, in Japan und schon gar nicht in China auch nur Ansätze von Zweifeln über die staatliche Rettungspolitik in der Krise gegeben, obwohl die dortigen Verschuldungszahlen erheblich über denen der europäischen Währungsunion liegen.

An die Münchhausen-Figur erinnern könnte auch das Geschehen in den USA. Die Federal Reserve kauft seit Januar 2012 – da die direkte Leitzinspolitik angesichts von Null-Prozent-Zinsen als Anti-Krisen-Politik ausfällt – monatlich für 85 Milliarden Dollar am Sekundärmarkt Staatsanleihen sowie hypothekenbesicherte Wertpapiere, um die langfristigen Zinsen zu drücken und damit die eigene Konjunktur und – wie im Frühsommer 2013 überaus deutlich wurde – die Weltkonjunktur weiter über Wasser zu halten.

Dieses Krisenbekämpfungsinstrument ist als Sondermaßnahme insofern interessant, als es ein Licht auf die Krisenwahrnehmung und -bekämpfung der USA wirft. Wenn die Fed die Anleihen vom Markt genommen hat, wird auf der einen Seite die Versorgung mit Liquidität und die erwünschte Zinsentwicklung erreicht. Auf der anderen Seite werfen die Papiere Zinsen ab, die als Überschuss der Fed bei Fälligkeit an den Staat fließen. Hier liegt der oben geschilderte Fall vor, dass der Staat unter Umgehung des zweistufigen Bankensystems sich direkt am Markt

2. Der Staat als Marktteilnehmer und der Teufelskreis 157

verschuldet.[52] Anders formuliert: Die Sache läuft darauf hinaus, dass der Staat Geldversorgung und Kreditaufnahme miteinander verknüpft und netto keine Zinsen zahlt. In dem Instrument des Anleihekaufprogramms werden die Fiktionalisierungen drei und vier gegeneinander aufgehoben. Er kann sich also „kostenlos" verschulden, was ja angesichts dessen, was auf dem Spiel steht, sinnvoll ist.

Dass sich sonst in Geldwirtschaften der Staat der Fiktion unterwirft, Marktteilnehmer zu sein und einen Zins entrichtet, ist mit den Ankäufen der Fed also außer Kraft gesetzt. An dieser ungewöhnlichen Maßnahme wird zweierlei deutlich: 1.) Es tritt hervor, für wie bedrohlich die Verantwortlichen in den USA die Krise hielten. 2.) Es wird ansatzweise deutlich, wie unterschiedlich die Europäer der Währungsunion einerseits und die USA andererseits in der Krise agieren. Während die USA mit der Kooperation von Notenbank und Staat Krisenbekämpfung betreiben, wird – zurückgehend auf deutsche Insistenz – in der Währungsunion versucht, an der Fiktion vom Staat als Marktteilnehmer – krampfhaft, d.h. ideologisch – festzuhalten bzw. die Fiktion vom Staat als Marktteilnehmer für bestimmte Taten aus einer Fiktion in eine Realbildung umzuwandeln und ihn in Gestalt der Programmländer massiv unter Druck zu setzen.

---

[52] Damit ist allerdings nicht der Fall gegeben, dass der Staat „Geld druckt". Faktisch besorgt sich der US-Staat nur zinslosen Kredit. Die Formulierung vom „Gelddrucken", gerne vom Marktradikalismus in die Welt gesetzt, meint, dass der Staat seinen Konsum über das „Gelddrucken" finanziert.

3. Eine besondere Fiktionalisierung: Austeritätspolitik als Mittel der Krisenbekämpfung

Abb. 12: Schuldenstandsquoten der Staaten der Welt

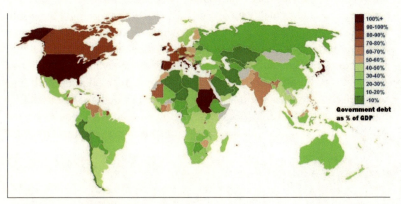

Quelle: Wikipedia-Seite: Government debt.

Auf der Seite „Staatsverschuldung" hat ein Mitarbeiter von Wikipedia auf der Basis von IWF-Daten des Jahres 2012 eine Weltkarte der Verschuldungsquoten („Government debt") eingestellt. Farblich differenziert nach Zehn-Prozent-Stufen sind dort für die meisten Länder der Welt die Schuldenstände in Prozent des BIP erfasst. Die Karte unterscheidet zwischen Grün-Tönen (Schuldenstand unter 50 Prozent des BIP) und Braun-Tönen (Schuldenstand über 50 Prozent des BIP), was in etwa in der Nähe des Maastrichter Schuldenstandskriteriums von 60 Prozent des BIP liegt.[53]

---

[53] Das im Folgenden skizzierte Bild wäre noch eindeutiger, wenn die Trennlinie bei 60 Prozent gezogen würde. Man könnte dann die 60-Prozent-Grenze als Demarkationslinie

3. Austeritätspolitik als Mittel der Krisenbekämpfung 159

Die Karte zeigt ein eindeutiges Bild der Zweiteilung. Die wohlhabenden Staaten der Welt weisen Schuldenstandsquoten von 50 Prozent und mehr auf: Nordamerika, Westeuropa und Japan. Zwischen staatlicher Kreditaufnahme und Wohlstandsniveau besteht offensichtlich ein direkter Zusammenhang. Umgekehrt gilt: Die Entwicklungsländer, die armen und ärmsten Staaten der Welt finden sich in der Gruppe der Staaten, die nicht, gering oder mäßig verschuldet ist. Geringes Entwicklungsniveau und Armut stehen offensichtlich in direktem Zusammenhang mit tendenziell ausgeglichenen staatlichen Bilanzen.

Ausnahmen in beiden Gruppen lassen sich leicht erklären. Wohlhabende Staaten, die ebenfalls zu den wenig verschuldeten Staaten gehören, sind in Europa Norwegen, Schweden und die Schweiz. Norwegen kann seinen üppigen Staatshaushalt bequem über den Erdölreichtum in der Nordsee decken, Schweden hat eine exorbitant hohe Steuerquote, und die Schweiz zweigt als bisheriges internationales Kapitalzentrum einiges von dem Kapitalzufluss für ihren Haushalt ab. Umgekehrt gibt es einige Staaten in Süd- und Mittelamerika, Afrika und Süd-Asien, die relativ hohe Verschuldungsquoten aufweisen. Bei den meisten von ihnen drückt sich darin aus, dass es sich um vertrauenswürdige Schwellenländer handelt, die ihren Gläubigern gewisse Sicherheiten vermitteln.

An dieser Stelle soll und kann nicht der Frage nach dem Zusammenhang von wirtschaftlicher Entwicklung und Staatskredit nachgegangen werden. Es geht lediglich darum, einige wenige für unsere Fragestellung relevante Aspekte festzuhalten. 1.) Hohe staatliche Kreditaufnahme setzt voraus, dass der Kreditnehmer eine Position des Vertrauens gegenüber dem Gläubiger einnimmt. Erst wenn die Gläubiger ein gewisses Maß an Sicherheit haben, dass der Kredit samt Zins zurückfließt, leihen sie ihr Geld aus. Weil diese Sicherheit und diese Vertrauensbasis bei Entwicklungsländern fehlt, gibt es dort auch kaum Kreditbeziehungen von Gläubigern zu den Staaten. 2.) Geht man davon aus, dass sich die Beziehung zwischen privatem Gläubiger und öffentlichem Schuldner zunächst im Inland aufbaut, dann ist man schnell bei der Feststellung, dass zunächst ein bestimmtes Maß an Ersparnisbildung vorhanden sein muss, was eine entsprechende wirtschaftliche Entwicklung wiederum voraussetzt. Und an der Schnittstelle zwischen privater Ersparnis und öffentlichem Kredit sind wir auch an dem entscheidenden Punkt angelangt, dass die Staats-

---

und zum Unterscheidungskriterium zwischen Industrieland und Entwicklungsland machen – Ausnahmen bestätigen die Regel.

schuld nie alleine für sich betrachtet werden kann, sondern immer mit ihrem Gegenüber, der privaten Ersparnis, gesehen werden muss. Komplizierter wird die Sache, wenn man die Annahme fallen lässt, dass sich der Staat ausschließlich im Inland Kredite beschafft. Führt man internationale Beziehungen ein und unterstellt den Wegfall von Kapitalverkehrsbeschränkungen, tritt eine größere Entfernung und Anonymisierung von Kreditgeber und Kreditnehmer ein. Wäre der Staat nicht ein ganz besonderer Schuldner, ein Schuldner, der immer solvent ist, dann läge eine ganz normale Marktbeziehung vor.

Kommen wir zurück nach Europa. Längst bevor die internationale Finanzkrise heraufzog, so hatten wir es in Teil 1 herausgearbeitet, hatte die Große Koalition in Deutschland eines ihrer zentralen Vorhaben – die sogenannte Schuldenbremse – zu Gesetzesreife gebracht und mit ihrer Zwei-Drittel-Mehrheit als Grundgesetzänderung in die Bücher geschrieben. Eine völlig überzogene, ins Kopflose und Überreizte reichende Debatte fand damit ihren Abschluss, den sie wahrscheinlich nicht gefunden hätte, wenn sie zeitlich noch etwas weiter in die Finanzkrise gereicht hätte. Auf dem Höhepunkt der Krise in den Jahren 2008 und 2009 war es der Staat, der sich durch eine – historisch gesehen – moderate Verschuldung in die Lage versetzte, das gesamte marktwirtschaftliche System zu retten. Und in dieser Situation schaffte es eine mehr als große Koalition in Deutschland mit der konstitutionell verankerten Schuldenbremse im Sommer 2009 einen der zentralen Hebel staatlicher Wirtschaftspolitik aus dem Verkehr zu ziehen. Dieses Meisterstück politischer Kunst kann erst dann angemessen gewürdigt werden, wenn man die Singularität der deutschen Austeritätspolitik in Europa und der ganzen Welt in Rechnung stellt.

Ganz offensichtlich ist es so, dass jede Epoche – elegant und frei von allem Realitätsbezug – ihre eigentümliche Ideologie gegenüber dem Staatskredit ausprägt (vgl. dazu Diehl/Mombert 1980, Bofinger 2010, S. 187 ff.). Noch die banalsten wirtschaftlichen Zusammenhänge wurden in der Debatte um die Schuldenbremse ignoriert, und es setzte sich die Überzeugung durch, dass man mit der Kreditaufnahme in der Gegenwart die Generation der Zukunft belaste. Dass es sich in zweifacher Weise anders verhält, blieb im Eifer des Gefechts übersehen. Dass mit den Krediten der Gegenwart die Schulen und Universitäten für die nächsten Generationen gebaut werden und dass die Zinsen für die Anleihen auf den Sparbüchern dieser nächsten Generation landen würden. Sehr konzentriert wurde übersehen, dass jedem Schuldner ein Gläubiger gegenüber-

3. Austeritätspolitik als Mittel der Krisenbekämpfung 161

steht und jedem Kredit ein entsprechendes Geldvermögen. Nimmt man an, dass es sich bei der Kreditaufnahme um einen inländischen Vorgang handelt, wird also Auslandsverschuldung ausgeschlossen, kann der Staatskredit auf eine spezielle Form eines „Steuergeschäfts" zwischen Staat und Bürger zurückgeführt werden. Dieses „Steuergeschäft" enthält die Zusage des Staates, auf eine Steuererhöhung zu verzichten und mehr nicht. Staatsverschuldung stellt also ein Verteilungsproblem dar: Weil den Staat eine Besteuerungsscheu auszeichnet, greift er zu der milderen Form der Mittelbeschaffung, dem Kredit.

Die Aversion gegen den staatlichen Kredit ist eine sehr deutsche Angelegenheit. Bislang galt die deutsche Angst vor der Inflation als die charakteristische Mentalität. In einer Zeit, da Inflation seit vielen Jahren kein Thema mehr im Bereich der realen Wirtschaftsdaten ist, die EZB bei der Inflationsbekämpfung noch bessere Ergebnisse erzielte als die Bundesbank und langsam, sehr langsam ins allgemeine Bewusstsein durchsickert, dass das Gegenteil, die Deflation, vielleicht die viel größere Herausforderung der Zukunft sein könnte, macht sich der andere der beiden deutschen ökonomischen Urinstinkte, das Ressentiment gegen den Kredit, breit.

Wie ist es in anderen Ländern um die Mentalität in Sachen Staatskredit bestellt, z.B. in *Japan*? Ob ein Staat in Finanzierungsnöte gerät (im Sinne steigender Anleihezinsen) hängt in entscheidendem Maße davon ab, wer seine Anleihen besitzt (die alten) bzw. nachfragt (die neuen). Bei der japanischen Staatsverschuldung verhält es sich so, dass sie annähernd zu 95 Prozent von der eigenen Bevölkerung bzw. inländischen institutionellen Anlegern gehalten wird. In dieser Konstellation stellt eine Gesamtschuld, die für das Jahr 2014 annähernd 240 Prozent des BIP beträgt, nicht zwingend eine Gefahr dar. Hinzu kommt, dass der japanische Staat im Rahmen des korporativistischen Gesamtmodells die staatlichen Pensionsfonds über Investitionsrichtlinien in die Anleihen „zwingt". Auf den Kapitalmärkten, die ja heimische sind, wird deshalb keine Risikoprämie verlangt, der Anleihezins bewegt sich in moderaten Größenordnungen, obwohl der Schuldenstand, gemessen an europäischen Größenordnungen, geradezu gigantisch ist. Die Interpretation des Staatskredits als Ersatz für die Besteuerung ist in Anbetracht der extrem niedrigen Verbrauchssteuern in Japan, gut nachvollziehbar.

Also: Japan ist ein großer Staat, es ist ein Staat mit eigener Währung und er steht „nur" bei der eigenen Bevölkerung in der Kreide. Die staatliche Kreditaufnahme bei der eigenen Bevölkerung in diesem Land ist gleichzusetzen mit einem stillschweigenden (oder auch offen ausgesprochenen) Pakt, dessen Kernvereinbarung in der Zusicherung auf den Verzicht von Steuererhöhung bzw. in der steuerpolitischen Zurückhaltung besteht. Von dieser Warte aus gesehen ist die Staatsverschuldung selbst eine besondere Form der Steuer, eine Art Negativsteuer.

Griechenland dagegen ist ein kleiner Staat, es ist ein Staat ohne eigene Währung und es ist – das ist der entscheidende Unterschied – ein Staat, der sich sein Geld bei externen Gläubigern besorgen muss. Diese externen Gläubiger sind weniger patriotisch und verlangen für ihre Kredite Risikoaufschläge, wenn es sich machen lässt und gewisse Bonitätskriterien signifikant werden (Schuldenstandskriterium), selbst wenn längst nicht japanische Größenordnungen erreicht sind. Dass die externen Gläubiger bei verhältnismäßig kleinen Ländern erheblich ins Gewicht fallen, liegt auf der Hand, zu bedenken ist aber auch, dass dies eine Folge der von der EU-Kommission verfolgten Politik der grenzenlosen Kapitalverkehrs- und Niederlassungsfreiheit ist, die die kleinen Länder in gutem Glauben mitgemacht haben.

Man hat dann in Europa im Krisenverlauf doch noch versucht, den Patriotismus der Gläubiger nutzbringend einzusetzen und heimische Banken und Kleinanleger dazu gewonnen, „ihrem" Staat freundliche Kreditverhältnisse einrichten. Oben wurde bereits der „Sarkozy-Trade" erwähnt. *Italien* ist in Hinblick auf die Kreditaufnahme bei der eigenen Bevölkerung seit 2012 den Sonderweg über die „patriotische Anleihe" gegangen. Speziell für kleinere Anleger wurden jenseits der üblichen Auktionen vierjährige Papiere zu einem Zinssatz von 2,25 Prozent begeben, zu dem noch der Inflationsausgleich kam. Die bislang drei Aktionen waren überaus erfolgreich und mussten z.T. abgebrochen werden, weil sie überzeichnet waren.

Wir kommen nun zurück nach Deutschland. Da es aus vielen Gründen wenig Sinn macht, die Staatsverschuldung und ihre Entwicklung in absoluten Größen zu beobachten, greift man auf relative Größen zurück, z.B. auf das Verhältnis von Staatschuld zum BIP. Vor diesem Hintergrund wurde seit langer Zeit die Diskussion in Deutschland gewissermaßen durch ein Schaubild geprägt, das sich bis in den Alltagsverstand eingeprägt hat.

3. Austeritätspolitik als Mittel der Krisenbekämpfung 163

Abb. 13: Entwicklung der Schuldenstandsquote in Deutschland

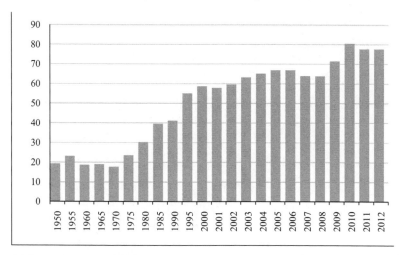

Quelle: Statistisches Bundesamt.

Es zeigt eine zweiphasige Entwicklung. Für fast zweieinhalb Jahrzehnte (1950-1973) pendelte die öffentliche Gesamtschuld um 20 Prozent des BIP. Ab 1974 und der in diesem Jahr einsetzenden ersten tieferen Krise stieg die Verschuldung dann in der genannten Größe gemessen mehr oder weniger kontinuierlich an, um im Jahre 2012 bei knapp über 80 Prozent zu landen. Nur kleinere Konsolidierungsphasen (Ende der achtziger Jahre, Ende der neunziger Jahre und in den Jahren nach 2004) vermochten diesen offensichtlich mächtigen säkularen Trend zu brechen. Vor diesem Hintergrund zog die Große Koalition „aus lauter Verzweiflung", so die Mär, 2009 die Notbremse und griff zu einem der drastischsten neoliberalen Instrumente, der konstitutionellen Beschränkung von Wirtschaftspolitik und Demokratie.[54]

---

[54] Eigentlich sollte sich jeder vernunftbegabte Politiker schon instinktmäßig im Widerstreit mit den Grundannahmen der Public-Choice-Theorie verorten. Mit ganz großen Mehrheit hat die deutsche Politik das Kunststück fertig gebracht, durch die Zustimmung zur Schuldenbremse den eigenen Ast, auf dem sie sitzt, mit voller Inbrunst abzusägen. Buchanan, der Nestor der Beseitigung von Demokratie in der Wirtschaftspolitik, hätte es sich nicht besser ausdenken können.

Abb. 14: Entwicklung der Schuldenstandsquote in den USA, 1940-2010

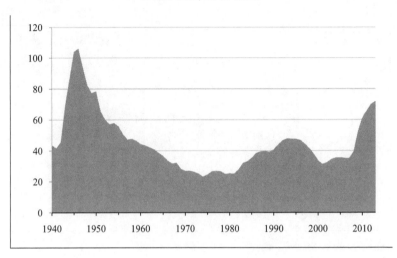

Quelle: Congress of the United States, Congressional Budget Office.

Der entsprechende Verlauf der Staatsverschuldung in den *USA* bietet ein ganz anderes Profil an. Zunächst zeigt sich ein abrupter und steiler Anstieg der Verschuldung nach dem Eintritt der USA in den Zweiten Weltkrieg. Beide Attribute für den Anstieg – abrupt und steil – sind typisch für extreme Schocks, die auf eine Gesamtwirtschaft einwirken. Gleich nach dem Ende des Zweiten Weltkriegs, Ende der vierziger Jahre, setzte ein langfristiger Rückgang in der Verschuldung auf ein Niveau von unter 40 Prozent ein, der bis in die frühen achtziger Jahre reichte. Von etwa Mitte der achtziger Jahre für ein Jahrzehnt bis Mitte der neunziger Jahre stieg die Verschuldung infolge der Reaganschen Wirtschafts- und Militärpolitik an auf einen Wert von fast 70 Prozent, um danach wieder, v.a. in der Clinton-Ära, zurückzugehen und infolge der neuen Kriege gegen den islamistischen Terror zunächst milde und dann, nach Eintritt der Finanzkrise, schroff anzusteigen.

Was lässt sich dem Beispiel der USA entnehmen? 1.) Es gibt kein ehernes Gesetz eines säkularen Anstiegs der Staatsverschuldung nach dem Zweiten Weltkrieg, das durch gewaltsame Mechanismen gebrochen werden müsste. 2.) Das Beispiel USA lehrt ferner, dass eine dynamische Wirtschaft durchaus eine hohe Verschuldung abzubauen vermag. Der

3. Austeritätspolitik als Mittel der Krisenbekämpfung

entscheidende Faktor ist das Wachstum. 3.) Ein abrupter und steiler Anstieg der Verschuldung in Folge von „Armaggedon-Ereignissen" muss nicht beunruhigend sein, im Gegenteil, er ist als Reaktion auf Schocks geradezu typisch und drückt die Flexibilität marktwirtschaftlicher Ordnungen aus. 4.) Was die USA von Deutschland unterscheidet, ist das dynamische Wachstum und die in der langen Frist deutlich höhere Produktivität.

Worüber die erhitzte Diskussion in Deutschland, nicht in Europa, sich weigert nachzudenken, ist der Zeitpunkt, seit dem die Verschuldung in Deutschland (und in vielen anderen europäischen Staaten) beharrlich zunimmt und kaum Phasen des Rückgangs mehr kennt. Der Zeitpunkt – Mitte der siebziger Jahre – steht im Zusammenhang mit der europäischen Integration. Es ist nämlich jene Zeit, in der nach der Auflösung der Währungsordnung von Bretton Woods die Bundesbank begann, den westeuropäischen Wirtschaftsprozess durch ihre Stabilitätspolitik maßgeblich zu steuern. Eine im Zweifel immer gegen das Wachstum und für die Stabilität gerichtete Politik trug dazu bei, dass der Nenner – um es mathematisch auszudrücken – der Schuldenquote nie die Dynamik erfahren hat, die er bei einer moderateren Geldpolitik hätte haben können. Seit Mitte der siebziger Jahre wurde im westlichen Europa unter der Ägide der Bundesbank rigide Stabilitätspolitik betrieben. Die Politik ihrerseits brachte nicht die Kraft auf, die neuen Aufgaben solide über Steuern zu finanzieren.

Mythenbildung gab es in der europäischen Krise auch rund herum um Ziffern. Die Krise schwitzte zwei Zahlen aus, die das Denken und Handeln der Akteure sichtbar prägten. Die eine Ziffer, bereits in Teil 1 angesprochen, betraf die sogenannte Todeszone, die angeblich erreicht würde, wenn zehnjährige Staatsanleihen an die Grenze der siebenprozentigen Verzinsung auf den Anleihemärkten kämen. Im Falle Griechenlands spielte die Zahl noch keine Rolle, da das Land in rasender Geschwindigkeit in den Krisenstrudel geriet und die Zahl 7 Prozent innerhalb weniger Tage erklomm und hinter sich ließ. Schicksalhaft bedrohlich wurde die angebliche Todeszone aber bei der Italien- und Spanienkrise. Hier wirkte sie wie eine Art point of no return, hinter dem es für die beiden Länder keine Wende mehr zum Besseren geben könnte. Ihren Höhepunkt erreichte die Debatte um die Todeszone im Sommer 2012, kurz vor dem Befreiungsschlag Draghis. Der Mythos dieser Zahl ruht auf nicht viel mehr als vagen empirischen Phänomenen, bar jeder realen Kausalität.

Und es gab noch eine andere Ziffer, die in der europäischen Krise zu Prominenz gelangte. Die beiden Wirtschaftswissenschaftler Reinhart und Rogoff veröffentlichten 2010 eine historisch und mathematisch fundierte Studie, die „nachwies", dass Staatsverschuldung grundsätzlich schädlich sei und eine Grenze existiere, 90 Prozent beim Schuldenstand, jenseits der eine Wirtschaft nicht mehr wachse.

Als die Studie Anfang 2010 veröffentlicht wurde, war sie das gefundene Fressen für all die Wirtschaftsliberalen, die immer noch halb paralysiert waren durch den Blick in den Abgrund im September 2008. In Europa machte sich v.a. der finnische Währungskommissar Oli Rehn die Studie zueigen und rechtfertigte mit ihr den Schwenk der Kommission in Richtung Austerität. Krugman (2013) berichtet davon, dass die Geschwister im Geiste von Rogoff/Reinhart, die Italiener Alesina und Ardagna, ein Jahr zuvor eine Studie veröffentlichten, in der sie eine der für felsenfest gehaltenen Lehrbuchweisheiten, dass nämlich Sparen in der Krise Wirtschaftsschrumpfung nach sich ziehe, in ihr Gegenteil verkehrten und mit der überraschenden These aufwarteten, dass Austerität sich positiv auf das Wirtschaftswachstum auswirke. Im April 2010 trugen die beiden Italiener ihre Thesen vor dem Ministerrat der EU (Ecofin) vor, also genau in jener Zeit, als die Griechenland-Krise brodelte.[55]

Gemeinhin ist es dem radikalen Wirtschaftsliberalismus durchaus fremd, gesamtwirtschaftlichen Größen irgendeine Bedeutung zuzumessen, schon weil er die Größe „Gesamtwirtschaft" für obsolet hält (vgl. dazu Hayek 2011). Die Studie von Reinhart/Rogoff hatte offensichtlich nicht nur handwerkliche Defekte, sondern blieb auch auf der deskriptiven Ebene stehen und verzeichnete den besagten Zusammenhang, ohne ihn erklären zu können oder zu wollen. „Übersehen" hatten sie offensichtlich auch, genau auszumachen, wie die Kausalkette von Anstieg der Staatsverschuldung und Wachstumsrückgang aufgebaut ist. Das größte Manko liegt aber in der Tatsache begründet, dass sie nicht die Frage aufwerfen,

---

[55] Bei Irwin (2013) findet sich die These, dass im Februar 2010 auf dem Gipfel der G-7-Finanzminister im kanadischen Iqaluit verabredet wurde, die Politik der aktiven Krisenbekämpfung zu beenden und zu einer Austeritätspolitik überzugehen. Blyth (2013) führt den jüngsten Aufstieg des Austeritätsgedankens auf eine Gruppe italienischer Ökonomen zurück, die von ihm so genannten „Bocconi-Boys". In Teil 1 haben wir die These entwickelt, dass in Deutschland die Etappen für eine wirtschaftsliberale Konterrevolution, die v.a. auch auf die EU zielte, viel weiter zurückgehen. Sie nehmen ihren Anfang im Herbst 2008 mit der Verabschiedung des Wahlprogramms der CDU, setzten sich fort 2009 mit der Verabschiedung der Schuldenbremse und erreichten ihre Vollendung mit der Ende 2009 beginnenden Entsolidarisierung mit Griechenland.

3. Austeritätspolitik als Mittel der Krisenbekämpfung 167

wie sich die mysteriöse 90-Prozent-Größe von einer bloß rechnerischen Ex-Post-Größe in eine steuernde Ex-Ante-Größe verwandelt und damit das Handeln der Wirtschaftssubjekte bestimmt. Bei den Italienern wird die Frage noch aufgeworfen, allerdings nicht über eine zusammengesetzte Größe, sondern „einfach" über die Größe „Sparpolitik". Und hier findet sich bereits ein Irrtum, dem wirtschaftsliberale Wissenschaftler gerne aufsitzen: Sie verwechseln die eigene Überzeugung mit den Überzeugungen der Unternehmerschaft. Aus einem anti-etatistischen Ressentiment wird allerdings noch kein Investitionsmotiv, und so dürfte die Wahrheit eher bei der Vermutung liegen, dass die Unternehmerschaft an einem starken Staat mit wuchtigem Investitionsvolumen und Beschäftigten mit gutem Einkommen interessiert ist.

Bei Reinhart/Rogoff gerät die Argumentation aber auf noch abschüssigere Bahnen. Die Schuldenstandsquote ist nicht nur eine ex post von Statistikern ermittelte Größe, sie ist in ihrer Zusammensetzung auch eine abwegige, bindungslose und zufällige Quote. Wer sich in der Wirtschaftswissenschaft auf die Suche nach Begründungszusammenhängen macht, wird nicht viel finden. Tatsächlich ist es auch so, dass sich die Entstehungsgeschichte der Maastrichter Schuldenstandsquote und der Defizitquote spärlichen theoretischen Erwägungen verdankt. Man trifft in diesem Zusammenhang auf den weithin unbekannten Namen Guy Abeille, der, so die Überraschung, nach einer praktikablen Möglichkeit suchte, den Ausgabendurst der sozialistischen Partei in Frankreich nach dem Wahlsieg 1981 zu stillen bzw. zu unterdrücken (vgl. dazu Schubert 2013). Über den damaligen Leiter des französischen Schatzamtes Jean-Claude Trichet gelangten die beiden Größen dann in die Verhandlungen zum Maastrichter Vertrag und in den gleichnamigen Vertragstext.

Die Überlegungen, die den damaligen Mitarbeiter im Finanzministerium leiteten, waren verhältnismäßig schlicht: Man orientierte sich an den aktuellen Größen der französischen Staatsverschuldung und erhob sie zu „Grenzen", die nicht überschritten werden dürften. Die Schuldenstandsgröße kam herein über den zu Zeiten der europäischen Verhandlungen bestehenden Schuldenstand von 60 Prozent. In eine nach außen hin konsistent anmutende Gesamtfassung wurden die Größen wie folgt gebracht: Bei einem Schuldenstand von 60 Prozent des BIP und einer Inflation von 2 Prozent und einem Nominalwachstum von 5 Prozent, eine Größenordnung, die damals als realistisch galt, würde die Verschuldung nicht weiter ansteigen.

Da die Verschuldungskennzahlen für sich und als solche genommen überhaupt keine Aussagekraft haben oder gar eine steuernde Größe sind, kann es zu dem Phänomen kommen, dass exorbitant hohe Größenordnungen wie 240 Prozent des BIP (Japan) zusammengehen mit niedrigen Anleihezinsen und deutlich geringere wie z.B. 80 Prozent des BIP (Spanien 2012) zu hochschießenden Anleihe-Renditen führen. Die Ziffern als solche geben nichts her, nur aus einem wirtschaftlichen Kontext heraus werden sie zu Größen mit wirtschaftlichen Konsequenzen. Und dieser Kontext bestand im Winter 2009/Frühjahr 2010 im Falle Griechenlands aus der Entsolidarisierung in der Währungsunion. Hätte die Entsolidarisierung nicht um sich gegriffen, wäre es auch nicht zu der sogenannten Staatsschuldenkrise in Europa gekommen.

Im deutschen Bewusstsein über das Thema Staatsverschuldung waren viele Facetten aus der historischen Diskussion um das Thema vertreten. Alles war schon einmal da, z.B. die Vereinfachung auf einzelwirtschaftliche Dimensionen oder die Frage des intertemporalen Lastentransfers. Kaum in der jüngsten Diskussion vertreten ist die früher so beliebte Verdrängungshypothese. Die Empörung über das nicht abzuschüttelnde Problem der Staatsverschuldung hatte jedenfalls Ricardianische Dimensionen erhalten.[56]

Bei Ricardo wie bei seinen modernen deutschen Vertretern geht die Empörung auf eine spezifische Wertlehre zurück. Dem Staat als unproduktiver Instanz müssen Grenzen gezogen werden, da die Verschuldung grundsätzlich von Übel sei. Dass mit dieser Sichtweise aber die Verhältnisse geradezu auf den Kopf gestellt werden, hat nicht zuletzt die Finanzkrise gezeigt. Der Staat ist nicht der Kostgänger der Marktwirtschaft, sondern umgekehrt, die Marktwirtschaft hängt von der Stabilisierung durch den Staat ab. Es waren die Staaten mit ihren Zentralbanken, die das Gesamtsystem am Leben erhalten haben durch vertrauensbildende Maßnahmen. Es waren die Staaten, die das Netzwerk der Unternehmen – ob aus der Finanzwirtschaft oder der Realwirtschaft –, da wo es drohte zu reißen, gestopft und gesichert haben. Dass die Staaten als Retter und

---

[56] Ricardo war zwar noch nicht die Formulierung vom „Staat als Marktteilnehmer" geläufig, er gab aber in der Denkweise seinen modernen Nachfolgern des Public-Choice-Denkens schon die Richtung vor. Die Frage der Finanzierung des Krieges machte er zu einem Kalkül der Finanzierbarkeit. „Es kann kein sicheres Mittel zur Wahrung des Friedens geben, als wenn die Minister gezwungen sind, dem Volke für die Zwecke der Kriegsführung Steuern abzuverlangen" (Ricardo 1824, zitiert nach Diehl/Mombert 1980, S. 140).

3. Austeritätspolitik als Mittel der Krisenbekämpfung

Garanten des Systems mit ihren aufgenommenen Krediten jetzt im schlechten Licht stehen, liegt „nur" daran, dass es für die Rettungsaktion keine Versicherungsprämie gibt oder schlichter formuliert, dass die Rettungsaktionen nicht monetarisiert wurden.

In Europa ist im Schatten der Nichtstaatlichkeit der Europäischen Union oder des europäischen Projekts im Werden allerlei Spielraum für ordnungspolitische Experimente und das Betreten von Neuland. Nur so ist so manches Vorhaben, so manche Diskussion und so manche Entscheidung der vergangenen vier Jahre zu verstehen. Der Feldzug gegen den Staatskredit mit den avantgardistischen Deutschen an der Spitze ist dabei nur eine Aktion unter anderen. Während der US-Staat sehr klar, sehr pragmatisch und sehr entschieden mit dem Fehlverhalten seiner Geschäftsbanken in der Finanzkrise umgeht, wird in Europa eine rückwärtsgewandte Debatte über eine Neustrukturierung des Finanzsektors unter der leitenden Fragestellung der Schmelzung der Banken auf kleine Kreditvermittler geführt. Unter dem Motto des „Too big to fail" und der Wiedereinführung des Trennbankensystems wird vorgeblich den Großbanken der Kampf angesagt.

4. Das Nationengitter und die Fiktionalisierung vom Wettbewerb der Staaten

Bekanntermaßen bildet das die Währungsunion tragende politische Gebilde keine Nation und nicht einmal eine staatsähnliche Entität. Vielmehr handelt es sich bei diesem Gebilde um eine politische Union von (seit dem 1. Januar 2014) 18 Staaten, die einander vom Grundsatz her politisch gleich, es in der Realität aber mitnichten sind. Die Achtzehn bilden eine Kernunion, die sich, über den Acquis communautaire der Schalenunion hinaus, eine gemeinsame Währung, eine gemeinsame Notenbank und eine gemeinsame Geldpolitik gegeben haben.

Die oben in Gestalt der verschiedenen ordnungspolitischen Fiktionalisierungen dargelegten allgemeinen Bestimmungen zu Staat und Geldwirtschaft werden nun an entscheidenden Stellen dadurch modifiziert, weiterentwickelt und erweitert, dass sich unter der Währungsunion ein sie tragendes Nationengitter befindet. Mit dem Begriff des Nationengitters, der bewusst gegen die offiziellen und halboffiziellen Begriffe der Union, des Verbunds, der Gemeinschaft oder auch der Eurogruppe gesetzt ist, soll zum Ausdruck gebracht werden, dass in der Trägerschaft mehr Unterscheidendes, Trennendes und Gegensätzliches vorhanden ist, als es sich in den harmonisierenden und unifizierenden Begrifflichkeiten dokumentiert. Durch das Gesamtensemble von Nationengitter und Währungsunion eröffnen sich historisch erstmals auftretende ordnungspolitische Konstruktionsmöglichkeiten, Fiktionalisierungen, wie sie in den üblichen Nationalstaaten, aber auch Föderationen und internationalen Organisationen nicht gegeben waren. Wir gehen die einzelnen Fiktionalisierungen in Hinblick auf die Veränderungen durch:

(1) Die Fiktionalisierung von der unabhängigen Zentralbank wird dahingehend erweitert, dass der Bank der europäischen Währungsunion überhaupt kein politisches Pendent mehr gegenübersteht, auf das sich die Unabhängigkeit sinnvollerweise beziehen könnte. Es ist, so paradox das klingen mag, mehr als Unabhängigkeit, das diese Bank auszeichnet.

(2) Die Fiktionalisierung von der zweiten Ebene in der Geldwirtschaft, den Geschäftsbanken, wird in der Weise modifiziert, dass es keine einem nationalen Geschäftsbankensystem vergleichbare Bankenunion gibt, sondern eine durch das Nationengitter bedingte Zersplitterung.

(3) Die Fiktionalisierung vom Staat als Marktteilnehmer ist dem vollständigen und souveränen Nationalstaat an und für sich fremd. Diese Fremdheit hat sich auch, darauf wurde verschiedentlich hingewiesen, im Umgang von Staaten wie den USA, Großbritanniens oder Japans mit der Krise gezeigt. So gesehen ließe sich hypostasieren, dass eine spezifische Form von Währungsunion das fruchtbare Feld für die Fiktionalisierung vom Staat als Marktteilnehmer ist.

(4) Die Fiktionalisierung vom subalternen staatlichen Kreditnehmer ist eine Konkretion der eben genannten Fiktionalisierung vom Staat als Marktteilnehmer. Wenn das Nationengitter als Integrationsprinzip obsiegt, können sich die Akteure am Kapitalmarkt à la carte bei der Gewährung von Kredit bedienen. Obsiegt hingegen das Prinzip Währungsunion, bedeutete dies eine Art Wiederkehr der Verhältnisse wie bei einem vollständigen Nationalstaat.

(5) Die Fiktionalisierung von der Trennung zwischen Fiskalpolitik und Geldpolitik wird in der Weise weiter getrieben, dass diese Trennung nunmehr organisatorisch vollzogen ist. Die Fiktionalisierung ist in dieser Konstruktion mehr als eine Fiktionalisierung, sie ist eine Realität. Das in den ordnungspolitischen Lehrbüchern stets hochgehaltene Postulat von der Trennung zwischen beiden Politikfeldern beruht ja für eine Nation – wie immer man es wendet – letztlich auf einer Fiktion.

(6) Die Fiktionalisierung von den Kapitalmärkten als fünfter Gewalt wird uns noch ausführlich in Teil 5 beschäftigen. An dieser Stelle mag die Feststellung genügen, dass die Staatendisziplinierung durch die Kapitalmärkte zunächst auf den Nationalstaat bezogen ist. Dass sie auch für die eigentlich mächtige Währungsunion hergestellt werden kann, war erst ein Ergebnis der europäischen Krise und verstand sich keineswegs ab ovo.

Wir kommen nun zu den Erweiterungen für die Fiktionalisierung, die das Modell vom die Währungsunion tragenden Nationengitter in sich birgt. Da sich diese Erweiterungen in toto erst aus der Analyse in Teil 5 ergeben, beschränken wir uns an dieser Stelle auf die Skizze eines Grundrisses.

(7) Nationengitter und Währungsunion stehen in einem Spannungsverhältnis, da sie nach unterschiedlichen Logiken funktionieren. Das Nationengitter gehorcht der Logik der Differenz, die Währungsunion jener der Einheit. Daraus ergeben sich zahlreiche Reibungspunkte. Zwei davon seien hier erwähnt: Dass die Währungsunion mit dem Zentrum der Notenbank nach der Logik der Einheit funktioniert, bedeutet, dass sie auf eine andere Einheit, den Binnenmarkt, mit dessen Logik orientiert ist. Einheitlichkeit in der Währungsunion bedeutet auch Einheitlichkeit am Kapitalmarkt und Einheitlichkeit im Finanzsektor. Währungsunion und Nationengitter werden sich auch insofern aneinander reiben, als es um Machtabgrenzungen geht. Wird die erste Fiktionalisierung von der unabhängigen Notenbank ernstgenommen, die ja, wie wir gesehen haben, durch die spezifische Einbettung der Währungsunion in das Integrationsganze noch verstärkt wird, können Definitionsprobleme über die Abgrenzung des jeweiligen Machtbereiches nicht ausgeschlossen werden. Die Kombination von starrem Nationengitter und einheitlicher Währungsunion nennen wir die *siebte Fiktionalisierung*.

(8) Wenn sich aus der Gesamtkonstruktion das Element des Nationengitters als letztlich dominierendes Element durchsetzen und an der Fiktion vom Staat als Marktteilnehmer weiter festgehalten wird, dann bedarf es keiner komplexer Rechenmethoden, um beim Wettbewerb der Staaten als der *achten Fiktionalisierung* anzukommen. Der auf den schottischen Moralphilosophen David Hume zurückgehende Gedanke kann zwar mittlerweile eine gewisse theoriegeschichtliche Tradition vorweisen (vgl. Vaubel 2014 aus einer liberalen Perspektive), als strukturbestimmendes Prinzip für die zwischenstaatlichen Beziehungen konnte er bislang jedoch keine Erfolge vermelden. Sowohl global wie auch regional – z.B. in Hinblick auf die europäische Integration – beziehen sich Staaten in vielfältiger Weise aufeinander – durch gegenseitige Ignoranz, durch Kriege oder durch Bündnisse. Die Wettbewerbsbeziehung war in der bisherigen Staatengeschichte – allen Verlautbarungen der Globalisierung zum Trotz – noch nicht zu finden. In Teil 5 werden wir sehen, dass die europäische Krise tatsächlich dieses Thema erneut auf der Agenda platziert.

5. Zusammenfassung

Schon früh, als die Verhältnisse noch längst nicht so klar sortiert waren, als dies später der Fall war, wurde die Frage nach dem „befremdlichen Überleben des Neoliberalismus" (Crouch 2011) gestellt. Befremdlich konnte es durchaus anmuten, mit welcher ungerührten Geschäftsmäßigkeit in den Marktwirtschaften der Welt die Aufräumarbeiten nach dem Ausbruch der globalen Krise vorgenommen wurden. Mit Bezug auf das Thema in diesem Teil bedeutete dies prima facie die Fiktionalisierungen nicht als Romantik, sondern als Bargeld zu nehmen, d.h. mit ihnen als solchen umzugehen und in staatlichen Rettungsaktionen zu retten, was zu retten war. Insbesondere der pragmatische und flexible Umgang mit den Fiktionalisierungen in den kapitalistischen Mutterländern wurde nicht von jedermann erwartet. Vielleicht liegt ein Geheimnis für das „befremdliche Überleben des Neoliberalismus" darin, dass sich die Praktiker des Neoliberalismus keine Illusionen über den Charakter der Fiktionalisierungen vorgaukeln.

Noch befremdlicher war dann aber, dass ein, zwei Jahre später, als die europäische Krise oder der europäische Teil der Krise begann, ein Sonderweg eröffnet wurde. Der Sonderweg bestand daraus, dass man nicht nur die alten Fiktionalisierungen reparierte, sondern, wahrscheinlich in Unkenntnis des genauen Zieles, zu dem der Sonderweg führen sollte, das Projekt neuer Fiktionalisierungen auflegte. Ermöglicht wurde der Sonderweg aufgrund der spezifischen Konstruktion der Währungsunion, die als solche ja auch eine Fiktionalisierung darstellt. Die Fiktionalisierung von der nicht-staatlichen Währungsunion erlaubte es, allen Bedenken vieler Neoliberaler zum Trotz, ein ganzes Experimentierfeld für neue marktwirtschaftliche Fiktionalisierungen zu eröffnen. In Teil 5 sollen die Ergebnisse des Experiments, soweit sie bisher absehbar sind, betrachtet werden. Hier mag die Feststellung genügen, dass das „befremdliche Überleben des Neoliberalismus" möglicherweise auch etwas damit zu tun hat, dass die Innovationskraft und der Erfindungsreichtum des Projekts unterschätzt wurde.

Teil 3: Währungsgeschichtliche Aspekte vor der europäischen Währungsunion

In regulierten Marktwirtschaften haben ordnungspolitische Maßnahmen – die als solche, wie oben gesehen, Fiktionalisierungen darstellen – einerseits die Aufgabe die Vorteile des flexiblen und autonom regulierenden Marktes zu nutzen, andererseits sollen sie die spontanen Wirkungskräfte des Marktes in ihrer potentiellen Zerstörungskraft bändigen. Unregulierte Märkte neigen nicht nur dazu für ungerechte Ergebnisse zu sorgen, sondern auch in der Konsequenz autodestruktiv zu wirken. Voraussetzung dafür, dass ein wirtschaftlicher Prozess als Marktprozess organisiert werden kann, ist erstens ein bestimmtes wirtschaftliches Entwicklungsniveau und zweitens ein passendes Regelwerk.

Als ein Beispiel für ein ungerechtes Ergebnis eines unregulierten Marktes kann der Arbeitsmarkt herangezogen werden. Wird bspw. nicht für eine Regulation bei den Löhnen über Tarife, Mindestlöhne u.ä. gesorgt, tendierte der Arbeitsmarkt, nicht nur, aber auch aufgrund der industriellen Reservearmee, zu einer Lohnkonkurrenz nach unten, was die Lebensbedingungen der Lohnabhängigen auf Dauer an das Existenzminimum heranbrächte. Arbeitsmärkte sind keine Gütermärkte; kann man bei letzteren die segensreichen Wirkungen des Wettbewerbs für sinnvoll halten, so gilt dies für den Preis der Arbeit sicher nicht.

Die potentiell selbstzerstörerische Wirkung eines Marktes zeigt sich bei unreguliertem Wettbewerb in der Unternehmenswelt in der Tendenz zur Herausbildung von Oligopolen, Kartellen und Monopolen. Damit werden marktwirtschaftliche Preisbildungen und Preismechanismen außer Kraft gesetzt, so dass am Ende der gesamte Wirtschaftszweig in seiner Funktionsweise bedroht ist.[57] Ganz am Ende steht die Eliminierung des Marktes mit seinen Potentialen der Entwicklung von Produktivität und Qualität.

Wirtschaftspolitische Ordnungen mit ihren Regeln und Maßnahmen sind in ihren Instrumenten eher beschränkt, während andererseits die Marktkräfte außerordentlich dynamisch sind, so dass eine Art Asymmetrie zwischen Ordnung und Markt vorliegt. Generell muss davon ausgegangen werden, dass die ordnungspolitische Maßnahme dem Markt aufgezwungen werden muss, da sie ihn tendenziell einengt. Es kommt

---

[57] Der durchaus naheliegende Verdacht, dass Unternehmen aus sich heraus eher zu Absprachen und Kartellbildungen als zu marktkonformem Verhalten und Wettbewerb neigen, fand in der Finanzkrise reichlich Bestätigung. Die Liste der Absprachen und Manipulationen von internationalen Großbanken will gar nicht enden. Es scheint, als sei so gut wie alles im kleinen Kreis abgesprochen worden – Zinssätze, Wechselkurse, der Goldpreis usw.

Teil 3: Währungsgeschichte vor der europäischen Währungsunion 177

daher immer wieder zu „Versuchen" der am Markt wirkenden Kräfte, die Ordnungen mit ihren Regeln und Vorgaben zu unterlaufen, zu umgehen, auszuhöhlen usw. Da Ordnungen in ihren gestalterischen Möglichkeiten – sofern sie auf Regeln und nicht Verbote hinauslaufen – beschränkt sind, besteht am Anfang der Marktordnung, wenn die Regulation eingeführt wird, immer die Möglichkeit, dass der Markt überhaupt nicht auf die Ordnung reagiert. Zahlreich sind auch die Beispiele aus der Geschichte der ordnungspolitischen Maßnahmen die auf anfängliche Implementierungsprobleme hinweisen. Die Vorgaben können zu weitgehend oder zu maßvoll dimensioniert sein. Möglich ist auch, wie wir sehen werden, dass der Markt in ganz anderer Weise auf die Ordnung reagiert, als es sich die Erfinder der Ordnung gedacht haben. Ist die Ordnung einmal gesetzt, gibt es im späteren Verlauf der ordnungspolitischen Organisierung des Marktprozesses erfahrungsgemäß Veränderungen und Entwicklungen im Marktbereich, die rückwirken auf das Regelwerk. Sie können das Regelwerk ganz oder partiell außer Kraft setzen, sie können Anpassungen auf der Seite des Regelwerks bedingen oder auch – in seltenen Fällen – die Beendigung des Marktprozesses erfordern.

Im Folgenden werden währungspolitische Regime oder Ordnungen in ausgewählten Aspekten zunächst allgemein vorgestellt und anschließend konkrete Formen aus der Währungsgeschichte aufgegriffen. Vorbereitet werden soll damit die Ordnungsanalyse im Teil 5.

1. Ordnungspolitik auf währungspolitischem Gebiet

Bei Geld und Währung besteht immer noch eine starke Tendenz Marktmechanismen und damit marktwirtschaftliche Fiktionalisierungen zu begrenzen, sie auszuschalten oder sie jedenfalls unter politischer Kontrolle zu halten. Die Formulierung „immer noch" bezieht sich auf die Tatsache, dass, beginnend in den siebziger Jahren des vorigen Jahrhunderts, auch auf währungspolitischem Gebiet eine gigantische Fiktionalisierung stattgefunden hat, nämlich jene der Etablierung des Devisenmarktes, der nationale Währungen untereinander in Wettbewerb setzt. Auf der Ebene des Geldes gibt es jedoch weiter den Konsens, dass im nationalwirtschaftlichen Rahmen staatlich regulierte Papiergeldordnungen eingerichtet werden und erst auf einer nach dieser ordnungspolitischen Grundentscheidung befindlichen Ebene marktwirtschaftliche Fiktionalisierungen, wie sie in Teil 2 referiert wurden, eingeführt werden. Eine absolute Außenseiterposition stellt weiterhin das Plädoyer für kompetitive Geldsysteme à la Hayek dar.

Auf dem äußeren monetären Feld, also jenem der Währung, stehen sich grundsätzlich vier Ordnungsmodelle gegenüber. Das erste Modell bildet der Goldstandard, der, ebenfalls eine Außenseiterposition ausmachend, gelegentlich noch als Organisationsform für die internationalen Währungsbeziehungen vorgeschlagen wird. Global überwiegt in den internationalen Währungsbeziehungen als zweites Modell mit großem Abstand der bereits angesprochene Devisenmarkt. Diesen beiden Marktmodellen stehen zwei institutionalistische Modelle gegenüber. Zunächst, als drittes Modell, die Wechselkursordnung, die versucht, unterschiedlich dimensioniert, währungspolitische Marktprozesse zu regulieren. Wechselkursordnungen sind aber angesichts der übermächtigen Devisenmärkte deutlich in die Defensive geraten. Als viertes Modell der Organisation von internationalen Währungsbeziehungen präsentiert sich die Währungsunion, die einerseits für eine bestimmte Gruppe von Währungen die nationalen Währungen eliminiert und eine supranationale Einheit einführt

1. Ordnungspolitik auf währungspolitischem Gebiet

und die andererseits damit das eigentliche Gegenmodell zum Devisenmarkt geworden ist.

Währungspolitische Regime oder Ordnungen stellen immer Komposita aus einem institutionellen Teil und einem Marktteil dar. Daraus ergibt sich zunächst, dass der sogenannte flexible Wechselkurs aus der folgenden Betrachtung herausfällt, da er das Ergebnis eines reinen Marktprozesses mit Angebots- und Nachfragewirkungen auf Devisenmärkten darstellt. Auch die Zahlungsunion bleibt außerhalb der Betrachtung, da sie der Sache nach aus einer reinen institutionellen Abmachung ohne einen Marktmechanismus besteht.

Auf der Seite der Institution kann zunächst zwischen einer personalen Institution und einem Regelmechanismus unterschieden werden. Besteht die Institution aus Personen, kann diskretionärer Einfluss auf das Währungsgeschehen genommen werden. Mit Blick auf den Regelmechanismus kann unterschieden werden zwischen Spielregeln und Automatismen, die – einem Schalter gleich – einen intendierten Prozess auslösen. Die Gesamtheit der Spielregeln kann aus unterschiedlich vielen Regeln bestehen und unterschiedlich komplex sein.

In der währungspolitischen Standardliteratur (vgl. dazu Bundesbank 2012a sowie die dort angegebene Literatur, insb. Reinhart/Rogoff 2002) dominiert die ökonomisch-funktionale Modellierung, was erstens bedeutet, dass die institutionellen Elemente der Ordnungen vernachlässigt, in ihrer Bedeutung heruntergespielt oder gar als unterlegen bis schädlich dargestellt werden und zweitens richtet sich das Hauptaugenmerk auf den unterliegenden Marktprozess. Das institutionelle Element währungspolitischer Regime zeichnet sich aber durch eminent politische bzw. wirtschaftspolitische Dimensionen aus. Vor diesem Hintergrund ist zunächst zu unterscheiden zwischen

(1) hegemonialen Ordnungen und

(2) egalitären Ordnungen.

Als prominentestes Beispiel für eine hegemoniale Ordnung kann die Bretton-Woods-Ordnung herangezogen werden, die die hegemoniale Festschreibung schon in den Statuten enthielt. Als ein weiteres Beispiel für eine solche Ordnung wäre das EWS in der Praxis zu nennen, während das EWS in den Statuten als egalitäre Ordnung vorgesehen war. Der Begriff „hegemoniale Ordnung" taucht in der währungspolitischen Standardliteratur als solcher nicht auf, der Sache nach ist diese Begrifflichkeit identisch mit dem dort verwandten Begriff der „Ankerwährung". Gelegentlich findet man aber den Begriff der „Leitwährungsordnung", was der hier verwandten Begrifflichkeit sehr nahe kommt. Die Frage von Führung und Unterordnung einerseits und Gleichheit andererseits wird uns bei der Kernfrage nach dem Charakter der europäischen Krise erneut beschäftigen.

In der erwähnten Standardliteratur dominiert die Tendenz, für Währungsregime eine immanente Tendenz zur Hegemonialordnung bzw. zum Ankerwährungssystem anzunehmen.

> „Letztlich sind feste Wechselkursregime bei freiem Kapitalverkehr nur dann funktionsfähig, wenn im Konfliktfall auf eine binnenwirtschaftlich orientierte Geldpolitik verzichtet und stattdessen die Geldpolitik des Ankerwährungslandes übernommen wird" (Bundesbank 2012a, S. 18).[58]

Das hiermit angedeutete Trilemma der modernen Währungspolitik – freier Kapitalverkehr, feste Wechselkurse und souveräne Wirtschaftspolitik sind nicht zugleich zu haben – arbeitet allerdings mit einer keineswegs selbstverständlichen Unterstellung, nämlich der Unterstellung, dass die Regime-Staaten einander fremd sind und sich im Status des Wettbewerbs, hier des Wettbewerbs mit ihren Währungen, befinden. Staatenwettbewerb ist aber mitnichten eine naturwüchsige politische Tendenz, im Gegenteil. Alles, was in der modernen demokratischen Welt beobachtet werden kann, ist, dass demokratische Staaten eher zu Absprachen, Kooperationen oder Bündnissen neigen.

Wenn darauf hingewiesen wird, dass das dynamischste und unberechenbarste Element in der Triade, der freie Kapitalverkehr, durch seine spontanen Bewegungen schon dafür sorgen würde, dass sich eine Währungshierarchie und eine Ankerwährung herausbildet, dann muss dies angesichts der neueren Erfahrungen mit dem ersten Jahrzehnt der Währungsunion hinterfragt werden. Die Rehe am Kapitalmarkt sind viel weniger scheu, als dies gemeinhin postuliert wird, und die Raubtiere am Kapitalmarkt sind viel weniger gierig, als dies gemeinhin kolportiert wird. Wenn der Staatenclub, der das Währungsregime tragen soll, dem Kapitalmarkt glaubhaft versichert, dass er als Club und nicht als Wettkampfarena funktioniert, wird dies vom Kapitalmarkt akzeptiert. Wir

---

[58] Die Chuzpe, mit der hier formuliert wird, ist schon verblüffend. Dass auch das Ankerwährungsland Anpassungsprozesse vornehmen könnte, wird nicht einmal mehr auf der Möglichkeitsebene in Betracht gezogen.

1. Ordnungspolitik auf währungspolitischem Gebiet 181

werden sehen, dass genau diese Kommunikation mit dem Kapitalmarkt zu dem egalitären Charakter der Währungsunion in ihren ersten zehn Jahren geführt hat. Bezogen auf ein solches Währungsregime – ob Wechselkursordnung oder Währungsunion – setzt dies freilich entweder eine Vertrauenskonstellation oder eine Verständigung über die Wirtschaftspolitik voraus.

Auch in einer politischen Dimension anzusiedeln sind die aus der europäischen Integrationsdiskussion bekannten Kriterien von

(3) supranational und

(4) intergouvernemental.

Auch diese Dimensionen sind in der ökonomischen Standardliteratur nicht anzutreffen. Als Unterscheidungskriterien sind sie auf der institutionellen Seite der Ordnung angesiedelt. Reine Wechselkursordnungen, unabhängig davon, ob sie hegemonial oder egalitär organisiert sind, bewegen sich gleichsam per definitionem auf intergouvernementaler Ebene. Bei der hegemonialen Ordnung ließe sich lediglich anmerken, dass die Führungs- oder Ankerwährung aus der Staatengruppe herausragt, so etwas wie das Gehirn der Ordnung darstellt und damit in gewisser Weise das intergouvernementale Prinzip überwindet. Supranationale Währungsordnungen sind ansonsten das Währungssystem (vgl. dazu Polster 2002, S. 252 ff.) und die Währungsunion. Beide Regimeformen laufen auf eine Überwindung von Marktgesetzlichkeiten auf dem Währungsgebiet hinaus. Die eine, die Währungsunion, schaltet den Währungswettbewerb definitionsgemäß aus, indem an die Stelle vieler nationaler Währungen ein gemeinsames Geld tritt. Das Währungssystem als Vorform einer Währungsunion stellt ein hochgradig verflochtenes wirtschafts- und währungspolitisches Gebilde dar, in dem der Devisenmarkt der beteiligten Partnerwährungen gleichfalls in hohem Maße reguliert ist.

Ein weiteres eher politisches Unterscheidungskriterium betrifft die Frage der Ordnungsdauer bzw. der Zeitdimension. Währungsordnungen können

(5) auf begrenzte, nicht näher definierte Dauer hin angelegt sein oder

(6) irreversibel, also Ewigkeitsordnungen sein.

Gerade vor dem Hintergrund der jüngsten europäischen Krise um die Währungsunion wurde deutlich, dass die Deklarierung einer Währungsordnung als „irreversibel" (Draghi 2012) der Ordnung noch einmal eine andere Qualität verleiht. Damit rückt sie in die Nähe der Geldordnung eines souveränen Nationalstaates und erhält „Ewigkeitscharakter". Nationale Geldordnungen stellen unhinterfragte, meist nicht einmal in der Verfassung hinterlegte Ewigkeitsordnungen dar. Wechselkursordnungen sind demgegenüber zwar nicht expressis verbis, doch aber faktisch auf Dauer angelegt. Schon die entscheidende Frage für die nähere Gestalt einer Wechselkursordnung, den Umgang mit dem Kapitalverkehr betreffend, stellt sich im Laufe der wirtschaftlichen Entwicklung der beteiligten Staatengruppe in veränderter Form. Je dichter die Handelsbeziehungen, je weiter integriert die Finanzmärkte sind, desto schneller wird das Thema der partiellen und schließlich der vollständigen Öffnung für den grenzüberschreitenden Kapitalverkehr aufs Tapet kommen.

Mit Blick auf die beiden Teile der Ordnung, das institutionelle und das Marktelement, können, unabhängig von den Formen der Institution, für das Verhältnis von Institution und Marktprozess zwei Fälle bzw. Konstellationen benannt werden:

(7) Es überwiegt eine starke Institution in der Gesamtordnung und diese Institution dominiert und strukturiert den Marktprozess.

(8) In der Gesamtordnung dominiert der Marktprozess, der institutionelle Eingriff ist eher marginal.

Beide Fälle lassen sich am besten an einer Wechselkursordnung verdeutlichen. Eine Wechselkursordnung vom egalitären Typ mit Akteuren, die ein gemeinsames Verständnis in der Wirtschaftspolitik eint und die am Devisenmarkt mit Kapitalverkehrskontrollen und -regulationen operieren, kann als Beispiel für den Typ (7) herangezogen werden. Wird in dem Marktelement des Regimes, dem Devisenmarkt, in dem Maße, wie sich die beteiligten Wirtschaften weiterentwickeln, der Kapitalverkehr nach und nach liberalisiert, dann wird die Gesamtordnung mehr und mehr durch Marktprozesse bestimmt, so dass die institutionellen Regulationen in den Hintergrund treten. Der Typ (8) wäre gegeben. In dem Maße, wie die institutionellen Bestimmungen unwichtiger werden, kann es dann einen fließenden oder abrupten Übergang zu flexiblen Wechselkursen geben. Die ersten beiden Jahrzehnte der IWF-Ordnung können als Beispiel für den Typ (7), das EWS in seiner Spätzeit für den Typ (8) dienen.

Die beiden Elemente einer Währungsordnung, die Institution und das Marktelement, korrespondieren auch miteinander. Im Anschluss an die zuletzt getroffene grundsätzliche qualitative Unterscheidung können unter Einbezug dynamischer Aspekte der wechselseitigen Korrespondenz

1. Ordnungspolitik auf währungspolitischem Gebiet

weitere Konstellationen unterschieden werden. Es handelt sich um die folgenden Fälle:

(9) Die Institution vermag den Marktprozess zu ordnen und zu regulieren, so dass man den Regelfindern eine glückliche Hand bei der Regelfindung bescheinigen kann.

(10) Die Institution kann aber auch am Markt scheitern und in der Folge davon wirkungslos werden oder gar verschwinden.

(11) Die Institution vermag den Markt nur partiell zu ordnen und zu regulieren, so dass es zu Rückkopplungen kommt, die die Institution partiell oder – im Extremfall – ganz verändert.

Als Beispiel für den Fall (9) kann die IWF-Ordnung – jedenfalls in ihrem Kern – genommen werden. Den Kern machte die Ankerwährungsfunktion des Dollars aus, welche tatsächlich die beiden Nachkriegsjahrzehnte in währungspolitischer Hinsicht prägte. Die unterstellten Marktsegmente der Konvertibilität und des Kapitalverkehrs vermochte die Ordnung jedoch nicht zu sichern, da die währungspolitische Wirklichkeit weit davon entfernt war. Später wurde dieses Marktsegment gewissermaßen zum Totengräber der Ordnung, weil es sich in einen völlig unregulierten Raum hinein entwickelte. Fall (10) bildet das EWS spätestens seit der zweiten Hälfte der achtziger Jahre ab. Der mittlerweile überwiegend freie Kapitalverkehr im europäischen Raum führte dazu, dass sich Marktkräfte bruchlos durchsetzten und zu häufigen Kursanpassungen führten. Die Adaption unter dem Druck der Marktkräfte fand unter großzügiger Toleranz des institutionellen Zentrums der Ordnung, der Deutschen Bundesbank, statt. Fall (11) der Rückkopplung von Marktprozessen mit „Nachrichten" an das institutionelle Zentrum, so werden wir sehen, charakterisiert das erste Jahrzehnt der Maastrichter Währungsunion.

Schließlich können Währungsordnungen noch unterschieden werden nach

(12) Regeln,

(13) Automatismen und

(14) diskretionären Politiken.

Abgesehen von einem reinen Devisenmarkt bzw. einem System flexibler Wechselkurse verfügen alle Währungsordnungen über Regeln („rules of the game"). Die Bandbreite der Möglichkeiten reicht hier von der selbstgesetzten Regel eines Staats und seiner Zentralbank, die eigene Währung an eine stabile externe Währung zu binden, dem „currency board", über die wirkliche oder vermeintliche Regelbindung einer ganzen Währungsordnung, dem Goldstandard, bis zu Detailregelungen einer Wechselkursordnung über die Interventionspflicht am Devisenmarkt beim Erreichen bestimmter Wechselkursbandbreiten. Generell kann formuliert werden, dass der Regelbindung eine Tendenz zur Entdemokratisierung (vgl. Teil 1) innewohnt, da sie vermutete ökonomische Zusammenhänge und Wirkungen in Spielregeln umformt, die der Politik entzogen sind. Regeln, Regelsuche und Regelfindung erfreuen sich daher großer Präferenz in wirtschaftsliberalen Modellen. Diskretionäre Politik ist flexible Politik und kommt praktisch in jeder Währungsordnung vor, insofern Zentralbanken in ihnen als steuernde Institutionen agieren. Diskretionäre Währungspolitik bedarf aber auch der Leitlinien und Ziele, um die Akteure am Markt zu informieren und das System in die Wirtschaftspolitik zu vermitteln.

2. Historische Währungsordnungen

Im Folgenden werden die drei großen historischen Währungsordnungen des Goldstandards, des Gold-Dollar-Standards von Bretton Woods und des Europäischen Währungssystems (EWS) vor dem Hintergrund der entwickelten klassifikatorischen Unterscheidungen skizziert, um erste Schlussfolgerungen für die Analyse der Krise der europäische Währungsunion zu ziehen.

2.1 Der Goldstandard

Der historische Goldstandard, das Währungsgeschehen von der Mitte des 19. Jahrhunderts bis zum Ersten Weltkrieg regulierend, gilt in der wirtschaftsliberalen Wirtschaftsgeschichtsschreibung im wahrsten Sinne des Wortes als das „goldene Zeitalter", war er doch angeblich der Garant dafür, dass durch den sogenannten Goldautomatismus ein automatischer Zahlungsbilanzausgleich in der Weltwirtschaft erfolgte. Auf der Basis vereinfachender Annahmen zum Geldmengen-Preisniveau-Mechanismus sorgte, so die Theorie, der Goldabfluss bzw. -zufluss bei Import- bzw. Exportüberschüssen für einen Anstieg bzw. einen Fall der Preise, was Rückwirkungen auf die wirtschaftliche Entwicklung des jeweiligen Landes hatte, erhöhte wirtschaftliche Aktivität in dem einen, den Rückgang der Aktivität in dem anderen Land. Aufgabe der Zentralbanken wäre lediglich gewesen, für entsprechende Quanta Gold im Nationalschatz oder goldgedeckte Devisen zu sorgen. Der Anker Gold habe damit einer ganzen Weltwirtschaftsordnung Stabilität und eine Tendenz zum automatischen Ausgleich von Ungleichgewichten verholfen.

So weit die verbreiteten Theorien zum Goldstandard. Die währungspolitische Wirklichkeit sah zu erheblichen Teilen anders aus (für das Folgende Bloomfield 1959, Herr 1992, S. 280 ff.). Bei den damaligen nationalen Geldsystemen handelte es sich zwar um goldgedeckte Staatspapierwährungen, ein automatischer Ausgleich über reale Goldbewegungen, die auf die nationale Geldmenge, das Preisniveau und die Wirtschaftsentwicklung wirkten, fand aber nicht statt. Goldbewegungen spielten nur eine äußerst marginale Rolle, tatsächlich beherrschend war stattdessen die Leitwährungsfunktion des Pfund Sterlings und die Subordination der anderen Währungen durch ihr Interesse an der Aufrechterhaltung der Konvertibilität ihrer Währungen und damit der Unterordnung unter das Primat externer Stabilität. Die Steuerung wurde von der Bank von England über ihre Diskontpolitik und die Ausrichtung der Wirtschaftspolitik an außenwirtschaftlichen Erfordernissen umgesetzt. Insgesamt handelte es sich bei dieser Währungsordnung nicht um eine goldbasierte Ordnung mit den in diesem Zusammenhang meist unterstellten Implikationen (Golddeckung, Goldbewegungen usw.), sondern um einen Pfund-Sterling-Standard.

Der Goldstandard gehört damit ohne Zweifel zu dem Typ der hegemonialen Währungsordnung (1), die aber nur insofern supranationalen Charakter (3) hatte, als sich die N-1-Länder allesamt dem Führungsland unterwarfen. Nur diese unterwarfen sich einem supranationalen Prinzip. Das Gesamtsystem wurde erheblich von Marktprozessen gesteuert (8), weil die beteiligten Akteure sich unhinterfragt dem Prinzip der Konvertibilität unterwarfen. Dieser Charakter der Spontaneität schlägt sich auch in Hinblick auf die Frage von Automatismus, Regelhaftigkeit und diskretionärer Politik nieder. Um einen Automatismus (13) im Sinne von Goldbewegungen handelte es sich bei dieser Ordnung sicher nicht. Regelhaftig (12) war die Ordnung nur insofern als sich die beteiligten Länder spontan alle ähnlich verhielten (Aufrechterhaltung der Konvertibilität ihrer Währung). Zu einem erheblich größeren Anteil, als gemeinhin angenommen, war die Weltwährungsordnung bis zum Ersten Weltkrieg diskretionären Charakters (14), also abhängig von der Politik des Steuerungszentrums der Bank von England.

Der Blick auf die reale Funktionsweise des sogenannten Goldstandards verdeutlicht, dass auch am Anfang moderner internationaler Währungsordnungen viel weniger an Regelbindung und Automatismus stand, als gemeinhin angenommen wird. Zugleich steht diese Ordnung für die Möglichkeiten eines steuernden Zentrums und die Rolle vertrauensbasierten Verhaltens von am Währungsgeschehen beteiligten Akteuren. Typisch für die Funktionszeit der Ordnung war auch, dass der Hegemon insofern verantwortungsvoll handelte, als er nicht die inneren wirtschaftspolitischen Interessenlagen zum Maßstab seines Handelns machte, sondern die äußeren Zwänge. Aus der Endzeit der Ordnung – der Zeit zwischen den beiden Weltkriegen – wird deutlich, dass ein schwacher

Hegemon nicht mehr in der Lage ist, die Gesamtordnung aufrecht zu erhalten.

Der Goldstandard war weder das Ergebnis einer spontanen Ordnung, einer sich gleichsam hinter dem Rücken der beteiligten Akteure durchsetzenden Ordnung, noch hatte er einen werthaltigen Anker, aus dem die Akteure Sicherheit und Vertrauen ableiteten. Das sind marktradikale Geschichtsmythen und Phantasmagorien. Was allerdings stimmt, ist, dass die damalige Weltwährungsordnung auf keinem niedergeschriebenen Set von Spielregeln beruhte. Es handelte sich vielmehr um die Vorstufe von Regeln, praktische Verhaltensweisen, einerseits des Zentrums, der Bank von England, andererseits der Peripherie, die sich freiwillig unterordnete. Sicher kein Zufall war, sondern zu den unausgesprochenen Voraussetzungen dieser Ordnung gehörend, dass eine solche Ordnung in einem vordemokratischen, aristokratisch-monarchischem Milieu gedieh (vgl. dazu Eichengreen 1996, S. 30 f. und Schmelzer 2010, S. 44 ff.). Schließlich beruhte das ganze Geschehen auf einer unhinterfragten Unterordnung der nationalstaatlichen Belange unter die Bedingungen der äußeren Anpassung.

2.2 Die Bretton-Woods-Ordnung

1945 war der Nationalstaat in Europa und in manchen Teilen der Welt dermaßen desavouiert, dass am Horizont sogar eine globale politische Ordnung (UNO) und eine übergreifende Weltwirtschaftsordnung aufschienen. In Hinblick auf die letztere war daran gedacht, eine integrierte Währungs- und Handelsordnung zu schaffen, was sich aber bald schon als nicht umsetzbar erwies. Internationale Handelsfragen wurden, da sich die International Trade Organization (ITO) nicht durchsetzen ließ, seither getrennt (im Gatt, der WTO usw.) von internationalen Währungsfragen bearbeitet.

Der globale, entnationalisierte Effekt lässt sich noch an den Verhandlungen in Bretton Woods zu der zu gründenden Weltwährungsordnung aufzeigen. Die Beteiligten zielten auf eine *supranationale* Ordnung, deren Zentrum von einer Clearing Union (Keynes) bzw. vom Internationalen Währungsfonds (IWF) gestellt werden sollte. Insbesondere die britische Verhandlungsführung mit Keynes legte einerseits auf die Stärkung des diskretionären Elements der Ordnung Wert, indem sie eine Art Kunstgeld, das Bancor, als supranationale Währung schaffen wollte, andererseits betonte sie auch die Notwendigkeit symmetrischer Anpassungen bei internationalen Ungleichgewichten (Kreditvergabemöglichkeiten der Clearing Union für Schuldnerländer, Strafzinsen für Gläubigerländer).

An die Stelle der egalitären Pläne (Fall 2) trat in der Praxis eine hegemoniale Ordnung (Fall 1). Der Währungsfonds spielte als Steuerungszentrum praktisch keine Rolle, erst sehr viel später, als die Kernordnung von Bretton Woods schon aufgelöst war, erlangte er als Kreditgeber der letzten Instanz gegenüber Entwicklungsländern eine gewisse Bedeutung. Auch die zweite Institution, die Weltbank, spielte nicht die Rolle, die ihr eigentlich zugedacht war. Das Machtzentrum wuchs den USA zu, da ihre Währung auf der Basis der unumstrittenen Führerschaft auf den zentralen Gebieten – Wirtschaft, Militär, Technologie – internationales Vertrauen genoss.[59] Dass es sich um eine primär vertrauensbasierte Währungsordnung handelte, wurde auch an der Rolle des Ankers deutlich. Das Gold als Grundlage und die Goldeinlöseverpflichtung für die US-Notenbank zur Parität von 35 Dollar pro Feinunze wurden außerhalb der Ordnung vereinbart und spielten faktisch keine Rolle, sieht man einmal von der französischen Manie ab, Dollarüberschüsse in Gold einzulösen. Nicht zuletzt beruhte das Vertrauen in der Konstellation des Kalten Krieges auf dem politisch-militärischen Anker, den die USA in ihrer Hemisphäre boten. Kein Zufall war es dann wohl auch, dass in dem Maße, wie der Kalte Krieg entschärft wurde und zu Ende ging, die Ordnung ihre Risse zeigte und schließlich unterging.

Der *hegemoniale Charakter der Ordnung* drückt sich nicht nur im Anker „Dollar" und der Kursdefinition der Teilnehmerwährungen gegenüber ihm aus, sondern auch darin, dass Anpassungen immer nur von den N-1-Ländern vorgenommen werden mussten, das Führungsland also ausgenommen war. Das war insofern kein Problem, als die US-Wirtschaftspolitik (einschließlich der Geldpolitik) expansiv ausgerichtet war. Vorübergehend aufkommende Befürchtungen einer Dollar-Lücke erwiesen sich bald als unbegründet. Der hegemoniale Charakter drückte sich aber

---

[59] Es „entstand eine offene internationale Marktwirtschaft unter resoluter amerikanischer Führung anstelle der ursprünglich geplanten Weltwirtschaftsordnung unter überstaatlicher Führung. Diese Kursänderung entsprach eigentlich besser der damaligen Realität, setzte doch die ursprünglich vorgeschlagene staatenübergreifende Organisation ein gewisses Machtgleichgewicht zwischen den größeren westlichen Ländern voraus, das aber in den ersten Nachkriegsjahren überhaupt nicht bestand" (Van der Wee 1984, S. 497).

vor allen währungspolitischen Ordnungsmaßnahmen in der politischen Hegemonie in der westlichen Hemisphäre im Kalten Krieg aus. Die politische Hegemonie, basierend auf der Führerschaft in den Bereichen Militär und Technologie und – nicht zu vergessen – auf den Gebieten von Konsum, Kultur und Lebensweise war der entscheidende Stützpfeiler der Ordnung.

In der Anfangszeit der Bretton-Woods-Ordnung kam noch die Konstellation einer an der Realität vorbeizielenden Ordnung (Fall 11) auf, da die verabredete Ordnung die *Konvertibilität* der Teilnehmerwährungen voraussetzte, diese in der Realität aber nicht gegeben war. Die einzige Währung, die internationales Vertrauen genoss und konvertibel war, war eben der Dollar. Die Rückkopplung wurde von den Ordnungspolitikern in der Weise aufgegriffen, dass mit der Europäischen Zahlungsunion (EZU) eine begrenzte Teilordnung konstruiert wurde, die das Ziel der Konvertibilisierung der europäischen Währungen anstrebte, was im Laufe der fünfziger Jahren dann auch erreicht wurde (formal 1958).

Die Bretton-Woods-Ordnung war in ihrem Kern eine hegemoniale Wechselkursordnung (Fall 1) mit dem Dollar als Anker. Da sowohl in den Plänen von Keynes und White als auch in der Praxis hernach der Kapitalverkehr beschränkt sein sollte, existierte kein Devisenmarkt von exorbitanter Bedeutung und damit schon gar nicht – wie heute – ein Markt, an dem Währungen gehandelt wurden, mit eigenständiger Funktionsweise, Akteuren und entsprechenden Volumina (Fall 7). Die Abwesenheit eines Devisenmarktes sui generis bzw. eines separaten freien Kapitalverkehrs ermöglichte es – dies ist gewissermaßen der erste Erklärungsfaktor –, das institutionelle Ziel, den festen Wechselkurs, in die Praxis umzusetzen.[60] In den ersten beiden Jahrzehnten gab es praktisch keine Wechselkursanpassungen. Als zweiten Erklärungsfaktor muss der expan-

---

[60] Wenn heutzutage mancherorts die Phantasien durchbrechen und von einer seligmachenden „Wechselkurspolitik", quasi als Politikkonzept, geschwärmt wird (Streeck 2013), dann kann die Bretton-Woods-Ära damit sicher nicht gemeint sein. In dieser Zeit gab es so gut wie keine Anpassungen, sie galten gerade als verpönt. Als dann der Kapitalverkehr liberalisiert und der Devisenmarkt etabliert war (mit Beginn der siebziger Jahre), kam es zu häufigen Wechselkursanpassungen, nicht aber als Ausdruck von bewusster, gestaltender „Wechselkurspolitik", sondern als Notmaßnahme infolge vorhergehender Währungsspekulationen. In einem System vollständig liberalisierten Kapitalverkehrs, wie es in der modernen globalisierten Welt existiert, ist die Vorstellung von einem Zurück zu einer Ordnung fester Wechselkurse, wie dies in der Euro-Krise aus ganz verschiedenen Richtungen vorgeschlagen wird, mehr ein gedankenloser Irrglaube als ein zeitvergessenes romantisches Vertun.

sive Grundcharakter der US-Wirtschaftspolitik genannt werden. In diesem Zeitalter der Prosperität, das überall in Europa die Wirtschaftswunder zeitigte, war es möglich, so manche Anpassung von Schuldnerstaaten über Wachstumsprozesse aufzufangen und eine Paritätsänderung überflüssig zu machen.

In den sechziger Jahren machte sich eine Diskussion um eine widersprüchliche Konstellation innerhalb der Ordnung breit. Die USA mussten eine wachsende Weltwirtschaft einerseits dauerhaft mit Liquidität versorgen, andererseits müsste diese Notwendigkeit aber zwangsläufig mit einer Politik der Sicherung der Werthaltigkeit des Dollars konfligieren, jedenfalls wenn der Dollar in den Grenzen der Goldeinlösungsverpflichtung gehalten werden sollte (Triffin-Dilemma). Wenn auch der Glaube an die Rolle des Goldes etwas antiquiert war, so spielte es in der zweiten Hälfte der sechziger Jahre für das Schicksal der Ordnung doch eine Rolle, dass die USA die Welt mit reichlich Dollar versorgten.

Für das Ende der Ordnung 1973 war aber nicht der Aspekt der Inflationierung des Dollars allein, ausschließlich oder hauptsächlich verantwortlich, sondern ein ganzes Faktorenbündel. Oben wurde bereits die veränderte außenpolitische Konstellation der Entspannung im Kalten Krieg angesprochen. In diesem Zusammenhang spielte sicher auch eine Rolle, dass eine hegemoniale Ordnung den aufstrebenden westeuropäischen Ländern nicht mehr so ohne weiteres – wie etwa 1945 – zuzumuten war. Genutzt wurde die brüchig werdende Ordnung auch von jenen Kräften, denen institutionelle Regulierungen ohnehin Verdruss bereiteten und die marktmäßige Strukturen präferierten. An dieser Frontlinie war nun mit der Liberalisierung des Kapitalverkehrs und der Entstehung des Devisenmarktes der Punkt erreicht, an dem der Markt die Ordnung beherrschte und schließlich zur Auflösung brachte (Konstellation 10).

In der Zeit des Untergangs der Bretton-Woods-Ordnung kam auch das Bild vom Trilemma der Währungspolitik auf, von den drei Zielen der Wechselkursstabilisierung, des freien Kapitalverkehr und der eigenständigen Wirtschaftspolitik ließen sich immer nur zwei verfolgen, nie alle drei zugleich. Damit waren zwar neue Zwänge in der fortgeschrittenen Welt des liberalisierten Kapitalverkehrs beschrieben. Das Bild war aber insofern schief, als es an dem Eckpunkt der Wirtschaftspolitik immanent gegensätzliche Politiken unterstellte. Wären die N-1-Staaten den von den USA eingeschlagenen expansiven Weg weiter mitgegangen, hätte die Ordnung jedenfalls von dieser Seite her überlebt. So gesehen waren es die stabilitätsorientierten Kräfte bzw. Länder, welche die Totengräber der Ordnung waren.

In Westdeutschland wurden die Möglichkeiten für einen Politikwechsel schon frühzeitig erkannt. Der damalige Wirtschaftsminister und spätere Kanzler Ludwig Erhard gab schon in den frühen sechziger Jahren die Parole vom „Maßhalten" aus. Seine vom Keynesianismus faszinierten Zeitgenossen hielten das für gänzlich unmodern und von vorgestern. Erhard musste zwar bald die politische Bühne räumen, tatsächlich war er aber ein Visionär, es sollte nur ein Jahrzehnt länger dauern, bis seine Warnungen vor dem „immer währenden Wachstum" mehrheitsfähig wurden. Es war die Bundesbank, die mit ihrer stabilitätsorientierten und wachstumsfeindlichen Zinspolitik die Maßhalteappelle, entkernt um ihren moralischen Nukleus, in moderne praktische Politik umsetzte.

2.3 Das Europäische Währungssystem (EWS)

In einem gänzlich anderen wirtschaftlichen Umfeld kam die zweite große Wechselkursordnung, das EWS, 1979 zustande (vgl. für das Folgende Polster 2002, S. 171 ff.). Gab es am Ende des Zweiten Weltkrieges so etwas wie einen natürlichen Hegemon (mit einer Ankerwährung), war dies Ende der siebziger Jahre im europäischen Kontext gerade nicht der Fall, vielmehr gehörte die Staatengleichheit zu den Fundamenten europäischer Ordnungsvorstellungen. Gab es im Vorfeld und bei den Verhandlungen von Bretton Woods die gänzlich unhinterfragte Überzeugung, dass es keinen freien Fluss von Kapital auf internationaler Ebene geben sollte, war die Welt Ende der siebziger Jahre geprägt von wirtschaftsliberalen Vorstellungen (bis zu den EG-Europäern) der Vorteile eines freien internationalen Kapitalverkehrs. Schon weitgehend gereift war der neue Markt der Währungen, der Devisenmarkt, der das Volumen des internationalen Handels um ein Vielfaches übertraf und Anlageentscheidungen und Gewinnrealisierungen völlig losgelöst von merkantilen Prozessen innerhalb von Sekundenbruchteilen notwendig machte. Und gab es 1944 noch die rundherum geteilte Überzeugung, dass der Zerfall der internationalen Wirtschaft mit seinen deflationären Tendenzen nur über tiefgreifende konstruktivistische Maßnahmen rückgängig zu machen war, war 1979 das Kräfteverhältnis von Institutionalisten und Marktwirtschaftlern genau umgekehrt. Die Institutionalisten mussten schon arge Anstrengungen unternehmen und Begründungen liefern, um eine Wechselkursordnung wie das EWS in dem Meer der marktliberalen Überzeugungen durchzusetzen.

Zusammengefasst: Die Bretton-Woods-Ordnung hatte das Thema, eine in Ruinen liegende internationale Wirtschaft zu ordnen, Produktionswirtschaften mit Investitionen zu versehen und grenzüberschreitenden Handel zu ermöglichen, alles unter der Schirmherrschaft einer in der westlichen Welt unhinterfragten Supermacht. Das EWS, nicht nur von einer viel geringeren Reichweite, lag an der Schnittstelle eines marktwirtschaftlichen Epochenwandels: als Wechselkursordnung war es gewissermaßen in die Vergangenheit gerichtet, insofern die handelspolitischen Errungenschaften der EG abgesichert werden sollten, die Ordnung war zugleich in die Umwelt einer internationalen Geldwirtschaft gesetzt, die zunehmend eigene Bedingungen aufstellte.

In Hinblick auf unser Klassifikationsschema bietet des EWS in seiner Planungsphase, seiner praktischen Umsetzung und schließlich seiner Deutung eine wahre Fundgrube für Exemplifizierungen. Wir geben zunächst einen Überblick, dann werden einige für die spätere Analyse der Krise der Währungsunion vertieft.

(Fall 1) In der währungspolitischen Praxis (1979-1993) war das EWS unverkennbar eine hegemoniale Wechselkursordnung mit dem Anker der D-Mark.

(Fall 2) Ebenso unverkennbar war das Anliegen mindestens der meisten, wenn nicht aller Politiker, eine egalitäre Ordnung auf den Weg zu bringen.

(Fall 3) Das EWS enthielt supranationale Elemente, zumal es auch nur als Übergangsordnung gedacht war.

(Fall 4) Es war in seinem Kern aber eine intergouvernementale Ordnung, die auch noch weitgehend automatisch funktionieren sollte.

(Fälle 5 und 6) Ausdrücklich war unterschieden worden zwischen einem experimentellen EWS, das einer Wechselkursordnung entsprach, und einem eigentlichen Währungs*systems*, das im Anschluss realisiert werden sollte.

(Fälle 7 und 8) Die Geschichte des EWS ist eine einzige Geschichte des Aushöhlens institutioneller Bestimmungen und des Wachsens von marktbasierten Strukturen und Funktionsweisen.

(Fall 9) Mit Abstrichen kann man sagen, dass das EWS den Markt für eine gewisse Zeit reguliert hat.

(Fall 10) In der Schlussphase war das EWS Marktprozessen unter tätiger Mithilfe bestimmter Akteure (Bundesbank) ausgeliefert.

2. Historische Währungsordnungen 193

(Fall 11) Reichlich Beispiele liefert das EWS für währungspolitische Regeln, die an der Realität vorbei gegangen sind und dementsprechend nicht angewandt wurden.

(Fälle 12, 13 und 14) Gut belegen lassen sich Regeln, Automatismen und diskretionäre Politiken, die sich auch plausibel ordnen und hierarchisieren lassen.

Von den Regelfindern war das EWS als symmetrische oder egalitäre Ordnung gedacht, was an sich für ein europäisches Projekt wenig überraschend ist. Die europäische Integration, die sich in einschlägigen Verträgen manifestiert, beruht auf dem Prinzip der Staatengleichheit und der Staatensolidarität. Zu diesen Integrationsprämissen passen die Keynesschen Vorstellungen über die Ordnung einer internationalen Wirtschaft, zum einen im Hinblick auf den Umgang mit dem grenzüberschreitenden Kapitalverkehr (1), zum anderen im Hinblick auf die Anpassungsleistungen zwischen Gläubiger- und Schuldnerländern (2).

Zu (1)

„Es gibt kein Land, das in Zukunft unbesorgt eine Kapitalflucht – sei es aus politischen Gründen oder um den Landessteuern zu entgehen oder um die Flucht des Eigentümers selbst vorzubereiten – zulassen kann. Ebenso kann kein Land unbesorgt Fluchtkapital annehmen, weil das einem unerwünschten Import von Kapital gleichkäme, das nicht gefahrlos für feste Investitionen verwendet werden kann. Aus diesen Gründen ist man sich weitgehend einig, dass die Kontrolle der Kapitalbewegungen, sowohl nach innen wie auch nach außen, ein fester Bestandteil des Nachkriegssystems sein sollte" (Keynes 1943, Punkt VI).

In den Bretton-Woods-Statuten wurde es den Mitgliedern anheimgestellt, den Kapitalverkehr zu regulieren. Keynes empfahl ansonsten das bis zur Perfektion entwickelte britische Kontrollsystem.

Zu (2)

„Sie (die Vorschläge, d.Verf.) zielen (..) darauf ab, nicht nur dem Schuldnerland, sondern auch dem Gläubigerland eine Mitverantwortung für die Wiederherstellung der Ordnung aufzuerlegen. (...) Die Absicht ist, dass es dem Gläubiger nicht erlaubt sein sollte, vollkommen passiv zu bleiben. Denn wenn er das ist, wird dem Schuldnerland, das aus diesem Grund sowieso schon in einer schwächeren Position ist, eine nicht zu verantwortende Last aufgebürdet" (ebd., Punkt III).

Keynes dachte in diesem Zusammenhang an Maßnahmen bei den Überschussländern wie eine Zinssenkung, eine Steigerung der Inlandsnachfrage, eine Aufwertung, eine Steigerung der Geldlöhne, die Beseitigung von Importhemmnissen und internationale Kredite für die Defizitländer. Die Bretton-Woods-Ordnung griff diesen Aspekt nicht auf, da sie als Leitwährungsordnung die Anpassung immer auf der Seite der N-1-Länder vorsah.

An diesen oder ähnlichen Grundvorstellungen war sicher die Mehrzahl der Politiker, die das EWS verhandelten, orientiert, entsprachen sie doch in geradezu idealer Weise den in Teil 4 skizzierten Integrationsprämissen.[61] Die vertraglichen Grundlagen zum EWS stellen – aus heutiger Perspektive – einen geradezu grotesk anmutenden Flickenteppich von Regierungs- und Notenbankabkommen, formalen und informellen Regeln bis hin zu pathetischen Bekenntnissen und Geheimdiplomatie dar.

Der gesamte Regelapparat (vgl. Polster 2002, S. 199) kann in Hinblick auf den formalen Aspekt in Kernregeln und Peripherieregeln[62] unterschieden werden. Die beiden *Kernregeln* betrafen 1.) das Paritätengitter als Ausgangspunkt für die Wechselkursbandbreiten und 2.) die Interventionsverpflichtungen der Notenbanken bei Erreichen der Bandbreiten. Die Europäer intendierten, den ECU als Währungskorb zur Grundlage für den Wechselkursmechanismus zu machen. Damit wäre ein supranationales Element (Fall 3) in die Ordnung gekommen, weil die an der ökonomischen Größe des jeweiligen Landes gewichteten Währungen den Bezugspunkt dargestellt hätten. Starkwährungsländer (aber auch Schwachwährungsländer) wären bei dieser Standardwahl schon zu frühzeitigem Eingreifen auf dem Devisenmarkt verpflichtet gewesen. Die Bundesbank wehrte sich gegen diesen Vorschlag mit aller Kraft und konnte schließlich über die deutsche Politik das (intergouvernementale) Paritätengitter als Standardwahl durchsetzen.

---

[61] Ob der später so europafreundliche damalige Bundeskanzler Helmut Schmid auch daran orientiert war, kann mindestens bezweifelt werden, da er es zuließ, dass das Verhandlungsergebnis zum EWS eine ganze Reihe von europafeindlichen Fallstricken enthielt.

[62] Dazu zählten: der EFWZ, der Ecu, die kurz- und mittelfristigen Kreditfazilitäten, der Abweichungsindikator, die intramarginalen Interventionen sowie die Regionalförderung. Sie wurden und werden in der Literatur z.T. als historische Innovationen und Kernmerkmale – insbesondere der Ecu – gefeiert, was an der tatsächlichen Funktionsweise des EWS aber signifikant vorbeigeht.

2. Historische Währungsordnungen

Mit dieser Standardwahl ergab sich für den Wechselkursmechanismus die Währungshierarchie, die Währungen waren feinsäuberlich aufgelistet und es eröffnete sich die Möglichkeit, dass die stärkste Währung in die Position der Ankerwährung hineinwachsen konnte (Fall 1). Bestärkt wurde diese Vorentscheidung durch die Regelungen bei der Interventionsverpflichtung. Devisenmarktinterventionen wurden notwendig, wenn am Devisenmarkt eine Währung gegenüber einer anderen unter Ab- bzw. Aufwertungsdruck geriet. In der offiziellen Abmachung lautete die Regel: „Die(se) Interventionen sind zu den obligatorischen Interventionskursen unbeschränkt" (vgl. ebd., S. 187).

Wiederum auf massiven Druck handelte die Bundesbank in aller Öffentlichkeit der eigenen Regierung die Zusage ab, dass man in extremen Fällen – gemeint war eine Gefährdung der Stabilitätspolitik – der Interventionspflicht nicht nachkommen musste (vgl. ebd., S. 188 f. und 197 f.). Damit war der Regel die Beißkraft genommen und dem Markt signalisiert, dass in Zweifelsfällen das Starkwährungsland das Schwachwährungsland hängen lassen würde. Diese neue, informelle Regel musste gar nicht einmal umgesetzt werden, damit sie die Ordnung prägte, die Verabredung als solche genügte, um das EWS zu einer hegemonialen Ordnung umzuwidmen.

Das Signal an den Devisenmarkt, dass eine in der D-Mark verankerte Wechselkursordnung entstehen würde, erhielt Eineindeutigkeit durch zwei weitere informelle Spielregeln. Auf der Seite des Schwachwährungslandes blieben die Möglichkeiten der Intervention durch das Volumen der Devisenreserven begrenzt, waren diese aufgebracht, war man auf das Wohlwollen der Starkwährungsbank angewiesen. Diese hatte darüber hinaus noch ein weiteres Mittel, um ihre Vorstellungen von Geldpolitik durchzusetzen: Sie konnte durch Devisenmarktinterventionen zugeflossenes Kapital sterilisieren, so dass es nicht expansiv wirken würde.

Summa summarum waren die Kommunikationssignale an den in rasendem Wachstum befindlichen Devisenmarkt eindeutig: die Entscheidung für das Paritätengitter, die Suspensionsmöglichkeit von der Intervention, die beschränkten Währungsreserven bei der Schwachwährungsbank und die Sterilisationsmöglichkeiten bei der Starkwährungsbank machten die Ordnung offen für Marktprozesse (Fall 8) und konnten nur den Schluss zulassen, dass eine hegemoniale Ordnung entstehen würde, vielleicht auch sollte (Fall 1).

Für ein europäisches Integrationsprojekt war das ein beachtlicher Vorgang. Integrationswerte traten hinter Marktinteressen zurück, die Gleichheit der Staaten wandelte sich in Ungleichheit, statt Solidarität gab es im Notfall Unterordnung. Zu diesem ordnungspolitischen Wandel gehörte allerdings nicht nur das entstehende Leitwährungsland Westdeutschland, sondern auch die Bereitschaft zur Subordination der anderen europäischen Staaten. Markant und Symbolkraft entfaltend war der Kotau der sozialistischen Regierung Frankreichs 1983, deren Wirtschaftspolitik nach massiven Kapitalabflüssen und dem Abrutschen des Francs im EWS zurückgenommen wurde. Absurd wurde die Sache dann aber ein Jahrzehnt später, 1993, als alle Marktdaten, sogar die Inflationsrate, für den französischen Francs sprachen, die Bundesbank aber tatsächlich nicht zu den Interventionen bereit war, um den französischen Franc zu stützen. Die Bandbreiten wurden auf +/−15 Prozent gedehnt, was einer faktischen Beendigung der Ordnung gleichkam (vgl. Polster/Voy 1993).

2.4 Schlussfolgerungen

Solange die Währung einer Währungsunion nicht verwachsen ist mit einem staatlichen Gebilde, bleibt sie eine reversible Größe. Entsteht neben der Währung ein staatliches Gebilde, verwächst die Währung mit diesem Gebilde und wird zu seinem Geld. Bis zu diesem Zeitpunkt gehört auch die Währungsunion noch zu den internationalen Währungsordnungen. Die zuletzt dargestellten internationalen Ordnungen des sogenannten Goldstandards, der Bretton-Woods-Ordnung und des EWS sollten erste, historisch unterlegte Hinweise für die Analyse der europäischen Krise ergeben.

Der Chronologie folgend beginnen wir mit dem sogenannten *Goldstandard*. Bis in die Gegenwart gibt es radikale wirtschaftsliberale Positionen, die angesichts von Finanzkrise und Eurokrise ein Zurück zum Goldstandard herbeisehnen. Er stellt in dieser Perspektive – neben dem Geldwettbewerb – deshalb das Ideal einer Geld- bzw. Währungsordnung dar, weil er mit seinen – vermeintlichen – Automatismen die Geldpolitik der Politikerhand entzieht. Tatsächlich aber handelt es sich hierbei um einen Mythos, weder spielte das Gold eine systemprägende Rolle noch waren Automatismen am Werk. Es war vielmehr, wie wir gesehen haben, die diskretionäre Politik der Bank von England, welche das System steuerte. Der Glaube an den Goldautomatismus ist aber – wie aller Glaube – nicht auszurotten. Und mehr noch: Er lebt heute weiter in einem anderen Schmuckstückchen aus dem Schatzkasten des Wirtschaftsliberalismus, nämlich der konstitutionellen Verankerung bzw. Festlegung von Grenzen und Regeln für die Wirtschaftspolitik, z.b. der in der Verfassung verankerten Begrenzung der staatlichen Kreditaufnahme.

Dem Goldstandard, der eigentlich ein Pfund-Sterling-Standard war, und der Bretton-Woods-Ordnung gemein ist ihr Charakter einer hegemonialen Ordnung. Zu diesem Typ der Ordnung gehört, dass der Hegemon mitunter Verantwortung für die Gesamtordnung übernehmen muss, die der Möglichkeit nach auch seinen eigenen Interessen zuwiderlaufen konnte. Die Bank von England tat dies, indem sie das Primat der äußeren Stabilität achtete, die USA taten dies, indem sie die Ordnung in einem expansiven Grundmodus hielten. Im Falle des EWS und seinem Hegemon war dies anders. Die Bundesrepublik hatte der Ordnung ihren Stabilitätsstempel aufgedrückt und allen Partizipationsanliegen, insbesondere gegenüber Frankreich (1983 und 1993) Absagen erteilt.

Entwürfe für Währungsordnungen passen nicht immer zu den gedachten wirtschaftlichen Notwendigkeiten. Abgelesen werden kann dies an den Startschwierigkeiten der Bretton-Woods-Ordnung. Für über ein Jahrzehnt, bis 1958, war sie in großen Teilen nur Papier, da sie die Konvertibilität der (europäischen) Währungen unterstellte, diese in der Realität aber nicht gegeben war. Erst mit dem institutionellen Nachjustieren (EZU) wurde Abhilfe geschaffen. Andererseits versäumten es die IWF-Ordnung und später die Europäische Kommission verbindliche Regulationen für den grenzüberschreitenden Kapitalverkehr und den im Entstehen begriffenen Devisenmarkt zu entwickeln. Die sonnige Zuversicht von Keynes, dass alle Welt die Notwendigkeit eines kontrollierten Kapitalverkehrs anerkennen würde, und seinen Zeitgenossen sorgte dafür, dass weitgehend unreguliert ein globaler Markt entstand, der mit seinen Auswüchsen noch die Finanzkrise von 2008 prägte. Auch die Diskrepanz zwischen Regel und Spiel wird uns bei der Analyse der europäischen Krise wiederbegegnen.

Das Europäische Währungssystem hat in seiner Entstehungs- wie auch in seiner Funktionszeit verdeutlicht, dass sich die zentralen Fragen um eine europäische Ordnung entlang von Hegemonie und Egalität, von Kooperation und Wettbewerb, von Mitsprache und Unterwerfung drehen. Mit seinem Anspruch ein eigentliches *System* zu begründen – die dann fast eineinhalb Jahrzehnte praktizierte Ordnung sollte ja nur ein „experimentelles EWS" sein – war auch schon die Tiefenintegration in Richtung einer Währungsunion thematisiert. Dass die deutsche Politik dann die Bundesbank an der langen Leine laufen und aus einer als egalitär geplanten Ordnung ein Ankerwährungssystem machen ließ, gehört zu den große Beachtung verdienenden Phänomenen der neueren Währungsgeschichte. Die Geduld, mit der die deutsche Währungsvormacht in Europa ertragen wurde, kann zum einen nur so erklärt werden, dass man die damit importierte Stabilität selbst als notwendig erachtete und dass man zum anderen die Vorherrschaft nur als vorübergehend akzeptierte.

Zu registrieren waren außergewöhnliche Aktivitäten der Bundesbank während der Verhandlungsphase, in der sie sich von der deutschen und europäischen Politik Sonderrechte heraus verhandelte. Bemerkenswert war ferner der Machtwille, mit dem – obwohl die Währungspolitik und damit die Belange der Wechselkursordnung des EWS traditionell politische Angelegenheiten sind – die deutsche Notenbank ihre Politik verfolgte und in Europa zur gefürchteten Institution wurde. Wer nun dachte, die Bundesbank wäre mit der Einführung der Währungsunion zurück in nachrangige Glieder getreten, der sollte sich getäuscht sehen. Sie tauchte „im Auge" der europäischen Krise, so werden wir sehen, quick lebendig wieder auf. Getäuscht sollten sich auch jene sehen, die mutmaßten, dass mit einer Währungsunion die Fragen von Hierarchie, Hegemonie und Währungswettbewerb, wie man sie in den historischen Währungsordnungen studieren konnte, ad acta gelegt seien. Die damit zusammenhängenden währungspolitischen Grundfragen werden uns – mitunter in anderer Kostümierung und in anderer Gesellschaft – bei der Analyse der europäischen Krise wiederbegegnen.

Ein Déjà-vu wird sich auch in Hinblick auf das Verhältnis von Regeln, Regelgegenstand und Akteuren einstellen. Geplante Spielregeln, so eindeutig sie auch formuliert sein mögen, müssen nicht zwingend zu der anvisierten Wirklichkeit passen. Gerade in der Anfangszeit einer Ordnung gibt es offensichtlich eine Art Kommunikation zwischen Ordnung und Markt, die den Akteuren Interpretationsspielräume lässt. Es kann zu spezifischen Interpretationen, zu Rückkopplungen oder auch zu Blockaden kommen. Die Anhänger von Kooperation, Symmetrie und Egalitarismus sollten sich auch nicht allzu sehr auf die Buchstaben der Ordnung verlassen. Ordnungen unterliegen durch die dynamischen Märkte und interessierte Akteure immer einer latenten Gefährdung.

Teil 4: Europäische Integration am Vorabend der Krise

Den kurzfristigen Vorlauf der europäischen Krise haben wir in Teil 1 mit der Analyse der Entwicklung der Anleiherenditen nachvollzogen. Im folgenden Teil soll etwas weiter ausgeholt werden. Thematisiert wird der Stand der Integration am Vorabend der beiden Krisen, der globalen (2008) und der europäischen (2010). Deutlich soll dabei werden, dass es keinerlei Anzeichen für eine europäische Krise gab. So wie die globale Krise die Akteure förmlich aus dem Nichts erwischte, so unerwartet braute sich Ende 2009 die europäischen Krise zusammen.

Der Stand der Integration 2008 wird in Gestalt von Skizzen zu drei Themen zusammengestellt. Im ersten Kapitel erfolgen Ausführungen zu den im Langfristigen wirkenden Triebkräften der Integration. Im zweiten Kapitel liegt die Schwerpunktsetzung auf der währungspolitischen Entwicklung in Europa. Und im dritten Kapitel gehen wir die Integrationsagenda durch, wie sie im Sommer 2008 zusammengestellt werden konnte.

1. Integrationsprämissen

Wenngleich die ganz ambitionierten Pläne über eine zukünftige internationale Zusammenarbeit schon in den letzten Kriegsjahren 1944/45 verflogen, so blieb das Thema der übernationalen Wirtschaftskooperation auf globaler Ebene doch auf der Tagesordnung. Vor dem Hintergrund diverser Kooperationszentren in Westeuropa, Nordeuropa, Osteuropa, Südamerika, und im Britischen Commonwealth formulierte Gunnar Myrdal in seiner Arbeit „Internationale Wirtschaft. Probleme und Aussichten" (1956) Anforderungen und Bedingungen für Wirtschaftsintegration, die, zwar über ein halbes Jahrhundert zurückliegend, nichts von ihrer Aktualität verloren haben. Das Bündel an Anforderungen und Bedingungen für Integration wird im Folgenden mit dem Begriff der „Integrationsprämissen" gekennzeichnet (vgl. für das Folgende Polster 2002, S. 25 ff.). Der Begriff Integration meint in diesem Zusammenhang ausdrücklich nicht einen politischen Aspekt, also Föderation, sondern bezieht sich auf Formen der wirtschaftlichen Kooperation.

Dabei werden zwei Typen von Integrationsprämissen unterschieden. Der eine Typ markiert grundsätzliche Anforderungen und Bedingungen an jede Art von Integration, unabhängig von den speziellen Partnern, die die Kooperationsbeziehung eingehen wollen. Der zweite Typ bezieht sich auf die besondere historische Situation in Westeuropa nach dem Ende des Zweiten Weltkrieges und geht von den beiden Gründungsverträgen der Europäischen Gemeinschaft für Kohle und Stahl (EGKS, 1952) und der Europäischen Wirtschaftsgemeinschaft (EWG, 1957) aus.

Um weiter zu verdeutlichen, was unter Integrationsprämissen verstanden wird, soll zwischen dem schriftlich fixierten Bestand an Regeln und Vorgehensweisen einerseits und einem impliziten Kanon von Verständigungen über den gemeinsamen Umgang miteinander andererseits unterschieden werden. Der explizite Bestand der Europäischen Union oder auch der Acquis Communautaire ist definiert durch das Primärrecht (gegenwärtig der Lissabon-Vertrag) und das Sekundärrecht (im Wesentlichen der Gesamtbestand der Richtlinien und Verordnungen). Der implizite Bestand wird durch das definiert, was wir die allgemeinen Integrationsprämissen nennen.

Zum Ausdruck soll in dem Begriff auch kommen, dass es sich um eine Art Ewigkeitsbestand handelt, also nicht von diesen oder jenen historischen Gegebenheiten und sich verändernden Konstellationen abhängt. Im Folgenden werden dafür auch die Begriffe des „Codes" oder der „Kultur" verwandt. Um es aus der Perspektive der Neumitglieder der Union zu formulieren: Formal setzt die Mitgliedschaft auf der Seite des Neumitgliedes die Akzeptanz des gesamten Acquis Communautaire voraus – und eben auch die Akzeptanz der in den Integrationsprämissen zum Ausdruck kommenden Integrationskultur.

Das Profil, das sich das Integrationseuropa in der Formationsphase gegeben hat, veränderte sich auch nicht mehr wesentlich durch die vier Erweiterungsrunden. Die sogenannte Westerweiterung (1973) brachte mit dem Beitritt Großbritanniens keine sprödere Integration, mit der Süderweiterung (1980er Jahre) wurde die Integration durch die aufholenden Staaten nicht plötzlich zu einer großen Umverteilungsmaschine, die Norderweiterung (1995) erbrachte kein sozialdemokratisches Europa und ein signifikanter neoliberaler Schwung im Rahmen der Osterweiterung (2004) war ebenfalls nicht zu verzeichnen.

Unterschieden werden im Folgenden sechs allgemeine Integrationsprämissen:

(1) *Integration als Wertentscheidung*

Das Plädoyer für Integration fiel in den fünfziger Jahren von durchaus unterschiedlichen Positionen aus. Der Nationalstaat war ja nicht, wie es manchmal in historischen Darstellungen formuliert wird, als solcher diskreditiert. Er führte als Denkansatz bei den ehemals faschistischen Staaten in Europa zu einem Zivilisationsbruch, bei den meisten westeuropäischen Staaten offenbarte er eine Schwäche, im Falle Großbritanniens führte er zu einer Selbsttäuschung. Diese Unterschiede müssen bedacht werden, wenn von einer Überwindung nationalstaatlichen Denkens in Europa in Richtung Integration nach dem Zweiten Weltkrieg gesprochen wird.

In Deutschland wird Integration als Wertentscheidung seit einigen Jahren insbesondere durch den seitens des Bundesverfassungsgerichts ins Spiel gebrachten Begriff der „Europafreundlichkeit des Grundgesetzes" geprägt. Der Begriff wurde im Kontext des Lissabon-Urteils geformt, er erfand zwar keine neue Facette des Grundgesetzes, brachte aber insofern einen enormen juristisch-politischen Fortschritt, als er eine Demarkationslinie gegen nationalkonservative und marktradikale Irrlichtereien errichtete, die nicht mehr nach Gusto übergangen werden konnte. In den späteren Rechtsprechungen zum ESM erweckte das Gericht allerdings dann den Eindruck, als deutete es die Europafreundlichkeit des Grundgesetzes eher als Idealismus und nicht auch als Ausgangspunkt für einen wie auch immer gearteten Materialismus. Den armen deutschen Parlamentariern wurde – in absurder Überdehnung des Prinzips der demokratischen Legitimation – auf die Schultern gebürdet, das Werben um Wählerstimmen mit europäischem Altruismus zu verknüpfen. Ausgerechnet das schwächste Glied der Demokratie, der um Wählbarkeit ringende Politiker, soll die Europafreundlichkeit unters Volk bringen, für neue europäische Haushaltsposten werben und die Institutionen, die die Macht dazu hätten, schauen von der Galerie herab.

(2) *Die Überwindung des wirtschaftlichen Nationalismus*
In der nationalstaatlich parzellierten Welt der fünfziger Jahre ließ sich verhältnismäßig einfach angeben, was unter dieser Prämisse zu verstehen sei. Innerhalb eines Integrationsprojekts ging es darum, Zollschranken und protektionistische Barrieren aller Art sukzessive zu beseitigen. In den Jahrzehnten danach erfolgten dann beachtliche Fortschritte durch die Marktöffnungen und die Währungsunion, die, so erhofften es sich jedenfalls die vormals unter dem D-Mark-Joch drangsalierten Länder, eine gemeinsame Geld- und Zinspolitik. Wenn man schon vorher nicht gegen Unterbewertungsstrategien und stabilitätspolitischen Export geschützt war, schien die Hergabe des letzten Rests währungspolitischer Souveränität eine bessere Welt zu verheißen.

Zunächst die globale Finanzkrise und anschließend die europäische Ordnungskrise haben dann aber zu sehr erstaunlichen Wendungen in Hinblick auf den wirtschaftlichen Nationalismus geführt. Als die globale Finanzkrise erst wenige Wochen alt, ihre historische Dimension aber durchaus schon begreifbar war, verließ die von der Großen Koalition gestellte Bundesregierung, wie wir in Teil 1 gesehen haben, die in Jahrzehnten errichtete europäische Burg der Wirtschaftsintegration, verweigerte sich gegenüber jeder durch die französische Ratspräsidentschaft angestrebten Form der kooperativen Krisenbekämpfung und fiel in einen kaum fassbaren Wirtschaftsnationalismus zurück. Wofür, wenn nicht für eine solche Situation, wurde diese „Festung Europa" eigentlich in mühsamen Schritten konstruiert?

Dass sich dieser Wirtschaftsnationalismus noch steigern ließ, sollte dann der Nachklapp zu der globalen Krise, nämlich die europäische Krise zeigen. Unsere Analyse wird in Teil 5 zeigen, dass es den deutschen Zauberlehrlingen in der europäischen Krise gelang, für eine Renaissance des Wirtschaftsnationalismus zu sorgen, der diesen als konstitutives Schwungrad in das Integrationsprojekt einbauen will.

(3) *Großzügigkeit als Integrationsvoraussetzung*
In Integrationsprojekten finden sich meist Teilnehmer von unterschiedlichen Wohlstandsniveaus. Im Integrationseuropa der fünfziger Jahre war das, da die Kriegszerstörungen den gesamten Kontinent betrafen, viel weniger ein Thema als in den späteren Jahrzehnten mit ihren Erweiterungen. Nachholende Entwicklung, wenn man es etwas zentristisch formuliert, ist ein legitimes Interesse und setzt von den Zentren her die Großzügigkeit voraus.

Großzügigkeit ist per definitionem asymmetrisch. Auf sie war das Westdeutschland der fünfziger Jahre politisch ebenso angewiesen, wie es die um nachholende Entwicklung bemühten Staaten Süd- und Osteuropas wirtschaftlich heute sind. Weil Integration unter dem Aspekt der Großzügigkeit ein asymmetrischer Prozess ist, kann sie auch nicht als Spiel zur Erreichung wechselseitiger Vorteile gefasst werden. Großzügigkeit muss dabei nicht zwingend materielle Umverteilung bedeuten, sie kann in Integrationsgemeinschaften für kleine Staaten z.B. militärischen Schutz bedeuten oder auch Schutz gegen externe Schocks.

(4) *Das expansive Klima als Integrationsvoraussetzung*
Integration bedeutet durch den Abbau von alten Schutzräumen, Zöllen usw. immer auch eine Gefährdung für die heimische Industrie und deren Arbeiterschaft. Auch der wirtschaftliche Strukturwandel bringt durch Marktintegrationen für alte Wirtschaftszweige Schrumpfungen mit sich. Integration war in den ersten Nachkriegsjahrzehnten auch deshalb erfolgreich, weil die sektoralen Wandlungsprozesse (Schrumpfungsprozesse in den Sektoren Landwirtschaft, Bergbau, Eisen- und Stahlindustrie, Textilverarbeitung usw.) in die Wirtschaftsexpansion mit hohen Wachstumsraten eingebettet war.

Das Kontrastprogramm zur positiven Korrelation von Integration und Expansion exerzierte die Eurogruppe in den beiden Krisen der vergangenen Jahre durch. War, wie wir oben gesehen haben, zu Beginn der globalen Finanzkrise die Tür für kooperative Wirtschaftspolitik noch weit offen, schloss sie sich aufgrund der unkooperativen Haltung der Deutschen in den letzten Wochen und Monaten des Jahres 2008 rasch und leitete eine Renationalisierung ein, die für die Eurogruppe dann im europäischen Teil der Krise noch unter einen scharfen Austeritätskurs gebracht wurde.

(5) *Positive Begriffe als Grundlage*
Von Beginn an standen Integrationsprojekte in der Gefahr marktradikal usurpiert zu werden. Das Missverständnis, Integration sei gleichbedeutend mit der Beseitigung von Handelshemmnissen und protektionistischen Politiken, kurzum Integration sei gleichbedeutend mit negativer Integration, besteht bis heute. Das kann Integration zwar auch bedeuten, sie erschöpft sich darin aber bei weitem nicht. Positive Integration generiert neue Strukturen und Formen, neue Normen und Standards, neue Institutionen und Programme.

Mindestens diese Lektion haben die Europäer verinnerlicht. Die von den europäischen Bürokratien in die Welt gesetzten Begrifflichkeiten stehen nicht gerade im Ruf der Einfallslosigkeit, sind aber allzu häufig auch weit von der Realität entfernt und dringen nur selten aus dem Elitenprojekt Europa zum „europäischen Volk" vor.

(6) *Die Staatengleichheit*
Unabhängig von der realen Größe, der Macht und dem Einflusspotential der Integrationspartner stellt die gegenseitige Akzeptanz als Gleiche das Pfand für alle Integrationspartner dar, im Prozess der Integration nicht unter die Räder zu kommen. Es steht für den föderalen Mindeststandard, insbesondere für die kleineren Länder.

Die Prämisse kann sich in vielerlei Hinsicht konkrete Gestalt geben, als Veto-Stimme für einen Mitgliedstaat auf bestimmten Gebieten, als Austrittsmöglichkeit für ein Mitglied aus dem Club oder auch als Anspruch auf – möglicherweise überproportionale – Vertretung in Gremien der Integration.

Neben den genannten allgemeinen Prämissen haben sich in der Formationsphase der europäischen Integration spezifische Prämissen etabliert, die so etwas wie den Code oder die Kultur der europäischen Integration ausmachen. Ohne einem Plan oder expliziten Verabredungen zu folgen, haben sich diese spezifischen Integrationsprämissen spätestens mit den beiden europäischen Kernverträgen, dem EGKS-Vertrag und dem EWG-Vertrag, herausgeschält. Sie bilden eine Integrationskultur, an der entlang die weiteren vertraglichen Verabredungen aufgereiht wurden und die kaum neuere Elemente aufgenommen haben.

Im Einzelnen handelt es sich um vier spezifisch-europäische Integrationsprämissen:

(1) *Der Intergouvernementalismus*
Früh schon hat sich der Intergouvernementalismus als das prägende Verfahren der Integration etabliert, da es den Nationalstaaten den größtmöglichen Einfluss sicherte. Das war keineswegs selbstverständlich. Im ersten europäischen Integrationsvertrag zur Montanunion war noch der Supranationalismus mit der Hohen Behörde als das Verfahren der Integration vorgesehen, bei der Verständigung auf die Römischen Verträge war man davon aber schon abgekommen. Mit der Kommission wurde zwar eine supranationale Institution in die Wirtschaftsgemeinschaft hinübergerettet, sie war aber nicht mehr mit Kompetenzkompetenz ausgestattet, sondern erhielt ihre Macht gewissermaßen auf dem Wege der konkreten Einzelermächtigung durch die Nationalstaaten. Der Supranationalismus des EGKS-Vertrages war beendet.

Der Analyse wird nicht vorweggegriffen, wenn an dieser Stelle bereits der Hinweis erfolgt, dass der Intergouvernementalismus noch nie so stark dastand wie nach der aktuellen europäischen Krise. Obwohl die Gemeinschaft in der Zwischenzeit Tiefenintegrationen vorweisen kann, von denen selbst die Gründer kaum zu träumen wagten, hat sich kein supranationaler Selbstlauf eingestellt. Es deutet sich als paradoxes Ergebnis an, dass die Integration, je weiter sie voranschreitet, je tiefer sie in die zu regelnden, ehedem nationalen Politikbereiche ragt, desto intergouvernementaler wird.

(2) *Der realwirtschaftliche Integrationsansatz*
Gleichfalls eine frühe Integrationsprämisse bildet der realwirtschaftliche Integrationsansatz. Dass nicht über die politische Integration eingestiegen wurde, war klar, desavouiert war eben „nur" der faschistisch geformte Nationalstaat in bestimmten Ländern. In Hinblick auf den deutschen Nationalstaat wälzten die Alliierten ja allerlei Pläne, von der gänzlichen Auflösung bis hin zur Aufteilung in Zonen war alles vorhanden. Herausgekommen ist dann für Jahrzehnte zwar mehr als ein Protektorat, aber eben auch signifikant weniger als ein Nationalstaat, eben zwei teilsouveräne Staaten. Für die westeuropäischen Staaten war keine Notwendigkeit gegeben, ihre Nationalstaaten aufzulösen.

Wirtschaftliche Kooperation bot sich gleichwohl an, wobei die Währungskooperation ausfiel, da sie auf globaler Ebene durch die Bretton-Woods-Ordnung reguliert wurde. Da auch die Bereitschaft zu Zusammenarbeit auf der Unternehmensebene zunächst sehr überschaubar war und die Unternehmen sich jeweils auf die nationalen Märkte konzentrierten, blieb als Integrationsansatz nur der Handelsbereich und da auch nur die Öffnungen in der Zollpolitik.

Heute ist all das Integrationsgeschichte. Die Integration ist inzwischen im Währungsbereich angekommen, eine diesbezügliche globale Organisation gibt es nicht mehr. Mittlerweile gibt es auch bedeutende Kooperationen im Unternehmenssektor, die Unternehmen sind aber in der Hauptsache immer noch nationale Unternehmen, eine europäische Unternehmenswelt ist weiterhin nur eine Randerscheinung. Das gilt, sieht man von der gesamtwirtschaftlich eher weniger bedeutenden Luftfahrtbranche ab, quer durch alle Wirtschaftssektoren.

(3) *Die Integrationshierarchie*
In den beiden bisher genannten spezifisch-europäischen Integrationsprämissen ist implizit eine dritte enthalten, die man mit dem Begriff der Integrationshierarchie kennzeichnen kann. Darunter soll verstanden werden, dass die Integrationsbereitschaft seitens der Staaten in dem Maße zu- bzw. abnimmt, wie die wirkliche oder vermeintliche Legitimationsbasis, die Wählerschaft, erreicht wird bzw. man sich von ihr entfernt. Je weiter eine wirtschaftspolitische Regulation von der Wählerschaft entfernt oder je kleiner eine Gruppe ist, die von einer bestimmten wirtschaftspolitischen Regulation betroffen ist, desto eher sind Staaten bereit, die Regulation entweder aufzugeben oder sie zu einem Integrationsgegenstand, einer gemeinsamen Regulation, zu machen. Umgekehrt: eine die staatliche Rente betreffende Regulation, gleichgültig ob Renteneintrittsalter oder Beitragssatz, dürfte nur eine äußerst geringe Integrationselastizität besitzen.

Der Neofunktionalismus hat die Integrationshierarchie in der Weise operationalisiert, dass er zwischen „low politics" und „high politics" differenziert hat. Einer der neofunktionalistischen Leitsätze lautete dann, dass Integration an Politikerfeldern eher technischer, politisch wenig bedeutender Art ansetzen sollte, um dann über Wellenbewegungen überzugreifen auf immer wichtigere Felder, bis irgendwann einmal die Felder der hohen Politik erreicht sein würden.

Die neofunktionalistische Annahme vom Selbstlauf der Spill-over-

Effekte war sicher zu schlicht. Der erste „Spill-over" in die „high politics", die Begründung der Währungsunion innerhalb einer Gruppe von EU-Staaten entwickelte sich nicht aus immanenten Notwendigkeiten heraus, wie es die Europäer gerne deuten („Ein Markt – eine Währung"), sondern bedurfte eines „externen Schocks", des Untergang des osteuropäischen Sozialismus und des Aufkommens der deutschen Frage, damit der Schritt umgesetzt wurde. Dass die Integration in die „high politics" für die sie tragenden Politiker gefährlich sein kann, zeigte das knappe französische Ergebnis beim Plebiszit zum Maastrichter Vertrag 1992 und die plausible Annahme, dass ein deutsches Plebiszit zur Überführung der D-Mark in eine europäische Währung ganz sicher gescheitert wäre. Nur im schwarzen Schatten der deutschen Einheit ließen sich die Deutschen die D-Mark entwinden. Unabhängig von diesem Ausflug ins Hypothetische stellte der Schritt in die Währungsunion für die damalige Union und ihr Führungspersonal einen außerordentlich riskanten Vorgang dar.

Im Verlauf der Darstellung wird sich zeigen, dass aktuell die gemeinsame, gesamtschuldnerische Emission von Eurobonds, also von Eurogruppenanleihen, eine nicht zu überwindende Hürde in die „high politics" wäre. Mindestens ein großer Vetoplayer, Deutschland, verweigert sich einem solchen Schritt, einige kleinere Vasallen weiß er in seinem Schlepptau.

In welchen Politikbereichen und bei welchen Instrumenten genau sich die Hürden und Schwellen aufbauen, was für unverdächtige und was für verdächtige Politik gehalten wird, lässt sich allgemein nicht bestimmen. Steuerpolitik gilt allgemein als sensibler Politikbereich. Nach langem Streit hat sich aber bei der Finanztransaktionssteuer doch eine Steuer gefunden, die als harmonisierbar und damit integrationsfähig gilt.

(4) *Das deutsch-französische Gleichgewicht*
Gerade bei dieser Integrationsprämisse werden in den Bilanzierungen zur aktuellen europäischen Krise, so wird sich zeigen, erhebliche Zweifel an ihrem weiteren Bestand angemeldet. Gehen wir in die Anfänge der Integration zurück, so bestand die paritätische Kooperation zwischen beiden Ländern aus einem ganzen Bündel von Einzelaspekten. Den pragmatischen Aspekt bildete die Montanunion, die es Frankreich erlaubte, die westdeutsche Schwerindustrie zu übersehen und zu kontrollieren. Westdeutschland durch die paritätische Integra-

tion international wieder salonfähig zu machen, war einerseits ein Akt französischer Großzügigkeit, andererseits aber auch Ausdruck des nüchternen Kalküls, dass man eine Besatzungsmacht war und sich aus diesem Grund in zementierten Überlegenheitsverhältnissen befand.

Das integrationspolitische Gleichgewicht, das mit dem EWGV 1958 gefunden war, muss im Kontext der machtpolitischen Überlegenheit Frankreichs einerseits und dem westdeutschen Selbstverständnis als potentielle Wirtschaftsmacht gesucht werden. Die notgedrungene Verlagerung der westdeutschen Staatsräson auf das Wirtschafts- und Ordnungspolitische war in jedem Falle gratuiert und kann nicht einfach als die neue deutsche Stärke, die man sich im Wettbewerb mit anderen Mächten erobert hatte, verstanden werden.

Als Integrationsprämisse verschaffte sich das deutsch-französische Gleichgewicht in unterschiedlichen Strategien und Zielen der Integration Geltung. Beginnend mit dem EWGV und sich in allen Folgeverträgen fortsetzend liefen die deutschen Verhandlungspositionen und -ziele stets auf negative Integration, auf marktbasierte Lösungen oder Automatismen hinaus, während sich die französische Seite für diskretionäre, politische und institutionelle Lösungen stark machte.

Nur wenn die hier skizzierten Integrationsgrundlagen, die eingangs als Code oder Kultur gekennzeichnet wurden, unbekannt sind oder in Vergessenheit geraten, kann man auf die Idee verfallen, dass sich die Zukunft der Integration vollständig neu mischt und ganz neue Richtungen einschlagen wird. Mit den Integrationsprämissen, den allgemeinen wie den spezifisch-europäischen, ist ein Muster überliefert, das auch die zukünftigen Entwicklungen bestimmen wird. In der Vergangenheit waren immer wieder Abweichungen von diesem Muster zu registrieren, nicht immer wurde bei jeder neuen Entwicklung das adäquate Gleichgewicht getroffen. Der Integrationsgang war bislang aber immer so verlaufen, dass gravierende Abweichungen vom Muster als Dekonstruktionen zurückgenommen oder ausgependelt wurden. Das galt und gilt, wie sich zeigen wird, in besonderem Maße für die Währungspolitik.

2. Ein Abriss der monetären Integrationsgeschichte in Europa

Nach den theoretischen und empirischen Betrachtungen zu einzelnen Währungsordnungen in Teil 3 soll im Folgenden eine währungspolitische Entwicklungsperspektive eingenommen werden. Aus der Skizze des monetären Integrationsprozesses in Europa werden zwei neuralgische Punkte ermittelt, die für die ordnungspolitische Analyse in Teil 5 von großer Bedeutung sind.

Die Währungsintegration vollzog sich bis zum Vertrag von Maastricht (1992) gänzlich außerhalb der Verträge. Europäische Integration bezog sich im Wesentlichen auf Sektorintegration (Montanindustrie, Agrarwirtschaft), auf Handelsintegration (Zollunion) sowie Marktintegration (Binnenmarktprojekt von 1985). Die Währungspolitik verblieb außerhalb der Verträge, weil mit ihr über Jahrzehnte hinweg ein wirtschaftspolitisches Gestaltungsmittel gegeben war, auf das die Nationalstaaten nicht verzichten wollten und weil es eine internationale Ordnung gab. Mit Kapitalverkehrskontrollen und Wechselkurspolitik war es lange Zeit möglich, bis zu einem bestimmten Grade eigene Schwerpunkte in der Wirtschaftspolitik zu setzen und die Liberalisierungen im Handels- und Marktbereich abzufedern. Von Zeit zu Zeit mussten Anpassungen in Gestalt von Wechselkursmodifikationen vorgenommen werden.

Für die ersten zweieinhalb Jahrzehnte nach dem Ende des Zweiten Weltkriegs blieb Währungspolitik in Europa auch in gewisser Weise fremdbestimmt, da sie nur eine Funktion des internationalen Abkommens von Bretton Woods war. Innerhalb dieser US-dominierten Ordnung gab es ein Festkurssystem, das bis in die frühen siebziger Jahre für meistenteils stabile Wechselkurse sorgte. Die spätere Wechselkursordnung des EWS griff zwar das Ziel stabiler Wechselkurse von der untergegangenen Weltwährungsordnung auf, blieb aber außerhalb des europäischen Vertragswerks. Erst mit den Abmachungen von Maastricht inkorporierte die Gemeinschaft die Währungspolitik in ihr Vertragswerk und vollzog den gewaltigsten aller denkbaren Integrationssprünge, den in die Währungsunion mit der Auflösung der nationalen Währungen.

2. Ein Abriss der monetären Integrationsgeschichte in Europa

Unabhängig von der Vertragsfrage und unabhängig von der fehlenden Identität auf diesem Gebiet formierte sich in Europa nach dem Zweiten Weltkrieg in der Währungspolitik allerdings doch eine Integration, die einer bestimmten *Sachlogik* folgte. Diese Sachlogik kann in einem einfachen Modell monetärer Entwicklungsstadien beschrieben werden:

Wird der Ausgangspunkt von Währungsintegration als Nationenraum beschrieben, innerhalb dessen die einzelnen Glieder – aus welchen Gründen auch immer – autark wirtschaften, also keinerlei grenzüberschreitenden Warenaustausch kennen, gibt es keinen Bedarf an Währungspolitik oder Währungsvermittlung. Beabsichtigen die Nationen nun den Warenaustausch aufzunehmen, ist das erste Problem, wie sie den mit dem Handel verbundenen Zahlungsverkehr bewerkstelligen oder Kreditbeziehungen eingehen wollen, sofern keine allgemeine Konvertibilität der Währungen besteht und keine Währungsreserven vorhanden sind. Das institutionelle Arrangement für diese Form der Kooperation ist die *Zahlungsunion*, die als ein Fonds bezeichnet werden kann, aus dem zur Finanzierung des grenzüberschreitenden Handels Zahlungsmittel entnommen und eingebracht werden. Der Fondslösung bedarf es, um die Ebene des bilateralen Tausches zu verlassen und in einen komplexeren grenzüberschreitenden Tausch- und Zahlungsverkehr zu kommen. Die Mittel des Fonds können bspw. aus einer Art Kunstgeld bestehen, für das die beteiligten Nationen politisch garantieren. Keynes hatte bekanntlich bei den Bretton-Woods-Verhandlungen das Bancor vorgeschlagen. Zu beachten ist, dass eine solche Zahlungsunion nur als symmetrische Ordnung funktioniert, also keine dauerhaften Überschüsse bzw. Defizite aufgehäuft werden können.

Die nächstkomplexere Stufe für die monetäre Kooperation ist die *Wechselkursordnung*. Entsprechend dem wirtschaftlichen Entwicklungsniveau ist diese Währungsordnung immer noch auf den Handel bezogen, der Warentausch und Formen der internationalen Arbeitsteilung breiten sich aus und der wirtschaftliche Verkehr erfordert ein höheres Maß an Flexibilität für die Unternehmen. Innerhalb der Wechselkursordnung gibt es, wie wir gesehen haben, ein Marktelement – den Devisenmarkt – und ein institutionelles Element – den verabredeten Devisenkurs der beteiligten Währungen und seinen Verteidigungsmechanismus. Am Anfang der Entwicklungsphase einer Wechselkursordnung wird ihr regulatorischer Teil noch stärker ausgeprägt sein (strikte Kapitalverkehrsbeschränkungen, enge Bandbreiten, häufige Intervention der Zentralbanken usw.). Bei erfolgreichem Verlauf dieser Phase kann das Marktelement, der Devisenmarkt, zunehmend gestärkt werden, zumal auch die interne Kapital- und Ersparnisbildung in den beteiligten Ländern an Volumen gewinnen wird. Grundsätzlich gilt aber auch für eine Wechselkursordnung, dass sie dauerhaft nur als symmetrische Ordnung bestehen kann.

Auf diesem Entwicklungsstand muss die kooperierende Staatengruppe mit Blick auf eine weitere Integration entscheiden, ob sie den Weg in eine Ordnung flexibler Wechselkurse mit freiem Kapitalverkehr gehen will oder ob sie – wahrscheinlich aus einer politischen Motivlage heraus – die Integration weiter vertiefen will. Da die Phase der Wechselkursordnung die Wirtschaftspolitik weitgehend in nationaler Hand beließ und unterschiedliche Entwicklungen bei Inflation, Löhnen, Wachstum usw. im „Notfall" über die Wechselkursanpassung, also indirekt und ex post, ausgeglichen werden konnten, steht bei einer Überwindung dieser Ordnung die direkte Ex-ante-Koordination der Wirtschaftspolitik im Mittelpunkt. Als eine Ordnung, die dieses Ziel verfolgen kann, bietet sich das *Währungssystem* an. Während die vorherigen Ordnungen allesamt intergouvernementalen Charakter hatten, zeichnet sich das Währungssystem als supranationales Gefüge aus, das nicht mehr wie die Wechselkursordnung weitgehend auf Regelbindung beruht, sondern über ein Entscheidungszentrum – einen *Währungsfonds* – mit Kompetenzkompetenz und diskretionären Befugnissen verfügt.[63]

In diesem Typ einer Währungsordnung behalten die Staaten ihre Währungen, delegieren aber Grundentscheidungen über die Fiskalpolitik sowie die Lohnentwicklung an den Fonds. Dessen zentraler Arbeitsauftrag besteht weniger in der Ex-post-Politik als Rettungsagentur, vergleichbar dem IWF, sondern in der Ex-ante-Abstimmung der nationalen Wirtschaftspolitiken. Der Vorteil dieser Ordnung gegenüber einer Währungsunion ohne Wirtschaftsunion liegt darin, dass über einen längeren Zeitraum Anpassungsprozesse vorgenommen werden können und dass die Wechselkurspolitik weiterhin als Anpassungsinstrument zur Verfügung steht. Der Souveränitätsverzicht ist also nur partiell. Es liegt auf der Hand, dass ein solcher Währungsfonds in einem gewissen Spannungsverhältnis zu den an der Ordnung beteiligten Notenbanken steht, zumal wenn diese durch die Weisungsunabhängigkeit ebenfalls mit Macht aus-

---

[63] Das Währungssystem als eigene Stufe monetärer Integration kommt in der Literatur kaum vor. Die Diskussion wird beherrscht von Wechselkursordnungen und Währungsunionen. Für eine ordnungspolitische Charakterisierung und einen Überblick, soweit es die europäische Integration angeht vgl. Polster 2002, S. 252 ff.

gestattet und in ihrer Aufgabenstellung monothematisch (Preisstabilität) festgelegt sind.

Bei erfolgreichem Verlauf der währungssystemischen Phase kann der finale Integrationsschritt, die Etablierung einer *Währungsunion*, vorgenommen werden. Die Währungsunion ergibt sich damit als Resultat wirtschaftlicher Anpassungsprozesse und nicht als Laboratorium für solche Anpassungsprozesse. Nimmt die monetäre Integration einen Verlauf, wie er hier geschildert wurde, versteht es sich von selbst, dass ihr parallel eine Wirtschaftsunion zur Seite gestellt ist und dass es neben der neuen supranationalen Zentralbank eine irgendwie geartete Wirtschaftsregierung – als Fortsetzung des obigen Fonds – gibt, die als Steuerungszentrum die nationalen Wirtschaftspolitiken koordiniert.

Es ist unschwer zu erkennen, dass sich in dieser modellartig dargestellten monetären Integration große Teile der europäischen Währungsgeschichte, einschließlich ihrer Abweichungen spiegeln. Das Modell folgt einer Entwicklung von der Autarkie einer Gruppe von Nationalstaaten mit unterschiedlichen Währungen und ohne grenzüberschreitende Wirtschaftsbeziehungen, die über einen Aufstieg von einfachen Formen der Kooperation (Wechselkursordnung) zu komplexeren Formen der Kooperation und zu einer Währungsunion finden.

Die *Gemeinsamkeiten* zwischen dem skizzierten Entwicklungsmodell und der tatsächlichen historischen Entwicklung beziehen sich auf die ersten viereinhalb Nachkriegsjahrzehnte (1945 – 1992), die Unterschiede beginnen mit dem Ende des Kalten Krieges und dem Maastrichter Vertrag (1990/1992).

Nach der Niederwerfung Nazi-Deutschlands 1945 war nicht nur die materielle Basis des Wirtschaftens in Europa zu großen Teilen zerstört, es zeigte sich auch, dass die internationalen wirtschaftlichen Beziehungen noch in einem viel weitergehenden Sinne zerstört waren. Das hing zusammen mit dem Untergang des Goldstandards mit Beginn des Ersten Weltkriegs und der Weltwirtschaftskrise in der Zwischenkriegszeit. Mit dem Goldstandard verschwand ein internationaler Mechanismus, der es den Staaten erlaubte, wirtschaftliche Beziehungen in einem stabilen Rahmen zu unterhalten. Wir haben oben gesehen, dass dies in einer internationalen Welt autoritärer Staaten, die keinerlei Rücksicht nehmen mussten auf Interessenlagen des größten Teils der Bevölkerung, funktionierte. Der Erste Weltkrieg stellte in Hinblick auf die politische Verfasstheit dieser Staaten und als Folge davon der Währungsordnung eine Zäsur dar. Die zwanziger Jahre bestanden diesbezüglich zunächst aus rückwärtsgewandten Suchprozessen (Wiedererrichtung des Goldstandards) und endeten in der Weltwirtschaftskrise, die mindestens zehn Jahre wirtschaftlichen Stillstand brachte, und dem Zweiten Weltkrieg.

Schon bald nach der Unterzeichnung des Bretton-Woods-Abkommens (1944) zeigte sich, dass die Zerstörungen auf der materiellen und mentalen Ebene so tiefgreifend waren, dass nicht einmal einfachste Austauschbeziehungen über die nationalen Grenzen hinweg möglich waren. Die europäischen Staaten verfügten noch nicht über die neue Weltwährung Dollar, ihre Goldbestände wollten sie nicht anfassen und ihre eigenen Währungen akzeptierten sie im internationalen Handel nicht. Erst durch die von den US-Amerikanern begründete und ausgestattete Europäische Zahlungsunion (EZU) gelang es, nach und nach Formen internationalen Wirtschaftens zu etablieren. Der EZU kam dabei die Aufgabe zu, die Voraussetzung für eine Wechselkursordnung, die Währungskonvertibilität, zu generieren.

Auf dieser Basis konnte Ende der fünfziger Jahre die Übereinkunft von Bretton Woods die internationalen Währungsbeziehungen regulieren. Das bedeutete in erster Linie, dass ein System fester Wechselkurse bei strikt kontrolliertem Kapitalverkehr die Währungspolitik bestimmte. Kam es zu manifesteren außenwirtschaftlichen Ungleichgewichten, wurden sie durch Auf- bzw. Abwertungen korrigiert, was alles in allem verhältnismäßig selten der Fall war. Die globale Ordnung zerfiel in der ersten Hälfte der siebziger Jahre, letztlich weil das Vertrauen verschwand, dass die USA zu den festgelegten Bedingungen (Goldkonvertibilität des Dollar) die Tragfähigkeit der Ordnung garantieren könnte.

Für eine Übergangszeit bildete sich in Europa eine regionale Wechselkursordnung heraus, die gemeinsam gegen den Dollar floatete (Schlange). Eine stabilere Gestalt erhielt die Ordnung mit dem Europäischen Währungssystem (1979), das von seinen *Intentionen* her als das Musterbeispiel einer paritätisch-symmetrischen Wechselkursordnung gelten konnte. Dass die Realität anders aussah, haben wir oben gesehen.

Damit kommen wir zu den *Unterschieden und Abweichungen* zwischen dem monetären Entwicklungsmodell und der währungspolitischen Realität in Europa. Die Differenz zwischen Intentionalität und Realität beim EWS ergibt den *ersten* Hinweis auf ein tieferes Verständnis der Eurokrise. Währungsordnungen und ihre Regeln auf dem Papier sind nicht zwingend eineindeutig (vgl. die obigen Konstellationen 9 – 11). Die wirtschaftliche Wirklichkeit bzw. die beteiligten Akteure verfügen offensichtlich über Spielräume, die, wenn sie ausgenutzt werden, die Ordnun-

2. Ein Abriss der monetären Integrationsgeschichte in Europa

gen verändern oder gar in ihr Gegenteil transformieren können. Aus der paritätisch-symmetrischen Ordnung des EWS in der Konzeption wurde unter maßgeblicher Einflussnahme der Bundesbank eine hierarchische Ordnung mit einer Ankerwährung, die von einer Ordnung der Währungskonkurrenz und der Herrschaft des Devisenmarktes kaum mehr zu unterscheiden war.

Den *zweiten* Hinweis erhält man, wenn man der Frage nachgeht, warum die Europäer im Umfeld der Epochenwende 1990 nicht den oben skizzierten Weg eines Währungssystems, wie in der modellierten Abfolge monetärer Entwicklungsstadien dargestellt, gegangen sind, sondern einen Sprung in die Währungsunion herbeigeführt haben.

In der Literatur zur Währungsintegration finden sich, wie angedeutet, ganz wenige Hinweise auf den Ordnungstyp „Währungssystem". In der Regel wird zwischen Wechselkursordnungen und Währungsunionen unterschieden, ein Vermittlungsglied zwischen beiden Ordnungstypen findet sich höchst selten, wie überhaupt gilt, dass evolutionäre Vorstellungen zur Herausbildung von Währungsunionen kaum vertreten sind. Das EWS trug in seinem Titel zwar die Formulierung „Währungssystem", das war aber bestenfalls Camouflage, da die Ordnung nicht mehr als einen Wechselkursmechanismus enthielt. Ein tatsächliches Währungssystem geht in mindestens zwei Aspekten über eine Wechselkursordnung hinaus. Erstens enthält es, wie wir gesehen haben, ein institutionelles, supranationales Zentrum, das steuernd in die Koordination der nationalen Wirtschaftspolitiken interveniert und zweitens vermag es über eine entsprechende Machtausstattung (Kompetenzkompetenz) Ziele und Vorgaben für die Akteure der nationalen Wirtschaftsprozesse zu formulieren.

Der *Europäische Währungsfonds (EWF)* hätte als neuer supranationaler Akteur vom Grundsatz her jene Aufgaben übernommen, die in der jüngsten Zeit von der Troika in Hinblick auf die Programmstaaten übernommen wurden (Auflagenpolitik) und die – immer noch in der Entstehungsphase – als die neue makroökonomische Politik als Aufgabe der Kommission beschrieben wird. Der maßgebliche Unterschied zwischen diesem Weg monetärer Integration – ab jetzt muss der Konjunktiv walten – hätte darin bestanden, dass die wirtschaftspolitische Harmonisierung zwischen den Nationalstaaten als *Voraussetzung* der Währungsunion angegangen worden wäre und *nicht* als *Resultat* der Währungsunion hätte herausgearbeitet werden müssen.

Die zentralen Aufgaben eines EWF als Übergangsinstitution zu einer Währungsunion bestünden aus Absprachen auf den Gebieten des außenwirtschaftlichen Saldenausgleichs, der Inflationsziele, der Lohnentwicklung, der Fiskalpolitik, der Wirtschaftspolitik (im Wesentlichen: Steuerpolitik) und der wirtschaftspolitischen Kultur. Es versteht sich von selbst, dass dies nur mit einer supranationalen Machtausstattung funktionieren könnte. Schon beim Thema der Inflationsziele kämen die nach wie vor nationalen Zentralbanken ins Spiel, so dass sich die Frage nach dem Verhältnis zwischen einem supranationalen EWF und den nationalen Zentralbanken stellte. An dieser Stelle können bei weitem nicht alle mit dieser Konstruktion zusammenhängenden Fragen aufgenommen werden. Sicher aber ist, dass ein Ordnungsmodell des Währungswettbewerbs für eine währungssystemische Entwicklung ungeeignet gewesen wäre. Fraglich ist auch, ob bei einem Übergang zur Währungsunion über ein Währungssystem die oben so benannte fünfte Fiktionalisierung von der Trennung zwischen Fiskal- und Geldpolitik aufrechtzuerhalten gewesen wäre.

Diese Form des Weges zu einer Währungsunion ist vom Modell her stringent, hatte aber angesichts der historischen Konstellationen keine realistische Chance für die Umsetzung. Um 1990 gab es in Europa auf währungspolitischem Gebiet die Konstellation eines Währungswettbewerbs mit der Führungswährung D-Mark, die nur marginal überzeichnet oder reguliert wurde durch die Wechselkursordnung des EWS. Die Bundesrepublik und ihre Notenbank hatten sich eine regionale Hegemonialposition erobert, die die Wechselkursordnung des EWS nur noch als äußere Hülle benötigte. Ansonsten war eine Konstellation des Währungswettbewerbs hergestellt. Es gab zwar den dauerhaften Unmut der Partnerländer über diese Konstellation, es konnte aber auch davon ausgegangen werden, dass sich die jeweils Regierenden hinter dem äußeren Druck in so mancher innenpolitischen Verteilungskonstellation verschanzen konnten. Gleichwohl: der Druck bestand. Auf der Seite der Bundesrepublik war nichts komoder als die währungspolitische Hegemonie, und am Horizont hatte sich buchstäblich nichts abgezeichnet, das für eine Überwindung oder Weiterentwicklung in Richtung Währungssystem gesprochen hätte.

Der währungssystemische Weg wurde nicht begangen, weil historische Projekte selten am Reißbrett entstehen, sondern aus Zwangslagen und Notwendigkeiten heraus, die nur selten ideale Architekturen ergeben. Fakt aber ist vor dem Hintergrund der Krise der Währungsunion, dass sich der Verzicht auf eine evolutionäre Entwicklung der Währungsunion

2. Ein Abriss der monetären Integrationsgeschichte in Europa 217

rächt. Die Aufgabe des EWF wäre gewesen, die Koordination von einzelstaatlichen Wirtschaftspolitiken *vor* dem Übergang in die Währungsunion zu organisieren. Die intergouvernementale Koordination der Wirtschaftspolitiken in der vollendeten Währungsunion hat, wie die Krise der Jahre 2010-2012 zeigt, offensichtlich versagt.

Auf den ersten Blick scheint der währungssystemische Weg der monetären Integration identisch zu sein mit der sogenannten *Krönungstheorie*, die eine Art neoliberale Denkschule aus dem Diskussionsumfeld um den Maastrichter Vertrag darstellt. Im präzisen Sinne war sie weder Theorie noch Denkschule, sie stellte eine Überlegung über die Genesis einer Währungsunion dar. Ihr gemäß sollte die Währungsunion Krönung oder Abschluss eines längeren Konvergenzprozesses zwischen den zukünftigen Mitgliedern der Währungsunion sein. Gegenüber stand diesem Denkansatz der sogenannte *Monetarismus* oder *Institutionalismus*, der die Einführung einer Währungsunion befürwortete, auch ohne weitläufige Konvergenzprozesse.

Die beiden „Schulen" folgen in ihren Überlegungen grundlegenden monetär-ökonomischen Theorien. Für die Ökonomisten oder Krönungstheoretiker entspringt das Geld dem Warentausch, ist dessen höchstes Produkt und als Evolutionsergebnis dazu gedacht, die Tauschvorgänge zu vermitteln. Märkte und Wettbewerbsprozesse, die möglichst frei von „manipuliertem" Geld gehalten werden sollen, stellen die zentralen Mechanismen des Wirtschaftsgeschehens dar. Geld ist neutral bzw. es soll als solches gebändigt werden. Für die Monetaristen stellt Geld prima facie eine Vertrauenskonstellation dar, innerhalb derer sich Kreditbeziehungen produktiv einsetzen lassen. Überhaupt basieren Wirtschaftsprozesse auf Vertrauenskonstellationen, die sich als Ergebnis politischer Regulationen ergeben.

Die Kontroverse zwischen Monetaristen und Ökonomisten hat eine lange Tradition, sie tauchte keineswegs erst im Vorfeld der Maastricht-Debatte wie aus dem Nichts auf, sondern lässt sich zurückverfolgen über die Diskussion um das EWS, den Werner-Plan der frühen siebziger Jahre, ja sogar bis in die Anfänge der europäischen Integration Ende der vierziger Jahre/Anfang der fünfziger Jahre selbst. Theoretisch folgt der Monetarismus Grundannahmen des Neofunktionalismus, politisch ist er durch eine grundsätzliche Europafreundlichkeit ausgezeichnet. Demgegenüber zeichnet den Krönungsansatz theoretisch das Denken in Marktkategorien aus, politisch bleibt er dem nationalen und nationalwirtschaftlichen Rahmen verpflichtet, allerdings in der „staatsdistanzierten"

Form, die den Staat als Marktteilnehmer (vgl. die sechste Fiktionalisierung) versteht.

Lässt sich etwas aus der monetären Integrationsgeschichte lernen? – Der historische Lauf der monetären Integration in Europa kann in etwa so beschrieben werden, dass sich der erste institutionalistische Anlauf über eine sofortige Einführung einer Währungsunion – im Umfeld einer Renaissance des Nationalstaates – im Sande verlief und stattdessen marktfunktionalistisch über eine Integration des Stahlmarktes (EGKS) und eine Zollunion (EWG) neu angefangen wurde. Ein institutionalistischer Neuansatz wurde mit dem Werner-Plan auf die Agenda gehoben, der sich aber wieder – dieses Mal in den Währungswirren der frühen Siebziger – verlief. Nahezu ein Jahrzehnt später betrat der Institutionalismus in Gestalt des EWS erneut die Bühne, wurde aber wiederum zurückgedrängt, dieses Mal durch die Bundesbank, die sich als europäischer Zuchtmeister gefiel und die institutionelle Ordnung einem kaum verbrämten Währungswettbewerb mit der Anker-Währung D-Mark unterwarf. Der historische Zufall wollte es dann mit dem Ende des Kalten Krieges so, dass – dieses Mal mit einer großen Wucht – der Institutionalismus triumphierte und mit der Einführung der Währungsunion ein großes Spillover feiern konnte.

Unschwer erkennbar ist in diesem kurzen Narrativ eine Pendelbewegung zwischen institutionalistischen und marktfunktionalen Lösungen für europäische Währungsprobleme. Unschwer lässt sich auch schlussfolgern, dass der jetzt am Ende der europäischen Krise gefundene Kompromiss – der erneute Triumph des Marktfunktionalismus – eine Gegenbewegung produzieren wird, das Pendel wird wieder in Richtung Institutionalismus schlagen.

3. Zum Stand der politischen Integration vor der globalen Finanzkrise

Bis zur Mitte der achtziger Jahre war die europäische Integration im Wesentlichen Markt- und Sektorintegration. Mit der Umsetzung der Zollunion (1968) wurde eine Art „Gemeinsamer Markt" hergestellt, die nach dem Zweiten Weltkrieg eher im Niedergang und in der Umstrukturierung befindlichen Wirtschaftssektoren von Bergbau und Stahlindustrie einerseits und der Landwirtschaft andererseits wurden mehr oder weniger erfolgreich in eine neue Zeit geführt. Insgesamt war europäische Integration aber eine eher zähflüssige Angelegenheit mit wenig politischem Charme. Politikfelder wie die Währungspolitik, die sich in den siebziger Jahren eigentlich für Integration anboten, war doch gerade die internationale Ordnung von Bretton Woods zusammengebrochen, blieben außerhalb des formalen Integrationsprozesses, das EWS wurde jenseits der europäischen Verträge realisiert.

Geschwindigkeit nahm der Integrationsprozess dann in den achtziger Jahren auf. Das durch den damaligen Kommissionspräsidenten Jacques Delors geprägte Binnenmarktprojekt entfaltete seit 1985 eine beachtliche Dynamik, die die noch zu Beginn des Jahrzehnts grassierende Diagnose von der „Eurosklerose" – eine weithin beobachtete Stagnation beim Wettbewerb mit der nordamerikanischen und japanischen Konkurrenz – beendete. Die europäische Integration erhielt einen mächtigen Impuls, der an die Gründerjahre erinnerte. Mit dem Projekt griff die damalige EG genau dort an, wo sie auch bisher ihre Stärken hatte, nämlich an der Regulation und Gestaltung des Marktprozesses.

Während der EWG-Vertrag (1957) mit seinem Kernziel der Zollunion kaum in die einzelnen nationalen Märkte hinein wirkte, wurde jetzt mit der im „Weißbuch zur Vollendung des Binnenmarktes" (1985) proklamierten Herstellung der vier Grundfreiheiten (Waren, Personen, Dienstleistungen und Kapital) ein Programm aufgelegt, das zu tiefreichenden Strukturveränderungen in den einzelnen Märkten führte. Mit 282 Einzelmaßnahmen zur Schaffung des Binnenmarktes sollte der Plan bis zum Jahr 1992 umgesetzt werden. Das wesentliche Instrument, das zur Beschleunigung in der Marktintegration beitrug, bestand in dem Prinzip der gegenseitigen Anerkennung von Normen, das das bisherige Prinzip der Harmonisierung, zu diesem Zeitpunkt vorherrschend, partiell ablöste. Das Binnenmarktprojekt entwickelte sich überwiegend positiv, wenn auch nicht in dem Ausmaß, wie es sich die Protagonisten vorstellten. Europäische Politik vermochte wieder konkrete Erfolge vorzuweisen. Die europäischen Politiker versuchten die günstigeren Winde zu nutzen und den nächsten logisch klingenden Integrationsschritt anzumelden. Unter der Parole „Ein Markt – eine Währung" wurde mit dem Delors-Bericht ein dreistufiger Plan zur Einführung einer gemeinsamen Währung vorgelegt. Als der Bericht im April 1989 vorgelegt wurde, konnte man allerdings beträchtliche Summen Geldes über die Realisierungswahrscheinlichkeit des Projektes „Gemeinsame Währung" verwetten. Die zu einem neuen Machtfaktor in Europa aufgeblühte Bundesbank hätte sich die Möglichkeiten im kleinen Kreis bestimmbarer europäischer Geldpolitik nie und nimmer entwinden lassen – wenn nicht im Herbst des Jahres 1989 eine für alle Beteiligten gänzlich unerwartete politische Umwälzung in Europa eingesetzt hätte.

Der Integrationsstillstand wurde mit dem Binnenmarktprojekt zwar erkennbar überwunden, eine Dynamik ganz anderer Art erfasste die Gemeinschaft dann aber durch den Zeitenwechsel 1989/90. Die entstehende deutsche Einheit und der Zusammenbruch des osteuropäischen Staatensystems samt seiner sozialistischen Ordnungen brachten innerhalb weniger Monate eine Tiefenintegration (Währungsunion) und eine Breitenintegration (Beitritt osteuropäischer Staaten) auf die Tagesordnung, wie es sie in normalen Zeiten und als die üblichen Verhandlungsergebnisse nie gegeben hätte. Das europäische Projekt war nach gut vier Jahrzehnten ein solches Kraftzentrum geworden, dass insbesondere die deutsche Frage, in den Jahren 1945-49 zum Verstauben auf die Geschichtsregale geschoben, nicht mehr innerhalb der Politikmuster der unmittelbaren Nachkriegszeit beantwortet werden konnte.

Konkret war die EU vor zwei Aufgaben gestellt. Erstens musste die deutsche Einheit begleitet und eingerahmt und zweitens musste der östliche Teil des Kontinents an die Integration herangeführt werden. Auf beiden Ebenen erwies sich die Gemeinschaft nicht nur als der Rahmen, der eine friedliche und stabile Wandlung ermöglichte, sondern sie vermochte auch durch konkrete Integrationsmaßnahmen weiterzuhelfen (vgl. dazu Wirsching 2012). Einem großen Teil der osteuropäischen Staaten konnte im Rahmen der Osterweiterung, die eine mehrjährige

3. Zum Stand der politischen Integration vor der globalen Finanzkrise 221

Beitritts- und Anpassungsphase enthielt, eine Integrationsperspektive geboten werden (2004), und die deutsche Einheit wurde „bearbeitet" durch den 1992 auf der Konferenz von Maastricht gefällten Beschluss zur Einführung der Währungsunion (1999/2002).

In den Vorstellungen, die sich in den politischen Kreisen der beiden Teile Deutschlands bildeten, war die Einheit nur zu haben, wenn eine sehr tief ankernde Bindung des neuen Deutschlands in die europäische Integration erfolgen würde. Nach Lage der Dinge kam dafür nur eine Währungsintegration in Frage – wir werden noch darauf zurückkommen. Zwei Jahrzehnte später, mitten in der europäischen Währungskrise, werden in diesem Zusammenhang häufig drei Dinge vergessen. Vergessen wird erstens, dass die deutsche Einheit nur zu haben war durch die Hergabe der D-Mark; in dieser Hinsicht konnte nur der Preis hochgetrieben werden, den man aus deutscher Perspektive für dieses Unterpfand erhalten würde. Vergessen wird zweitens, dass der deutsche Vereinigungsprozess durch die europäische Perspektive innen- und außenpolitische Stabilität erhielt. Und vergessen wird drittens, dass beide politische Vorhaben, die deutsche Einheit wie auch die europäische Tiefenintegration, von den Akteuren den Charakter der Irreversibilität verliehen bekamen.

Überwiegend geräuschlos und fast schon geschäftsmäßig wurde die Umsetzung des Maastrichter Beschlusses zur Währungsunion in Angriff genommen. Nach einem dreistufigen Übergangsprozess, in dem die neue europäische Notenbank aufgebaut wurde und sich die zukünftigen Mitgliedstaaten wirtschaftlich über sogenannte Konvergenzkriterien für die Währungsunion qualifizieren sollten, wurde die neue Währung am 1.1.1999 als Buchgeld und am 1.1.2002 als Bargeld eingeführt. Am Start waren 11 Länder, die sich qualifiziert hatten, mehr im Hintergrund blieb, dass die Bundesbank mit Blick auf den Beitritt Italiens und Belgiens die Stirn runzelte (vgl. Bundesbank 1998, S 39). Griechenland trat der Währungsunion 2001 bei, später folgten Slowenien (2007), Zypern und Malta (2008), Estland (2011) und zuletzt Lettland (2014).

Als im Juni 2008 die Währungsunion, wenig Wochen vor dem Ausbruch der globalen Finanzkrise, ihr zehnjähriges Bestehen feierte, breitete die EZB – zu Recht – in einem Sonder-Monatsbericht ihr erfolgreiches Reüssieren als neue Institution auf den internationalen Finanzmärkten aus. An keiner Stelle des Berichts fand sich ein Hinweis auf den einheitlichen Anleihezins der Eurostaaten, kein Hinweis auf unterfinanzierte Banken, kein Hinweis auf finanzmarktlastige Wirtschaftsstrukturen in einzelnen Mitgliedsländern. Erst in den Schlussbemerkungen entdeckte man – sehr verhalten angedeutet – die milde Formulierung eines möglichen Problems:

„Die letzten zehn Jahre haben außerdem gezeigt, dass die WWU auf einem soliden Fundament ruht und dass die Länder, die den Euro eingeführt haben, einen hohen Grad an wirtschaftlicher Konvergenz erzielt haben. Gleichwohl sind noch einige Herausforderungen zu meistern. Die meisten Länder müssen nach wie vor ihre Flexibilität und Anpassungsfähigkeit gegenüber Schocks verbessern. Mit anderen Worten: Sie müssen die strukturelle Reform ihrer Güter- und Arbeitsmärkte weiter vorantreiben. (…) Die Regierungen müssen ferner die Entwicklung der nationalen Wettbewerbsfähigkeit laufend beobachten. (…) Der EU-Rahmen zur Gewährleistung der Finanzstabilität ist noch nicht vollständig ausgereift" (EZB 2008, S. 167).

Und es war tatsächlich so – die Währungsunion ruhte auf einem „soliden Fundament", die Einschätzung wurde von Wissenschaftlern, Beobachtern und Kommentatoren allseits geteilt. Nicht einmal die Bundesbank fand ein Haar in der Suppe. Die wirtschaftlichen Vorteile, die man sich von der Währungsunion versprochen habe, seien weitgehend realisiert worden, das Eurosystem blicke auf „zehn Jahre erfolgreicher Geldpolitik zurück" (Bundesbank 2008).

Im Sommer 2008 sprach nichts dafür, dass mit der wenige Wochen später ausbrechenden globalen Finanzkrise die Ouvertüre für eine folgende europäische Krise angestimmt würde. Nicht einmal ein Jahr später, im Sommer 2009, nach dem ersten dreiviertel Jahr Krisenbekämpfung gegen den globalen Einbruch gab es Hinweise auf dräuende europäische Krisen.

Währungspolitisch war man also in der EU und der Währungsunion am Vorabend der globalen Krise mit sich im Reinen. Wie sah es mit der allgemeinen Integrationspolitik aus? Nach dem extremen externen Schock durch den Zusammenbruch des sogenannten Realen Sozialismus 1989/90 entwickelte die EU zu Beginn der 2000er Jahre erneut eine beachtliche innere Dynamik, das heute schon fast in Vergessenheit geratene Projekt „*Verfassungsvertrag*". Ausgearbeitet durch einen Konvent (2002/03) stellte sich die Gemeinschaft von der supranationalen Ebene her die Aufgabe, in eine Tiefenintegration einzutreten, die sie wenigstens ein Stück weiter weg vom Staaten(ver)bund in Richtung eines föderalen Gebildes rücken würde. Dass der Verfassungsvertrag nicht in einem prä-

3. Zum Stand der politischen Integration vor der globalen Finanzkrise 223

zisen Sinne einer nationalstaatlichen Verfassung gleichkam und dass mit dem Dokument keineswegs die „Vereinigten Staaten von Europa" ausgerufen werden sollten, war den Beteiligten klar. Dennoch wäre bei einer Umsetzung eine erhebliche Integrationsverdichtung vonstattengegangen.

Der Vertrag scheiterte im Mai/Juni 2005 in zwei Volksabstimmungen in Frankreich und den Niederlanden und in seiner überarbeiteten Fassung als Lissabon-Vertrag später in Irland noch einmal (2008). Das allerdings ist nicht die wirklich wichtige Notiz von diesem Text. Viel bedeutender ist unter integrationsgeschichtlichen Gesichtspunkten, dass und wie die Europäer es geschafft haben, die Substanz des Textes doch in die Realität umzusetzen.

Der Kern des Verfassungsvertrags bestand aus den institutionellen Neuerungen (Einführung eines Präsidenten des Europäischen Rats und eines „Europäischen Außenministers" sowie der Doppelten Mehrheit im Ministerrat, Ausweitung der Mehrheitsentscheidungen), der Charta der Grundrechte, der Ausweitung der Befugnisse des Europäischen Parlaments, der stärkeren Einbindung der nationalen Parlamente – alle diese Elemente wurden aus dem Verfassungsvertrag in den Lissabon-Vertrag hinübergerettet. Gleiches gilt auch für die einheitliche Rechtspersönlichkeit, die Überwindung der Pfeilerstruktur, die transparentere Kompetenzordnung sowie die Vereinfachungen im Gesetzgebungsverfahren. Die Zugeständnisse an die in den Referenden zum Ausdruck gekommenen nationalen Vorbehalte sind demgegenüber mehr als vernachlässigenswert, es betraf nur Symbolisches.[64] Die Klugheit der Europäer hat die politische Re-Formation des europäischen Projekts geschickt über die Klippen nationaler Kleingeistereien gebracht.

Am Vorabend der globalen Finanzkrise schien es so, als könnten sich Integrationsforschung und die praktische Integrationspolitik anderen Gebieten jenseits von Wirtschafts- und Währungsintegration widmen. Tatsächlich war es ja auch so, dass mit den institutionellen Reformen im Verfassungsvertrag bzw. im Lissabon-Vertrag eher das Gebiet der Außenpolitik auserkoren schien für vertiefende Integrationen. Mit der Ratifikation des Lissabon-Vertrags wurde das neue Amt des „Hohen Vertreters der Union für Außen- und Sicherheitspolitik" – im Verfassungsvertrag noch „Außenminister" genannt – begründet. Gerade auch

---

[64] Alles, was mit Staatlichkeit hätte in Verbindung gebracht werden können, wurde gelöscht: der Begriff „Außenminister" verschwand, von Flagge und Hymne war nicht mehr die Rede und die „Charta der Grundrechte" wurde aus dem eigentlichen Vertragswerk heraus genommen.

weil die Außenpolitik im neuen Vertrag Veto-Politik blieb (AEUV, Artikel 31), jedes Land also durch seinen Einspruch eine gemeinsame Position verhindern konnte, ließen mindestens drei außenpolitische Vorgänge der jüngeren Vergangenheit Integrationsbemühungen ratsam erscheinen.

– Viel sprach dafür, dass nach dem blamablen und desaströsen Erscheinungsbild, das die EU bei den *jugoslawischen Sezessionskriegen* abgegeben hatte, die Integrationsenergie auf das außenpolitische Feld gelenkt würde. Während das vereinigte Deutschland, halb trunken von dem Zugewinn an Souveränität, Öl in die aufflackernden Unabhängigkeitsbestrebungen goss, verharrten die europäischen Alt-Alliierten, Frankreich und Großbritannien, einstweilen noch in den Frontlinien des Zweiten Weltkriegs und standen dem alten Bündnispartner Serbien zur Seite.[65] Im bosnischen Bürgerkrieg (1992-95) und bei den Auseinandersetzungen im Kosovo (1998/99) gelang es den Europäern nicht, eine gemeinsame politische und militärische Position zu beziehen. Die Konflikte wurden durch Luftangriffe der NATO „gelöst".

– Waren es bei der Auflösung des jugoslawischen Staates noch die pure Hilflosigkeit und notdürftig kaschierte Konflikte, die ein gemeinsames Handeln verhinderten, brach im Vorfeld des *Irak-Krieges* der offene Konflikt in der EU aus. In übler und betrügerischer Hinterzimmerpolitik schmiedete die sozialdemokratische Lichtgestalt Tony Blair[66] eine Koalition von acht EU-Staaten zusammen, die Ende Januar 2003 mit einem Appell an die Öffentlichkeit trat, in dem man sich an die

---

[65] Bis zur letzten Sezession, der Abspaltung des Kosovo von Serbien, gibt es abgrundtiefe Auffassungsunterschiede zwischen den Staaten der EU zum Thema. Spanien, Griechenland, die Slowakei, Rumänien und Zypern verweigern dem neuen Kleinstaat auf dem Balkan die völkerrechtliche Anerkennung.

[66] Der „Aufruf der Acht" kam an allen EU-Gremien vorbei zustande. Übler noch als alle Hinterzimmerpolitik des 19. Jahrhunderts wurde damals europäische Innenpolitik betrieben. Die sozialdemokratische Lichtgestalt aus Großbritannien, Tony Blair, hielt es nicht für nötig, der anderen sozialdemokratischen Lichtgestalt, der aus Deutschland, Gerhard Schröder, etwas von dem Vorhaben mitzuteilen. Noch am Tag vor der Veröffentlichung des „Aufrufs der Acht" telefonierte der deutsche Kanzler mit dem polnischen Ministerpräsidenten, ohne dass letzterer etwas über das Vorhaben verlauten ließ. Bemerkenswert war überhaupt, dass sich die osteuropäischen Beitrittskandidaten noch vor ihrer offiziellen Aufnahme in die EU zu einem solchen Akt hinreißen ließen (vgl. Hofmann 2005, S. 38 ff.). Wie großherzig die EU mit ihren Renegaten umgeht, lässt sich auch daran ermessen, dass ein anderer Unterzeichner des Aufrufs, der portugiesische Ministerpräsident José Manuel Barroso, später Kommissionspräsident werden konnte.

Seite der USA in dem anstehenden Krieg gegen den Irak stellte, während sich Frankreich und Deutschland in der UNO noch gegen einen militärischen Einsatz aussprachen.[67] Die kampfbereiten Helfer wurden vom US-amerikanischen Verteidigungsminister Donald Rumsfeld als das „neue Europa", das das „alte Europa" überwinde, geadelt.

- Außenpolitischen Integrationsbedarf gab und gibt es schließlich auch im Verhältnis der EU gegenüber *Russland*. Man muss nicht gleich die fundamentale Frage aufwerfen, ob Russland ein europäischer Staat und damit als Mitglied der EU denkbar ist, um den Zündstoff, der in dieser Frage lauert, zu erkennen. Von der Rohstofffrage bis zu einzelnen regionalen Konflikten, die sich nach der Osterweiterung an der östlichen Außengrenze der EU befinden, reicht das spannungsgeladene Themenfeld zwischen der EU und Russland. Ein tiefer außenpolitischer Graben zieht sich in der Einschätzung Russlands zwischen den alten westeuropäischen Staaten und den neuen osteuropäischen Mitgliedern der Union.

Auch integrationstheoretische Überlegungen sprachen dafür, dass die Außenpolitik in der Agenda der integrationspolitisch zu bearbeitenden Gegenstände prioritär geworden war. Folgt man der Überlegung, dass Integration ein sich selbst verstärkender, sich wellenförmig ausbreitender Prozess ist, der in dem Maße Politikfelder ergreift, die aus der Perspektive der Nationalstaaten den geringsten Souveränitätsverlust verzeichnen (vgl. dazu Polster 2002, S. 44 ff.), dann drängte sich die Außenpolitik – nach der Einführung der Währungsunion – mit der praktischen Umsetzung des Vertrages von Lissabon förmlich auf.

An dieser Stelle seien nur einige wenige Beispiele für einen „schmerzlosen" außenpolitischen Souveränitätsverzicht im Rahmen der europäischen Integration angeführt:

- Kleine Länder – und daraus besteht die EU mehrheitlich – verfügen schon von ihrer Größe her über wenig außenpolitische Souveränität, so dass sie auf übergeordnete Bündnisgrößen angewiesen sind.

- Konkrete externe staatliche Gefahren bestehen nach dem Ende des Kalten Krieges in Europa nicht mehr. In der Folge davon wurden die

---

[67] Genaugenommen unterzeichneten fünf „alte" EU-Staaten, Großbritannien, Dänemark, Italien, Spanien und Portugal, sowie drei zukünftigen EU-Staaten, Polen, Tschechien und Ungarn, den Aufruf. Faktisch wurde die US-Position auch durch die restlichen fünf Staaten Osteuropas, die die EU aufgenommen hatte, unterstützt.

Verteidigungsbudgets radikal zusammengestrichen und die Armeen verkleinert. Verteidigungsbündnisse verschwanden, etwa die Westeuropäische Union (WEU), die formal Mitte 2011 aufgelöst wurde, oder gerieten in Identitätskrisen, weil ihnen der Gegenstand abhandengekommen war, wie der NATO.

– Auch große EU-Staaten wie Deutschland und Italien haben aufgrund ihrer Geschichte nur begrenzte außenpolitische Ambitionen. „Schmerzhaften" Souveränitätsverzicht mussten und müssen lediglich die beiden Großen der EU, Frankreich und Großbritannien, v.a. bedingt durch ihre Geschichte, ihren Status als Veto-Mächte in den Vereinten Nationen und als Atomwaffen- und Flugzeugträgerstaaten, leisten.

Im Spätsommer 2008 gab es zwar – bedingt durch den Zusammenbruch der Banken Bear Sterns in den USA, Northern Rock in Großbritannien und der Industriekreditbank in Deutschland – ein wenig Unruhe an den Finanzmärkten, Europa allerdings schien durch den neu eingerichteten großen Währungsraum besser gewappnet zu sein als in den siebziger und achtziger Jahren, als abrupte Kapitalbewegungen das zersplitterte Währungsgefüge rasch durcheinander wirbeln und schon einzelne Investoren (George Soros) für groß gehaltene nationale Währungen (das britische Pfund) aus dem Wechselkursverbund „schießen" konnten.[68] Die EZB reüssierte als Notenbank, erwarb sich Vertrauen und konnte beachtliche Resultate bei der Kontrolle der Preissteigerung vorweisen, der Euro war auf dem Weg zur zweiten Weltwährung (Marsh 2009). Schatten fiel nur auf dem Gebiet der Außenpolitik. Da sich die internationalen Konstellationen nach dem Ende des Kalten Krieges insgesamt neu mischten und noch lange kein Ende gefunden hatten, alte Bündnissysteme obsolet wurden und gänzlich neuartige Konflikte aufkamen, schien mit der europäischen Außenpolitik der denkbar fruchtbarste Boden für Integration bereitet.

---

[68] Der Investor George Soros spekulierte 1992 mit hohen Summen auf eine Abwertung des Pfundes. Die britische Notenbank versuchte durch Zinserhöhungen gegenzuhalten, gab dann aber nach und das britische Pfund wertete in den folgenden Wochen massiv ab.

Teil 5: Der Übergang von der egalitären zur hegemonialen Währungsunion

In der einschlägigen Literatur zum Thema „Währungsunion" (Grundlegend: Theurl 1992, eine neuere Ausführung: Mayer 2012, S. 45 ff.) wird meist auf historische Währungsunionen Bezug genommen, ohne dabei weiter ordnungspolitisch bzw. theoretisch zwischen verschiedenen Währungsunionen zu differenzieren. Das höchste Maße an ordnungspolitischer Problemstellung, das in den genannten Untersuchungen aufgenommen wird, betrifft die Frage, ob der jeweiligen Währungsunion eine Wirtschaftsunion zur Seite gestellt wurde – wie bei der parallel zur Nationalstaatsbildung verlaufenden Herausbildung einer einheitlichen Geldordnung (USA, Deutsches Reich) – oder nicht – z.B. im Fall der Lateinischen und der Skandinavischen Münzunion.

Im folgenden Schritt unserer Analyse wird der Versuch unternommen – jenseits der Frage der Parallelität von Wirtschafts- und Währungsunion –, ordnungspolitisch zwischen zwei Typen von Währungsunion zu unterscheiden: einerseits einer egalitären Währungsunion und andererseits einer hegemonialen Währungsunion. Damit zusammenhängend wird die ansonsten in der Literatur als Eurokrise oder Staatsschuldenkrise titulierte Krise als solche eines ordnungspolitischen Modellwechsels interpretiert. Den ziemlich exakt zehn Jahren der egalitären Währungsunion (1999 – 2009) folgt ein neuer Typ von Währungsunion, nämlich die hegemoniale Währungsunion.

Das bedeutet, dass historisierende Darstellungen, die über den System- oder Modellwechsel hinweggehen (Becker: „Aus ruhigen Gewässern in stürmische See", 2011), alles an den beiden Formen der Währungsunion verwischen und verwaschen, was nur zu verwischen und verwaschen ist. Historiker interessieren sich für Abschnitte, Epochen und Bilanzen. Eine solche Bilanz kann für die egalitäre Währungsunion, die im Wesentlichen mit den ersten zehn Jahren zusammenfällt, gezogen werden. Erste Hinweise auf die Funktionsweise dieses Typs Währungsunion erhält man daher über die Literatur zum zehnjährigen Jubiläum (vgl. z.B. Bley 2008).

1. Die egalitäre Währungsunion (1999 – 2009)

1.1 Definition

In der einschlägigen Literatur, wir haben es einleitend angerissen, wird erstaunlich sorglos mit dem Begriff der „Währungsunion" umgegangen. Das krudeste Vorkommnis findet man diesbezüglich allerdings in der Redeweise von der „deutsch-deutschen Währungsunion", die 1990 angeblich bei der Herstellung der Einheit eingeführt wurde. Was damals geschah, hatte mit einer Währungsunion ganz und gar nichts zu tun. Bis in die offiziellen Dokumente hinein wurde der Begriff aber hartnäckig verwendet, was den Verdacht nähren könnte, dass die Deutschen ein ganz eigenwilliges Verständnis von einer Währungsunion haben oder noch schlimmer, dass etwas verschleiert werden sollte. Der die deutsche Einheit begleitende monetäre Vorgang bestand aus nicht mehr als einer Ausdehnung eines Währungsgebietes auf ein anderes und der simultanen Beseitigung einer anderen Währung. Wenn der Begriff „Währungsunion" überhaupt einen Sinn machen soll, muss er mindestens enthalten, dass zwei oder mehr vormals unabhängige Währungen gleichberechtigt zu festgelegten Paritäten in einer neuen Währung aufgehen.

Im Vorfeld der Debatte um die europäische Währungsunion kam in den frühen neunziger Jahren urplötzlich eine Diskussion um historische Währungsunionen auf (vgl. Theurl 1992). Damals wie heute unterlief den Autoren der Fehler, dass das europäische Vorhaben dekontextualisiert und „abstrakt" in einem ordnungspolitischen Vergleich mit historischen Währungsunionen konfrontiert wurde. Dieser Vergleich war und ist meist interessegeleitet, da der Nachweis geführt werden sollte, dass die europäische Währungsunion das Schicksal mit den historischen Währungsunionen teilen würde, den Untergang, weil nämlich die historischen Währungsunionen wie die europäische Währungsunion ohne Wirtschaftsunion konzipiert seien, was auf Dauer zu einem krisenhaften Zerfall führe.

Die europäische Währungsunion ist aber eine Währungsunion *sui generis* – wie im Übrigen das europäische Projekt selbst –, so dass der Vergleich hinkt und im Grunde nicht zu verwertbaren Ergebnissen kommen kann. Sui generis meint in diesem Zusammenhang, dass die europäische Währungsunion nur als Durchgangsstadium in einem übergreifenden Prozess zu verstehen ist, von daher nur aus einer spezifischen Konstellation der Vergangenheit und in einer spezifischen Perspektive in der Zukunft verstanden werden kann. Erst so ist diese Währungsunion angemessen kontextualisiert. Damit ist das *erste* Definitionselement der europäischen Währungsunion in ihrer egalitären Form benannt, die *Einbettung in den europäischen Integrationskontext*, und zwar nach seiner wirtschaftlichen, mehr aber noch nach seiner politischen Seite hin.

Historische Währungsunionen waren selbstgenügsame Veranstaltungen, sie verfolgten nicht mehr als den Utilitarismus gewisser wirtschaftspolitischer Vorteile, die sich die Teilnehmer versprachen. Kein gemeinsamer Markt war geplant, keine Überwindung des Nationalstaates, im Gegenteil. Wenig überzeugend ist auch der Vergleich zwischen der europäischen Währungsunion und der Herausbildung eines einheitlichen, nationalen Geldwesens im Rahmen der Nationenbildung, z.B. der Entstehung des Deutschen Reiches und der Vereinigten Staaten von Amerika (vgl. Mayer 2013, S. 64 ff.). Auch dieser Vergleich beruht auf einer Dekontextualisierung, da es in dem einen Fall um die Herausbildung eines nationalen Geldwesens geht, während im anderen, dem europäischen Fall, weiter selbständige Nationen eine Währungsunion begründen.

Der *zweite* Aspekt der Definition der egalitär-europäischen Währungsunion betrifft die Trägerschaft. Eine Währungsunion wird von weiter souveränen Staaten getragen. Da es Staaten sind, welche die Währungsunion gemeinsam tragen, liegt es nahe, dass die Währungsunion ihrerseits auch dafür sorgt, dass ihre politischen Träger gleich behandelt werden. Eine egalitäre Währungsunion zeichnet sich also durch den Anspruch aus, einheitliche Zinsen – unabhängig von der Nationalität des Kreditnehmers – zu garantieren, so dass Unternehmen und Konsumenten auf dem Gebiet der Währungsunion, vor allem aber auch die „Stiftungsdirektoren", die Staaten, mit *gleichen Zinsen* kalkulieren können. Nur die Bonität zählt, nicht mehr die Nationalität.

Der *dritte* definitorische Aspekt betrifft das Funktionszentrum der Währungsunion, d.h. die Zentralbank. Da die Währungsunion von weiter unabhängig bleibenden Staaten getragen wird, kann die Zentralbank zwangsläufig keine staatliche Zentralbank sein, da es keinen unitären

1. Der Übergang von der egalitären zur hegemonialen Währungsunion 231

Staat gibt, ihre Unabhängigkeit, nicht nur in Hinblick auf Weisungen, ergibt sich schon aus dem definitorischen Kern der Währungsunion. Das gilt jedenfalls für staatliche Papiergeldsysteme. Die historischen Währungsunionen und ihre Notenbanken waren eingebettet in den sogenannten Goldautomatismus. Entscheidend für dieses Zentrum in der egalitären Währungsunion ist, dass es im Selbstverständnis mehr ist, als eine technokratische Einheit für die Gewährleistung stabiler Preise. Die *doppelte Unabhängigkeit* bewirkt auf der Seite des Funktionszentrums eine Zunahme an *Verantwortung* der gesamten Währungsunion gegenüber.

Das *vierte* Element der egalitären Währungsunion bezieht sich auf das kollektive Zugehörigkeitsgefühl, auf die Corporate Identity, das Selbstverständnis der Clubmitglieder. Dieser Aspekt hängt stark mit der Motivlage zur Begründung der Währungsunion zusammen. Die Motive zur Herstellung einer Währungsunion hängen von der vorherigen Währungsordnung ab. In Teil 4 wurde geschildert, dass die idealtypische Vorgängerordnung das Währungssystem gewesen wäre, dessen zentrale Aufgabe aus einer Harmonisierung und Koordinierung der nationalen Wirtschaftspolitiken besteht. Ist es eine Wechselkursordnung, muss wiederum gefragt werden, ob es eine hegemoniale Ordnung oder eine egalitäre war. Ist es die Konstellation des Währungswettbewerbs mit liberalisiertem Kapitalverkehr, muss unterschieden werden zwischen Starkwährungsländern und Schwachwährungsländern. Da auch Starkwährungsländer nicht gefeit sind gegen Währungsspekulation, kann ein Motiv für diese Ländergruppe sein, sich in einer Währungsunion unabhängig zu machen von den Fährnissen auf den Kapital- und Devisenmärkten. Für Schwachwährungsländer, die mit der Währungsunion ein zentrales wirtschaftspolitisches Gestaltungsmittel aufgeben, die Wechselkurspolitik, ist das gewichtigste Motiv, wie wir sehen werden, der Schutzraum, den die Währungsunion bietet. Vergleichbare Motive gelten für die symmetrische Wechselkursordnung. Generell spielt die Größe der Länder, die die Währungsunion begründen, eine Rolle: Eher größere Länder werden an einer Währungsunion weniger Interesse entwickeln als kleinere Länder.

Zusammengefasst bedeutet dies, dass mit der egalitären Währungsunion zwar keine „Transferunion" begründet wird, wohl aber eine Gemeinschaft – die deutschen Neoliberalen hatten in den neunziger Jahren dafür den Begriff der „Schicksalsgemeinschaft" parat –, die einen *Schutzraum* in der sich internationalisierenden Wirtschafts- und Finanzwelt bildet.

1.2 Die Zinskonvergenz

Der Beleg, der die größte Evidenz für die Funktionsweise einer egalitären Währungsunion für sich beanspruchen kann, ist der Konvergenzprozess bei den Anleihezinsen in der Gründungsphase. Wenn die Staaten, welche die Währungsunion tragen, in ihrem wechselseitigen Verständnis einander als gleich und gleichberechtigt gelten, dann wird dies von den Kapitalmärkten auch mit einem gleichen Zins für aufgenommene Kredite quittiert. Sie gelten den Kapitalmärkten dann nicht mehr als dieser oder jener Staat, sondern als eine *Staatengruppe*, die die Währungsunion trägt. Das entspricht der typischen Perspektive internationaler Kapitalmärkte und der dort handelnden Akteure. Egalitäre Währungsunion bedeutet egalitären Zins. Das besagt in der Folge, dass das Nationale zurücktritt, so dass – jedenfalls auf den Kapitalmärkten – mit der Trägerschaft der Währungsunion eine staatsähnliche Entität in einem Sinne entstanden ist, der politisches Vertrauen für die Privaten generiert.

Die Zinskonvergenz ist deshalb besonders bemerkenswert, weil ansonsten an den Kapitalmärkten die Renditejagd das bestimmende Element ist und die Anleger und die Helfer bei den Banken normalerweise keine Chance auslassen, um nicht doch noch irgendeinen „windfall profit" zu realisieren. Im normalen Geschäftsgang sind die Kreativität und die Risikofreude der Anleger beachtlich ausgeprägt, und es bleibt keine Situation aus, in der nicht doch noch das eine andere Geschäft gemacht werden kann.

All das ist in den ersten beiden Jahrzehnten der Währungsunion seit ihrer vertraglichen Begründung 1990/92 ausgeblieben. Mit dem Jahr 1997 setzte, wie sich in Teil 1 zeigte, bei den Anleihen der elf Gründungsmitglieder ein stabiler *Konvergenzprozess* ein, was auch unabdingbar war, denn die Entwicklung beim langfristigen Zinsniveau gehörte zu den sogenannten Konvergenzkriterien, die erst zur Teilnahme an der Währungsunion berechtigten. Das sogenannte Zinskriterium wiederum war an die Preisstabilität gekoppelt, was zum Ausdruck brachte, dass die Stabilität für alle Beteiligten die „Hauptlieferung" war, die man von der Währungsunion erwartete.[69] Das Zinskriterium galt also zum damali-

---

[69] Das Kriterium lautete, dass der langfristige Zinssatz (gemessen in der Rendite öffentlicher Anleihen mit zehn Jahren Laufzeit) bei einem Kandidaten für die Währungsunion um maximal 2 Prozentpunkte über dem Zinssatz der preisstabilsten Länder liegen durfte. Der Zinssatz der drei preisstabilsten Länder lag bei Österreich (5,6 Prozent),

gen Zeitpunkt als Kontrollkriterium, das Hauptaugenmerk lag eindeutig bei der Preisstabilität. Dass ausgerechnet die Nebengröße des Anleihezinses und damit die Staatsverschuldung später in den Mittelpunkt der Krise der europäischen Währungsunion rückten, gehört zu den Absonderlichkeiten dieser Krise.

Die Konvergenz blieb dermaßen stabil, dass auch ökonomische und politische Krisen sie nicht beeinträchtigen konnten. Das Platzen der New-Economy-Blase überstand der Konvergenzprozess ohne die Spur einer Irritation. Selbst als 2004 ruchbar wurde, dass Griechenland bei seinem Beitritt zur Währungsunion geschönte Daten verwendete, oszillierte an den Anleihemärkten kein einziger Kurs für griechische Papiere. Und als ein Jahr später die EU mit den beiden Referenden in Frankreich und den Niederlanden zum Verfassungsvertrag in eine massive politische Krise geriet, entwickelte sich nicht wie sonst an den Kapitalmärkten eine Panik, sondern alles blieb in stabilen Bereichen. Und als im September 2008 die Vertrauenskonstellation im Interbankenbereich abrupt einbrach und auf tiefstem Niveau vergletscherte, blieben die Oszillationen an den Anleihemärkten noch ein Jahr lang mehr als überschaubar. Das Vertrauen in die egalitäre Währungsunion schien schier unerschütterlich. An der Zinsentwicklung auf den Anleihemärkten war nichts an krisenhaften Entwicklungen abzulesen.

1.3 Der Vertragskontext

Folgt man den in Teil 4 angestellten Überlegungen zu den Integrationsprämissen, speziell jenen zu den spezifisch-europäischen Integrationsprämissen, dann kann verlässlich davon ausgegangen werden, dass die europäischen Verträge an ihren zentralen Nahtstellen kompromisshafte Überlappungen zwischen deutschen und französischen Positionen aufweisen, die – soweit es um ordnungspolitische Wirtschaftsfragen geht – auf eine „*mixed economy*" hinauslaufen. Genauso verhält es sich auch mit dem Nichthaftungsartikel des AEUV, der eben nicht als alles überragende Spielregel im Vertrag herausragt, wie es in der deutschen Debatte meist aufschien.

Frankreich (5,5 Prozent) und Irland (6,2 Prozent), sodass der Referenzwert 7,8 Prozent betrug.

Der Nichthaftungsartikel (Artikel 125) figuriert gewissermaßen für die *deutsche Position* im Maastrichter Vertrag in Hinblick auf das föderale Verhältnis zwischen den Mitgliedstaaten.

„Die Union haftet nicht für die Verbindlichkeiten der Zentralregierungen, der regionalen oder lokalen Gebietskörperschaften oder anderen öffentlich-rechtlichen Körperschaften, sonstiger Einrichtungen des öffentlichen Rechts oder öffentlicher Unternehmen von Mitgliedstaaten und tritt nicht für derartige Verbindlichkeiten ein … Ein Mitgliedstaat haftet nicht für die Verbindlichkeiten der Zentralregierungen, der regionalen und lokalen Gebietskörperschaften oder anderen öffentlich-rechtlichen Körperschaften, sonstiger Einrichtungen des öffentlichen Rechts oder öffentlicher Unternehmen von Mitgliedstaaten und tritt nicht für derartige Verbindlichkeiten ein" (Artikel 125, AEUV).

Der Artikel formuliert die Regel für den „normalen Gang der der Dinge". Für diesen normalen Gang der Dinge wird einerseits für die Kapitalmärkte, andererseits für die Mitgliedstaaten der Eurogruppe festgehalten, dass die Fiskalpolitik auf eigene Rechnung erfolgt.

Bevor wir der Spur der „mixed economy" weiter nachgehen, erfolgt noch ein Hinweis auf den sprachlogischen Gehalt der Vertragsformulierungen. Die Vertragssprache wählt die negativ konnotierten Verben „eintreten" und „haften", womit nur ein Automatismus ausgeschlossen ist. Es handelt sich um eine Art Klarstellung für die gerade angeführten Adressaten. Die Formulierungen stellen keine Operatoren oder Anweisungen dar für eine bestimmte Not- oder Ausnahmesituation, zu der wir jetzt kommen. Artikel 125 beschreibt einen Zustand, keine Verhaltensweise.

Auf der Spielregelebene selbst ist ein weiterer Kontext zu beachten, und zwar in Hinblick auf unterschiedliche Regeltypen. Es gibt zunächst das, was man die eigentlichen Spielregeln nennen kann. Diese geben vor, wie sich die Akteure in bestimmten Spielsituationen verhalten sollen, was erlaubt, was verboten ist, was passiert, wenn das Verbot verletzt wurde usw. Dann gibt es aber für komplexere Spiele Regeln für den Fall, dass das Spiel aufgrund externer Ereignisse abgebrochen werden muss. Kurz: es gibt Spielregeln für den normalen Ablauf und es gibt Spielregeln für den Ausnahmefall, für den Abbruch des Spiels. Und in diesem Zusammenhang erhält der Artikel 122 AEUV seine Bedeutung, der Solidaritätsartikel, der als die *französische Position* im Maastrichter Vertrag

1. Der Übergang von der egalitären zur hegemonialen Währungsunion

gedeutet werden kann. Er formuliert die Regel für den *Ausnahmefall*, die Regel für den Abbruch des Spiels. Die Bestimmung lautet:

„(1) Der Rat kann auf Vorschlag der Kommission unbeschadet der sonstigen in den Verträgen vorgesehenen Verfahren im Geiste der Solidarität zwischen den Mitgliedstaaten über die der Wirtschaftslage angemessenen Maßnahmen beschließen...
(2) Ist ein Mitgliedstaat aufgrund von Naturkatastrophen oder außergewöhnlichen Ereignissen, die sich seiner Kontrolle entziehen, von Schwierigkeiten betroffen oder von gravierenden Schwierigkeiten ernstlich bedroht, so kann der Rat auf Vorschlag der Kommission beschließen, dem betreffenden Mitgliedstaat unter bestimmten Bedingungen einen finanziellen Beistand der Union zu gewähren. Der Präsident des Rates unterrichtet das Europäische Parlament über den Beschluss" (Artikel 122 AEUV).

Dass die Union eine Solidargemeinschaft ist, wird auch an prominenteren Stellen des Vertrages hervorgehoben. Die Union „fördert den wirtschaftlichen, sozialen und territorialen Zusammenhalt und die Solidarität zwischen den Mitgliedstaaten" (Artikel 3, AEUV). Damit ist nicht mehr gesagt, als dass europäische Integration keine utilitaristische Veranstaltung für komparative Vorteile der Partner darstellt, sondern weit darüber hinausgeht und Ausgleichs- und Entwicklungsdimensionen in sich birgt. Was für die Union allgemein gilt, gilt selbstredend auch für die Währungsunion im Besonderen.

Damit ist der vollständige Satz an Spielregeln für die egalitäre Währungsunion beisammen. Wir werden weiter unten sehen, dass die egalitäre Währungsunion u.a. dadurch ausgehebelt wurde, dass der No-Bail-Out-Artikel dekontextualisiert und zur alleinigen Spielregel stilisiert wurde. Der Egalitarismus besteht bei den Spielregeln aus der Transparenz für den normalen Gang und der Absicherung für den Notfall.

Und ein weiterer Aspekt ist zu beachten. Gedacht war und ist der Artikel 125 als *Signal* in zwei Richtungen, einerseits an die Kapitalmärkte und andererseits an die Mitgliedstaaten selbst, womit er selbstreflexiv ist. Weiter unten wird sich zeigen, dass letztere, die Mitgliedstaaten, das Signal verstanden und danach gehandelt haben. Bewirkt werden sollte mit dem Artikel sorgsames Haushaltsgebaren und daran haben sich die Staaten in dem Jahrzehnt der egalitären Währungsunion gehalten. In diesem Aspekt hat die Spielregel also gegriffen. Anders verhält es sich mit dem zweiten Signalaspekt. Man kann darüber spekulieren, ob die Spielregelmacher in den Verhandlungen daran dachten, dass sich die Staaten den Marktkräften unterwerfen und sie von den Finanzmärkten mit differenzierten Risikoprämien versehen werden. Das ist insofern unwahrscheinlich, als man ja, wie wir oben gesehen haben, den Konvergenzprozess gerade auch von einer Konvergenz der Anleihezinsen abhängig gemacht hat.

Die Finanzmärkte haben in den ersten zehn Jahren der Währungsunion durch den gleichen Anleihezins für alle Mitglieder der Union ganz klar reagiert. Es ist nicht so, dass sie den Regelfindern misstraut haben und doch von einem Bail-In im Notfall ausgegangen sind, sondern sie haben die Fiskalpolitik der Mitgliedstaaten als solide bewertet. Das war insofern konsequent, als die Staaten ja tatsächlich verantwortungsvoll gehandelt haben, solide Haushaltspolitik betrieben haben, so dass kein Anlass gegeben war, sie mit Zinsaufschlägen zu versehen. Umgekehrt wäre die Konstellation des einheitlichen Anleihezinses Anlass gewesen, auf das Signal der Finanzmärkte zu reagieren. Die Regelerfinder, die Europäer, haben es in dieser Zeit versäumt, das Signal der Finanzmärkte aufzugreifen und ihrerseits zurückzureflektieren. In den Bilanzen zu dem zehnjährigen Jubiläum des Euros kam an keiner Stelle vor, die Finanzmarktintegration in der Weise zu vertiefen, dass bspw. gemeinsame Anleihen anvisiert wurden.

Zum Abschluss für diesen Teil sei noch auf die Begründung eingegangen, mit der die Europäer die Rettungsaktionen für die Problemstaaten ab Mai 2010 versehen haben. In einem Infobrief der Wissenschaftlichen Dienste des Deutschen Bundestags, der am 3. Mai 2010, zwei Wochen vor den Beschlüssen zur Griechenland-Hilfe, veröffentlicht wurde, kann, wenn man so will, die Argumentation der Bundesregierung zur Frage der Kompatibilität der Hilfe mit dem Artikel 125 nachvollzogen werden. Das Gutachten schließt die Anwendbarkeit des Artikels 122 aus, da als „Helfer" dort ausschließlich die EU vorgesehen sei. Das ist zwar formal korrekt, ändert aber nichts an der Tatsache, dass der Vertrag, wie oben gesehen, beides wollte, die Regel für den Normalfall und die Regel für den Ausnahmefall.

Ansonsten kann dem Gutachten entnommen werden, dass die Griechenland-Hilfe dem No-bail-out-Artikel nicht widerspricht. Die Argumente lauten dabei:

1.) Der Artikel 125 schließe eine Beistands*pflicht* der Gemeinschaft aus, *nicht aber freiwillige Hilfe auf bilateraler Basis.*

2.) Bei der beabsichtigten und den späteren Hilfen handele es sich nicht um ein Bail-Out in dem Sinne, dass Schulden übernommen würden oder eine Schenkung erfolge, sondern um einen Kredit, der zurückgezahlt würde und an Konditionen geknüpft sei. Das hat bislang jedenfalls dazu geführt, dass die staatlichen Geber der Hilfen Zinsgewinne einstreichen konnten.
3.) Im Übrigen könne auch von einer vertragsbasierten Pflicht zur Solidarität als zentraler Unionsbestimmung ausgegangen werden. In Artikel 3 EUV wird als Ziel der Union die Förderung der „Solidarität zwischen den Mitgliedstaaten" festgehalten.

1.4 Die Währungsunion als Schutzraum

Zunächst werfen wir einen Blick zurück auf die Zeit Ende der achtziger, Anfang der neunziger Jahre. Im Rahmen des Binnenmarktprojekts ging die EU schon in einer Art Vorleistung das Risiko ein, sämtliche Kapitalverkehrskontrollen zu beseitigen. Ohne die Perspektive einer Währungsunion wäre die Wechselkursordnung des EWS angesichts dieser Situation und der Deutung der Ordnung durch die Bundesbank kaum zu halten gewesen. Der Zusammenbruch der sozialistischen Staaten in Osteuropa brachte dann noch einmal einen enormen Schub in Richtung entfesselter Devisenmärkte. Welche Wucht die neuen Verhältnisse entfalten würden, zeigte sich 1992/93 bei der „finalen" EWS-Krise, als das britische Pfund aus der Ordnung heraus spekuliert wurde.

Eine Währungsunion stellt für Staaten unterschiedlicher Größen und unterschiedlich starker Währungen unterschiedliche Anforderungen, und es sind jeweils unterschiedliche Vor- und Nachteile für diese Staaten damit verknüpft. In der modernen globalisierten Welt, die kaum noch Kapitalverkehrskontrollen kennt, ist der zentrale Vorteil einer Währungsunion für kleine Länder und Länder mit tendenziell abwertungsverdächtigen Währungen ihre Schutzfunktion.

Zur Verdeutlichung dieser Funktion muss man sich nur im Gedankenexperiment die Folgen der Finanzkrise im Herbst 2008 für ein Europa ohne Währungsunion vorstellen. In den Wochen und Monaten nach dem 15. September 2008 hätte es in Europa massive Kapitalflucht aus den Währungsräumen kleiner Länder und von Ländern mit schwächeren Währungen gegeben, was in den üblichen Spiralen zu Abwertungen, realwirtschaftlichen Einbrüchen und weiterer Kapitalflucht geführt hätte.

Eine Wechselkursordnung wie das EWS wäre durch dieses Szenario nicht heil durchgekommen und förmlich hinweggefegt worden. Die hier im Gedankenexperiment durchgespielte Konstellation ergab sich in der Realität für die osteuropäischen Staaten im Gefolge der Finanzkrise. Im Transformationsprozess nach 1990 wurde in der Euphorie um die Einführung der Marktwirtschaft in Osteuropa abrupt der Kapitalmarkt vollständig geöffnet, so dass die Länder von Beginn an von den westlichen Kapitalbewegungen abhängig waren. Bis zum Ausbruch der Finanzkrise ging das auch leidlich gut, ab dem Herbst 2008 drehten sich die Ströme aber schlagartig, weil das „Vertrauen" des internationalen Kapitals verlorenging. Die Währungen Osteuropas rutschten in den freien Fall, manche Länder gerieten an den Rand der Zahlungsunfähigkeit.

Im Frühjahr 2009 entwickelte der IWF vor diesem Hintergrund in einem Strategiepapier den Vorschlag, die osteuropäischen Währungen in einer Notmaßnahme ohne Erfüllung der Beitrittskriterien und ohne Sitz und Stimme im EZB-Rat in die Währungsunion aufzunehmen. Insbesondere das Problem der z.t. extrem hohen Verschuldung in Fremdwährungen könne damit entschärft werden. Auch die anstehenden sozialen Einschnitte könnten unter dem Dach der Währungsunion milder ausfallen. Die Eurogruppe hatte im Frühjahr/Sommer 2009 die große Chance nicht nur zur Übernahme von wirtschaftspolitischer Verantwortung für die Neumitglieder der EU, sondern auch zum Aufbau eines internationalen Währungsblocks, der im Währungswettbewerb mit dem Dollar bestehen könnte. – Der IWF-Vorschlag wurde von Deutschland und von der EZB abgelehnt, so dass er erst gar nicht auf die Tagesordnung rückte.

Die Währungsunion stellt aber nicht nur einen Schutzraum für ehemalige Schwachwährungsländer und Länder mit kleinen, weltwirtschaftlich offenen Wirtschaftsräumen dar. Im Verlaufe des Jahres 2007, als die ersten Krisenschwalben flogen, verstärkt dann im Herbst 2008 als die Sturmvögel der Krise aufbrachen, wäre, wenn es die Währungsunion nicht gegeben hätte, nach allem, was man wirtschaftsgeschichtlich ableiten kann, ein massiver Kapitalzufluss in die D-Mark losgebrochen, was einen kaum mehr kontrollierbaren Aufwertungsdruck in Gang gebracht hätte (vgl. dazu Pissany-Ferry/Posen 2009, S. 36). Wenn man nun eingedenk des Rückgangs im deutschen BIP 2009 um 5 Prozent unter dem Schutzraum der Währungsunion hinzurechnet, dass die D-Mark infolge des Kapitalzuflusses massiv aufgewertet hätte, kann man kaum mehr nachzeichnen, welchen Konsequenzen die deutsche Wirtschaft, speziell die Abteilung Export ohne die Währungsunion ausgesetzt gewesen wäre. Es wäre förmlich zu einem Kollaps der Außenwirtschaft gekommen, in dessen Folge die deutsche Gesamtwirtschaft an den Rand von Auflösungserscheinungen geraten wäre. Es ist wohl keine Übertreibung die These zu formulieren, dass die deutsche Wirtschaft 2009 ohne den Schutzraum der egalitären Währungsunion einen Zusammenbruch erlitten hätte, der dem der Weltwirtschaftskrise von 1929 in nichts nachgestanden hätte.

In Deutschland gibt es darüber praktisch keine Diskussion. Der Schutzraum „Währungsunion" – auch und gerade für Deutschland – wurde geflissentlich übersehen, stattdessen feierte man die Erfolge des Jahres 2010, als das BIP wieder kräftig wuchs, als Erfolg der eigenen Anstrengung, obwohl sie nicht einmal das waren, denn das exportgetriebene Wachstum musste ja irgendwo auf die Bereitschaft zur Verschuldung und der Nachfrage an anderer Stelle treffen. Statt die Währungsunion auch als Schutzraum für die eigene Wirtschaft wahrzunehmen, mokierte man sich in Deutschland über den Schutzraum für die anderen Länder, die sich darunter unsolide Fiskalpolitiken geleistet hätten, was, wie wir gleich sehen werden, nicht stimmte.

1.5 Zehn erfolgreiche Jahre und ein Problem (1999 – 2008)

Der historische Zufall wollte es so, dass in dem Jahr, als im Herbst 2008 der Schwarze Schwan auftauchte, im Frühjahr zuvor die Währungsunion ihr zehnjähriges Jubiläum feierte. Damals gab es eine Reihe von Würdigungen zu den internen (Kommission 2008, EZB 2008, Trichet 2008) und externen (Pisani-Ferry/Posen 2009) Erfolgen der Gemeinschaftswährung. Der gemeinsame Tenor war einhellig der, dass der Euro – entgegen den skeptischen Prognosen aus der Übergangsphase und bei aller Kritik im Detail – eine „*Erfolgsgeschichte*" darstelle. Im Folgenden wird an ausgewählten Kriterien diese Erfolgsgeschichte der egalitären Währungsunion wiedergegeben.

Tab. 6: *Ausgewählte Wirtschaftsdaten für die Währungsunion*

	2002	2003	2004	2005	2006	2007	2008
Wachstum (BIP)	0,9	0,7	2,2	1,7	3,2	2,9	0,4
Preise, Inflationsrate	2,3	2,1	2,2	2,2	2,2	2,2	3,3
Nettokreditaufnahme (in % am BIP)	-2,7	-3,1	-2,9	-2,5	-1,3	-0,7	-2,1
Schuldenstand (in % am BIP)	68,0	69,1	69,6	70,2	68,5	66,2	70,1

Quelle: Eurostat. Daten für die Eurogruppe in wechselnder Zusammensetzung. Daten für 1999-2001 stehen nicht zur Verfügung.

Wir beginnen mit dem Aspekt des *Wachstums*. Den ersten externen Schock, das Platzen der Dotcom-Blase im Jahr 2001/02, verkraftete die Euro-Gruppe zwar nicht so gut wie etwa die gesamte EU oder die USA, man rutschte aber auch nicht in Schrumpfungsprozesse. Die jahresdurchschnittliche Wachstumsrate in der Dekade lag bei 2 Prozent. Das Potentialwachstum wurde freilich nicht erreicht. Die Beschäftigung nahm um 16 Millionen Arbeitsplätze zu, was verglichen mit Vorperioden oder auch im Vergleich zu den USA ein guter Wert war. Die Arbeitslosigkeit sank auf 7 Prozent, den niedrigsten Stand seit 15 Jahren. Wirtschaftliche Aufholprozesse, mit die wichtigsten Themen der europäischen Integration, konnten v.a. Finnland, Griechenland, Irland und Spanien mit überdurchschnittlichen Wachstumsraten realisieren. Die Schlusslichter waren Deutschland, Italien und Portugal.

Mit einem *Inflationswert* von jahresdurchschnittlich 2,2 Prozent schlugen sich die Währungsunion und ihr Zentrum, die EZB, ausgesprochen gut. Man lag damit nur knapp über dem anvisierten Wert von unter, aber nahe 2 Prozent für die mittlere Frist, was insbesondere angesichts der Versechsfachung der Rohölpreise (zwischen 2002 und 2008) und dem beträchtlichen Anstieg bei den Lebensmittelpreisen eine besondere Leistung darstellte. Damit konnte man den „heiligen Schwur" aus der Gründungszeit der Währungsunion, dass der Euro genauso stabil wie die D-Mark würde, nicht nur einhalten, sondern sogar noch unterbieten. Die Inflationswerte für die D-Mark lagen in den siebziger Jahren bei 4,9 Prozent, in den achtziger Jahren bei 2,9 Prozent und in den neunziger Jahren

1. Der Übergang von der egalitären zur hegemonialen Währungsunion

bei 2,2 Prozent. Dass auch langfristiges Vertrauen in die Gemeinschaftswährung aufgebaut war, machte Trichet, der damalige EZB-Präsident, 2009 in einer Rede daran deutlich, dass die Inflationswartungen für den Euroraum stabil nach unten zeigten: Eine französische Staatsanleihe mit einer Laufzeit bis zum Jahr 2055 hatte zum damaligen Zeitpunkt (2008) eine Rendite von 4,1 Prozent, was ausgesprochen niedrig war (Trichet 2009).

Im Jahr 2007, dem Jahr vor dem Ausbruch der globalen Krise, betrug das *öffentliche Defizit* für den Euroraum als Ganzen 0,6 Prozent des BIP, ein in der längeren Sicht gesehen ungewöhnlich niedriger Wert. Kein Land verletzte in diesem Jahr das Maastricht-Kriterium zum jährlichen Haushaltsdefizit. Zehn von fünfzehn Ländern wiesen einen Haushaltsüberschuss auf. Dass die egalitäre Währungsunion aufgrund der niedrigen Zinsen zu laxer Finanzpolitik geführt habe, ist vor dem Hintergrund dieser Zahlen als pure neoliberale Erfindung zu bezeichnen.

Der *Schuldenstand* der Euro-Gruppe war zwischen 1999 und 2008, dem letzten Jahr vor der Krise, mit den Werten 72,1 Prozent und 69,8 Prozent am BIP leicht rückläufig. Dass sich die Eurogruppe und insbesondere die früheren Schwachwährungsländer angesichts der ungewöhnlich niedrigen Zinsen munter verschuldet hätten, stimmt also ebenfalls nicht mit den Fakten überein. Im Gegenteil. Der Wert lag zwar in dieser Periode durchgehend über dem einschlägigen Maastricht-Wert, bedrohliche Ausmaße hat er aber nicht einmal im Falle von Griechenland (2008: 110,3 Prozent) und Italien (2008: 106,3 Prozent) erreicht. Der dann in den Jahren danach erfolgende, mitunter beträchtliche Anstieg war, wie schon mehrfach betont, eine *Folge* der Krise, die zu kreditfinanzierten Konjunkturprogrammen, Bankenrettungen und erhöhten Sozialausgaben geführt hat (vgl. Neubäumer 2011).

Bereits mit seiner Einführung als Buchgeld 1999 reüssierte der Euro als *internationale Reservewährung* mit einem Anteil von rund 18 Prozent an den Weltwährungsreserven. Das war mehr als die Summe seiner Vorgängerwährungen. Einen erneuten Schub brachte der Übergang in die reale Zirkulation im Jahr 2002, als der Anteil auf rund 25 Prozent stieg. Bis zum Ausbruch der Finanzkrise 2008 stieg er weiter leicht an, um anschließend ebenso leicht zurückzugehen (vgl. EZB 2008, S. 107 ff.). Erwähnt werden muss in diesem Zusammenhang, dass die internationale Funktion des Euros kein Ziel der EZB an sich darstellt. Das wird von offizieller Seite immer wieder betont. Als explizites Ziel besteht die Reservewährungsfunktion für keine internationale Währung. Bei den Europäern hat es den Anschein, als wolle man den Euro bewusst in einer subalternen Position halten.

Schon die Tatsache, dass in der Zeit der europäischen Krise, 2010-2012, nicht einmal andeutungsweise Enthortungen des Euros seitens internationaler Zentralbanken stattgefunden haben oder der Euro im Wechselkurs gegenüber anderen Währungen nur mäßige Rückgänge zu verzeichnen hatte, mag belegen, dass diese Krise nicht einmal in grober Annäherung als eine Krise des Euros tituliert und gedeutet werden kann. Die internationale Reputation der Gemeinschaftswährung blieb unbeschädigt, obwohl in Deutschland, einem der Kernländer des Euros, von einschlägiger Seite und einschlägigen Medien eine Debatte um die Währungsunion als Ganzer losgetreten wurde.

Zu bedenken ist, dass einer weiteren Ausdehnung der internationalen Funktionen des Euros – z.B. als Anlagewährung – gerade zwei durch die Krise der Währungsunion erzeugte Ergebnisse entgegenstehen. Das eine Ergebnis betrifft die Festlegung Deutschlands, auf absehbare Zeit keine Eurobonds mitzutragen. Dies führt dazu, dass der europäische Anleihemarkt, an sich vom Volumen her beträchtlich, weiter fragmentiert bleibt und für die großen privaten und internationalen Fonds nur ein eingeschränkteres Anlageinteresse hervorruft. Zum anderen steht der Gewichtszunahme entgegen, dass die im Wesentlichen durch Deutschland geprägte Krisenlösung eine primär nach innen gerichtete restriktive Grundrichtung wählte, die die Gemeinschaftswährung für internationale Anleger und Zentralbanken weniger interessant macht. Die Übernahme von Verantwortung in weltwirtschaftlicher Perspektive sieht anders aus.

Als Erfolg gewertet wurde in der Fachliteratur auch die Umstellung der *Geldpolitik der EZB*, die auf eine Modernisierung des geldpolitischen Instrumentariums hinauslief. Mit der Strategiereform 2003 bewegte man sich weg von der alten, von der Bundesbank gepflegten Strategie der Geldmengensteuerung hin zu einer Orientierung an den Inflationserwartungen (vgl. Bley 2008). Im internationalen Vergleich entwickelte die EZB damit im Rahmen ihres Mandats eine geldpolitische Mischstrategie. Letzteres bedeutet, dass sie im Vergleich mit den erheblich politischeren anderen großen Notenbanken der Welt, der Fed, der Bank von England und der Bank von Japan, eingeschränkt blieb. Angesichts des Fehlens einer Politischen Union ist dies auch nicht weiter verwunderlich.

Auch der *Binnenhandel* der Eurogruppe entwickelte sich positiv. „Ein Markt – eine Währung" – das war die zentrale propagandistische Parole, mit der die Europäer 1989/1990 ihren Werbefeldzug für die Einführung

1. Der Übergang von der egalitären zur hegemonialen Währungsunion 243

einer Währungsunion führten. Dieser marktbezogene Ansatz war naheliegend, weil der gemeinsame Markt, später dann der Binnenmarkt den zentralen Integrationsansatz ausmachte. Durch den Wegfall der Transaktionskosten und des Wechselkursrisikos in einer Währungsunion ließen sich die grenzüberschreitenden Handelsströme ausdehnen, die wechselseitigen Direktinvestitionen fördern und der Wettbewerb intensivieren. Soweit dies statistisch messbar ist, hat die Währungsunion tatsächlich zu einer Intensivierung des Handels im Euroraum geführt. Die Kommission führt in ihrer Mitteilung zum zehnjährigen Jubiläum der Währungsunion an, dass die Handelsströme innerhalb des Euroraums mittlerweile ein Drittel des BIP ausmachen gegenüber einem Viertel zehn Jahre zuvor (EU-Kommission 2008).

In den erwähnten Jubiläumsschriften zum zehnten Jahrestag der Währungsunion (EZB 2008, S. 113 ff., EU-Kommission 2008, S. 94 ff. und 184 ff.) werden eine ganze Reihe von Fortschritten bei der *Finanzmarktintegration* zusammengetragen und anstehende Herausforderungen der Zukunft thematisiert, an den zentralen Problemen die dann in der folgenden globalen und europäischen Krise deutlich wurden, zielten die Ausführungen aber vorbei. Drei Aspekte seien genannt: 1.) Die Finanzmarktintegration hatte bis zu diesem Zeitpunkt kaum dazu beigetragen, dass europäische Banken entstanden. Es blieb bei nationalen Banken, die sich aufmachten, europäisch zu agieren. 2.) Obwohl viel von Vereinheitlichung in der Finanzmarktintegration geschrieben wurde, blieb die Zinskonvergenz bei den Staatsanleihen unerwähnt. Schon gar nicht wurde die reale Konvergenz genutzt, um daraus produktive Vorschläge abzuleiten. 3.) Ganz unterbelichtet fielen auch die Ausführungen zu dem Regelungsbedarf der Finanzmarktinstitute aus. Gemessen an dem, was fünf Jahre später auf diesem Sektor alles geregelt wurde („Bankenunion"), finden sich nur Spurenelemente in den Jubiläumsschriften. Der Sachverhalt erklärt sich einfach dadurch, dass die Kommission vor der Krise zu den inbrünstigsten Anhängern der intrinsisch stabilen Finanzmärkte gehörte.

Die Ausnahme von der Positivbilanz war die Entwicklung bei den *Lohnstückkosten*. Man kann nicht sagen, dass die Währungsunion in diesem Zusammenhang versagt hat. Das hat sie deshalb nicht, weil dieses Terrain nicht zu den von ihr zu bearbeitenden Aufgaben gehört. In Teil 2 haben wir den Begriff des Nationengitters eingeführt und genau in dessen Zuständigkeitsbereich gehört die Abstimmung über die makroökonomische Politik. Die Währungsunion bildete das Dach, unter dem sich die Wettbewerbspositionen der an der Währungsunion teilnehmenden Länder gravierend verschoben haben. Die in Teil 4 eingeblendeten großen Wechselkursordnungen der Nachkriegszeit, das Bretton-Woods-System und das EWS, ermöglichten Ländern bei einem stärkeren Anstieg der Lohnkosten und/oder der Preise eine Wechselkursänderung, um Wettbewerbsfähigkeit wieder zurückzuerlangen. In einer Währungsunion ist dies ausgeschlossen. Wenn nun ein Land der Währungsunion eine Lohnkonkurrenz nach unten entfesselt, wie durch Deutschland geschehen, und die anderen Mitglieder des Clubs nicht, verschlechtern sich deren Wettbewerbspositionen und in der weiteren Folge davon deren Leistungsbilanzen.

In zehn Jahren Währungsunion sind die Lohnstückkosten in Griechenland um 26 Prozent gestiegen, in Deutschland nur um rund 8 Prozent. Diese Verschiebung in der Wettbewerbsfähigkeit zwischen zwei Ländern oder innerhalb einer Ländergruppe – Rückgang bei den einen, Zunahme bei dem anderen – lässt aber für sich genommen keinen Schluss für das Wegbrechen des Vertrauens auf den Finanzmärkten für griechische Anleihen zu. Es gibt auch keinen immanenten Zusammenhang auf der Wettbewerbsskala: die deutsche Industrie hat der griechischen weder Märkte streitig gemacht durch eine Niedriglohnkonkurrenz, da auf völlig unterschiedlichen Märkten konkurriert wird, noch ist die griechische Schwäche in einem irgendwie gearteten direkten Zusammenhang eine Folge der deutschen Stärke.

Es gibt auch keine explizite Regel des Vertrages von Maastricht in der Weise, dass bei einem angestrebten Inflationsziel der EZB von rund zwei Prozent sich die Entwicklung der Löhne aller Mitglieder der Eurogruppe in einer bestimmten Matrix vollzieht, die dafür sorgt, dass keine allzu großen Divergenzen (mit den entsprechenden Folgen bei den Lohnstückkosten und der Wettbewerbsfähigkeit) eintreten. Der Vertrag formuliert gerade keine gemeinsame Wirtschaftspolitik und deshalb ist auch jeder Staat für die seine verantwortlich. Wenn sich die am Wirtschaftsprozess beteiligten Akteure des einen Staates auf eine Lohnspreizung einschließlich einer Öffnung am unteren Ende am Arbeitsmarkt einigen und der andere Staat passable Lohnzuwächse zulässt, dann fällt das nicht in den Verantwortungsbereich der Währungsunion, sondern jenen der auf Kooperation basierenden Wirtschaftsunion, also die europäischen Räte.

Das Problem in der makroökonomischen Koordination innerhalb der Währungsunion liegt auf einer anderen Ebene. Es geht um das „Geschäftsmodell" Deutschlands. Deutschland praktiziert das Modell des Merkantilismus, das Modell eines aufholenden Schwellenlandes, das sich über eine „interne Abwertung" Wettbewerbsvorteile – gegenüber den Genossen in der Währungsunion, aber auch gegenüber dem Nicht-Euro-Gebiet – verschafft. Erstens als großes Land und zweitens als technologisch führendes Land und drittens als Land mit europäischer Verantwortung und viertens als Land der Währungsunion müsste Deutschland ein Modell des großen Nachfrage-Magneten praktizieren, der nachholende Entwicklung der Peripherie-Staaten nicht nur ermöglicht, sondern fördert.

Wenn, wie wir oben hervorgehoben haben, die Zinskonvergenz der politischen Einheiten der Währungsunion die Schlüsselgröße für deren egalitären Charakter ist, dann stellt sich die Frage, über welche Mechanismen, welche Größen die Zinskonvergenz aufgehoben und in eine Zinsdivergenz mit mehr oder weniger großen Spreads verwandelt wird. Insbesondere stellt sich die Frage nach einem möglichen Zusammenhang zwischen einer Verschiebung in den Wettbewerbspositionen und den steigenden Anleiherenditen von Staaten mit Wettbewerbsschwäche. Makroökonomische Größen, gleich welcher Art, sind rechnerische Größen, die ex post in der Statistik erhoben werden. Als steuernde Größen gehen sie nicht direkt in Anlagedispositionen, Kaufentscheidungen oder Investments ein. Das bedeutet, dass kein direkter Weg von einer starken Passivierung in der Leistungsbilanz zu steigenden Anleiherenditen führt. Wer das behauptet oder insinuiert, betreibt Physik hinter der Physik – Metaphysik. Die Vermittlung kann nur darüber laufen, dass die Anleger auf den Anleihemärkten dieser oder jener makroökonomischen Größe ein besonderes Gewicht verleihen, was in ihre Forderung einer Risikoprämie eingeht. Die Verantwortlichkeit für die Verschiebungen in den Wettbewerbspositionen liegt, wie gesagt, letztlich bei den Räten.

1.6 Die Kapitalmärkte

Der Anleihezins für den öffentlichen Kredit war in den zehn Jahren der egalitären Währungsunion ein Zins auf die Währungsunion als Ganze und nicht ein Zins auf eine irische oder eine deutsche Anleihe. Das bedeutet nicht, dass die Anleihemärkte dem No-bail-out-Artikel nicht vertraut haben und insgeheim damit rechneten, dass Staatensolidarität walten würde. Im Gegenteil. Weil die Kapitalmärkte registrierten, dass kein Moral-Hazard-Verhalten vorlag, sich die Staaten trotz niedriger Zinsen fiskalpolitisch verantwortungsbewusst verhielten und den Artikel 125 als

Zentrum der Wirtschaftsunion akzeptierten, konnte sich der nahezu einheitliche Zins für den öffentlichen Kredit als Schlüsselgröße herausbilden. Nichts kann daher törichter sein, als diese Konstellation mit „Marktversagen" zu charakterisieren (vgl. Teil 1). Die Kapitalmärkte haben optimal reagiert. Es gab v.a. keine Verunsicherungen angesichts gewisser krisenhafter wirtschaftlicher und politischer Entwicklungen. Oben wurde darauf hingewiesen, dass es durchaus Krisen in den ersten zehn Jahren der Währungsunion gab. An den Eurogruppe-Anleihemärkten gingen die davon ausgehenden Wellen vollständig vorbei. Und selbst ein halbes Jahr nach dem Beginn der globalen Krise, als sich erste Oszillationen bei den griechischen Anleihen zeigten, ließ sich die Unruhe durch ein starkes Signal aus der Politik, wie wir oben bei der Erläuterung des Steinbrück-Almunia-Signals gesehen haben, beseitigen. Insgesamt zeigte sich darin eine sehr profunde Vertrauenskonstellation zwischen Kapitalmärkten und egalitärer Währungsunion.

1.7 Fazit

Bis zu dem plötzlichen Auftauchen des Schwarzen Schwans am 15. September 2008 schlug sich die egalitäre Währungsunion alles in allem beachtlich. Gemessen daran, dass sie ein Jahrhundertexperiment, das keinen Rekurs auf historische Erfahrungen ermöglichte, darstellte und gemessen daran, dass dieses Jahrhundertexperiment in einen nahezu vollständig liberalisierten weltwirtschaftlichen Kontext hinein gestartet wurde, konnte sich die Bilanz, die die Kommission und die EZB in ihren Berichten zogen – „Erfolgsgeschichte" – durchaus sehen lassen. Die EZB steuerte das neue Währungsgebiet strikt stabilitätsorientiert, die einzelnen Teilnehmerstaaten verhielten sich in Hinblick auf die Kreditaufnahme verantwortungsvoll. Bedingt durch die von der Bundesbank übernommene strikte Stabilitätsorientierung fiel das Wachstum des Euroraumes eher spärlich aus. Verstärkt wurde dies noch durch die schon fast chronische Wachstumsschwäche des größten Eurolandes, Deutschlands.

Nicht unerwähnt bleiben darf noch ein anderer Aspekt. In ihren berechtigten Würdigungen zum zehnjährigen Jubiläum der Währungsunion erwähnten weder die EZB (2008) noch die Kommission (2008) die Brisanz um den – wie sich wenig später herausstellen sollte: fragilen ordnungspolitischen Kern der egalitären Währungsunion – die Zinskonvergenz. Weil man keine schlafenden Hunde wecken wollte? Keiner redete

1. Der Übergang von der egalitären zur hegemonialen Währungsunion 247

darüber, und schon gar keiner würdigte die Zinskonvergenz als Triumph der Währungsunion.[70] Es kann als einzigartiger Erfolg der egalitären Währungsunion gewertet werden, dass sie den Kapitalmärkten ihren Stempel aufdrückte und ein überzeugendes Geflecht von Vertrauen erzeugte. Die beiden mächtigsten europäischen Institutionen erwähnten nur äußerst marginal die sich aufbauenden makroökonomischen Ungleichgewichte und deren Dynamik.[71] Weil man es sich mit den Deutschen nicht verderben wollte? Und schließlich: weil man wohl selbst an die Tertiarisierung und die segensreichen Wirkungen einer entfesselten Finanzindustrie glaubte, erwähnten die beiden Großinstitutionen nichts von aufgeblähten Finanzsektoren, die in bestimmten Ländern jede gesamtwirtschaftliche Balance stören könnten, oder von maroden Banken, die eine potentielle Gefahr für ganze Länder oder transnationale Kreditketten darstellen könnten.

Für das Ende der egalitären Währungsunion zirkulieren zwei am deutschen Erklärungsmarkt – sei er wissenschaftlicher oder sei er journalistischer Provenienz – gehandelte Varianten. Die übergroße Mehrheit erklärt die Krise der Währungsunion als eine Art Emanation marktfundamentaler Vorgänge. Die im Zuge der globalen Finanzkrise risikoaffiner gewordenen Finanzmärkte hätten Ende 2009 „urplötzlich" realisiert, dass es um die Staatsfinanzen in etlichen Staaten der Währungsunion nicht gut bestellt sei und so hätten sich nach und nach Risikoprämien auf den Anleihemärkten eingestellt, die irgendwann dann die Tragfähigkeit der Staatsfinanzen der betroffenen Staaten in Frage gestellt hätten.[72] Die zweite

---

[70] Bis ins Jahr 2008 haben die Statistiker der EZB in ihren Monatsberichten in der Abteilung „Finanzmärkte" unter der Überschrift „Renditen von Staatsanleihen" für zwei-, fünf-, sieben- und zehnjährige Staatsanleihen *einheitliche* (!) Renditen ausgewiesen. Für eine Währungsunion macht das ja auch Sinn, viel musste bei der Aufbereitung des Materials nicht gewichtet werden, da die Zinssätze auf einem konvergierten Niveau lagen. Die Statistiker gingen offensichtlich vom einheitlichen Zins auf Staatsanleihen als Normalzustand aus. Die Grafiken verschwanden mit dem Monatsbericht vom Februar 2008.

[71] Die Kommission spricht in ihrem Bericht zum zehnjährigen Jubiläum davon, dass hinsichtlich der Lohnstückkosten „immer noch erhebliche Unterschiede zwischen einzelnen Ländern" (Kommission 2008, S. 7) bestehen. Die laue Formulierung verdeckt völlig die von Deutschland seit 2003 angeworfene Dynamik.

[72] Nach meinem Überblick gibt es keine konsistente Erklärung dafür, wie der plötzliche Stimmungsumschwung an den Kapitalmärkten zustande kam. Die These vom Marktversagen in der ersten Periode der Währungsunion unterstellt einen zehnjährigen Dämmerschlaf am Kapitalmarkt, ein gerade für diesen Sektor eher unwahrscheinlicher Zu-

Variante – teils von Keynesianern, aber auch von Neoliberalen vertreten – setzt noch tiefer an und erklärt die Krise aus unionsinternen Verschiebungen in der Wettbewerbsfähigkeit und daraus folgenden Ungleichgewichten in den Leistungsbilanzen.

Die in dieser Arbeit präsentierte Variante deutet die Krise der Währungsunion als ordnungspolitische Krise, die weder dem einen noch dem anderen gerade geschilderten „physikalischen" Modell entsprungen ist. Es gab keine Zwangsläufigkeit der Krise, das zeigt schon die Kalmierung der Krisenphänomene im ersten Halbjahr 2009 durch die Steinbrück-Almunia-Hand. Schon gar nicht gab es eine materielle Übermacht der Marktkräfte, gegen die die Politik hilflos ausgeliefert gewesen wäre. Im Gegenteil: Die Kapitalmärkte lagen gerade auf der Intensivstation und richteten ihr Augenmerk in großer Demut auf die Politik. Es bestanden zahlreiche Alternativen, eine davon wäre gewesen, dass Deutschland und Frankreich vorübergehend für griechische Anleihen garantieren oder sie in ihr Portefeuille nehmen. Von den Möglichkeiten der EZB ist hier noch gar nicht die Rede.

Dass der Akteur Deutschland diese Spiellösung verweigerte, obwohl er die Möglichkeit dazu gehabt hätte, wird kein vernunftbegabter Beobachter des Krisengeschehens bestreiten wollen. Im Lande dieses Akteurs wurde aber unter dem Dach der Währungsunion ordnungspolitisch mächtig umgebaut. Wir haben das Quartett der ordnungspolitischen Karten eingangs dargestellt: der fleißige Lohnarbeiter, der Ehrbare Kaufmann, die Schwäbische Hausfrau und der besorgte Nationalökonom fanden sich zusammen. Offensichtlich gab es nach dem Regierungswechsel in Berlin im Herbst 2009 so viel Schwung, so viel Energie, so viel Druck, dass die ordnungspolitischen Karten in Europa neu gemischt werden konnten.

Dass dahinter kein vollständiges antizipierendes Konzept stand, versteht sich von selbst. Die griechischen Dummheiten und Unverschämtheiten kamen wie gerufen. Dass mit Griechenland eine ganze Büchse geöffnet wurde, die eigentlich der Pandora gehörte, war auch nicht abzusehen. Es setzte jedenfalls der verschlungene Weg des Trial and Error ein, den sicher keiner so vorhergesehen hatte. Am Ende aber sollte dann doch ein neues ordnungspolitisches Modell stehen, die hegemoniale Währungsunion, um die es im nächsten Teil geht.

stand. Es gibt nur eine Erklärung, sie wurde im Teil 1 skizziert: Der Stimmungsumschwung war das Ergebnis eines politischen Steuerungsprozesses, der das Gelände der Ordnungspolitik kartographisch neu vermessen wollte.

2. Die hegemoniale Währungsunion

2.1 Definition

Unter einer hegemonialen Währungsunion soll eine Währungsunion verstanden werden, die 1.) das Schlüsselelement der egalitären Währungsunion aufkündigt und von der Staatenungleichheit mit allen daraus folgenden Implikationen ausgeht, 2.) einen ausgewiesenen Hegemon kennt, der die Ordnung als solche dominiert und nutzen kann und 3.) das Fundament der Ordnung weg von der Politik in Richtung des Marktes verschiebt.

Auf einer konkreten Ebene bedeutet dies, dass die hegemoniale Währungsunion Elemente des Währungswettbewerbs in sich korporiert. Dieses scheinbare Paradoxon zeigt sich in der Weise, dass die Träger der Währungsunion nicht mehr als Gleiche in der Union gelten, sondern Marktbewertungen erhalten, die letztlich in einer Hierarchie resultieren, wie sie den reinen Währungswettbewerb auszeichnet. Konkret zeigt sich diese Hierarchie in den unterschiedlichen Risikoprämien, mit denen die Staatsanleihen der verschiedenen Träger der Währungsunion versehen werden. In der egalitären Währungsunion galten die Staaten als Teil eines bestimmenden Ganzen, in der hegemonialen Währungsunion werden sie wahrgenommen wie Staaten, die einander fremder werden.

Der Staatenwettbewerb bildet den Kern der hegemonialen Währungsunion. Schon in einem System des reinen Währungswettbewerbs sind es Staaten, die miteinander konkurrieren, da sie die Träger der jeweils nationalen Währungen sind. Ein, wenn auch nicht das ausschließliche Medium, in dem der Wettbewerb sich in dieser Ordnung vollzieht, ist der *Abwertungswettlauf*, um kompetitive Vorteile zu erlangen bzw. Nachteile auszugleichen. Die Abwertung kann also ex ante oder ex post eingesetzt werden.

In einer Währungsunion mit Staatenwettbewerb ist die Abwertung gleichsam definitionsgemäß ausgeschlossen. Da die Staaten in dem Neuarrangement offiziell besiegelt haben, dass sie sich nicht mehr als Gleiche begegnen, sondern als Wettbewerber, vollzieht sich der Wettbewerb jetzt zum einen über die Hierarchie der Bonität und damit der Anleihezinsen und zum anderen über das Kostenniveau im realwirtschaftlichen Sektor, d.h. letztlich über die *Lohnstückkosten*. In diesem Zusammenhang hat sich in Hinblick auf die analoge Ordnung des Währungswettbewerbs und die Abwertung der etwas zynische Begriff der *inneren Abwertung* eingebürgert, d.h. die relative Senkung des Lohnniveaus gegenüber den Mitkonkurrenten in der Währungsunion.

Es ist keineswegs zwingend, dass der Wettbewerb im realwirtschaftlichen Sektor die hegemoniale Währungsunion aus sich heraus treibt. Mit anderen Worten: Die europäische Krise war kein mit eherner Notwendigkeit eintretendes Ereignis, hinter dem ökonomischer Druck stand, der sich Luft verschaffte. Es war ein politisch gewollter Vorgang. Es gibt keinen Marktdruck dergestalt, dass sich auf den Anleihemärkten Risikoprämien in einer Währungsunion herausbilden. Wenn den Anlegern die Sicherheit vermittelt worden wäre, dass ihre Anleihen bedient werden, hätte die egalitäre Währungsunion weiter bestehen können. Kein Staat, nicht einmal Griechenland, war in der Situation der Krise in einer irgendwie „gefährlichen" Situation. Auch in einem föderalen Bundesstaat gibt es Regionen, die für den überregionalen Handel, den des Auslandes oder den des Inlandes, produzieren, also solche mit Leistungsbilanzüberschüssen, und solche mit dem Gegenprofil. Und dennoch zahlen die Bundesstaaten in Deutschland auf den Anleihemärkten den in etwa gleichen Zins. Auch ist der Länderfinanzausgleich nicht der Gegenposten von inländischen Handelsbilanzungleichgewichten.

In welcher Weise der Hegemon die neue Ordnung nutzen kann und welche ordnungspolitischen Elemente in der neuen Währungsunion enthalten sind, werden wir im Folgenden sehen. Insgesamt wird sich ein Ordnungsmodell zeigen, das zwar keineswegs ohne Widersprüche und Ungereimtheiten ist, von dem gleichwohl angenommen werden kann, dass es für eine mittlere Frist die Funktionsweise der Währungsunion bestimmen wird. Der zu beachtende Hauptaspekt ist, dass die neue Währungsunion in ihrer Logik auf das gesamte europäische Integrationsprojekt ausstrahlt.

2.2 Die Umdeutung des Artikels 125 (AEUV)

Unzweifelhaft ist, dass in der deutschen juristischen Kommentarliteratur mehrheitlich die These vertreten wird, der Artikel 125 schließe *jegliche*

2. Die hegemoniale Währungsunion

Form der finanziellen Hilfe aus.[73] Das aber will nicht viel sagen, denn die Art und Weise, mit der in Deutschland versucht wird, den Haftungsgedanken gegen jede volkswirtschaftliche und politische Rationalität durchzusetzen, grenzt an Besessenheit. Unzweideutig gehört das Haftungsprinzip zu den betriebswirtschaftlichen Kategorien, und ebenso unzweideutig ist, dass sich in den vergangenen Jahren die mikroökonomische Betrachtungsweise von Makroökonomie hierzulande sehr weit verbreitet hat.[74]

All das ändert nichts an der Tatsache, dass Sinn und Buchstaben des EU-Vertrages unter deutschem Druck gebogen werden mussten, um damit eine andere Funktionsweise der Währungsunion durchzusetzen. Die deutsche politische und juristische Mainstream-Interpretation hat den Artikel 125 als Regel *ausschließlich* für den Normalfall außer Kraft gesetzt und in ein gänzlich neues Regelumfeld gesetzt. Der Artikel wurde, wie wir oben gesehen haben, *dekontextualisiert* und für alle Fälle, nicht nur die normalen, sondern auch die Not- oder Ausnahmefälle umgedeutet. Die Revision des Artikels läuft darauf hinaus, dass der Ausnahmezustand gewissermaßen ins Spiel mit aufgenommen wird. Damit nimmt das neue Spiel in der hegemonialen Währungsunion Züge des Abenteuerspiels an.

Die deutsche Politik hat sich bei ihren Interventionen dermaßen verstiegen, dass sie aus einem Tatbestandsartikel, der die Realität beschreibt, einen Gebots- und Verbotsartikel gemacht hat. Aus der Beschreibung eines Soll-Zustandes wurde ein Sanktionsmechanismus abgeleitet. Jetzt wurde der Artikel 125 zu einer Fallbeil-Drohung, der einzelne Länder in ihrer Solvenz bedrohte. In dem Maße, wie seit dem Frühjahr 2010 die Anleihezinsen für verschiedene Staaten rapide anstiegen, musste nach Möglichkeiten gesucht werden, das Ganze der Währungsunion nicht zu gefährden. Wir werden gleich sehen, dass zu diesem Zweck ein neues Regelset ins Spiel kam, nämlich das des ESM.

Eine gängige neoliberale Argumentation zur Rechtfertigung des No-bail-out-Artikels hat das Muster, dass mit der strikten Verweigerung von

---

[73] Vgl. dazu die Literaturhinweise bei Rohleder u.a. (2010, S. 7) und Schmieding (2012, S. 213).

[74] Eines der Gestaltungszentren der neuen Währungsunion war das deutsche Finanzministerium. Wahrscheinlich besteht ein Zusammenhang zwischen dem Phänomen, dass der Haftungsbegriff – seiner Natur nach ein juristischer Begriff – dort zum Passepartout-Begriff für den Umbau der Währungsunion geformt wurde und dem in der Presse berichteten Phänomen, dass nicht nur die Spitze des Ministeriums von einem Juristen besetzt wird, sondern der ganze Stab überwiegend aus Juristen besteht.

Hilfe und Solidarität *Moral-Hazard-Verhalten* vorgebeugt werde. Wenn die Staaten wüssten, dass ihnen bei finanziellen Engpässen von der EU bzw. der Euro-Gruppe geholfen würde, neigten sie zu „großzügigen" staatlichen Ausgabeprogrammen und „Schuldenmacherei". Das ist die behavioristische Vorstellung von Politik, die ein großer Teil dieser Ökonomie verinnerlicht hat. Die These müsste sich belegen lassen am Verhalten der Staaten, die in den vergangenen drei Jahren in Finanzierungskrisen geraten sind. Die politischen Prozesse, die in den Exekutiven der bedrohten Staaten in Gang gekommen sind, stehen aber für das Gegenteil von Moral-Hazard-Verhalten. Noch jede der Regierungen, die den bitteren Gang zur EU-Kommission bzw. Troika antreten musste, scheute diesen Gang wie der Teufel das Weihwasser und versuchte ihn so lange wie möglich hinauszuzögern oder gar darum herumzukommen. Und die Regierungen verhielten sich zurecht so, denn mit dem Übergang zum Programmland war in der Regel ihr Schicksal als Regierung besiegelt, sie musste zurücktreten oder wurde in Wahlen abgestraft und aus der Regierung herausgewählt. Dass die europäische Hilfe durch den ESM und seinen Vorläufer, den EFSF, Moral-Hazard-Verhalten provoziert hätte, lässt sich nicht belegen.

2.3 Der Europäische Stabilitätsmechanismus (ESM)

Wir haben im einleitenden Teil 1 gesehen, dass in den Wochen kurz vor der Eskalation der Griechenland-Krise im Frühjahr 2010 eine Debatte um einen europäischen Währungsfonds hochflackerte, dann aber schnell erlosch. Die Akteure waren wohl skeptisch gegenüber neuen Institutionen, insbesondere die deutschen Akteure. Der Institutionalismus in der europäischen Integration ist eben nicht die Sache der Deutschen. Und als man die Europäische Finanzstabilisierungsfazilität (EFSF) einrichtete (Beschluss Juni 2010, in Kraft dann im August), dachten die Deutschen wahrscheinlich immer noch daran, dass es sich um eine ephemere Krisenerscheinung handele, die mit dem Ende der Krise auch wieder verschwinden würde. Erst auf dem Gipfel am 16./17. Dezember 2010 wurde der dauerhafte Krisenfonds ESM beschlossen (auf der Basis des Artikels 136 AEUV), formal in Kraft trat der Vertrag am 27. September 2012.

Währungsgeschichtlich geht die Diskussion um übernationale Währungsfonds auf die Debatte in der Gründungsphase des Internationalen Währungsfonds (IWF) in den frühen vierziger Jahren zurück. Der IWF in

2. Die hegemoniale Währungsunion

seiner ursprünglichen Bestimmung sollte das System fester Wechselkurse überwachen. Nachdem dieses System zusammengebrochen war, fand er seine Rolle als Vermittler von Krediten für von Insolvenz bedrohte Staaten und Entwickler von Auflagenpolitik für Schwellen- und Entwicklungsländer.

In seinem Bancor-Plan sprach Keynes die institutionelle Frage eher am Rande an. Die Rede war von einem „Vorstand der Clearing Union", der auf den symmetrischen Ausgleich der Außenhandelsbilanz achten sollte. Die Frage der Supranationalität und der Kompetenzausstattung blieb in dem Plan mehr im Hintergrund. Jedenfalls pries Keynes als einen der Vorteile seines Vorschlags die „anonyme" und „unpersönliche" Qualität, was eher auf eine geringere Machtausstattung hindeutet. Ebenso klar war aber, dass die Clearing Union mit ihrem Vorstand nur als Teil einer übergeordneten internationalen Wirtschaftsregierung gedacht war, die neben der Clearing Union einen den Konjunkturzyklus steuernden „internationalen Wirtschaftsausschuss" umfassen sollte.

In der europäischen Währungsgeschichte tauchte die Debatte um einen Währungsfonds nur am Rande auf (vgl. für das Folgende Polster 2002, S. 252 ff.). Für das EWS war ursprünglich daran gedacht, es weiterzuentwickeln in Richtung eines „institutionellen EWS", innerhalb dessen auch ein Fonds entstehen sollte mit weitreichender Kompetenz zur Koordinierung der nationalen Wirtschaftspolitiken. Die Institution wäre dann Teil eines eigentlichen Währungssystems gewesen, das mehr als eine Wechselkursordnung und weniger als eine Währungsunion ist. Diese Debatten machte nicht erst die geschichtlich gesehen überraschende Planung zur Währungsunion im Maastrichter Vertrag ein Ende, die Diskussion war schon etliche Jahre vorher beendet, als das EWS zu einer marktbasierten Wechselkursordnung verkam.

Manchen in der Krise beteiligten Akteuren war wohl bereits frühzeitig klar, dass es bei der einmaligen Griechenland-Hilfe vom Mai 2010 nicht bleiben würde. Der Europäische Rat bzw. die Regierungschefs der Eurogruppe erzielten am 16./17. Dezember 2010, ein gutes halbes Jahr nach dem ersten griechischen Hilfspaket, Einvernehmen darüber, dass im Euro-Währungsgebiet ein *ständiger* Stabilitätsmechanismus errichtet werden müsste. Das zeigt, dass man durchaus das Verständnis hatte, eine Systemtransformation vorzunehmen.

Der damals angenommene Vorschlag ist seit dem 27. September 2012 in Kraft und löste die ad-hoc geschaffene EFSF ab.[75] Der ESM stellt eine *intergouvernementale* Institution dar, deren Träger die damals 17 Staaten des Euroraums sind. Vertragstechnisch musste für den ESM, wie wir in Teil 1 gesehen haben, auf dem Wege der einfachen Gesetzgebung in den Artikel 136 ein Absatz (3) eingefügt werden.

Die zentrale Kategorie des ESM ist die „Wahrung der Finanzstabilität des Euro-Währungsgebiets insgesamt" (Erwägungsgrund 6). Damit wird eine *Regelungslücke* des alten (Maastrichter) Vertrages geschlossen. Oben wurde dargestellt, dass die egalitäre Währungsunion nach dem AEUV zwar für den Normalfall und den Ausnahmefall eine Regelung getroffen hatte, diese aber insofern inkonsistent war, als der Ausnahmefall auf die EU und nicht die Eurogruppe abhob. Deshalb konnte beim ersten Auftreten des Ausnahmefalls auch nicht auf den Artikel 122 zurückgegriffen werden. Dort wird erstens nicht präzise die Bedrohung des gesamten Währungsraumes genannt und zweitens eben die EU und nicht die Eurogruppe als Helfer erwähnt. Mit dem ESM-Vertrag ist nun der Ausnahmefall klar beschrieben.

Der ESM erfüllt die Aufgabe eines Währungsfonds, indem er für Staaten, die an den Kapitalmärkten „schwerwiegende Finanzierungsprobleme" haben, einen Notkredit vermittelt. Dieser Notkredit wird nur „unter strikten wirtschaftspolitischer Auflagen" und einer Prüfung der Tragfähigkeit der Schulden gewährt (Artikel 3 und Artikel 12). Im Rahmen der Hilfe wird ein „Memorandum of Understanding" zwischen Troika und Antragsstaat ausgehandelt (Artikel 13).

Der ESM besitzt ein „anfängliches"[76] Darlehensvolumen von 700 Milliarden Euro, das von den 17 Mitgliedstaaten des Euro-Währungsgebietes nach einem bestimmten Beitragsschlüssel, der den Zeichnungsanteilen der Staaten am EZB-Kapital entspricht, getragen wird. Es besteht *keine gesamtschuldnerische Haftung*, sondern nur eine anteilsmäßige (Artikel 8). Dies und weiteres (s.u.) zeichnet ihn als intergouvernementale Institution aus.

---

[75] Auf eine eigene Darstellung der EFSF wird verzichtet, da sie in den Grunddimensionen dem späteren ESM ähnelte.

[76] Die Mittelausstattung entwickelte sich bei den über mehrere Monate laufenden Beratungen zu einem Dauerproblem. Während die Deutschen bremsten, wo es ging, forderte die Mehrheit der anderen Staaten eine reichliche Ausstattung bzw. eine Bankenlizenz, um den ESM zu einer schlagkräftigen Institution zu machen.

2. Die hegemoniale Währungsunion

Der ESM verfügt über einen *Gouverneursrat*, der aus den 17 Finanzministern der Eurogruppe besteht, und ein Direktorium mit einem geschäftsführenden Direktor für die operativen Geschäfte (Artikel 4 und 5). Die zentralen Fragen – z.b. die Gewährung von Finanzhilfe mit dem Auflagenpaket, die Veränderung des Darlehensvolumens, die Zinshöhe für gewährte Kredite – entscheidet der Gouverneursrat im „gegenseitigen Einvernehmen", was einer *Veto-Position für jedes einzelne Mitglied* gleichkommt (Artikel 5). Damit ist die Intergouvernementalität weiter befestigt.

Die Liste der Finanzhilfeinstrumente umfasst die „vorsorgliche Finanzhilfe", die „Finanzhilfe zur Rekapitalisierung von Finanzinstituten", das „ESM-Darlehen", die „Primärmarkt-Unterstützungsfazilität" sowie die „Sekundärmarkt-Unterstützungsfazilität" (Artikel 14-18).

Der ESM nimmt an den Kapitalmärkten einen Kredit auf und reicht ihn in Form eines Darlehens an einen Programmstaat bzw. eine notleidende Bank weiter. Er verfügt über ein bestimmtes Rating, zu Beginn lag es auf der Höchststufe, dann erfolgte eine Herabstufung.[77] Da er sich in jedem Fall zinsgünstig Kredite besorgen kann, hat er einen gewissen Spielraum bei der Zinsgestaltung an ein Programmland. Der Vertrag lässt dies etwas im Unbestimmten, weil im Hintergrund der Konflikt zwischen den Falken – den Deutschen –, die hohe Strafzinsen forderten, und den Tauben – den meisten anderen Staaten – schwelte. Der Bundesbank-Präsident Weidmann klagte vor dem Haushaltsausschuss des Bundestages bei der ESM-Gesetzgebung, dass ein Zinsaufschlag von 2 Prozent (bzw. 3 Prozent bei längeren Laufzeiten) über den Refinanzierungskosten des ESM gesetzt werden sollte.[78]

Vorgeworfen wurde dem ESM von den deutschen Kritikern, dass er die Personifizierung einer Moral-Hazard-Institution sei. Das aber ist ein ziemlicher Unfug, da er keinerlei falsche Anreize setzt, im Gegenteil: Nichts fürchten die Staaten so sehr, wie die Gefahr, „Programmland" zu werden, da der damit verbundene Souveränitätsverzicht die zu diesem Zeitpunkt regierenden Kräfte fast unweigerlich aus dem Amt fegt. So gesehen gehört der ESM von seiner ordnungspolitischen Eingruppierung

---

[77] Als die europäische Krise im Dezember 2012 auf einen ihrer Höhepunkte zusteuerte, senkte die Agentur Moody's die Bonität von Aaa um eine Stufe auf Aa1. Es folgten weitere Abstufungen.

[78] In den Entwurfsfassungen zum ESM waren die genannten Zahlen zu den Zinsaufschlägen immer enthalten, in der Endfassung sind sie verschwunden und es ist nur noch von einer „angemessenen Marge" die Rede (Artikel 20).

her zu der marktorientierten Drohgebärde, die „solides Haushaltsgebaren" einfordern will.

Der ESM stellt keinen „klassischen" Währungsfonds, wie etwa der IWF einmal konzipiert war, dar. Vom Ansatz her war der IWF eine supranationale Institution, die über einen Ermessensbereich von Entscheidungen verfügt. Demgegenüber bildet der ESM nicht nur eine intergouvernementale Institution ohne eigene Kompetenzkompetenz, er ist im Grunde eine reine Vollzugsagentur des Ministerrats in der Formation der Finanzminister. Die von europäischen Institutionalisten ins Spiel gebrachte Bankenlizenz für den ESM, die vorsah, dass der Fonds sich (unbegrenzt) Finanzmittel direkt bei der EZB besorgen kann, wurde auf deutschen Druck schnell verworfen.

Integrationsgeschichtlich steht der ESM in der Tradition von personalen Institutionen. Er ist von den beiden neuen Institutionalisierungen, wenn man so will, der französische Teil, während der Fiskalpakt mit seiner Regelbindung der deutschen Traditionslinie folgt. Nur widerwillig haben die deutschen Akteure überhaupt der Einrichtung als dauerhafter Institutionalisierung ihr Placet gegeben. Bei der Volumen- und Instrumentenausstattung haben die Deutschen dann dafür gesorgt, dass der ESM ein „zahnloser Tiger" wird, der im Übrigen in der Zukunft nach allem, was absehbar ist, auch keine bedeutende Rolle spielen wird. Die Ausstattung mit 700 Milliarden Euro wiegt angesichts von rund 9 Billionen Euro Gesamtschulden der Eurozone (2013) für die Kapitalmärkte nicht gerade furchterregend. Käme ein Land wie Spanien – mit einer akkumulierten Schuld von fast 900 Milliarden Euro (2013) ins Wanken – stünde der ESM reichlich hilflos da.

Dass notleidende europäische Banken über den ESM direkt finanziert werden könnten, dachte man jedenfalls nach dem sommerlichen Gipfel 2012, als die internationale Presse berichtete, der Italiener Monti habe die müde deutsche Kanzlerin „über den Tisch gezogen". Die Bankenrekapitalisierung galt als geniale Lösung für die Durchschlagung des Teufelskreises von Bankenkrise und Staatsschuldenkrise. Seither stritt der deutsche Finanzminister allerdings stets stoisch ab, dass der ESM Banken finanzieren könne, obwohl das ja im Vertrag steht. Was er damit meinte, wurde im Juni 2014 deutlich. Die zähen deutschen Unterhändler haben die ESM-Bankenrettung an so viele Kautelen gekettelt, dass der tatsächliche Fall einer Rekapitalisierung einer maroden Bank durch den

ESM wahrscheinlich nie eintreten wird.[79] Die Süddeutsche titelte daraufhin vom „Europäischen Papiertiger".

In der Gesamtwertung präsentiert sich der ESM als eine Mogelpackung. Damit ist nicht so sehr sein intergouvernementaler Charakter gemeint, sondern seine quantitative und qualitative Ausstattung. Logisch setzt der ESM, so wie er konzipiert ist, die Staatenbewertung an den Kapitalmärkten voraus. Statt eine machtvolle europäische Institution zu schaffen, haben die Europäer eine kleine Reparaturwerkstatt zusammengezimmert, die auch noch auf Nicht-Anwendung hin angelegt ist.

2.4 Der Fiskalpakt

Der sogenannte Fiskalpakt ist an sich nur Teil eines übergreifenden Vertrages, nämlich des „Vertrages über Stabilität, Koordinierung und Steuerung in der Wirtschafts- und Währungsunion" (SKS-Vertrag), der sich keineswegs nur, wie in Deutschland gerne berichtet, mit dem Thema Haushaltsdisziplin beschäftigt, sondern auch mit Fragen der makroökonomischen Steuerung in der Eurogruppe. Es handelt sich ebenfalls um einen intergouvernementalen Vertrag zwischen 25 der damals 27 EU-Länder, er ist also nicht Teil des EU-Rechts. Eine solche rechtliche Verankerung verhinderte Großbritannien, später entschied auch Tschechien, dem Vertrag nicht beizutreten.[80]

Der Sache nach knüpft der Fiskalpakt an den einschlägigen Bestimmungen des Maastrichter Vertrages bzw. jetzt des Lissaboner Vertrages (insbesondere Artikel 126, Protokoll Nr. 12 und Nr. 13) sowie des alten Stabilitätspakts aus dem Jahr 1997, der 2005 und im Verlauf der Euro-Krise überarbeitet wurde, an. Für die damals 17 Staaten des Euro-Währungsraumes gilt der Vertrag vollumfänglich, für die anderen Staaten

---

[79] Im Einzelnen: Eine ins Straucheln geratene Bank muss zunächst neue private Geldgeber suchen, danach werden Eigentümer und Einleger, schließlich der Heimatstaat herangezogen, der in diesem Zusammenhang mit Auflagen rechnen müsste. Und der jeweilige nationale Bankenrettungsfonds müsste Mittel beitragen. Zu allerletzt: von den 700 Milliarden Euro, die dem ESM zur Verfügung stehen, dürfen maximal 60 Milliarden für die Bankenrettung vorgesehen werden. Die Rettung der spanischen Bank Bankia durch Mittel aus dem ESM (fast 40 Milliarden Euro) lag vor der endgültigen Einigung.

[80] Beide Länder taten dies nicht aus inhaltlichen Gründen, weil man etwa die im Vertrag niedergelegte Austeritätspolitik als problematisch ansah, sondern aus allgemeinen europakritischen Erwägungen heraus.

lediglich eingeschränkt. In der Gesamtheit der neuen Ordnung nimmt der Fiskalpakt in der ordnungspolitischen Gewichtung die zweite Stelle ein, er steht *nach* den marktbasierten Regeln und *vor* dem ESM. Vom Gehalt her stellt der Fiskalpakt eine bedeutende *Verschärfung* der alten fiskalischen Bestimmungen dar. In der zeitlichen Dimension reiht er sich als prophylaktische Politik ein, als Politik, die das zukünftige fiskalische Verhalten der Clubmitglieder bestimmen soll.

Der fiskalpolitische Teil des SKS-Vertrages (Titel III) besteht aus lediglich sechs Artikeln. Er ist auf der Basis der Maastrichter Werte von 3 Prozent Defizit am BIP und einem Schuldenstand von 60 Prozent des BIP formuliert. Im Zentrum steht als Regel der *ausgeglichene oder überschüssige gesamtstaatliche Haushalt* (Artikel 3). Die Regel gilt als erfüllt, wenn das strukturelle Defizit – also das um konjunkturelle Einflüsse bereinigte Defizit – 0,5 Prozent des BIP nicht überschreitet. Liegt der Schuldenstand deutlich unter 60 Prozent des BIP kann das jährliche Defizit auch bis 1 Prozent betragen. Wird das mittelfristige Ziel verfehlt, wird ein „automatischer Korrekturmechanismus", der die Maßnahmen zur Korrektur der Abweichung und den Zeitraum bestimmt, ausgelöst.[81] Schließlich wird der Ausnahmefall definiert („außergewöhnliches Ereignis", „schwerwiegender Wirtschaftsabschwung"), der ein Abweichen von den genannten Normen erlaubt. Die Regel des ausgeglichenen Haushalts soll schließlich im nationalen Recht an prononcierter Stelle (möglichst in der Verfassung) verankert werden (Artikel 2, Absatz 2).

Die zweite Regel (Artikel 4) schließt eine Lücke im alten Stabilitätspakt. Hier wird ein Procedere definiert für den Schulden*abbau*. Wenn der Referenzwert beim Schuldenstand über 60 Prozent des BIP hinausgeht, so soll der betreffende Staat diesen überschüssigen Wert um jährlich 20 Prozent verringern, so dass, wenn alles wie geplant läuft, innerhalb von fünf Jahren wieder der 60-Prozent-Wert erreicht wäre. Diese Maastrichter Größe soll, so muss man den Pakt lesen, als eine Art Basisgröße zementiert werden.

Die restlichen Artikel 5-8 beschreiben Verfahrensfragen. Staaten, die einem Verfahren wegen eines übermäßigen Defizits unterliegen, legen ein im Unionsrecht noch zu verankerndes Programm zur Korrektur auf („Haushalts- und Wirtschaftspartnerschaftsprogramm"), das der Überwachung von Kommission und Rat unterliegt. Artikel 7 bekräftigt, dass

---

[81] Dieser Korrekturmechanismus soll von der Kommission ausgearbeitet und im nationalen Recht verankert werden.

2. Die hegemoniale Währungsunion

Staaten, die einem Verfahren unterliegen, Vorschläge und Empfehlungen der Kommission unterstützen, es sei denn eine qualifizierte Mehrheit im Rat setzte diese außer Kraft. Artikel 8 schließlich beschreibt in umständlicher Manier die Möglichkeit der Klage vor dem Gerichtshof der Europäischen Union, wenn die Verankerung im nationalen Recht versäumt wird.

Der Fiskalpakt ist der deutsche Beitrag zum institutionellen Umbau der Währungsunion. Sein durch und durch ideologisch motivierter Zweck wird, wie wir in Teil 1 gesehen haben, daran deutlich, dass die einschlägige Politik in Deutschland längst vorgesehen und umgesetzt war („Schuldenbremse"), noch bevor die Weltfinanzkrise ausbrach. Hinzu kommt, dass auf europäischer Ebene überhaupt kein Anlass war, eine so fundamentalistische Ordnungspolitik einzuführen. Im Gegenteil: In den zehn Jahren der egalitären Währungsunion hat die Eurogruppe als Ganze wie auch die überwiegende Zahl ihrer Mitglieder eine nachgerade verantwortungsvolle Fiskalpolitik betrieben. Das Moral-Hazard-Problem war eine reine Erfindung deutscher Ideologen in Medien und Wissenschaft.

Warum nannte die Kanzlerin den Fiskalpakt bei dessen Unterzeichnung am Rande des Europäischen Rates am 2. März 2012 einen „Meilenstein in der Geschichte der Europäischen Union"? Gegenüber den bis zu diesem Zeitpunkt vorliegenden Regelungen – dem Stabilitätspakt und dem „Six-Pack" – enthält der Fiskalpakt ein einziges Novum, nämlich die Limitierung der jährlichen Kreditaufnahme auf 0,5 Prozent bzw. den ausgeglichenen Haushalt. Die Abbaukomponente um ein Zwanzigstel war schon im Six-Pack enthalten. Haben ihr die Redenschreiber hier das übliche nichtssagende Pathos aufgeschrieben, ist ihr spontan die falsche Formulierung eingefallen oder handelt es sich wirklich um einen „Meilenstein"?

Nimmt man die Limitierungs- und die Abbaukomponente und die Grenze zusammen, dann sind drei Staatengruppen zu unterscheiden:

– Die Staaten, die unter der 60-Prozent-Grenze liegen und damit relativ flexibel in ihrer Fiskalpolitik sind. Halten sie sich strikt an die 0,5 Prozent, können sie einige Jahre Kreditaufnahme betreiben, z.B. Luxemburg.

– Die Staaten, die dicht an oder knapp über der Grenze liegen, haben fiskalisch praktisch keine Spielräume mehr, z.B. Finnland, die Slowakei und Slowenien.

– Die Staaten, die mehr oder weniger deutlich über der Grenze liegen, werden aktive Austeritätspolitik betreiben müssen, da sie den Schuldenstand jährlich um ein Zwanzigstel verringern müssen. D.h. sie müssen Überschüsse erwirtschaften. Das ist die überwiegende Mehrzahl der Staaten in der Eurogruppe

Die gesamte Eurogruppe wird 2013 bei rund 90 Prozent Schulden pro BIP liegen, d.h. für die nächsten 20 Jahre müssen Überschüsse erwirtschaftet werden, und zwar jährlich ceteris paribus 1,5 Prozent der Schulden abgebaut werden, was bei einer Gesamtverschuldung von rund 9 Billionen Euro einer jährlichen Reduktion von 135 Milliarden Euro entspräche. Unterstellt man, dass die Eurogruppe in den nächsten Jahren keine „chinesischen Wachstumsraten" erzielt, dann entspricht dieses Vorhaben einem in Europa noch nie dagewesenen Austeritätsprogramm und stellt alles bisher Dagewesene in den Schatten. Das wird es gewesen sein, was die Kanzlerin mit „Meilenstein" meinte.

Ordnungspolitisch entscheidend ist auch das Signal an die Kapitalmärkte. Hier müssen beide Umbaukomponenten, der Fiskalpakt und der ESM, beachtet werden. Ein Signal, das nur von dem Fiskalpakt und nicht auch vom ESM ausgegangen wäre, wäre nicht nachhaltig und eindeutig gewesen, wäre möglicherweise in die übliche europäische Ankündigungspolitik einsortiert worden. Das Signal durch den ESM sollte verdeutlichen, dass der einheitliche Zins für alle Staatsanleihen nicht mehr erwünscht ist, sondern Zinsen mit Risikoprämien erwartet werden. Dieser Aspekt ist im Fiskalpakt nicht enthalten.

2.5 Weitere marktbasierte Instrumente

Die stärkere Marktbasierung der neuen Ordnung wurde nicht nur durch einschlägige Spielregeln erzielt, sondern auch durch entsprechende politische *Signale* an den Markt. Das erste Signal, das in diesem Zusammenhang genannt werden muss, betrifft die *staatliche Insolvenz*.

Normalerweise gehört es zum Inventar staatlichen Souveränitätsverständnisses, dass der Staat die Insolvenz für sich selbst *ausschließt*. In der deutschen Insolvenzordnung heißt es bspw. in § 12 lapidar:

„Unzulässig ist das Insolvenzverfahren über das Vermögen
1. des Bundes oder eines Landes;
2. einer juristischen Person des öffentlichen Rechts, die der

2. Die hegemoniale Währungsunion

Aufsicht eines Landes untersteht, wenn das Landesrecht dies bestimmt."

Der Staat nimmt sich damit expressis verbis aus dem Marktprozess heraus und zeigt an, dass er über dem Marktprozess steht. In der Tat lässt sich ein Staateninsolvenzrecht mit dem Begriff der staatlichen Souveränität nicht vereinbaren. Ein Staat, der sich einem solchen Recht und einem solchen Verfahren unterordnen würde, gäbe sich selbst auf. Der Staat als Marktteilnehmer ist eben nur als Fiktionalisierung denkbar (vgl. Teil 2).

Und dennoch versucht der deutsche Neoliberalismus immer wieder den Ball einer staatlichen Insolvenzordnung ins Spiel zu befördern. International gab es die Diskussion zuletzt im Jahr 2001, als eine Vertreterin des IWF einen „Sovereign Debt Restructuring Mechanism" (SDRM) vorschlug. Es dauerte nicht lange und die Diskussion war erledigt, insbesondere auf Druck der USA hin. Gedacht war diese Debatte ohnehin nur für – nota bene – Entwicklungsländer. Schon Schwellenländer würden sich eine solche Debatte verbitten.

In einem ökonomischen Sinne kann ein Staat auch nicht insolvent werden (vgl. dazu Flassbeck 2010, S. 106 ff.). Der Staat verfügt zunächst über ein riesiges Vermögen, das alle bekannten Dimensionen von Staatsschulden übersteigt. Er verfügt des Weiteren in jedem Augenblick über die Möglichkeit, die Steuern zu erhöhen oder zu dem Mittel von Zwangsabgaben zu greifen. Im Übrigen gilt, dass ein Staat aus ökonomischen Gründen nicht aufgelöst und veräußert werden kann. Dass ein Staat den Zustand einer Überschuldung erreichen kann, hat mit der Insolvenzfrage überhaupt nichts zu tun. Im Gegenteil. Der Staat, der überschuldet ist und Schulden nicht mehr tilgen kann oder will, hat das Heft nach wie vor in der Hand und kann eine Umschuldung oder ein anderes Verfahren mit seinen Gläubigern erzwingen.

Obwohl all das so ist, ließ die deutsche Bundesregierung im Vorfeld der ersten Griechenland-Hilfe eine Diskussion über ein geordnetes Insolvenzverfahren für Euro-Mitglieder nicht nur zu, sondern sie stellte sich an die Spitze dieser Diskussion. Und die Deutschen hielten das Flämmchen, das die Debatte anheizte, am Kochen, obwohl allen Beteiligten klar war, dass kein europäischer Staat auf die Idee kommen würde, seine eigene Insolvenz zum Rechtsthema zu machen.

In Deutschland ist das anders. Das Wirtschaftsministerium gab im Jahr 2010 bei seinem Wissenschaftlichen Beirat ein Gutachten in Auftrag, in dem sich, nicht zum ersten Mal, der akademische Marktradikalismus eine gedankliche Spielwiese für abstruse Ideen anlegte (vgl. Wissenschaftlicher Beirat 2011). In diesem Gutachten wird die ökonomisch einzige Wirkung, die eine solche Insolvenzordnung hätte, damit benannt, dass die Risikoprämien für Staatsanleihen anstiegen (S. 18). Während man sich bei den Gutachtern immerhin noch daran erinnerte, dass die Redeweise von einer staatlichen Insolvenz „etwas irreführend" (S. 20) sei, da der Staat ja nicht wie ein Unternehmen aufgelöst werden könne, sondern für seine Bürger weiter zuständig bliebe, ging die Phantasie auf dem Boulevard, der während der europäischen Krise immer mal wieder über den Verkauf der griechischen Inseln spekulierte, im Wirtschaftsministerium, das in der Insolvenzordnung den Entzug politischer Rechte festschreiben wollte (Rösler 2011), oder bei anderen Gutachtern, die die Insolventen aus der Währungsunion ausschließen wollten (Di Fabio 2013), munter weiter.

Die Bundesregierung versuchte in den Verhandlungen zum ESM eine solche Insolvenzordnung auf juristisches Papier zu schreiben. Die dem Markt durchaus nicht abholden Europäer in Brüssel konnten das weitergehende Projekt, in dessen Rahmen nicht zum ersten Mal über eine supranationale Regelung einen sinnvollen nationalen Status quo verändert worden wäre, verhindern, ließen sich aber doch darauf ein, dass in den ESM die Vorschrift für eine standardisierte Umschuldungsklausel („Collectiv Action Clause") hineingeschrieben wurde.[82] Damit wird in den Anleihebedingungen geregelt, dass eine Mehrheitsentscheidung bei den Gläubigern für alle bindend ist.

Das war weit entfernt von den beflissenen deutschen Vorstellungen, die man über eine staatliche Insolvenzordnung hatte – der Wissenschaftliche Beirat nannte folgende drei Regelungen: die Insolvenzerklärung des Staates und den Einbezug der Gläubiger durch sofortige Einstellung von Zins- und Tilgungszahlen, die Steuerung des Verfahrens durch eine unpolitische Expertengruppe und die Herstellung einer qualifizierten Gläubigermehrheit (Wissenschaftlicher Beirat 2011, S. 21). Aber immerhin: Der eigentliche Zweck des absurden Verfahrens war erreicht. Durch die Diskussion über die staatliche Insolvenzordnung „wäre zugleich ein wichtiges Signal an die Investoren, das Risiko einer staatlichen Insolvenz und damit das Risiko des Verlusts eines Teils ihrer Ansprüche ernst zu

---

[82] Artikel 12, Absatz (3): „Ab 1. Januar 2013 enthalten alle neuen Staatsschuldtitel des Euro-Währungsgebiets mit einer Laufzeit von mehr als einem Jahr Umschuldungsklauseln, die so ausgestaltet sind, dass gewährleistet wird, dass ihre rechtliche Wirkung in allen Rechtsordnungen des Euro-Währungsgebiets gleich ist."

2. Die hegemoniale Währungsunion

nehmen. Auch auf diese Weise wirkte schon die bloße Existenz einer Insolvenzordnung positiv zurück auf das Budgetverhalten der Mitgliedstaaten" (ebd., S. 34).

Als die Sache im November 2010 auf die Agenda der europäischen Gipfeldiplomatie rückte, zog man sich seitens der USA scharfe Kritik zu. Dort hieß es, Deutschland untergrabe mit einem solchen Ansinnen das Marktvertrauen in die Staatsschulden und die einzige ökonomische Wirkung, die resultiere, sei die Verteuerung der Kredite. Mehr ist dazu nicht zu sagen.

Ein weiteres marktbasiertes Signal ging von der Diskussion und schließlich der Umsetzung eines *Schuldenschnitts* aus. Dem Markt sollten nicht nur ideologische und juristische, sondern auch praktische Signale übermittelt werden. Nachdem mit dem ersten Griechenland-Paket vom Mai 2010 der Eindruck eines Bailout hätte entstehen können, wurde mit dem Schuldenschnitt, der bald nach dem Hilfspaket für Griechenland erstmals debattiert wurde und dessen Realisierung sich über viele Monate hinzog, der Kontrapunkt gesetzt. Die verheerenden Auswirkungen, die der Schuldenschnitt auf die europäische Konjunktur hatte, wurden bereits mehrfach betont.

Ordnungspolitisch wurden den Kapitalmärkten Verunsicherungen in vielerlei Hinsicht signalisiert – alle Verunsicherungen liefen darauf hinaus, bei zukünftigen Anleihen entsprechende Risikoprämien einzupreisen. Mit dem griechischen Haircut wurde den Märkten zunächst die grundsätzliche Unsicherheit vermittelt, dass Euro-Anleihen nicht zwingend sicher sind. Dieser Tabubruch war schon fatal genug. Des Weiteren wurde kommuniziert, dass man das Euro-Währungsgebiet – bei der Hereinnahme des IWF in die Programmpolitik schon angelegt – nicht nur vollständig entpolitisiert, sondern im Zweifelsfalle auf Entwicklungsländerniveau herunterbringen würde. Darüber hinaus war der Schuldenschnitt schon unter rein marktwirtschaftlichen Kautelen dermaßen unseriös, dass man das gesamte Europrojekt gefährdete. Mit den Kapitalanlegern wurde so umgesprungen, als gehörten diese der Mafia an, sie wurden öffentlich vorgeführt, bis alle bereitwillig zugestanden, dass der Schnitt „freiwillig" sei. Dazu kam, dass mit dem Schnitt genau jene Anleger getroffen wurden, denen man ein Jahr zuvor mit der Griechenland-Hilfe noch bedeutet hatte, dass ihr Geld sicher angelegt sei.

Die Unverfrorenheit, die sich, wie wir gleich sehen werden, bei dem Vorgehen im Fall Zyperns 2013 wiederholen sollte, wird erst einschätzbar, wenn man sich die Gefahr verdeutlicht, die der griechische Schuldenschnitt heraufbeschwor. Im Wesentlichen war die Finanzkrise eine Vertrauenskrise mit den entsprechenden Folgen, zu denen auch gehörte, dass das Projekt als Ganzes in die Gefahrenzone geriet. Die Zone, in der die Krise unbeherrschbar zu werden drohte, war mit der Kettenreaktion erreicht, als die europäische Wirtschaftskonjunktur einbrach und Italien und Spanien mit ihren Anleihen affiziert wurden.

In dem Mosaik des marktbezogenen Signalsystems, das zeigen sollte, dass man sich von Kapitalmärkten *den Spread erwünscht*, fehlte noch ein Steinchen. Der griechische Schuldenschnitt betraf schon die Privaten – Banken, Versicherungen sowie sonstige Groß- und Kleinanleger –, im Mittelpunkt der Vorführung stand aber der griechische Staat. Damit die Kollektion der Finanzmarktakteure, die von Haftung betroffen wären, vollständig würde, fehlten noch die Banken, die *Eigentümer* derselben, deren *Aktionäre* und die Gruppe der *großen und kleinen Anleger und Sparer*. Im Falle Zypern (2013) wurden diese Akteure der Reihe nach auf die Bühne gebeten, allerdings mehr oder weniger willkürlich, teils auch mit rassistischem Zungenschlag („russische Oligarchen") und mit einem an Populismus kaum zu überbietenden Motto, das aussagte, es gelte dieses Mal wirklich „den Steuerzahler zu schützen".

Wieder – wie im Falle Griechenlands – wurde das Vertrauen der Märkte auf eine Belastungsprobe gestellt und der durch die OMT-Ankündigung der EZB erzeugte Friede an den Kapitalmärkten gefährdet, dieses Mal ganz besonders ungeschickt, indem ein veritables Schmierenstück aufgeführt wurde. Nach dem ersten Lösungsmodell, das auch die Kleinanleger beteiligen wollte – gegen den EU-weit existierenden Rechtsschutz von Geldvermögen bis 100.000 Euro –, wurde im zweiten Anlauf unter wechselseitiger Schuldzuweisung schließlich so verfahren, dass Einleger, Aktienbesitzer und Eigentümer der beiden zypriotischen Großbanken mehr oder weniger willkürlich betroffen waren. Mit der Aktion Zypern waren dann die Signale an alle Akteure des Kapitalmarktes gesetzt. Jeder musste verstanden haben, dass es in Zukunft um Risikoaversion gehen musste und Zinsdifferenzierung gewünscht ist.

Ein Dorn im Auge ist den Vertretern der ökonomischen Theorie der Politik, für die die Formulierung vom „Staat als Marktteilnehmer" nicht nur eine Behelfsmäßige ist, sondern die sie wortwörtlich nehmen, die Tatsache, dass bei der Regulation des Kapitalmarktes – hier durch die Bankenregulierung vermittels des Basel-III-Pakets – Staatsschulden keiner Kapitalunterlegung bedürfen, wenn sie als Sicherheit hinterlegt werden, weil sie – quasi per definitionem – als sicher gelten. Diese sogenannte Nullgewichtung kann nach dem europäischen Exerzitium tatsächlich so nicht mehr aufrecht erhalten werden, da für die zivilisierten Staaten Europas Kreditpapiere denen von Entwicklungsländern gleichgestellt sind, also risikobehaftete Papiere sind.

2.6 Die Rolle der EZB in der neuen Währungsunion

Der erste sich aufdrängende Gedanke im Zusammenhang mit einem Ordnungswechsel bei der Währungsunion zielt eigentlich auf die EZB, die ja das Zentrum der Währungsunion bildet. Gerade in diesem Zentrum der Währungsunion hat sich aber ordnungspolitisch wenig verändert, etwa in der Richtung, dass die Mandatierung der EZB – ähnlich wie die der Fed – auf das Ziel der Bekämpfung der Arbeitslosigkeit oder des Wachstums verändert oder die Weisungsunabhängigkeit aufgehoben worden wäre. Wenn sich auch auf dem Papier nichts verändert hat, so hat sich dennoch eine Metamorphose bei der EZB eingestellt, die im Folgenden zum Thema wird.

Über keinem Bestandteil der europäischen Krise liegt ein so dichter Schleier wie über der mit dem OMT-Programm verbundenen Krisenintervention der EZB. Die EZB selbst begründete ihr Programm damit, dass sie mit den konventionellen geldpolitischen Mitteln nicht mehr ihr eigentliches Ziel, den einheitlichen Zins in der gesamten Währungsunion, durchdringe und daher auf unkonventionelle Maßnahmen verwiesen sei. Letztlich gehe es um ihr ureigenstes Mandat, nämlich die Sicherung der Preisstabilität. Die Marktradikalen in den Parteien, den Zeitungsredaktionen und den Universitäten in Deutschland halten das Programm für nur notdürftig verschleierte Staatsfinanzierung und damit in Widerspruch stehend zu Artikel 123 AEUV, in dem es heißt:

> „Überziehungs- oder andere Kreditfazilitäten bei der Europäischen Zentralbank oder den Zentralbanken der Mitgliedstaaten (...) für Organe, Einrichtungen oder sonstige Stellen der Union, Zentralregierungen, regionale oder lokale Gebietskörperschaften, sonstige Einrichtungen des öffentlichen Rechts oder öffentliche Unternehmen der Mitgliedstaaten sind ebenso verboten wie der unmittelbare Erwerb von Schuldtiteln von diesen durch die Europäische Zentralbank oder die nationalen Zentralbanken."[83]

---

[83] Entsprechend wiederholt in der Satzung der EZB unter Artikel 21, Absatz 1.

Im Folgenden werden wir versuchen, einen Blick hinter den Schleier zu werfen, und dabei entdecken, dass hier zum einen die Metamorphose der EZB in der europäischen Krise und andererseits der zentrale Konflikt für die weitere Entwicklung der Währungsunion verborgen liegt.[84]

Oben haben wir gesehen, dass die deutsche Krisenstrategie, die Finanzmärkte mit politischen Versicherungen der Austeritätspolitik zu beeindrucken, im Sommer 2012 an ihr Ende gelangt war. Der als „Meilenstein" gepriesene Fiskalpakt vermochte die Märkte nicht im Geringsten zu beeindrucken und bei dem ESM, der grundsätzlich – eine entsprechende Ausstattung vorausgesetzt – als Krisenlöser geeignet gewesen wäre, mauerten die deutschen Akteure aus innenpolitischen Gründen. Da sich die Zinsen für die beiden großen Staaten, Italien und Spanien, weiter in der Todeszone bewegten, mächtige Spekulationen gegen Griechenland im Gang waren und der Konjunktureinbruch tiefe Spuren hinterließ, blieb als letzter Retter nur noch die EZB.

Das vom EZB-Präsidenten Ende Juli angekündigte und im September präzisierte OMT-Programm (für detaillierte Darstellungen vgl. EZB 2012, S. 7 ff., Sachverständigenrat 2012, S. 86 ff.) beruhigte die angespannte Situation auf den Märkten fast schlagartig. Es sah den unbegrenzten Ankauf von Staatsanleihen notleidender Staaten auf den Sekundärmärkten mit einer Restlaufzeit von ein bis drei Jahren vor, wenn diese Staaten vorher unter das Dach des ESM mit einem vollständigen makroökonomischen Anpassungsprogramm oder einem vorbeugenden Programm („Enhanced Conditions Credit Line") geschlüpft wären, sich also einem strikten Sanierungsprogramm unterworfen hätten. Die Begründung für das OMT-Programm war zinspolitisch, mit ihrer Geldpolitik erreiche sie, die EZB, nicht mehr die Banken in den Krisenstaaten, dort zeige sich nämlich das Phänomen, dass nicht nur die Anleihezinsen, sondern auch die Bankzinsen erheblich von den Zinsen der Kernstaaten abwichen (vgl. Abb.15). Von einer einheitlich Geld- und Zinspolitik könne nicht mehr die Rede sein, eine gravierende Marktstörung liege vor. In den Worten der EZB: „Die geldpolitische Transmission und die Einheitlichkeit der Geldpolitik waren nicht mehr gegeben."

---

[84] In Deutschland gibt es den ebenso einseitigen wie ins Leere greifenden Versuch, das OMT-Programm auf die Frage der Vereinbarkeit mit dem Mandat der EZB zu reduzieren (vgl. dazu Matthes/Demary 2013). Das geht, wie wir im Folgenden sehen werden, an der Begründung für das Programm, an seiner Intention und an der zugrundeliegenden wirtschaftlichen Problemstellung voll und ganz vorbei.

*Abb. 15: Zinsdifferenzen für Kreditvergabe im Euroraum:
Neuvergabe Kredite an nichtfinanzielle Kapitalgesellschaften*

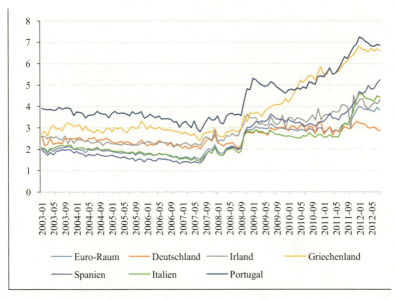

Quelle: EZB, SVR 2012/2013, S. 87.

Die EZB verteidigte sich gegen die rasch einsetzenden Angriffswellen aus Deutschland mit dem Hinweis, dass dies im Rahmen ihres Mandats, der Sicherung von Preisstabilität, liege, denn eine gestörte geldpolitische Transmission stört die Preisstabilität nachhaltig. Sind die Störungen massiv, d.h. stockt die Kreditvergabe an den Realsektor ganz, sind sogar deflationäre Tendenzen gegeben. Nicht ganz von der Hand zu weisen ist der Verdacht auf verschleierte Staatsfinanzierung allerdings insofern, als der Krisenstaat vorher unter das Dach des ESM schlüpfen muss, womit man sich eben von der Geldpolitik wegbewegt.

Tatsächlich war es auch so, dass der Vorläufer des OMT-Programms, das SMP-Programm vom 10. Mai 2010, auf den Anstieg der Anleihezinsen bei den Krisenstaaten zielte. Das im Rahmen der ersten Zuspitzung der Krise widerwillig von Trichet begonnene Programm sah vor, italienische, spanische usw. Wertpapiere zu kaufen. Das Ankaufvolumen des SMP-Programms, das mit dem Tag der Ankündigung des OMT-Programms endete, betrug am Ende 210 Milliarden Euro, gemessen an dem tatsächlichen Volumen der öffentlichen Schuld in der Eurogruppe ein geringer Betrag.

Bei der Analyse des OMT-Programms gehen wir zunächst auf die Vertragslage ein. In Artikel 18 („Offenmarkt- und Kreditgeschäfte") der EZB-Satzung, Absatz 1 heißt es:

> „Zur Erreichung der Ziele der ESZB und zur Erfüllung seiner Aufgaben können die EZB und die nationalen Zentralbanken (..) auf den Finanzmärkten tätig werden, indem sie auf Gemeinschafts- oder Drittwährungen lautende Forderungen und börsengängige Wertpapiere sowie Edelmetalle endgültig (per Kasse oder Termin) oder im Rahmen von Rückkaufsvereinbarungen kaufen und verkaufen oder entsprechende Darlehensgeschäfte tätigen."

Vom Wortlaut her ist die Sache klar, es gehört zu den geldpolitischen Möglichkeiten der EZB am Sekundärmarkt tätig zu werden.

Auch in der Geschichte der Bundesbank gab es einmal eine solche Aktion. Wie im EZB-Statut war auch im vormaligen Bundesbankgesetz (Bundesbankgesetz, § 21) im Rahmen der Offenmarktpolitik der Ankauf von Staatsanleihen zur Regulierung der Geldmenge vorgesehen. Eine direkte Parallele zu dem OMT-Programm der EZB kann zu einer Bundesbankaktion gezogen werden, die 1975/76 während einer scharfen Rezession stattgefunden hat. Auf dem Höhepunkt der Krise, im Sommer 1975, war der Zinssenkungsprozess ins Stocken geraten und die langfristigen Zinsen drohten sogar wieder zu steigen. In dieser Situation kaufte die Bundesbank Anleihen von Bund, Bahn und Post, wodurch Zentralbankgeld geschaffen wurde. Über ein Jahr später, im Herbst 1976, stieß sie die Papiere wieder am Kapitalmarkt ab und entzog damit Zentralbankgeld. Die Aktion war erfolgreich, die Zinsen sanken und dem Staat war damit auch geholfen, da er weniger Zinsen für neue Anleihen entrichten musste.[85]

Wir kommen nun zum Kern des Konflikts. Hinter dem Konflikt um das OMT-Programm steckt nicht die Frage, ob bei einer Realisierung des Programms unerlaubte Staatsfinanzierung betrieben würde, sondern, so unsere These, eine Auseinandersetzung um die *Gesamtordnung des Wirtschaftsraumes der Eurogruppe*.

---

[85] Hätte die Bundesbank ihre eigenen Rechtsgrundlagen später überarbeiten können, wäre – im Sinne der „reinen Lehre" – diese Möglichkeit sicher gestrichen worden.

2. Die hegemoniale Währungsunion 269

Den eigentlichen roten Faden, der zum Kern des Konflikts hinführt, erkennt man, wenn man konsequent alles beiseitelässt, was mit der erlaubten oder unerlaubten Staatsfinanzierung zu tun hat. Man muss den Faden dort aufnehmen, wo der Übergang von der Finanzwirtschaft zur Realwirtschaft angesiedelt ist. Die EZB hat in ihrem Strauß von Begründungen für das OMT-Programm immer auch durchblicken lassen, dass es um die Konditionen der Kreditvergabe an Unternehmen in den Krisenländern gehe.

In ihrem „Geheimpapier" bezweifelt die Bundesbank[86] grundsätzlich, ob „die Erreichung eines einheitlichen Marktzinsniveaus in der Währungsunion ein ökonomisch erstrebenswerter Zustand ist" (Geheimpapier 2012b, S. 7 f.). Die Banken eines Krisenlandes müssten quasi automatisch mit der Herabstufung „ihres" Staates (durch die Märkte und die Ratingagenturen) damit rechnen, selbst herabgestuft zu werden, so dass sich bei ihrer Kreditvergabe an Unternehmen höhere Zinsen ergäben. Insgesamt führten zwei Fakten zu den höheren Zinsen:

„Höhere Finanzierungskosten auch für den privaten Sektor können somit höhere nationale fiskalische Risiken widerspiegeln" (ebd. S. 7). Und: „Grundsätzlich sollten unterschiedliche wirtschaftliche Fundamentaldaten dazu führen, dass das gleichgewichtete Niveau der Marktzinssätze im Euro-Währungsgebiet von Land zu Land verschieden ist" (ebd.).

Die OMT-Politik laufe auf einen „(erzwungenen oder künstlich) einheitlichen Zinssatz oder eine (erzwungene) einheitliche Zinsweitergabe" (ebd., S. 8) hinaus, sei letztlich also Planwirtschaft.

Insgesamt stellt sich für Bundesbankpräsident Weidmann bzw. das Geheimpapier die Frage so:

„Selbst wenn man von den Problemen in der konkreten Bewertung eines Störung des geldpolitischen Transmissionsprozesses absähe und eine derartige Störung bejahte, stellt sich die Frage, ob und warum eine solche Entwicklung korrigiert werden muss – und ob

---

[86] Die Stellungnahme, die der Bundesbankpräsident Weidmann vor dem Bundesverfassungsgericht im Rahmen der Klage gegen das OMT-Programm abgegeben hat, wurde in der Presse als „Geheimpapier" tituliert. Tatsächlich ist es auch so, dass das Papier nicht als offizielles Bundesbank-Dokument im Netz steht, sondern als mit Unterstreichungen versehenes Papier durch eine anonyme Person ins Netz gestellt wurde. Auf der Seite der Bundesbank findet man lediglich die mündliche Eingangserklärung Weidmanns.

und warum dies durch die Geldpolitik geschehen sollte. Letztlich sind, solange Wirtschafts- und Finanzpolitiken in der nationalen Eigenverantwortung verbleiben, wirtschaftliche Entwicklungen in den verschiedenen Ländern mit potenziell unterschiedlichen Risiken verbunden. Diese Unterschiede rechtfertigen auch unterschiedliche Risikoprämien bei privaten Kreditbeziehungen. Der auf den Euroraum als Ganzes gerichtete geldpolitische (Zins)Impuls kann insofern durch länderspezifische Entwicklungen überlagert werden, ohne dass dies eine Irrationalität darstellen und geldpolitischen Handlungsbedarf begründen muss. Die Einheitlichkeit der Geldpolitik innerhalb des Eurosystems steht deshalb solchen Maßnahmen und Entscheidungen entgegen, die lediglich auf die Behebung nationaler Störungen ausgerichtet sind" (ebd., S. 9).

Damit wird zwar nicht expressis verbis Bezug genommen auf den Wettbewerbsföderalismus, faktisch aber schließt sich hier die Kette zur neuen Ordnung. Weil es souveräne Staaten gibt, weil es zwischen diesen Staaten einen Wettbewerb gibt oder geben soll, weil dieser Wettbewerb zu Risikoprämien auf den Anleihemärkten führt – weil all dem so ist, führte die Zugehörigkeit zu dem „riskanten Staat" für die Unternehmen dazu, dass sie sich den Kredit zu höheren Zinsen besorgen müssen als ihre Konkurrenten, die einer anderen Nation angehören, die auf der Stufenleiter der Wettbewerbsskala weiter oben angesiedelt ist.[87]

Das ist eine spezielle deutsche Sichtweise des neuen Europas. In Europa wird das durchaus anders gesehen. Hier herrscht die Vorstellung, dass in dem zusammenwachsenden Europa die Nationalität bei wirtschaftlichen Fragen keine Rolle mehr spielen sollte.[88]

---

[87] Der Einwand, bei Löhnen und anderen wirtschaftlichen Größen gäbe es auch nationale Unterschiede, geht insofern ins Leere, als dieser Bereich kein Unionsthema ist. Auch der Hinweis, schon vor der europäischen Krise hätten Zinsunterschiede bestanden, zieht nicht, da die Zinsdifferenzen in der Krise in Größenordnungen gestiegen sind, die für eine Währungsunion nicht mehr tolerabel sind.

[88] Der Vorstandsvorsitzende der spanischen Großbank, Emilio Botin, formuliert das in einem Beitrag zur Bankenunion in der FAZ so: „Es sollte klar sein, dass in einer Währungsunion wie der unseren die Wirtschafts- und Finanzakteure sich allein hinsichtlich ihres Risikos und nicht ihrer Staatsangehörigkeit unterscheiden dürfen" (FAZ, 06.11.2013). Das Mitglied des Direktoriums der EZB Benoît Cœuré formuliert: „In einem funktionierenden Binnenmarkt würde ein kreditwürdiges Unternehmen, das vom angeschlagenen inländischen Bankensektor keinen Kredit erhält, ihn in einem anderen Mitgliedstaat aufnehmen. Das ist im Euroraum jedoch derzeit nicht der Fall, unter anderem weil viele Banken nicht über die für eine grenzüberschreitende Kreditvergabe not-

2. Die hegemoniale Währungsunion

Neben der krisenhaften Entwicklung bei den Anleihen bestand ein weiteres Krisenphänomen im Sommer 2012 also in den gestörten Kreditbeziehungen zwischen Finanzsektor und Realsektor in den Krisenländern. Unternehmen in Spanien oder Italien bekamen nicht nur schwerer Kredit als ihre Konkurrenten in den nördlichen Staaten, sie mussten für diese Kredite auch eine Risikoprämie entrichten, zu der sie kamen, weil sie spanische oder italienische Unternehmer waren, nicht weil sie ein weniger überzeugendes Investitionskonzept oder eine weniger überzeugende Produktidee hatten.

Während die Bundesbank die nationale Komponente in der Risikoprämie, wie wir gesehen haben, für eine folgerichtige Konsequenz des Wettbewerbsföderalismus hält, müsste eigentlich die EU-Kommission Sturm laufen gegen die damit unterlegte Vorstellung von einem gemeinsamen Markt oder Binnenmarkt. Der einheitliche Markt gehört zu den Kernbereichen und den ältesten Bereichen der europäischen Integration, wenn er nicht gar als der Ausgangspunkt des politischen Denkens in der Kommission bezeichnet werden kann. Dieser Gemeinsame Markt ist das Kronjuwel der europäischen Integration. Dass nun mit der sogenannten Staatsschuldenkrise eine neue Komponente in den Wettbewerb eingetreten ist, die der Vorstellung von gleichen Wettbewerbsbedingungen diametral widerspricht, kann den Europäern nicht gleichgültig sein.

Die Vorstellung von einem funktionierenden Binnenmarkt beinhaltet nicht nur die häufig im Vordergrund stehende Fusionskontrolle, die Antitrustpolitik und die Liberalisierung, sondern auch das Diskriminierungsverbot und den Anspruch auf gleiche Wettbewerbsbedingungen für die Unternehmen. Dazu dürfte auch gehören, dass Unternehmen nicht aufgrund ihrer nationalen Zugehörigkeit oder ihres nationalen Sitzes gegenüber ihren Wettbewerbern diskriminiert werden.

Damit wird deutlich, dass die neue Ordnung der Währungsunion gewaltige Rückwirkungen auf Kernbereiche der Integration hat. Die Brisanz dieser Rückwirkungen schlummert einstweilen noch vor sich hin. Es wäre aber, um das mit aller Deutlichkeit zu formulieren, ein vollständig anderes Konzept von Europa, das sich mit der Funktionsweise der neuen Währungsunion durchsetzen würde.

---

wendigen Strukturen verfügen" (FAZ, 30.06.2014). Verharmlosend und, um nicht zu rabiateren Begriffen zu greifen, könnte man die nationale Risikoprämie, die Unternehmen und Verbraucher entrichten sollen, mit einer Sippenhaft-Prämie kennzeichnen. Draghi in seiner Londoner Rede 2014: „By the same token, no firm or individual should be *penalized* (Herv.i.O.) by its country of residence".

Wenn ein spanischer Unternehmer aufgrund seiner Nationalität und nicht aufgrund seiner Bonität einen höheren Zins für einen Bankkredit entrichten muss, rührt dies an das Grundverständnis über einen Binnenmarkt, ja an das, was überhaupt noch als europäische Integration Sinn macht. Das hat mit einer Währungs*union* nicht mehr viel zu tun. Wenn sich dieses Verständnis durchsetzt und damit das Nationengitter (Teil 2), dann setzt sich unter der Hülle der Währungsunion erneut der Währungswettbewerb durch.

Auch die oben angesprochene Metamorphose, die die EZB in und mit der Krise durchgemacht hat, missfällt der Deutschen Bundesbank. Die von Draghi im Sommer 2012 verkündete Krisenlösung bestand aus zwei Teilen, 1.) dem gerade thematisierten OMT-Programm und 2.) dem wichtigeren der *grundsätzlichen Garantieerklärung für den Bestand der Währungsunion*. Diese Garantie beinhaltete auch die Mitgliedschaft Griechenlands. Genau dagegen wendet sich Weidmanns Geheimpapier.

> „Die derzeitige Zusammensetzung der Währungsunion kann aber angesichts weiterhin souveräner Nationalstaaten nicht garantiert werden – jedenfalls nicht von der Notenbank" (ebd.).

Es ist fast eine Plattitüde, dass die Garantieerklärung für die Währungsunion zur Mandatierung der EZB, der Sicherung von Preisstabilität, gehört. Es steht zwar nicht in den Verträgen, aber ohne Währungsunion gibt es auch keine Preisstabilität. Insofern gehört es zur genuinen Aufgabe der EZB, in dieser Hinsicht als lender of last resort im Sinne des Systemgaranten zu fungieren.

Mit der Draghi-Erklärung wurde die Krise auf der Ebene angegangen, auf der sie der Sache nach auch angesiedelt war, auf der Ebene des *Vertrauens*. Die grassierende Unsicherheit an den Märkten, die von der deutschen Politik durch schamlose Spekulationen (Austritt aus der Währungsunion oder gar ihre Auflösung) befeuert wurde, war mit einem Schlag beendet.

Die Krisenbekämpfung auf der Ebene der Rückgewinnung von Vertrauen anzugehen war angesichts der Sackgasse, in die die Politik mit ihren halbherzigen Einzelmaßnahmen geraten war, konsequent. Die EZB machte in dieser Situation nichts anderes als die Bundesregierung im Oktober 2008 bei der Garantieerklärung für alle Guthaben auf nationaler Ebene, als es darum ging, Ansteckungsgefahren, Panik und Irrationalitäten vorzubeugen. Und genau das Gleiche wäre selbstredend in den Monaten vor und nach dem Jahreswechsel 2009 in Hinblick auf Griechen-

2. Die hegemoniale Währungsunion 273

land möglich gewesen, das Ausstrecken der schützenden Hand der Währungsunion. Dazu kam es damals nicht, weil der deutsche Marktradikalismus danach trachtete, ein Exempel zu statuieren.

Da die EZB als singuläre Institution diese Garantie gar nicht stemmen kann, sondern diese Möglichkeit vielmehr beim Rat und dort wahrscheinlich bei den beiden Großen liegt, darf davon ausgegangen werden, dass die EZB hier eine vorherige Verständigung mit der Politik herbeiführte. Geldpolitisch vermag die EZB zwar immer und problemlos die Märkte zu domestizieren, sie könnte die Garantieerklärung für die Währungsunion aber nie gegen den Willen der Politik durchsetzen.

Insofern ist eine erste Einschränkung in Hinblick auf die EZB als Garanten der Währungsunion angebracht. Eine weitere Einschränkung ist in Hinblick auf das Agieren der Bundesbank anzusetzen. An und für sich liegt die Aufgabe der nationalen Zentralbanken darin, die Politik der EZB national zu kommunizieren. Davon kann aber seit Beginn der Krise im Mai 2010 nicht mehr die Rede sein. Zu Beginn gab es die Rücktrittswelle deutscher Vertreter in der EZB (Axel Weber, Jürgen Stark), seit der Verkündung des OMT-Programms die offene Obstruktionspolitik, zuletzt in Gestalt des „Geheimpapiers". Auf Dauer kann es nicht angehen, dass der eine Teil des ESZB den festen Bestand der Währungsunion sichert, während der andere Teil in sarkastischer Anspielung auf die Draghische Ankündigung der Irreversibilität des Euro in allen Ländern von „Reversibilitätsprämien" (Deutsche Bundebank 2012b, S. 9) für die Krisenstaaten spricht. Zentralbanken leben prima facie von ihrer Reputation, wird diese hausintern in Frage gestellt und die Aufseher agieren nicht dagegen, schwächt dies die Bank massiv.

Im Fazit bleibt festzuhalten, dass die EZB der *Fremdkörper* in der hegemonialen Währungsunion ist. 1.) Die EZB hat in der Krise, wie wir gesehen haben, eine Metamorphose vollzogen, hin zu einer verantwortungsbereiten europäischen Institution. Sie ist zum Garanten der Währungsunion als Ganzer geworden. Eine mit der hegemonialen Währungsunion kompatible Zentralbank hätte die Schritte vom Sommer 2012 nicht getan. 2.) Die EZB hält fest am einheitlichen Zins für alle Wirtschaftssubjekte der Währungsunion.[89] Damit stützt sie das bisherige Marktkonzept, wie es sich in der europäischen Integration herausgebildet hat. Eine mit der hegemonialen Währungsunion kompatible Zentralbank ließe der

---

[89] Letztlich gehört dazu auch der einheitliche Zins für die Staatsanleihen.

Zinsbildung im Euroraum freien Lauf und rechnete mit nationalwirtschaftlich unterschiedlichen Zinssätzen.

2.7 Die Bankenunion

Nachdem unmittelbar auf die Lehman-Insolvenz hin der nationalistische Grundton in der Krisenbekämpfung von deutscher Seite angeschlagen war und bald auf nationaler Ebene die ersten praktischen Schritte auf dem Finanzsektor erfolgten, versuchte die EU-Kommission wenigstens den Schein von Aktivität zu wahren und erließ eine Reihe kleinerer Reglementierungen für den Finanzsektor, um die nationalen Beihilfeprogramme in einen rechtlichen Rahmen zu setzen. Bald danach folgten zahlreiche den Finanzmarkt betreffende Einzelmaßnahmen, einschließlich der Gründung neuer Institutionen.[90] Deutlich wurde in dieser Zeit v.a., wie weit die EU noch von einem europäischen Finanzmarkt und einem europäischen Regulierungssystem – eigentlich Teile eines Binnenmarkt-Projekts – entfernt war.

Als die Krise Ende 2011 bis in das Jahr 2012 weiter eskalierte, setzte man in Hinblick auf den Finanzmarkt grundsätzlicher an. In dem „Romanistenpapier"[91] wurde die „Vision" einer Finanzunion und einer Bankenunion entwickelt. Erst in diesem Zusammenhang könne von einer echten Wirtschafts- und Währungsunion gesprochen werden. Im Mittelpunkt der Pläne zur Finanzunion stand eine neue Finanzfazilität, im Mittelpunkt der geplanten Bankenunion sollten drei Säulen stehen:

– Säule 1: die *Bankenaufsicht*, d.h. ein integriertes Aufsichtssystem für alle europäischen Banken,

– Säule 2: ein *Abwicklungsfonds*, der im Falle von finanziellen Schieflagen europäischer Banken in Anspruch zu nehmen wäre und

---

[90] Es wurden drei Institutionen der Europäischen Finanzaufsichtsbehörden (ESA) eingerichtet: die Europäische Bankenaufsichtsbehörde (EBA), die Europäische Wertpapier- und Marktaufsichtsbehörde (ESMA) und die Europäische Aufsichtsbehörde für das Versicherungswesen und die betriebliche Altersversorgung (EIOPA). Hinzu kamen rund 30 Regulierungsbestimmungen.

[91] Romanistenpapier nennen wir ein gemeinsam von dem Ratspräsidenten, dem Kommissionspräsidenten, dem EZB-Präsidenten und dem Eurogruppen-Chef verfasstes Papier zur Zukunft der Wirtschafts- und Währungsunion. Wir werden in Teil 6 darauf zurückkommen.

2. Die hegemoniale Währungsunion

– Säule 3: ein *Abwicklungsmechanismus*, mit dem insolvente Geldhäuser aufgelöst werden könnten.[92]

Alle drei Ziele stellten Institutionalisierungen, so sie verwirklicht würden, auf supranationaler Ebene dar. Von Säule 1 unterscheiden sich die Säulen 2 und 3 dadurch, dass es bei Säule 3 um reale Machtbefugnisse geht und bei Säule 2 um reale finanzielle Mittel. Wenn aber das Prinzip des (national)staatlichen Wettbewerbs als strukturbestimmendes Prinzip der neuen Währungsunion durchgesetzt würde, machte es überhaupt keinen Sinn, auf anderen Ebenen weitere Unionierungen, Integrationsvertiefungen und Supranationalisierungen vorzunehmen. Etwas vereinfacht gesagt: die Deutschen ließen sich bei der von den Europäern geplanten Bankenunion supranationale Regeln (Säule 1) abhandeln, bei supranationaler Macht (Säule 3) und supranationaler Umverteilung (Säule 2) erfolgte ein klares Nein. Aber selbst bei Säule 1 wollten sich die Deutschen nicht auf eine ganzheitliche Lösung einlassen und stimmten lediglich einer Aufsicht der großen Banken, der „Too-big-to-fail-Banken" zu, wie wir in Teil 1 gesehen haben.

Mit der Verabschiedung der „Verordnung des Rates zur Übertragung besonderer Aufgaben im Zusammenhang mit der Aufsicht über Kreditinstitute auf die Europäische Zentralbank" im Europäischen Parlament am 12. September 2013 war die erste Säule der sogenannten Bankenunion gegossen. Zuletzt gab es noch eine Auseinandersetzung zwischen Europäischem Parlament und EZB über Details der Berichtspflicht der EZB gegenüber dem Parlament, bei der aber die Spielregeln selbst nicht mehr zur Debatte standen. Die Bankenaufsicht sieht folgendes Reglement vor:

Die EZB ist Aufsichtsbehörde für rund 130 Banken in der Eurozone, und zwar über Banken, deren Bilanzsumme über 30 Milliarden Euro liegt, über Banken, deren Bilanzsumme ein Fünftel der Wirtschaftsleistung des Heimatlandes übersteigt sowie über Banken, die jeweils zu den drei größten Instituten eines Teilnehmerlandes gehören. Alle anderen Banken fallen in die Aufsicht der Einzelstaaten. Innerhalb der EZB soll eine „Chinesische Mauer" zwischen dem geldpolitischen Kern und der Bankenaufsicht gezogen werden, um eine wechselseitige Affizierung möglichst auszuschließen. Das Spitzengremium der Aufsichtsbehörde, das Supervisory Board, hat die letzte Entscheidungsbefugnis, wenn der EZB-Rat keinen Einspruch erhebt. Die Arbeit soll die Behörde Ende 2014 aufnehmen.

---

[92] Für einen Überblick vgl. Bundesbank 2013a

Der Abwicklungsfonds, der bis 2024 einen Betrag von 55 Milliarden Euro angehäuft haben soll, ist mit diesem Volumen so gering bemessen, dass er bei einer ernsthaften Bankenkrise in Europa nicht wirklich eine Rolle spielen wird. Alleine der deutsche Bankenrettungsfonds, in der Frühphase der globalen Finanzkrise gegründet, verfügte über das zehnfache Volumen. Deutschland hatte sich sowohl gegen ein staatliches Netz für den Ernstfall, wie von Frankreich gefordert, gewehrt als auch gegen eine Bankenrettung und -finanzierung über den ESM. All das lief in der Konsequenz darauf hinaus, dass die Deutschen an einen tatsächlichen europäischen Fonds nicht dachten.

In Hinblick auf die Säule 3, das konkrete Krisenmanagement mit dem Abwicklungsmechanismus, ergab sich in der Verhandlungsphase ein Streit zwischen drei Polen: die Kommission forderte für sich die Befugnis zur Abwicklung insolventer Banken, die EZB ging von der Einheit von Aufsicht und Abwicklung aus, nahm die Abwicklung also ebenfalls für sich in Anspruch, und der deutsche Finanzminister wollte das Procedere insgesamt in nationaler Hand belassen. Herausgekommen ist eine außerordentlich komplizierte Lösung mit einem Board für den „Single Resolution Mechanism" (SRM), den nationalen Abwicklungsbehörden, der EZB, der Kommission und den Finanzministern, wobei die letzten beiden ein Vetorecht haben.

Als am 15. September 2008 der Schwarze Schwan aus dem Nichts auftauchte, hatte es dem deutschen Marktradikalismus zunächst die Sprache verschlagen. Wie weggestoben waren die Nachweise zur endogenen Stabilität des Finanzsektors, der kalte Hauch des Schwarzen Schwans versetzte das Gesamtsystem in die Vereisung, alles Vertrauen war verschwunden. Als man sich in Deutschland dann gefasst hatte und sich des Ehrbaren Kaufmanns, der persönlich haftet, wenn er Risiken eingeht, erinnerte, war ein Teil der Marschroute für die Krisenbekämpfung gefunden (vgl. Teil 1). Irritiert zeigte man sich auch nicht ob der Tatsache, dass bei der Lehman-Insolvenz gerade das Haftungsprinzip lupenrein umgesetzt wurde – mit einem Schaden, den es so wahrscheinlich noch nicht in der modernen Wirtschaftsgeschichte gegeben hatte.

Der Haftungsgedanke mit seinem durch und durch einzelwirtschaftlichen Ansatz wurde auch zum Leitprinzip für die deutschen Interventionen bei der Herstellung der Bankenunion. Mit der „Haftungskaskade" hat man sich bei der Konstruktion des SRM weitgehend durchgesetzt. Die ebenso zu diesem Ansatz passende Diagnose von den zu großen Banken („too big to fail"), die man zwar gerne in die Insolvenz schicken würde, die aber zu groß sind und Kettenreaktionen produzieren könnten, offenbarte deutscherseits den mindestens mitschwingenden ideologischen Charakter der Denkweise. Selbst da, wo man die Möglichkeit hatte, bei der verstaatlichten Commerzbank, verzichtete man auf eine Zerschlagung des Instituts und die Auflösung in viele kleine Banken. Dem Haftungsgedanken und dem nationalwirtschaftlichen Handlungsansatz auf deutscher Seite standen in all den Auseinandersetzungen um die Bankenunion gesamtwirtschaftliche, europäisch-supranationale Ansätze auf seiten Frankreichs und anderer Staaten gegenüber.

2.8 Die neue ordnungspolitische Gesamtkonfiguration

Unerheblich für die Beurteilung des neuen Typs Währungsunion ist die Frage, ob das neue Ordnungsmodell ein Modell aus einem Guss ist. So wie das gesamte europäische Projekt ohne historische Vorbilder ist, eben eines sui generis, so ist auch das ordnungspolitische Modell, das sich jetzt in der Krise herauskristallisiert hat, ohne Blaupause oder historische Vorbilder. Unter ordnungspolitischen Gesichtspunkten ist auch die Frage unerheblich, ob es sich um einen intentionalen Systemwechsel mit diesem oder jenem Verantwortlichen gehandelt hat, obwohl nicht von der Hand zu weisen ist, dass deutsche Einflüsse und Handschriften unverkennbar sind.

Seit der Ankündigung Draghis vom Sommer 2012 hat die neue Ordnung eine gewisse Stabilität erreicht. Als neue Elemente sind danach nur noch die Durchsetzung der differenzierten Gläubigerhaftung im Falle Zyperns und die Arbeiten an der Bankenunion hinzugekommen. Insgesamt kann davon ausgegangen werden, dass die verschiedenen Module und Regeln der neuen Währungsunion beisammen sind, so dass mindestens von einer mittleren Dauer der Praxis auszugehen ist.

So wie die neue Ordnung sich nach zweieinhalb Jahren der akuten Krise präsentiert, enthält sie eine klare *Regelhierarchie*. Das *Zentrum* der neuen Währungsunion bildet sicher die nicht schriftlich fixierte, wohl aber die im Krisenprozess deutlich herausgearbeitete Regel der *marktbasierten Staatenbewertung*. In Kürze seien noch einmal die dazu gehörenden Elemente aufgezählt: die Neuinterpretation des Artikels 125 AEUV mit seiner Dekontextualisierung und Verabsolutierung, die Entsolidarisierung gegenüber den Programmländern, die Degradierung zum Programmland, der Schuldenschnitt (im Fall Griechenlands), die Durchsetzung der Gläubiger-, Eigentümer- und Einlegerhaftung (im Falle Zyperns). An den Kapitalmärkten ist das aus der Politik gegebene Signal deutlich angekommen, die Zinsdifferenz ist seit Ende 2009, Anfang 2010 durchgängige Praxis bei der Begebung von Anleihen durch Staaten der Eurogruppe.[93]

An der *zweiten Stelle* der Regelhierarchie steht der sogenannte Fiskalpakt. Er ist schriftlich fixiert, ergänzt und erweitert den alten Stabilitätspakt, der selbst weiterentwickelt wurde, und gibt die restriktive Grundrichtung der Fiskalpolitik für die nächsten Jahre vor. Diese Regel folgt den Vorstellungen des Hegemons über eine vernünftige Wirtschaftspolitik. An der *dritten Stelle* folgt der ESM für in Not geratene Staaten und Banken. Er stellt die „Ultima Ratio" dar, wenn Regelpaket 1 und Regelpaket 2 nicht gegriffen und solides Haushaltsgebaren erzwungen haben.

Im ESM-Vertrag ist die von den Regelerschaffern intendierte Reihenfolge auch erwähnt. In den Erwägungsgründen wird in Hinblick auf den Stabilitätspakt und seine Ergänzung durch den Fiskalpakt von der *„ersten Verteidigungslinie"* gesprochen. Der ESM komme erst ins Spiel, wenn trotz dieser Verteidigungslinie eine Vertrauenskrise ausbreche. Verschwiegen wird aber – um in der militärischen Sprache zu bleiben – das eigentliche Verteidigungsbollwerk, nämlich die Risikobewertung durch die Finanzmärkte.

An der *vierten Stelle* folgt die neue makroökonomische Politik, jetzt noch dirigiert durch die Kommission, später möglicherweise durch eine Wirtschaftsregierung. Sie steht an der vierten Stelle, weil die Spielräume für diskretionäre Politik durch die Regelpakete 1 – 3 außerordentlich eingeengt sind, so dass für die makroökonomische Steuerung nicht mehr viel Spielraum bleibt. Sollten die europäischen Keynesianer mit der Einführung dieses Elements der Economic Governance je daran gedacht haben, dass sich in der Währungsunion die internen Leistungsbilanzen in der mittleren Frist ausgleichen, also symmetrische Anpassungen stattfinden, wird der Hegemon darauf hinweisen müssen, dass genau so die neue Ordnung nicht zu verstehen sei. Der „Sinn" der Ordnung, wenn es einen solchen gibt, liegt gerade darin, dass sich jede Nationalwirtschaft im Wettbewerb so „anstrengt", dass sie die anderen hinter sich lässt. In Teil 6 werden wir auf die neue Economic Governance zurückkommen.

---

[93] Der Spread ist zwar zuletzt wieder signifikant zusammengeschnurrt. Wichtig ist aber 1.) dass er überhaupt noch besteht und 2.) dass immer wieder die Möglichkeit gegeben ist, dass er deutlicher nach oben schnellt.

2. Die hegemoniale Währungsunion

Dem neuen Ordnungsmodell merkt man seine Herkunft aus einem Trial-and-Error-Prozess (vgl. Teil 1), einem Prozess der Ausbalancierung von innenpolitischen Rücksichtnahmen und außenwirtschaftlichen Notwendigkeiten, seiner Austarierung von französischen und deutschen Integrationsmustern mehr als deutlich an.

Von der ordnungspolitischen Logik her passen Fiskalpakt und ESM eigentlich nicht zusammen. Insofern zeichnet *Inkonsistenz* die neue Ordnung aus. Vereinfacht formuliert: Wird der Fiskalpakt als Regel der zweiten Ordnung eingehalten, dann wird der ESM als tertiäre Regel tendenziell überflüssig. Der ESM tritt also dann auf den Plan, wenn vorher Regelverletzung stattgefunden hat, nämlich die Verletzung fiskalpolitischer Regeln, die durch den Finanzmarkt mit Wucherzinsen bestraft wurden. Die ganze Ambivalenz, mit der der ESM gestaltet wurde, wird auch in der Unentschiedenheit deutlich, mit der man seine Zinspolitik ausgestattet hat. Die deutsche Präferenz lag bei harten Strafzinsen, was keinen Sinn ergeben hätte, da diese Strafzinsen schon von den Kapitalmärkten diktiert wurden. Am Ende hat man es im Unbestimmten gelassen, wie die Zinsen für ESM-Kredite gestaltet werden sollten.

Die beiden Ordnungspakete (Fiskalpakt und ESM) sind begründet worden, um der Kompromissbildung zwischen institutionellen und marktwirtschaftlichen Integrationsmethoden Tribut zu zollen, dem Ausgleich deutscher und französischer Vorstellungen zur Integration. Dass am Ende der deutsche Anteil an der neuen Architektur der ausschlaggebendere sein wird, wäre in der europäischen Währungsgeschichte kein Novum. Ebenso wenig wäre es ein Novum, wenn dies unter grimmiger, aber stiller Akzeptanz durch Frankreich passieren würde.

An dieser Stelle zeigen sich bemerkenswerte Parallelen zum alten Europäischen Währungssystem (EWS). Auch diese Wechselkursordnung (vgl. Teil 4) war als symmetrische, egalitäre Ordnung angelegt, transformierte sich aber wenig später – wie die Währungsunion – zu einer hegemonialen Ordnung. Damals wie gegenwärtig hat Frankreich dem Systemwechsel mehr oder weniger tatenlos zugesehen. Wahrscheinlich aus dem gleichen Kalkül heraus, dass die Politik des Hegemon letztlich die richtige ist. Die nach innen hin betriebene soziale Politik, nicht zuletzt vor dem Hintergrund einer in dieser Hinsicht bis weit in das konservative Lager hinein gefestigten sozialen Überzeugung der Gesellschaft, konnte zu Zeiten des EWS durch die äußere Restriktion wenigstens partiell eingedämmt werden. So ähnlich wird die französische Tatenlosigkeit angesichts der deutschen Aktivitäten auch jetzt begründet sein. Letztlich wird man in Frankreich die Rosskur für die südeuropäischen Länder für unausweichlich halten, zumal das Land selbst an ähnlichen Symptomen laboriert wie die Krisenstaaten und auch alleine nicht die Stärke hat, um eine andere Politik in der Eurogruppe durchzusetzen.

Hegemoniale Ordnungen müssen dem Hegemon auch einen Vorteil offerieren. Der erste Vorteil ist ein ideeller: Der Hegemon kann sich darüber beruhigen, dass er die ihm genehme Wirtschaftspolitik vorgibt. Ob die ihm am Ende auch zum Vorteil gereicht, steht auf einem anderen Blatt. Aber die Ordnung hält auch materielle Vorteile bereit. Der Hegemon kann sich durch den Währungswettbewerb in der Währungsunion systematisch günstige Anleihezinsen sichern. In Deutschland hält man es zwar für ein Ergebnis soliden Haushaltens, dass die Zinsen so günstig sind. Tatsächlich steckt dahinter aber ein einfacher Marktvorgang. In dem Maße, wie Staaten auf der Leiter der Staatenhierarchie herunter purzeln, fließt Fluchtkapital in das Zentrum der Währungsunion und sorgt dort für niedrige Zinsen. Der Hegemon kann auch, solange er seine eigene Arbeiterschaft im Zaum halten kann, die Sonderprofite einstreichen, die ihm seine Exportüberschüsse bringen. Und schließlich gibt es noch einen fast unappetitlichen Geldfluss: Auf dem Weg der Kreditvergabe über den ESM (und seine Vorläufer) an die Krisenländer sammeln sich Zinsgewinne bei den hegemonialen Gläubigern.

Werfen wir einen Blick in die Zukunft der Ordnung. Fiskalpakt und ESM sind Institutionalisierungen, die aus dem Krisenprozess herausgewachsen sind. Sobald die Krise zu Ende bearbeitet ist, werden sie nur noch marginal in Erscheinung treten.[94] Nicht einmal die eine oder andere in Schieflage geratene Bank wird, wie wir gesehen haben, vom ESM aufgefangen werden. Es mag sein, dass das eine oder andere kleine Land noch einmal unter den Schirm gehen wird. Für große Länder, so haben wir gesehen, ist er mangels Volumen ohnehin nicht geeignet. Ein ganz anderes Gewicht und eine ganz andere Wirkung werden die marktbasierten Regeln der vergangenen drei Jahre entfalten. Geprägt wird die Zukunft der hegemonialen Währungsunion durch das Geschehen an den Kapitalmärkten.

---

[94] Offen bleibt die Frage, wie die Länder der Eurogruppe mit der Abbaukomponente des Fiskalpakts umgehen. Wird mit der Vorgabe Ernst gemacht, jährlich zwanzig Prozent der über den Maastricht-Grenzen liegende Verschuldung zurückzufahren, mithin tiefe Einschnitte in die Budgets von zwölf Ländern erfolgen, dann steht der Eurogruppe sozial und wirtschaftlich eine tiefschwarze Zukunft bevor.

2. Die hegemoniale Währungsunion

Der Fremdkörper in der neuen Währungsunion ist ihre Zentralbank bzw. die von ihr praktizierte Politik. Die EZB hat am Ende – möglicherweise widerwillig – die Aufgabe des lender of last resort übernommen, eine Rolle, welche die Zentralbanken in den herkömmlichen Nationalstaaten schon viel früher im Krisenverlauf angenommen hatten. Im Namen der Union trat sie spät als Garant der Währungsunion auf und konnte den Märkten die Irreversibilität der Währungsunion glaubhaft versichern. Eine Zentralbank, deren Mandat die Sicherung der Preisstabilität ist, muss natürlich auch das gesamte Gerüst stabilisieren können.

Eine wirkliche Währungsunion wäre erst wieder erreicht, wenn gleiche Zinssätze für die Träger der Währungsunion gälten. Insofern kommt den Anleihezinsen – den Risikoprämien – mehr als nur symbolische (schlechte Bewertung durch den Markt) und materielle (Haushaltsbelastung durch hohe Zinsen) Bedeutung zu.

Die Währungsunion darf von ihren Trägern nicht getrennt werden. Die Träger der Währungsunion gehen schon durch ihre Mitgliedschaft erhebliche Risiken ein, u.a. bedingt durch die stabilitätsorientierte Zinspolitik der EZB (Inflationsziel). Wenn die Trägerschaft von der Währungsunion getrennt wird, und auf diesem Weg befindet sich die hegemoniale Währungsunion, und man denkt dies in eine längerfristige Zukunft, dann trennen sich Ökonomie und Politik immer weiter, Ökonomie wird immer weniger politisch gestaltet, mit der EZB wächst dann eine Zentralbank, die in ihrer Macht immer mehr abhebt, und letztlich überfordert wird.

Wenn unterschiedliche Zinssätze für Staatsanleihen vorliegen, wie in der hegemonialen Währungsunion, liegt schon keine eigentliche Währungsunion mehr vor, sondern es existiert faktisch eine Führungswährung mit Satellitenwährungen. Hier sind die Satelliten – im Unterschied zur Wechselkursordnung – Gefangene in der Währungsunion, da sie den Wechselkurs als Korrekturmechanismus nicht mehr einsetzen können, sondern nur noch „intern abwerten" können, die zynische Formulierung für die Kujonierung der Bevölkerung.

Anstößig ist also schon der Zins für die Staatspapiere. Das größere Problem stellt aber, wie wir gesehen haben, der unterschiedliche Zins im Übergang von der Finanzwirtschaft in die Realwirtschaft dar. Wir haben gesehen, dass damit das zentrale Selbstverständnis des sich integrierenden Europas tangiert ist. Solange die EZB hier nicht kleinbeigibt und an ihrem Ziel des einheitlichen Zinses im gesamten Euroraum festhält, sitzt ein Unruheherd in der hegemonialen Währungsunion.

Teil 6: Alternative Krisenerklärungen und Perspektiven der Währungsunion nach der Krise

In Teil 5 wurde herausgearbeitet, dass die europäische Krise im Kern eine ordnungspolitische Krise war, die mit den Ankündigungen des EZB-Präsidenten im Spätsommer 2012 ein Ende gefunden hat. Im folgenden Teil sollen zunächst drei alternative Krisenerklärungen einschließlich der darin angelegten Perspektiven aufgegriffen werden. Dabei wird sich zeigen, dass alle drei Erklärungen zwar nicht überzeugen können, aber auch nicht rundherum als abwegig oder gar falsch qualifiziert werden können. Sie beleuchten jeweils eine Seite der Krise, können aber aus unterschiedlichen Gründen keine überzeugende Gesamterklärung bieten.

Es handelt sich um drei Erklärungsansätze, die auf unterschiedlicher wissenschaftlicher Provenienz beruhen. Die erste Erklärung beruht auf einem *historischen* Ansatz. Ihre These lautet: In Maastricht ist 1992 ein Fehler bei der Konstruktion der Währungsunion unterlaufen, der mit Zwangsläufigkeit zu einem Problem in der Währungsunion, der Staatsschuldenkrise, geführt habe und jetzt korrigiert werden müsse. Die dazu unterbreiteten Lösungsvorschläge beschreiten dann sehr unterschiedliche Richtungen.

Die zweite Erklärung argumentiert *politikwissenschaftlich*. Ihr zufolge sei nach 1990 – nicht zuletzt in Folge der deutschen Einheit – ein Prozess eingeleitet worden, der in der Europäischen Union und der Eurogruppe zu einer deutschen Hegemonie geführt habe. Die Hegemonie sei in den Krisenjahren für jedermann erkennbar geworden, allerdings werde das Land selbst seiner neuen Verantwortung bislang nicht gerecht. In Zukunft müsse Deutschland seine neue Rolle als großzügiger Hegemon akzeptieren lernen.

Die dritte Erklärung leitet ihre Thesen aus *ökonomischen* Parametern ab. Wie in der konventionellen Ökonomie argumentiert sie zeitlos und hält dafür, dass sich in der Währungsunion mit der Krise marktbasierte Strukturen durchgesetzt haben, die in der Konsequenz auf einen Wettbewerb der Nationen hinausliefen, den es zu fördern gelte. Dieser Ansatz streift unsere eigene These von der Herausbildung einer hegemonialen Währungsunion, reflektiert aber in den vorliegenden Vorschlägen nicht die inkompatible Umwelt, in die hinein er präsentiert wird.

Im Anschluss an die drei Erklärungsansätze wird eine *supranationale* Perspektive eingenommen, und es werden Vorschläge zur Zukunft der Währungsunion aus europäischen Institutionen aufgegriffen. Diese Vorschläge beruhen zwar auch auf Krisenerklärungen, sie werden dort aber nicht explizit gemacht. In Deutschland wurden diese Vorschläge mehr am Rande registriert.

In dieser Zusammenstellung fehlt unverkennbar eine in Deutschland sehr verbreitete Erklärung und daraus abgeleitete Perspektive für die Währungsunion. Sie lautet in etwa so: Die bisherige Konstruktion der Währungsunion sei durch bestimmte Länder ausgebeutet worden („moral hazard") und habe danach durch zu nachsichtiges Verhalten der Akteure dazu geführt, dass die Vertragsregeln, insbesondere der No-bail-out-Artikel, verletzt, ausgehöhlt und schließlich ad absurdum geführt wurden. Da dieser Ansatz ohnehin europaskeptisch angelegt ist, plädiert er für eine rasche Beendigung der Projekts Währungsunion.

Die These von der Bedrohung der Währungsunion in ihrem Bestand zu irgendeinem Zeitpunkt des Jahres 2012 oder auch davor, gar ihrer Auflösung, hatte in etwa die Überzeugungskraft wie der Vorschlag der Einführung des Talers anstelle der D-Mark zu irgendeinem (krisenhaften) Zeitpunkt in der Geschichte der Bundesrepublik Deutschland. Ein überwältigender markt-automatischer Prozess – eine Voraussetzung für den Untergang einer Währung – des Vertrauensverlustes des Euros infolge der sogenannten Staatsschuldenkrise war zu keinem Zeitpunkt zu erkennen, im Gegenteil, der Euro blieb, wie gesehen, stabil, er stieg phasenweise sogar in seinem Außenwert. Eine Auflösung der Währungsunion wäre also nur als voluntaristischer, politisch gewollter Prozess realistisch gewesen, und der Ausgangspunkt eines solchen Prozesses hätte ausschließlich Deutschland sein können. Dass Deutschland aber ein solches Dynamit an den europäischen Integrationsprozess legt, konnte 2012 und kann mindestens für die nächsten einhundert Jahre ausgeschlossen werden. Aus diesem Grund wird die Möglichkeit einer Auflösung der Währungsunion – ganz unabhängig von Draghis Äußerungen zu ihrer Irreversibilität – im Folgenden beiseitegelassen.

1. Die Hypothese vom Konstruktionsfehler der Maastrichter Währungsunion

Die am weitesten verbreitete und „europhilste" Diagnose der europäischen Krise, häufig auf Seiten der Linken vertreten, aber nicht nur,[95] lautet, dass mit dem Anstieg der Staatsverschuldung und den Anleihezinsen in den Eurostaaten ein Konstruktionsfehler der Währungsunion aufgebrochen sei, den es nunmehr zu beheben gelte. Unter dem Konstruktionsfehler wird verstanden, dass es anlässlich der Maastrichter Verhandlungen zur Währungsunion in den frühen neunziger Jahren versäumt wurde, der Währungsunion eine Politische Union mit einer Wirtschaftsunion bzw. Fiskalunion zur Seite zu stellen. Eine Währungsunion ohne Wirtschaftsunion bzw. Fiskalunion sei zum Scheitern verurteilt, eine so eingebettete Währung sei eine „orphan currency" (Pisani-Ferry/Sapir 2009, S. 69). Abhilfe könne nur geschaffen werden, wenn die Währungsunion um eine Wirtschaftsunion ergänzt werde, die in erster Linie aus einer Art Fiskalunion bestehen müsse, die Probleme aus einer „reinen" Währungsunion aufgreift, ausgleicht und ausbalanciert.[96]

---

[95] Auch Konservative eignen sich die These von der Fehlkonstruktion der Währungsunion an. Bei Geppert (2013b, S. 67 f.) mutiert der Fehler zu einer Totaldifferenz zwischen den europäischen Staaten auf den Feldern der Mentalitäten, der Wirtschaftskraft, dem Arbeitsmarkt, der Gesellschaft und dem Konsumverhalten, welche eine ganz und gar ungünstige Basis für eine gemeinsame Währung sei. Wirtschaftsliberale suchen die Fehlkonstruktion von Maastricht auf dem häufig bewanderten Pfad historischer Währungsunionen, auf dem man einer einzigen „Geschichte der Fehlschläge" (Mayer 2013, S. 45 ff.) begegne. Das Scheitern dieser Währungsunionen könne meist auf Überschuldung im privaten und/oder öffentlichen Sektor zurückgeführt werden.

[96] Bei De Grauwe (2013) findet sich die Formulierung von den „Design Failures in the Eurozone". In seinem Aufsatz entdeckt man auch die Metapher von der Eurozone als schön anzuschauende Villa, die aber kein Dach habe. Die Lösung der Krise durch die EZB reiche nicht aus. Notwendig seien zum einen ein Schuldenpooling, das die Mitgliedstaaten bindet, und andererseits ein mehr symmetrischer Anpassungsmechanismus ohne deflationären Bias. Langfristig komme die Eurozone, soll sie weiter Bestand haben, um eine Fiskalunion nicht herum.

1. Die Hypothese vom Konstruktionsfehler der Währungsunion

In dem Kapitel „Der Konstruktionsfehler der Währungsunion" seines Essays „Zur Verfassung Europas" führt Jürgen Habermas aus:

> Wichtig „ist die politische Frage jenes Konstruktionsfehlers der Währungsunion, über den die Finanzmarktspekulation nun *allen* die Augen geöffnet hat. Bei der Einführung des Euro im Jahre 1999 hatten einige noch auf die Fortsetzung des *politischen* Einigungsprozesses gehofft (Herv. i. O.). Andere Befürworter glaubten an das ordoliberale Lehrbuch, das der Wirtschaftsverfassung mehr zutraut als der Demokratie. (...) Beide Erwartungen sind dramatisch enttäuscht worden. Die schnelle Aufeinanderfolge von Finanz-, Schulden-, und Eurokrise hat die falsche Konstruktion eines riesigen Wirtschafts- und Währungsraums, dem aber die Instrumente für eine gemeinsame Wirtschaftspolitik fehlen, sichtbar gemacht" (Habermas 2011, S. 121).

Die in der Krise ergriffenen Maßnahmen, so Habermas, bestünden aus von den Finanzmärkten *erzwungenen* Integrationsschüben (der Rettungsfonds und die Verschärfung des Stabilitätspaktes), die bei weitem nicht ausreichten.

Selbst wenn Habermas mit seiner Analyse richtig läge, könnte Entwarnung gegeben werden. Der Neofunktionalismus als die Integrationstheorie sui generis lebte schon mit dem Integrationssprung in die Währungsunion nach einer langen Phase des Dämmerschlafs wieder auf. Das erste Spillover in die „High politics" war durch den Intergouvernementalismus nicht mehr lückenlos zu erklären. Der konnte zwar die Maastrichter Verhandlungen selbst in dem ihm eigenen intergouvernementalen Paradigma dechiffrieren (Moravcsik 1998, S. 472 ff.), dass aber überhaupt eine Integrationsstufe wie eine Währungsunion auf die Agenda kam und mit ihr eine mächtige supranationale Institution, die EZB, entstand, lag jenseits des Schemas von reinen Regierungsverhandlungen und nationalstaatlichen Verständigungen.[97]

---

[97] Es ist evident, dass mit der EZB erstmals ein supranationaler Akteur auf der Spielfläche erscheint, der jenseits jeden nationalstaatlichen Kalküls agiert und der von der Machtausstattung her offensichtlich in der Lage ist, den Nationalstaaten Paroli zu bieten. Insbesondere Draghis „Dicke-Bertha-Programme" und seine Formel von der „Irreversibilität" der Währungsunion – auch wenn sie mit großer Wahrscheinlichkeit mit den entscheidenden intergouvernementalen Akteuren abgesprochen waren – stellen supranationale Interventionen dar, die im Rahmen intergouvernementaler Ansätze nicht mehr erklärbar und in ihren Konsequenzen nachvollziehbar sind.

Mit der Krise der Währungsunion könnte der Neofunktionalismus ein weiteres Mal geeignetes Material für Theoretisierungen finden.[98] Denn: mit der Krise – unabhängig von der Frage, aus welchen Gründen sie ausgebrochen ist – ist eine weitere Welle in Bewegung gekommen, die die nächsten Gebiete für die Integration urbar macht. Das wird für die Fiskalpolitik sicher nicht bald geschehen, für die Finanzmarktintegration sieht dies aber schon ganz anders aus. Wir erwähnen den Neofunktionalismus an dieser Stelle, weil er sich auf wirkliche oder vermeintliche Konstruktionsfehler der Maastrichter Währungsunion beziehen kann, die aus sich heraus in jedem Falle weitere Integrationsschritte nach sich ziehen. Einmal eingegangene Integration zieht weitere Integration nach sich, etwas banalisiert wird diese beobachtbare Tatsache durch die Metapher, die EU sei einem Fahrrad gleich, das auch immer in Bewegung sein müsse.

Die Konstruktionsfehlerhypothese ist in Hinblick auf die historische Analyse der Genesis des Maastrichter Vertrages nicht haltbar. Der Maastrichter Vertrag wies keinen Konstruktionsfehler auf, sondern er stellte im Gegenteil den idealen europäischen Vertrag für die damalige historische Situation dar. Nach dem Zusammenbruch der osteuropäischen Staaten und dem plötzlichen Auftauchen der deutschen Frage auf der europäischen Bühne waren mehrere Probleme gleichzeitig zu lösen. Das größte Problem war die vertiefte Einbindung des sich vereinigenden Deutschlands in das europäische Projekt. Gegenüber den Europäern musste das souverän werdende Deutschland dabei etwas erbringen, das für die Europäer ihrerseits keinen Souveränitätsverzicht bedeuten würde, da sie ja mit der Bestätigung der deutschen Einheit bereits das Ihre in die Verhandlung mit eingebracht haben.

Als Integrationsgegenstand par excellence bot sich in diesem Zusammenhang die Geldpolitik an. Mit einer Supranationalisierung der Geldpolitik schien für die N-1-Länder die Chance gegeben, das wirtschaftspolitische Joch, das die Bundesbank den Europäern – sowohl jenen, die im EWS aneinander gebunden waren, wie auch den Ländern außerhalb des EWS – in den siebziger und achtziger Jahren auferlegte, loszuwerden, und es dämmerte die Vision einer gemeinsam bestimmten Geldpolitik auf. Auf der „Gegenseite" schien dem entstehenden größeren Deutsch-

---

[98] Zu den Theoriebestandteilen zählen u.a. die Eigendynamik der Integration, die Dominanz von Institutionen, die Permanenz von Integration, das Eintreten unbeabsichtigter Ergebnisse, die Irreversibilität der Integration, die charismatischen Europäer.

1. Die Hypothese vom Konstruktionsfehler der Währungsunion

land ein Politikmittel von zentraler Bedeutung entwunden. Zentral bedeutete in diesem Zusammenhang zweierlei: Zum einen war die Politik der Bundesbank in den vier Jahrzehnten der Bundesrepublik zu einem identitätsstiftenden Element für das Land von enormer Bedeutung gewachsen. Zum anderen wird Wirtschaftspolitik in modernen Geldwirtschaften wesentlich durch die Politik der Zentralbanken gesteuert.

Die Hergabe der eigenen Währung als Souveränitätsverzicht sollte auch für die anderen europäischen Länder bei der Einführung einer Währungsunion nicht geringgeschätzt werden. Nicht zuletzt die Welle der Staatsgründungen in Osteuropa nach dem Zusammenbruch der Sowjetunion und ihres Satellitensystems zeigte, dass der Ausweis einer eigenen Währung sehr weit vorne auf der Agenda nationaler Seinsdefinitionen steht. Auch waren bspw. die französische und italienische Währung erheblich älter als die deutsche D-Mark, die ja als solche – jedenfalls in den ersten Jahren – eine Art Besatzungskind war. Ausschlaggebend für eine größere Bereitwilligkeit zum geldpolitischen Souveränitätsverzicht bei den Partnern war, dass sie seit dem Ende der Bretton-Woods-Ordnung und insbesondere seit der Umformung des EWS aus einer egalitär gedachten Wechselkursordnung in ein hegemoniales Regime ohnehin über keine Souveränität im Bereich der Geldpolitik verfügten (vgl. Teil 3). Seit jener Zeit setzte die Bundesbank stabilitätsorientierte Wirtschaftspolitik in Europa durch, auch die von Zeit zu Zeit vorgenommene Abwertung der eigenen Währung stellte für Länder wie Italien nur vorübergehend ein Mittel zum Rückgewinn von Autonomie dar. So gesehen war die Hergabe der eigenen Währung bei den N-1-Ländern nur ein letzter formaler Akt.

Und noch ein Letztes machte es naheliegend, die Währungsunion als Integrationsvertiefung anzupeilen. Es waren integrationstheoretische Überlegungen (vgl. Teil 4). Folgt man der Überlegung, dass Integration auf den Gebieten eher gelingt und sich dort eher anbietet, wo in demokratischen Ordnungen die Legitimationsbasis, d.h. der Wählerwille, keine ausgeprägte Neigung zur Manifestation hat, dann bietet sich die Geldpolitik als Integrationsgegenstand um etliches eher an als etwa die Steuerpolitik oder die Sozialpolitik. Der komplexe Begründungszusammenhang für die wirtschaftspolitische Wirkungsweise von Zentralbankpolitik bedürfte, um wahlkampftauglich zu werden, sehr rustikaler Vereinfachungen und Schablonisierungen. Auch das in Deutschland in diesem Zusammenhang so sehr gehegte und gepflegte „Trauma der Inflation" hatte sich über die Jahre schon abgenutzt und überlebte nur noch in der neoliberalen Ideologie.[99]

War also die Geldpolitik geradezu prädestiniert für notwendige Integrationsschritte, boten sich andere Politikfelder dafür erst gar nicht an, etwa die merkliche Aufstockung von Befugnissen für das EU-Parlament, die Einrichtung einer föderalen Fiskalpolitik oder – noch abwegiger – eine Vergemeinschaftung der Außenpolitik. Anders formuliert: Mit der deutschen Einheit hatten die Deutschen einen signifikanten Souveränitätszugewinn, warum sollten die anderen Länder in diesem Kontext und im gleichen Schritt einen Verlust von Souveränität hinnehmen? Die in den Monaten der Verhandlungen vom damaligen Bundeskanzler Helmut Kohl immer wieder in die Diskussion eingebrachte Politische Union war erstens viel zu unbestimmt für die Verhandlungstauglichkeit und aus diesem Grund zweitens wohl eher nicht ganz ernst gemeint und als wirkliche Verhandlungsoption der Deutschen gedacht.

Als Fazit ergibt sich: 1990 war nichts geeigneter für die notwendig gewordene Integrationsvertiefung als eine Währungsunion, und zwar eine Währungsunion, die in ihrer ordnungspolitischen Kontextualisierung den Teilnehmern möglichst wenig über das geldpolitische Gebiet hinausgehenden weiteren Souveränitätsverzicht abforderte. Kein Gedanke wurde darauf verschwendet, fiskalische Kompetenzen o.ä. zu supranationalisieren. Die Hypothese vom Konstruktionsfehler der Maastrichter Währungsunion, der in der aktuellen Krise aufgebrochen sei, zeugt also von völliger Unkenntnis der damaligen historischen Situation.

Bei Zeithistorikern und Politikern findet sich gelegentlich noch die Neigung, den Konnex zwischen europäischer Währungsunion und deutscher Einheit zu bestreiten. Eine Variante davon vertritt der Zeithistoriker Rödder (2009, S. 264 ff.). In seinem Essay (2014) findet sich die These, die damalige Bundesrepublik habe die Währungsunion auch gewollt, nur

---

[99] Die im öffentlichen Diskurs in Deutschland immer wieder gerne beschworene historische Erfahrung der Deutschen mit „der" Inflation – gemeint sind die beiden „Inflationen" von 1924 und 1948 – ist polemisch, fast zynisch durchwirkt. Wenn die wirkliche oder vorgebliche Inflationsmentalität der Südeuropäer, die sich in der Niedrigzinspolitik der EZB manifestiere, beklagt und besorgt gemahnt wird, das könne man den Deutschen wegen ihrer Inflationsgeschichte nicht zumuten, dann wird unterschlagen, dass es Deutsche waren, die „ihre" Kriege über die Notenpresse finanzierten, was in dem einen Fall zu einem Währungsschnitt und im anderen Fall zu einer Währungsablösung führte. Inflationen im normalen Gang der Konjunktur mit den deutschen Inflationen, die in Wirklichkeit militaristisch motivierte Währungszerrüttungen waren, zu vergleichen, ist, wie oben angedeutet, polemisch und zynisch.

1. Die Hypothese vom Konstruktionsfehler der Währungsunion 291

eine andere ordnungspolitische Konstruktion im Sinne einer Einbettung in eine übergreifende politische Architektur. Frankreich habe der deutschen Einheit schon vor dem monetären Einigungsprozess zugestimmt, und die Begründung der Währungsunion sei eine Konzession Deutschlands an Frankreich gewesen. Beides stehe ohne Zusammenhang nebeneinander (Rödder 2009, S. 270).

Der historische Ablauf ist in der Tat der, dass 1988 aus dem deutschen Außenministerium der Vorschlag kam, eine Wirtschafts- und Währungsunion zu begründen. Im Sommer, ein Jahr später, war klar, dass der Vorschlag Ende 1989 auf einer Regierungskonferenz behandelt werden sollte. In diese Agenda platzte gewissermaßen die deutsche Einheit, im Sommer zunächst die Botschaftsbesetzungen und am 9. November 1989 der Fall der Mauer.

Und dennoch ist die These, die damalige Bundesrepublik habe auch eine Wirtschafts- und Währungsunion nicht nur angestrebt, sondern auch umsetzen wollen, wenig überzeugend. Dass bereits ein Jahr vor den ersten Anzeichen der Auflösung von DDR und Ostblock das Thema „Währungsunion" im Raum war, sagt für sich genommen noch nichts über Umsetzungswahrscheinlichkeiten aus. Der Werner-Plan aus den Jahren 1970/71 erreichte schließlich auch ein gewisses Maß an Konkretion und dennoch ist das Vorhaben in den Währungswirren der frühen siebziger Jahre sang- und klanglos von der Bühne genommen worden. Weit und breit ist nicht zu sehen, warum die Bundesregierung und die Bundesbank das Projekt hätten umsetzen wollen. Die EWS-Welt, die den Währungswettbewerb kaum verhüllte, war das Optimum dessen, was man sich aus der Perspektive der Bundesbank vorstellen konnte. Was mehr hätte man sich von deutscher Seite aus wünschen können? Und gegen was hätte die westdeutsche Seite „ihr" Trumpfass „Bundesbank" eintauschen sollen? Was hätten die damaligen elf Partner in der EU den Deutschen „bieten" sollen? Es gab in jener Zeit Ende der achtziger Jahre auch keine so gravierenden wirtschaftspolitischen Probleme, dass sich Integrationsdruck hätte aufbauen können.

Es gab nichts, das auch nur annähernd lukrativ für die Bundesrepublik im Gegenzug zum Verzicht auf die D-Mark gewesen wäre, nicht einmal ein spezifisches Ordnungsmodell für die Währungsunion auf europäischer Ebene. Und hier kommen wir zu dem springenden Punkt. Der damalige Wissenschaftliche Beirat beim Bundeswirtschaftsministerium (1989) und relevante Stimmen aus der Wissenschaft wähnten in der später im Maastrichter Vertrag verankerten „fernen Bank", die nicht nur weisungsunabhängig konzipiert war, sondern eine Art zweite Unabhängigkeit durch die Nicht-Existenz eines staatlichen Gegenpols erreichen sollte (vgl. Teil 5), ein positives ordnungspolitisches Element. Und gerade dieses Modell war geeignet für das ordnungspolitische Modell der ersten Phase, das wir in Teil 5 herausgearbeitet haben. Welche bessere ordnungspolitische Absicherung hätte man auch bei optimalerem Verlauf der Verhandlungen, wenn also die deutsche Einheit nicht „dazwischen" gekommen wäre, erreichen wollen? Als Kernbestand einer Wirtschaftsunion einen europäischen Finanzausgleich? Es gab kein besseres ordnungspolitisches Modell als die doppelt unabhängige europäische Zentralbank.

Also: Auch aus deutscher Perspektive gab es bei der Projektierung der Währungsunion keinen Konstruktionsfehler. Die festgelegten Spielregeln ließen sich kaum optimaler aushandeln. Die im EWS kujonierten Länder unterwarfen sich dem deutschen Modell, sei es, weil sie in der Zwischenzeit von den Segnungen deutscher Stabilitätspolitik überzeugt waren, oder sei es, dass sie die Hoffnung hatten, in der gemeinsam entworfenen Geldpolitik ein Wörtchen mitreden zu können.

Und ein Letztes zur These vom Konstruktionsfehler der Währungsunion. Die These unterstellt eine Zwangsläufigkeit der Konfliktentstehung und eine Konflikteskalation, förmlich einen Automatismus des Krisenausbruchs. Das aber ist falsch und geht – in vermeintlich kritischer Absicht – an den eigentlichen Krisenursachen vorbei.

Die sozialen Wissenschaften tun gut daran, wenn sie sich bei der Feststellung von Automatismen zurückhalten. Das gilt gleichermaßen für den analytischen wie den instrumentellen Bereich. Die Währungsunion hat zehn Jahre lang, wie wir gesehen haben, gut funktioniert, im Mai 2010 wurde eine Krise losgetreten, die auf politischer Dezision beruhte. Die gestiegene Staatsverschuldung war eine Folge der globalen Finanzkrise und selbst das Auseinanderlaufen bei den Lohnstückkosten mit den Ungleichgewichten in den Leistungsbilanzen trieb nicht automatisch die Krise hervor.

In den Monaten vor und nach dem Jahreswechsel 2009 auf 2010 gab es eine Alternative zu der stufenweisen Entsolidarisierung mit Griechenland. Die Alternative bestand in der Verlängerung der egalitären Währungsunion unter veränderten Vorzeichen. War vorher die Zinskonvergenz stillschweigend als Bestandsgrundlage der Währungsunion unterstellt worden, hätte sie jetzt als Druckmittel für eine Reformpolitik eingesetzt werden können. Die protektive Hand der Almunia-Steinbrück-Poli-

1. Die Hypothese vom Konstruktionsfehler der Währungsunion

tik hatte im Frühjahr 2009 ihre Wirkung und ein kollektiver Auftritt der Eurogruppe mit der EZB hätte die Kapitalmärkte mit Sicherheit geglättet. Die egalitäre Währungsunion hätte zur offiziellen Geschäftsgrundlage mit den Kapitalmärkten erhoben werden müssen. Die Anzeichen für die Auflösung der Zinskonvergenz wären die Grundlagen für eine wirtschaftspolitische Verständigung geworden.

Fazit: Die These vom Konstruktionsfehler der Währungsunion verkennt europäische Integration als Arbeit am politischen Reißbrett, an dem ideale Entwürfe über die Einigung entstehen. In einer hochkomplexen historischen Situation haben die europäischen Akteure um das Jahr 1990 herum einen optimalen Vertrag ausgehandelt. Dieser Vertrag funktionierte auch, wie wir gesehen haben, für ein Jahrzehnt als egalitäre Währungsunion. Außer Kraft gesetzt wurde diese nicht durch wirtschaftspolitische Notwendigkeiten oder Automatismen, sondern von politischen Akteuren. Theoretisierbar ist dieser Prozess durchaus im neofunktionalistischen Paradigma.

Wir kommen nun zu den Konsequenzen, die die Vertreter der Konstruktionsfehlerhypothese aus ihrer Analyse ableiten. In diesem Zusammenhang flackerten am literarischen Europahimmel vorübergehend Utopien auf: Ein „Quantensprung" in Richtung eines „echten vereinigten und föderalen Europas" sei zu fordern (Cohn-Bendit/Verhofstadt 2012, S. 11). Entweder es komme zu einer „föderalen Staatsgründung" oder die europäische Währung verschwinde (ebd., S. 13). Die Ideen waren gut gemeint, die Realität in der Union war aber durch zunehmend antieuropäische Ressentiments gekennzeichnet,[100] so dass den Utopien bald das Wasser abgegraben war und Trockengebiete entstanden. Auch eine andere Dramatisierung der Krise im Jahr 2012 überlebte nur für kurze Zeit. „Der Kampf um den Euro ist jetzt in ein entscheidendes Stadium getreten. Dabei nimmt die Chance, dass die Währungsunion am Ende überleben wird, von Tag zu Tag ab" (Bofinger 2012, S. 169). Nach der Kommunikation mit den Märkten durch den EZB-Präsidenten beruhigten sich auch die Stimmungen der Europäer.

Was blieb, waren drei eher auf die mittlere Frist zielende konkrete Vorschläge über die fiskalpolitische Weiterentwicklung der Währungsunion, und zwar (aufgezählt in ihrer Reichweite):

---

[100] Politisch manifestiert hat sich die Krisenstimmung in den exorbitanten Stimmengewinnen europakritischer, rechtspopulistischer und rechtsradikaler Parteien bei den jüngsten Wahlen zum EU-Parlament im Mai 2014.

– der *Schuldentilgungsfonds*, vorgestellt vom Sachverständigenrat in einem Sondergutachten (2012a),

– die *Eurobonds*, ins Spiel gebracht durch die Brüsseler Denkfabrik Bruegel und die Kommission als „Stabilitätsanleihen",

– der *europäische Finanzminister*, ein Ansatz, der v.a. Jean-Claude Trichet und Wolfgang Schäuble zugeschrieben wird.

Wir beginnen mit den *Eurobonds*. Unter Eurobonds oder „Stabilitätsanleihen", so die Formulierung der Kommission (2011), werden gemeinsame Anleihen der Eurogruppe verstanden, die anstelle nationaler Anleihen von einer Art europäischer Institution oder Agentur emittiert werden. Gezielt wird mit dem Instrument auf die Zinskonvergenz bzw. darauf, dass die Zinskosten für Staaten mit ungünstiger Bonität sinken.[101] Grundsätzlich kann unterschieden werden zwischen Eurobonds, die die gesamten Anleihen der Eurogruppen-Staaten ersetzen, und Eurobonds, die nur einen Teil derselben ersetzen. Für beide Formen gelten dann die gesamtschuldnerische Haftung und damit die Notwendigkeit der Vertragsveränderung.

Am bekanntesten wurde ein Konzept aus der Brüsseler Denkfabrik Bruegel, das sogenannte „blue bonds" für nationale Schulden bis zur 60-Prozent-Grenze, die eigentlichen Eurobonds, vorsieht, also mit gemeinsamer Haftung und demzufolge niedrigen Zinsen, und „red bonds" für über diese Grenze hinausgehende Anleihen, die in nationaler Verantwortung wahrscheinlich zu höheren Zinsen führten (Delpla/Weizsäcker 2010). Mit dieser Differenzierung soll, so die Autoren, einerseits die Zinslast für hochverschuldete Staaten gesenkt werden und andererseits ein Incentive gesetzt werden, zu dem für akzeptabel gehaltenen Schuldenmaß von 60 Prozent zurückzukehren.

Erheblich zu kurz in der mittlerweile abgeebbten Debatte um die Eurobonds kam und kommt der institutionelle Teil des Vorschlags. Mindestens für den Fall, dass die Gesamtheit der staatlichen Kreditaufnahme durch Eurobonds mit gesamtschuldnerischer Garantie ersetzt werden soll, ist die Frage aufgeworfen, welche Institution nach welchen Kriterien

---

[101] Für einen guten und differenzierten Überblick kann das Grünbuch der Kommission aus dem Jahr 2011 herangezogen werden. Dort findet sich auch der Hinweis, dass die Grundidee der Eurobonds älter als die Eurokrise ist. Im Jahr 2000 lieferte eine Berater-Gruppe (Giovannini-Gruppe) einschlägige Empfehlungen an die Kommission (ebd., S. 2 und 22).

über die jeweilige Höhe der Kreditaufnahme entscheidet. In diesem Modell erscheinen die Eurobonds gegenüber dem Entscheidungszentrum fast als der unwichtigere Teil. Diese, von der Kommission so genannte „Schuldenagentur" (2011, S. 15) müsste mindestens entscheiden, bis zu welchem Maße über die 60-Prozent-Grenze hinausgehend die Kreditaufnahme für einzelne Staaten erlaubt ist. Damit wäre zusätzlich die Frage aufgeworfen, ob es sich bei dieser „Schuldenagentur" um ein supranationales Gremium mit Kompetenzkompetenz, jedenfalls partiell in der Nähe eines Finanzministeriums, handelt oder lediglich eine Briefkasten-Agentur, an die die Nationalstaaten ihre wie immer begrenzten oder unbegrenzten Kreditwünsche weiterreichen.

Das Blue-Bond-Red-Bond-Modell versucht dieser Frage wohlweislich aus dem Weg zu gehen und strebt eine reine Regelbasierung an. Regelbasierung erfreut sich im europäischen Integrationsprozess fast immer des Beifalls der deutschen Seite. Sie hätte den Vorteil, dass sie von den Ländern keinen institutionellen Souveränitätsverzicht verlangt, sondern „lediglich" die Unterwerfung unter einen anonymen Mechanismus.

In Deutschland hoben gegen die Eurobonds wahre Proteststürme an. Das Münchner Ifo-Institut befeuerte diesen Protest mit einer besonders peinlichen Studie (Berg/Carstensen/Sinn 2011). Die Studie war erkennbar auf die Aktivierung primitiver national-egoistischer Instinkte angelegt. Auf Basis der Überlegung, dass sich bei einer gesamtschuldnerischen Haftung für die Eurobonds ein weniger günstiges Rating und in der Folge ein höherer Anleihezins für die Bonds als für deutsche Anleihen ergäbe, kamen die Forscher zu dem Ergebnis einer Mehrbelastung für Deutschland von jährlich – je nach Annahme – 47 bzw. 33 Milliarden Euro pro Jahr (ebd., S. 27 f.).

Der Gedanke, dass selbst in Europa der allgemeine Satz gelten könnte, dass das Ganze mehr ist als die Summe seiner Teile, mit anderen Worten nicht der gewichtete Durchschnittszins der Staaten der Euro-Gruppe sich bei der Emission von Eurobonds ergibt, sondern aufgrund einer erheblich höheren Liquidität und damit einhergehend einer erheblich höheren Attraktivität für internationale Anleger ein günstigerer Anleihezins als bei nationalstaatlicher Emission des Besten, kam den Forschern erst gar nicht. Dabei hätte der Blick auf die deutsche Konstellation einen Fingerzeig geben können: Der Bund entrichtet für seine Anleihen einen geringeren Zins als das am besten platzierte Bundesland.[102]

---

[102] Für das Jahr 2012 lag der Spread zwischen Nordrhein-Westfalen und Baden-Würt-

Im Sommer 2012, einen Tag vor dem EU-Gipfel in Brüssel, als die Krise in der Währungsunion an ihrem Siedepunkt war, gingen der Kanzlerin, auf Eurobonds angesprochen, offensichtlich die Nerven durch. Sie ließ sich vor der FDP-Bundestagsfraktion zu der mehr als verunglückten Formulierung hinreißen, dass eine „gesamtschuldnerische Haftung" in der Eurogruppe nicht kommen werde – und sie fügte hinzu: „solange ich lebe". Diesen Fehlgriff verband sie mit dem – richtigen – Hinweis, dass selbst nach sechzig Jahren Bundesrepublik keine formal gesamtschuldnerische Haftung des Bundes für die Länder bestehe. Der sprachliche Fehlgriff könnte einerseits als kategorische Absage an jede weitere Vertiefung auf der Ebene fiskalpolitischer Solidarität verstanden werden. Andererseits wird mit der Aussage auch nicht ausgeschlossen, dass es eine Gesamtkonstellation (jenseits von Verträgen) geben könnte, die eine Zinskonvergenz wieder hervorbringt.[103]

Nun zum *Schuldentilgungsfonds*. Diese Lösung, vom deutschen Sachverständigenrat zur Begutachtung der gesamtwirtschaftlichen Entwicklung in seinem Jahresgutachten 2011/12 (S. 4 ff. und S. 109 ff.) und einem Sondergutachten 2012 (S. 11 ff.) vorgeschlagen, ist eine Art Sonderform des Blue-Red-Modells, allerdings mit einer zeitlichen Befristung. Darin wird die Unterscheidung zwischen guten (blue bonds) Schulden und schlechten (red bonds) Schulden gewissermaßen umgedreht, jedenfalls, was die partielle Vergemeinschaftung angeht. Die gesamten Schulden der Eurostaaten, die über die Maastricht-Grenze von 60 Prozent hinausgehen, sollen in den besagten Schuldentilgungsfonds fließen. Unter seiner Regie sollen diese Schulden innerhalb von 20 bis 25 Jahren durch den jeweiligen Staat beglichen werden. In der Zwischenzeit funktioniert der Fonds wie ein revolvierender Fonds, löst die Altschulden nach und nach durch eigene Papiere ab. Da er durch die Gemeinschaft der Eurostaaten getragen wird, genießt er an den Kapitalmärkten eine gute Reputation, so dass der Anleihezins gering ausfällt und fast ohne Risikoprämie auskommt. Die zinsgünstigen Papiere ersetzen peu à peu die alten Papiere und entlasten so die Haushalte der Staaten. Für die Schulden unterhalb der 60-Prozent-Grenze zeichnen die Staaten selbst

---

temberg einerseits und dem Bund andererseits bei rund 60 Basispunkten, d.h. der Bund konnte sich günstiger finanzieren als seine „besten" Länder (vgl. Deutsche Bank 2013).

[103] Der Hinweis auf das im deutschen Grundgesetz fehlende Bail-in des Bundes für die Länder ist interessant. Er zielt auf felsenfeste Vertrauenskonstellationen, die nicht zwingend schriftlich fixiert sein müssen.

1. Die Hypothese vom Konstruktionsfehler der Währungsunion   297

verantwortlich und müssen entsprechende Zinsen bei der Kreditaufnahme entrichten.[104]

Abb. 16: Der Schuldentilgungsfonds im Modell des Sachverständigenrats

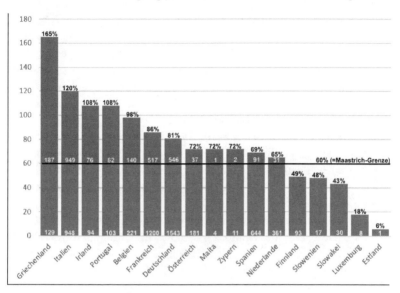

Quelle: SVR 2012/2013, S. 112.

Im Kern stellt der Vorschlag des Sachverständigenrats ein knochenhartes, verbindliches *Schuldenabbauprogramm* dar, das feste Tilgungsverpflichtungen der Teilnehmerstaaten sowie weitere harte Auflagen vorsieht. Dazu gehören die Erwirtschaftung eines Primärüberschusses im Haushalt, eine automatische Besteuerung, um die Zahlungen an den Fonds zu gewährleisten sowie eine Verpfändung der Währungsreserven. Kategorisch ausgeschlossen ist in diesem Konzept die Überführung des Fonds in eine Dauereinrichtung, nachdem die Schulden getilgt sind, löst

---

[104] In seinem letzten Gutachten geht der SVR in seiner Mehrheit davon aus, dass das Konzept des Schuldentilgungsfonds wegen der OMT-Politik nicht mehr aktuell sei (vgl. SVR 2013, S.143 ff.).

sich der Fonds demzufolge auf. Damit ist alles gesagt: Mit europäischer Integration hat dieses Konzept buchstäblich *nichts* zu tun.

Ein weiterer Vorschlag wurde mit dem *europäischen Finanzminister* unterbreitet. Der vormalige EZB-Präsident Jean-Claude Trichet wartete im Juni 2011 bei der Verleihung des Karlspreises in seiner Dankesrede mit dem Vorschlag auf, den Fortgang der europäischen Integration über einen „europäischen Finanzminister" zu bestreiten. Im darauffolgenden Jahr konnte man der Presse gelegentlich entnehmen, dass auch der deutsche Finanzminister Wolfgang Schäuble mit dieser Idee liebäugelt.

Zunächst erinnert diese Idee an ein anderes Ministerium, das aus der konventionellen europäischen Exekutive herausgehoben, aufgewertet und integrativ-vertieft weiterentwickelt werden sollte. Im Rahmen des Verfassungsvertrages des Jahres 2005 sollte es zur Gründung eines *europäischen Außenministeriums* kommen. Dass der Verfassungsvertrag in dem französischen und niederländischen Referendum scheiterte, wurde u.a. auf die nach Staatlichkeit klingende Institution zurückgeführt. Die danach folgende Geschichte ist bekannt: der Begriff „Außenminister" wurde zurückgezogen, durch den Begriff „Hoher Vertreter der Union für die Außen- und Sicherheitspolitik" ersetzt. Das Substitut, das muss man wissen, hat exakt die Kompetenz, die dem einstmals vorgesehenen „Minister" zukommen sollte und ruht, abgesehen vom Amtstitel, auf den exakt gleichen Vertragsformulierungen. Der zweite hier interessierende Aspekt ist, dass die EU-Außenpolitik mit dem Vertrag von Lissabon und dem Hohen Vertreter zwar weiterentwickelt wurde, letztlich aber nur minimal und weit unterhalb der Schwelle eines qualitativen Sprungs. Die Außenpolitik blieb letztlich in der intergouvernementalen Normalzone (und damit Vetobereich), geschmückt lediglich mit einem neuen Aushängeschild.

Bei Trichet ist die neue Institution ausdrücklich ohne eigenes Budget konzipiert. Drei Kompetenzien sollen das europäische Finanzministerium auszeichnen: 1.) Aufsicht und Durchgriff auf die Wirtschaftspolitik der Länder, 2.) alle Zuständigkeiten in Bezug auf den bestehenden integrierten Finanzsektor der Union und 3.) die Vertretung der Union in internationalen Institutionen. Die Weiterentwicklung bestünde hier einzig und allein in dem *Durchgriffsrecht* dieses Finanzministers auf die nationale Haushaltspolitik.

Offen bleibt in dieser Idee die institutionelle Anbindung und Einbettung. Der neue europäische Finanzminister könnte aus einem wuchtig aufgewerteten Währungskommissar bestehen, also innerhalb der Kom-

1. Die Hypothese vom Konstruktionsfehler der Währungsunion

mission angesiedelt bleiben. In diese Richtung gingen die Überlegungen des deutschen Finanzministers, der ein Jahr nach Trichets Vorstoß die Idee des europäischen Finanzministers in einem Spiegel-Interview aufgriff und ein Vetorecht sowie eine Genehmigung von nationalen Haushalten vorschlug. Der europäische Finanzminister könnte auch Teil einer entstehenden Wirtschaftsregierung im Rahmen der Eurogruppe sein.

Fazit: Man kann in Hinblick auf die Vorschläge zur „europäischen Fiskalpolitik" – die Eurobonds, den Schuldentilgungspakt, den Finanzminister – nicht einmal sagen, dass sie lediglich Symptomtherapie betreiben. Diese Zuschreibung hat nur insoweit einen rationellen Kern, als sie an dem zentralen Symptom der Krise der Währungsunion, den rapide und enorm gestiegenen Anleihezinsen, ansetzt. Die genannten Konzepte zielen vielmehr darauf, die Uhr zurückzudrehen, was bekanntlich in der physikalischen Welt wenig erfolgversprechend ist, nur zu Scheinergebnissen führt und eben auch nicht in der Welt der europäischen Integration. Zwischen dem Krisenkern und dem Lösungsziel, die Zinsen wieder aneinander heranzuführen, klafft eine Art Vakuum. Folgt man der Interpretation in Teil 5, der zufolge der Krisenkern aus dem Ordnungswechsel bestand, mithin der Staatenwettbewerb in das europäische Integrationsgefüge vermittelt werden sollte, dann kommt dem Vorschlag der Eurobonds in etwa die Qualität zu, doch jetzt einfach wieder zum status quo ante zurückzukehren, da man in der Zwischenzeit einige schlechte Erfahrungen gemacht habe.

2. Die These von der halben oder ungewollten deutschen Hegemonie

In Teil 5 wurde auch herausgearbeitet, dass die Dramatik des wirtschaftlichen Einbruchs, den Deutschland 2009 erlebte – Rückgang beim BIP um 5 Prozent –, durch die Mitgliedschaft in dem Schutzraum der Währungsunion abgemildert wurde. Nach allen wirtschaftsgeschichtlichen Erfahrungen hätte eine Konstellation des Währungswettbewerbs in Europa mit scharfen Auf- und Abwertungen, Kapitalflucht usw. in der Krise einen erheblich tieferen gesamtwirtschaftlichen Einbruch für Deutschland bedingt.

Obwohl das Land der Währungsunion also sehr viel zu verdanken hatte, kam es nur wenig später zu einer völligen Umkehr der Verhältnisse. Der einsetzende Krisenprozess in der Währungsunion wurde mehr und mehr zu einem sehr selbstbewussten, dominanten Auftreten deutscherseits genutzt, das zu Überheblichkeiten recht überraschender Art führte. Der Fraktionsvorsitzende der Unionsparteien im Bundestag, Volker Kauder, skandierte Mitte November 2011 auf dem CDU-Parteitag in Leipzig in der Aussprache zum europapolitischen Leitantrag: „Jetzt auf einmal wird in Europa Deutsch gesprochen." Gemeint war damit die „vorbildliche" deutsche Haushaltsdisziplin, der man sich allseits in Europa angeschlossen habe. Selbst Frankreich, das vorher das Wort „Schuldenbremse" nicht habe aussprechen wollen, halte dieselbe nun für den goldenen Weg aus der Krise.

So wie einige Jahre vorher eine gewisse Wachstumsschwäche in Deutschland zur Stilisierung von Deutschland als dem „kranken Mann in Europa" führte, wurde jetzt, in der Krise der Währungsunion, die Situation der tatsächlichen oder vermeintlichen Stärke theoretisiert. Ähnlich wie einige Jahre vorher wurde verallgemeinert, und, das war neu, es wurden große politisch-historische Bögen gezogen. Unter Bezugnahme auf das zweite deutsche Reich entwickeln Zeithistoriker die These, Deutschland sei in der Währungsunion erneut an seinem alten Dilemma, der „halben Hegemonie" (Geppert 2013a), angelangt. Daraus werde es nicht herausfinden, so die Prognose, die Währungsunion würde sich auf-

2. Die These von der halben deutschen Hegemonie

lösen und das „Europa der Vaterländer", das die Interpreten der „halben Hegemonie" herbeisehnen, werde neu entstehen. So in etwa verläuft der *konservative* Diskurs.

Der *liberale* Diskurs zur Frage der Hegemonie hat mindestens auf der Ebene der Schlussfolgerungen eine andere Tonlage. In einem politikgeschichtlichen Essay, der in der Richtung ähnlich wie der konservative Ansatz angelegt ist, nur „vollständige" Hegemonie konstatiert, kommt ein anderer Autor zu dem Ergebnis, dass Deutschland die neue Rolle innerhalb des bestehenden institutionellen EU-Gefüges annehmen und als eine Art großzügiger Hegemon das europäische Projekt anführen müsse (Schönberger 2012).

Beginnen wir mit der These von der „halben Hegemonie". Einmal abgesehen davon, dass halbe deutsche Hegemonie für das „pentagonische" Gleichgewichtssystem in der Bismarck-Ära zu diagnostizieren abwegig ist und mindestens währungspolitisch eine „ganze" Hegemonie Englands vorlag, will der Ansatz vom Dilemma der halben Hegemonie auf etwas hinaus, das im Grunde gar nicht mit der Frage der Hegemonie zusammenhängt. Halb jedenfalls sei die deutsche Vorherrschaft nur, weil man einerseits zu stark für die europäischen Institutionen sei, andererseits aber „gleichzeitig auch viel zu schwach, um im Rest Europas die deutsche Politik durchzusetzen" (Geppert 2013a, S. 14). Abwegigkeiten dieser Art finden sich einige: die EZB habe sich in Richtung eines französisch-italienischen Modells entwickelt – gemeint ist, sie habe einen politischen Auftrag und agiere inflationstreibend –, die Krisenpolitik sei undemokratisch, an den Parlamenten vorbei betrieben worden und – im expliziten Anschluss an Jörg Haider – der Maastrichter Vertrag gerate in Deutschland immer mehr zu einem Versailler Vertrag. Diese ins Realitätsblinde und Geschmacklose abtriftenden und am äußersten rechten Rand angesiedelten Beobachtungen können freilich nur schwer verdecken, wohin die Sehnsucht des Verfassers eigentlich geht. Das unter dem Deckmantel des „Europas der Vielfalt" nur notdürftig kaschierte neue Nationalgefühl, das sich in Europa so schlecht verstanden wähnt, möchte wieder befreiter auftreten und endlich klarere Texte reden.

Zu Bismarcks Zeiten lautete die zentrale europäische Diagnose auf Gleichgewicht der Kräfte, ein Gleichgewicht zwischen „fünfeinhalb Nationen" (Großbritannien, Frankreich, Russland, Österreich-Ungarn und das Deutsche Reich, dazu als „halbe Portion" Italien). Heute verklärt sich das bei manchen Historikern zu einer halbhegemonialen Stellung: zu groß für das Gleichgewicht, zu klein für die wirkliche Hegemonie. Formuliert wird in diesen Ansätzen eine Art Kaiser-Wilhelm-Position, die weitere historische Revisionen nach sich zieht.[105] Nähme die Machtgeschichte die Wirtschaftsgeschichte ernster, dann reduzierte sich das Gerede von der halben Hegemonie, soweit es die Zeit des Kaiserreichs betrifft, auf oberflächliche Wahrnehmung, die die weltwirtschaftliche und währungspolitische Hegemonialposition Großbritanniens nicht erkennt.

Eine milder konservative Position für ein Roll-back zum Nationalstaat findet sich bei dem ehemaligen Chefvolkswirt der Deutschen Bank, Thomas Mayer. Bei ihm nehmen die historischen und theoretischen Überlegungen zur europäischen Krise ihren Ausgangspunkt in einer durch das Ende des Kalten Kriegs gesetzten fundamentalen Veränderung. Der Gedanke: Mit dem Fall der Mauer und der friedlichen Wiedervereinigung entfalle ein zentraler Stützpfeiler für die europäische Integration und damit auch für die Begründung der Währungsunion (vgl. Mayer 2013, S. 205 f.). Die „innere Logik für die europäische Integration" (ebd., S. 76) sei nicht mehr gegeben. Da Europa jetzt im „ewigen Frieden" lebe, entfalle die Notwendigkeit, eine Politische Union zu entwickeln und damit auch der Sinn der Währungsunion als Katalysator für die Politische Union, so dass die Währungsunion anders begründet werden müsse.

In dieser These zeigt sich die Denkweise des Ökonomen, dem historische und politische Wirkungszusammenhänge gänzlich fremd sind. Eigentlich gehört es zu den Grundüberzeugung des Neoliberalen, dass die Zukunft nicht planbar sei, so dass – so Hayek in einer seiner zentralen Schriften – der Wettbewerb bzw. der Markt das sinnvolle Entdeckungsverfahren sozialer Entwicklung darstelle, so ließe sich auch für den zukünftigen Frieden sagen, dass nichts sicher ist und der ewige Friede eine schöne philosophische Miniatur. Ökonomen denken aber auch gerne in den Mustern des Tauschhandels. Nach dem Vollzug des Geschäfts machen sich die Akteure an das nächste Geschäft. Getauscht wurde 1990/92 die Wiedervereinigung gegen die Hergabe der D-Mark. Handel ist eben Handel, und danach beginnen die Geschäfte von Neuem. Geschichte ist aber mehr.

In der Ursachenanalyse ganz anders angelegt und in den Schlussfolgerung erheblich vorsichtiger argumentiert der Staatsrechtler Schönberger

---

[105] Dazu passen die neuen deutschen Verständigungen über die Kriegsschuldfrage anlässlich des Jahrestages zum Ausbruch des Ersten Weltkriegs. Die Verständigung auf Basis der Fischer-Kontroverse wird verlassen und zurückgekehrt zur „Weimarer These", dass der Erste Weltkrieg ein Ergebnis des europäischen „Schlafwandlertums" war.

in seinem Aufsatz „Hegemon wider Willen" (2012). Der dort verwendete Hegemonie-Begriff entstammt nicht den einschlägigen Schriften Antonio Gramscis – dessen Hegemonie-Begriff wird als „diffuser, antiimperialistischer Begriff" verworfen –, sondern lehnt sich an eine ältere Arbeit Heinrich Triepels (1938) an, in der Hegemonie als präziser verfassungsrechtlicher Begriff gefasst werde.

Ausgangspunkt der Überlegungen ist die historische Beobachtung, dass sich in bündischen Systemen ohne starke Zentralgewalt einzelne Bundesgenossen durch Größe, Macht und Einfluss in eine hegemoniale Rolle hinein entwickeln (so z.b. Athen im Attischen Bund, die Provinz Holland in den Vereinigten Niederlanden und Preußen in Deutschland). Die EU ähnele solchen Systemen, da sie noch überwiegend ein intergouvernementales Gebilde ohne starke supranationale Elemente sei. Die Kommission sei zu technokratisch, das Parlament zu wenig national angebunden. Deutschland sei „mit Abstand" der stärkste Mitgliedstaat – genannt werden: Größe, Bevölkerungsstärke und Wirtschaftskraft – und Frankreichs „militärisch-außenpolitische Sonderinsignien" (ständiger Sitz im Sicherheitsrat, Status als Atommacht) seien nicht länger von „prägender Bedeutung" (Schönberger 2012, S. 4).[106]

Der gegenwärtig in der EU vorliegende Fall von Hegemonie sei weder Dominanz – dafür sei Deutschland zu schwach – noch geeignet für rücksichtslose Interessenvertretung. Vielmehr müsse „dienender Einfluss" auf die föderativen Partner ausgeübt werden. Ein „Verwalten der eigenen Besitzstände" könne sich der Hegemon nicht erlauben, „nationale Introvertiertheit" müsse abgelegt werden, die „Bürde der Hegemonie" müsse akzeptiert werden (ebd., S. 8). Und in welche Richtung soll die Reise mit dem verständnisvollen Hegemon gehen? Hier erfährt man wenig, nur so viel: „Voraus- und Mitdenken für Europa insgesamt", was wohl „Verantwortung für das Ganze übernehmen" bedeuten soll.

Deutschland sei, so Schönberger, schlecht vorbereitet für die neue Rolle. Da das Land gleichsam unmerklich in die hegemoniale Rolle hineingewachsen sei, u.a. weil zunächst der Vereinigungsprozess und damit neue nationale Sehnsüchte zu verarbeiten waren, habe es die Rolle noch kaum reflektiert und schon gar nicht angenommen. Die Chancen für einen produktiven Umgang mit der neuen Rolle stünden auch nicht gut.

---

[106] Ähnliche Formulierungen findet man bei dem Ökonomen Mayer (2013, S. 39): „Die Hierarchie in der deutsch-französischen Beziehung spiegelt zunehmend die jeweilige Wirtschaftsmacht der beiden Länder und nicht mehr deren militärische Macht nach dem Zweiten Weltkrieg wider."

Da das Land keine lange demokratische Tradition besitze, suche es die „blaue Blume der Demokratie" jenseits institutioneller Arrangements und verliere sich in „deutscher Introvertiertheit" (ebd., S. 5). Die robuste Umsetzung verantwortungsvoller Hegemonie könne – wegen der europäischen Konstruktion – allein durch die Bundesregierung umgesetzt werden, aber deren Autorität erodiere schleichend, und das Land verzettele sich in einem Vielparteiensystem, einer (unangemessenen) politischen Erhöhung des Bundestages und zahlreichen innerdeutschen Kompromisszwängen.

In dem Befund „Hegemonie" kann dem Essay von Schönberger beigepflichtet werden. Unsere eigene Analyse in Teil 5 erbrachte schließlich die hegemoniale Währungsunion, hergestellt durch eine Art ordnungspolitischer Transformation, maßgeblich herbeigeführt durch Deutschland. Die offenen Fragen betreffen 1.) die ursächlichen Faktoren, die zu der hervorgehobenen Position Deutschlands geführt haben, und 2.) die Schlussfolgerungen, die aus der hegemonialen Position Deutschlands zu ziehen sind.

Die Ausführungen des Verfassers bleiben in Hinsicht auf die ursächlichen Faktoren ausgesprochen pauschal und auf wenig aussagekräftige Faktoren beschränkt. Ohne weitere Spezifikation werden genannt „Größe, Bevölkerungsstärke und Wirtschaftskraft".

Zu vermuten ist, dass bei dem Faktor „Größe" so etwas in der Art wie politischer Einfluss und politische Bedeutung gemeint ist, was bspw. auf die Repräsentanz von Deutschen in den supranationalen Gremien der EU hindeuten könnte. Auf dieser Ebene ist das Land aber deutlich unterrepräsentiert, man könnte auch sagen auffällig unterrepräsentiert. So gesehen war es vielleicht kein Zufall, dass die Deutschen u.a. nach dem Rücktritt des Kandidaten Axel Weber als EZB-Präsident ohne viel Aufhebens darauf verzichtet haben, auf den Posten des EZB-Chefs Anspruch zu erheben. Um etliches effektiver wird die deutsche Farbe über die intergouvernementalen europäischen Räte gespielt, in denen auch das nachhaltigste Instrument von Europapolitik bedient werden kann, die Veto-Politik.[107] In knapper Aufzählung sind die negativen deutschen

---

[107] Die Veto-Politik ist Teil der negativen Integration. Verstanden werden darunter Maßnahmen, die auf die Beseitigung von Regulierungen und insgesamt auf die Verhinderung von supranationalen, institutionalistischen Lösungen hinauslaufen. Damit ist diese Methode der Integration das Instrument der Wahl für den Wirtschaftsliberalismus. Positive Integration strebt den Aufbau neuer, supranationaler Institutionen und Regulierungen an.

2. Die These von der halben deutschen Hegemonie 305

Politikderivate in der Krise: der Fiskalpakt, der in seinen Verbots- und Beschränkungsregeln das Paradebeispiel negativer Integration ist, die geringe Ausstattung des ESM, die Verhinderung von Eurobonds, die Verhinderung einer durchgehend supranationalen Bankenunion. Geschickte Navigation in der Mehrebenen-Demokratie der EU, effektivitätsorientierte Europapolitik, so ließe sich schlussfolgern, hieße demnach, auf supranationaler Ebene in Hinblick auf die Bestellung von Personal zähneknirschend Verzicht zu leisten, um sich auf der Ebene der Räte-Demokratie umso wirkungsvoller durchzusetzen.

„Bevölkerungsstärke", der zweite Ursachenfaktor für Hegemonie nach Schönberger, ist für sich genommen noch keine Basis für Hegemonie, verweisen ließe sich in diesem Zusammenhang auf zahlreiche historische Mächtekonstellationen, innerhalb derer die hegemoniale Position nicht von dem oder den bevölkerungsstärksten Staaten eingenommen wurde (Schweden nach dem Dreißigjährigen Krieg, Österreich in der K.u.K.-Monarchie). Allerdings stimmt, dass gegenwärtig Deutschland mit rund 81 Millionen Einwohnern und Frankreich mit etwa 64 Millionen Einwohnern deutlich auseinanderliegen. Nimmt man für den Aspekt der Hegemonie aber die Perspektive Zukunft ins Auge, gilt es zu beachten, dass Deutschland eine alternde und schrumpfende Bevölkerung hat, während Frankreichs Bevölkerung stabil wächst. Demographische Schätzungen gehen davon aus, dass 2030 – eineinhalb Jahrzehnte sind in „hegemonialen Fragen" keine lange Zeit – die beiden Länder in etwa Parität bei der Bevölkerungsstärke erreicht haben, was jedenfalls dann gilt, wenn Deutschland nicht eine offensive Zuwanderungspolitik betreibt.

Mit dem Faktor „Wirtschaftskraft" verlassen wir die Gestade und gelangen in die tieferen Wasser. „Wirtschaftskraft" ist für sich genommen zwar keine präzise definierte Kategorie, am ehesten noch wäre sie aber übersetzbar mit den Größen „Lohnstückkosten" oder „Produktivität". Den Wettbewerbsvorteil, den sich der Hegemon in verhältnismäßig kurzer Zeit verschafft hat, errang er über ein – gemessen an den Partnern in der Währungsunion – rigides Lohndumping. Die Partner über den Wettbewerb der Nationen in eine Art Dauerstress zu versetzen, kann allerdings nicht das sein, was einen benevolenten Hegemon auszeichnet.

Was aber zeichnet einen wohltätigen Herrscher in einem Staatenbündnis dann aus? Das Paradebeispiel für den wohltätigen Hegemon stammt nicht aus einer bündischen Ordnung, sondern der viel „lockeren" Bündniskonstellation aus dem Kalten Krieg. Die USA, der gänzlich unhinterfragte Hegemon der westlichen Sphäre, organisierten mit dem Marshallplan (1948-1952) eine Gruppe von überwiegend westeuropäischen Staaten, die sie für ein politisches und militärisches Bündnis gegen die Sowjetunion mit ihren Satelliten zusammenschweißen wollten. Die großzügige Kreditvergabe hatte freilich nicht nur das politische Kalkül auf der Rechnung und den Werbefaktor „Marshallplan" im Auge, sondern lief auch, ganz den eigenen Interessen folgend, darauf hinaus, dass ein beachtliches Nachfrageprogramm für die US-Wirtschaft zustande kam, was den Marshallplan zu einer Art Modell für „eigennützige Hilfe" machte.

Wenn heutzutage von deutscher Hegemonie in Europa die Rede ist, dann kann im Grunde nur der Faktor Wirtschaftskraft herangezogen werden. Und an dieser Stelle muss in die Substanz des Hegemonie-Begriffs gegangen werden. Die Hegemonie gehört zu jenen historisch-politischen Begriffen, deren zeitliche Dimension eher auf Jahrzehnte als auf Jahre ausgelegt sind. Dies gilt sowohl in Hinblick auf die Genese wie auch auf die Dauer, wahrscheinlich auch für den Verfall. Mit Blick auf die Dauer wäre auch das Maß an Stabilität zu beachten.

Nimmt man an dieser Stelle nun die Anwendung des Begriffs auf die gegenwärtige Position Deutschlands in der EU auf, muss zunächst daran erinnert werden, dass vor einem Vierteljahrhundert, als die diagnostizierte hegemoniale Genese mit dem Zusammenbruch der DDR ihren Anfang nahm, keineswegs ausgemacht war, dass die deutsche Einheit eine Erfolgsstory werden würde. Die geweissagten „blühenden Landschaften" entpuppten sich schnell als politische Propaganda und statt ihrer wurde bald die fast vollständige Deindustrialisierung eines früheren Industriestaates erkennbar. Auch die gigantischen finanziellen Transfers in den Osten Deutschlands ließen eher Befürchtungen aufkommen, dass sich mit der deutschen Einheit ein wirtschaftspolitisches Dauerproblem und eine Schwächung der deutschen Wirtschaft einstellen würden denn ein Zuwachs an Wirtschaftskraft. Die sich ausbreitende wirtschaftspolitisch gedämpfte Stimmung erreichte eineinhalb Jahrzehnte nach der deutschen Einheit ihren Höhepunkt, als Deutschland von dem Münchner Ökonomen Hans-Werner Sinn die Glocke des „kranken Manns in Europa" (2003) umgehängt wurde. Greift man jetzt noch den Befund auf, dass Deutschland ohne den Schutz der Währungsunion 2008/2009 einen fundamentalen Kollaps seiner Wirtschaft erlebt hätte, wird in etwa deutlich, mit welcher Fragilität die deutsche Hegemonie gegenwärtig ausgestattet ist.

Wirtschaftliche Stärke muss aber auch umgesetzt werden in Politik. Die hegemoniale Konstellation in staatenbundlichen Ordnungen ohne

2. Die These von der halben deutschen Hegemonie 307

machtkompetente Zentrale kann nur funktionieren, wenn der Hegemon die Subordinierten aktiv einbezieht und ihre Interessen mit beachtet. Die Akzeptanz seitens der Subalternen kann nicht nur dadurch erreicht werden, dass der Hegemon etwa den Partnern die „Drecksarbeit" der Austeritätspolitik abnimmt und den gebündelten Zorn auf sich zieht. Ein solches Konzept von Hegemonie scheiterte schon daran, dass den Regierungen in den Partnerländern durch die wirtschaftspolitischen Rosskuren permanent die Amtsenthebung durch die Wählerschaft droht. Auf Dauer kann Hegemonie daher nicht gegen die Subalternen praktiziert werden.

Die Ausfüllung der Rolle als Hegemon erfordert schließlich auch, dass auf die rigide Durchsetzung eigener Interessen im Zweifel verzichtet werden muss und das Wohl des geführten Bundes mit ins Kalkül zu ziehen ist. Geht man zurück in die neuere Geschichte hegemonialer Konstellationen, findet man bspw. für die britische Hegemonie im Pfund-Sterling-Standard Ende des 19., Anfang des 20. Jahrhunderts, dass England seine Rolle als Hegemon auch dadurch absicherte, dass es die interne Wirtschaftspolitik den außenwirtschaftlichen Erfordernissen unterordnete (vgl. Herr 1992, S. 281 ff.). Die USA verfolgten zur Absicherung ihrer hegemonialen Rolle nach dem Zweiten Weltkrieg eine großzügige Kreditpolitik, die sogar Schenkungen gegenüber dem ehemaligen Kriegsgegner Deutschland einschloss. Als der Hegemon der Bretton-Woods-Ordnung umgekehrt in den späten sechziger Jahren begann, die Ordnung auszunutzen, weil sie mit Dollars geflutet wurde, brach sie zusammen. Wenn Schönberger davon spricht, dass der Hegemon großzügig sein muss, sind „Opfer für die Gesamtordnung" gemeint.

An dieser Stelle muss *nicht* der Frage nachgegangen werden, ob Deutschland in der bisherigen Krise der Währungsunion Züge eines benevolenten Hegemon gezeigt hat. Die zentrale deutsche Krisenaktion zielte auf die Erzeugung eines ordnungspolitischen Wechsels in der Währungsunion, womit sie ganz und gar nach innen gerichtet war. Die marktbasierten Spielregeln, die man sich damit ins Haus holte, zeugen nicht für eine souveräne Ausfüllung einer hegemonialen Rolle. Für die Partner sind es Disziplinierungsregeln, die ihre Souveränität zunehmend aushöhlen. Das institutionelle Beiwerk, das sich aus der Krise ergab (ESM, Bankenunion), ist – wie wir gesehen haben – bestenfalls dazu geeignet, kleineren Staaten in Notsituationen Hilfen zu gewährleisten.

Noch viel weniger erfüllt Deutschland seine Rolle als Hegemon auf dem Gebiet der Prozesspolitik. Jenseits der Ordnungspolitik ist Deutschland nicht der Taktgeber der Wirtschaftsentwicklung, sondern so etwas wie die Dependenzgröße.[108] Die wirtschaftlichen Impulse gehen nicht von Deutschland aus, es ist im Gegenteil so, dass der vermeintliche Hegemon angewiesen ist auf die Impulse von außen. Nicht alles, aber vieles dreht sich bei dem Modell Deutschland um die Exportorientierung.

> „Deutschland ist zu keiner Zeit das wirtschaftliche Zugpferd Europas gewesen. Die deutsche Wirtschaft reagiert auf die Bewegungen der Weltwirtschaft und ist außerordentlich leistungsstark, wenn der Welthandel floriert. Wenn die Exporte Deutschlands zunehmen, überträgt das Land die globalen Impulse auf andere Länder, indem es mehr importiert. Doch weil das Konsum- und Investitionsverhalten eng mit solchen externen Entwicklungen zusammenhängt, sendet Deutschland keine eigenen Impulse, mit denen anderswo Wachstum geschaffen werden könnte" (Mody 2013).

Es gibt eine Diskrepanz zwischen der machtpolitischen Durchsetzung der eigenen ordnungspolitischen Positionen einerseits und der faktischen makroökonomischen Rolle Deutschlands andererseits. Das ließe sich auch so formulieren: Deutschland gibt aus einer Position der Stärke eine wirtschaftspolitische Richtung vor, die nur auf es selbst passt. Man versäumt wirkliche Verantwortung als Führungsökonomie zu übernehmen. Die auf der Exportstrategie basierende merkantile Ausrichtung setzt Wachstum in anderen Ländern voraus, bleibt dies aus, schwächelt die eigene Wirtschaft, siehe 2009. Die Ausrichtung der Eurogruppe auf Wettbewerbsfähigkeit stellt keine tragfähige wirtschaftspolitische Strategie dar. Es ist europaintern keine tragfähige Strategie, weil es den Ländern, die auf nachholende Entwicklung angewiesen sind, keine Perspektive bietet und es ist schon gar nicht als globale Position tragfähig. Mit seinem exportgestützten Merkantilismus hat der europäische Hegemon das Profil eines Schwellenlandes.

Aus den älteren hegemonialen Systemen und den europäischen Strukturproblemen, die übrigens nicht erst in der Krise hervorgetreten sind, lassen sich aber durchaus Verhaltensmerkmale eines Hegemon in einer föderalen Ordnung bzw. einer Währungsunion zusammenstellen. Die

---

[108] In der trivialisierten Form der Diskussion um die deutsche Hegemonie (George Soros) erscheinen die deutschen „Stärken", die Exportüberschüsse und die niedrigen Zinsen für die Staatspapiere, als Ergebnis der eigenen Anstrengung. Genau das sind sie aber nicht. Exporte setzen Kaufkraft am anderen Ort voraus und niedrige Anleihezinsen sind das Spiegelbild der hohen Zinsen in den bedrängten Staaten und der Kapitalflucht aus diesen.

2. Die These von der halben deutschen Hegemonie 309

Frage stellt sich, selbst wenn man den Satz von der deutschen Hegemonie nicht teilt, sondern auch für die Zukunft davon ausgeht, dass die deutsch-französische Achse (Motor) die Zukunft der Integration bestimmen wird (vgl. Link 2012).

Die Grundentscheidung für die nächsten Jahre, die in der Währungsunion zu treffen ist, liegt auf ordnungspolitischem Gebiet. Wirtschaftlich begründete Hegemonialordnungen in der neueren Geschichte leiteten sich aus der Spitzenstellung von Währungen auf den Währungsmärkten ab (Pfund-Sterling-Standard, Dollar-Standard im Bretton-Woods-System). Definitionsgemäß kann dies in einer Währungsunion nicht eintreten. Die Grundsatzentscheidung, die in der Währungsunion ansteht, ist die zwischen einer egalitären einerseits und einer hegemonialen Ordnung andererseits. In Teil 5 wurde herausgearbeitet, dass die Konsequenzen der Entscheidung für die unitarische oder die kompetitive Ordnung weit über die engeren Belange der Währungsunion und der einzelstaatlichen Fiskalpolitiken hinausgehen.

Auf der Grundlage dieser Ordnungsentscheidung lassen sich für die Politik eines Hegemon bzw. einer hegemonialen Achse folgende Verhaltensmerkmale festhalten:

– Schönberger spezifiziert zwar nicht die Verantwortungsübernahme des Hegemon, deutet aber an, dass damit so etwas wie die Haftungsübernahme oder die Ausbreitung eines Schutzschirms und das Abrücken von eigenen ordnungspolitischen Vorstellungen gemeint ist (Schönberger 2013, S. 13).

– Der Hegemon dürfte an der Spitze der Einkommenshierarchie liegen und dadurch bedingt über eine hohe gesamtwirtschaftliche Sparquote und in deren Folge Kapitalausfuhr verfügen. Die makroökonomische Politik müsste verhindern, dass diese zur Exportfinanzierung eingesetzt wird. Hohe Besteuerung ist ein weiteres Kennzeichen in diesem Zusammenhang.

– In der Wirtschaftsstruktur sind die hochentwickelten Ökonomien tertiäre Wirtschaften. Der industrielle Kern dürfte sich auf Hochtechnologie, Ökotechnologie und Infrastrukturökonomie beziehen. Die Europäisierung der Autoindustrie in dem Sinne, dass die Fertigung nach Süd- und Osteuropa ausgelagert wird, ist zwar schon im Gang, aber längst noch nicht dort, wo sie aus strukturpolitischen Gründen als einfache Massenfertigung hingehört. Dass sie ihre Hauptsitze (einschließlich großer Teile der Fertigung) immer noch in den Ländern der hegemonialen Achse hat, ist anachronistisch.

– In der Außenwirtschaftspolitik zeichnet sich der Hegemon gegenüber den bündischen Partnern als Magnet aus, d.h. seine Außenhandelsbilanz (gegenüber den Partnern innerhalb des „beherrschten" Raumes) hätte eine Art Doppelstruktur, einerseits aufgrund der Ersparnisbildung Kapitalausfuhr in beträchtlichem Maß, andererseits eine strukturell negative Handelsbilanz (industrielle Förderung für die nachholenden Länder).

– In der Wirtschaftsmentalität bestünde die Aktivität eines Hegemon in der Vorgabe von leitenden Orientierungen, ohne dabei dogmatisch die eigenen Überzeugungen durchzusetzen.

– Bezogen auf die aktuelle Krise: Es kann angenommen werden, der großzügige und weitsichtige Hegemon hätte sicher nicht im Konfrontationsverfahren gegen die Mehrheit der Partner seine wirtschaftspolitische Überzeugung durchgepeitscht. Die Konsenssuche und Konsensfindung wäre entlang der Übernahme der Rolle des Vertrauensstifters für das Ganze verlaufen. Das hätte nicht ausgeschlossen, dass der Hegemon milden Druck in Richtung Politikveränderungen bei den Partnern ausgeübt hätte. Der gewählte Konfrontationskurs erregt bei den Partnern Widerwillen.

Jenseits der genannten Faktoren „Größe, Bevölkerung und Wirtschaftskraft" begründet sich Hegemonie prima facie machtpolitisch. In diesem Zusammenhang ist die entscheidende Frage die nach der Gewichtung des jeweiligen „Machtwerts" von Deutschland und Frankreich und damit letztlich nach der Wertung der Bedeutung von Frankreich. Bei Schönberger (2012, S. 4, 2013, S. 27 f.) liegen die Dinge klar auf der Hand. Die Gewichte haben sich nach seinem Dafürhalten seit der Wiedervereinigung eindeutig verschoben, bei Frankreich liegen nur noch Zeichen der Macht vor, nicht mehr Substanz, „einen eigenständigen Gestaltungswillen zu entfalten" sei es nicht mehr in der Lage (ebd., S. 28). Die Macht liege mit der Wirtschaftskraft ganz eindeutig bei Deutschland.

Um die Frage nach der machtpolitischen Begründung von Hegemonie substanzieller beantworten zu können, muss man sich von der gleichsam intergouvernementalen Vergleichsebene wegbewegen und den Raum der eigengesetzlichen Integrationstheorie betreten. Ihren Ausgangspunkt nimmt die mit eigenen Gesetzlichkeiten ausgestattete Integrationstheorie

2. Die These von der halben deutschen Hegemonie 311

in den allgemeinen und speziellen Integrationsprämissen (vgl. Teil 4). Zu den spezifischen Integrationsprämissen kann mit Fug und Recht die deutsch-französische Balance gerechnet werden, die selbst nur Ausdruck davon ist, dass sich in der Gestaltung des Integrationsprojektes marktbasierte und institutionalistische Strategien die Waage halten. In Teil 5 hatten wir zwar als Krisenergebnis den Übergang zur hegemonialen Währungsunion mit einer eindeutigen Marktbasierung herausgearbeitet, in dem wirtschaftspolitischen Gesamtpaket lässt sich aber auch in Hinblick auf den ESM der französische Institutionalismus nachweisen.

Die hier entwickelten ökonomischen Anforderungen an den wohltätigen Hegemon, der seine eigenen wirklichen oder vermeintlichen Interessen auch zurückstellen muss, sind Lichtjahre von dem hegemonialen Verständnis – wenn es denn ein solches gab – entfernt, das die Bundesregierung in den europäischen Krisenjahren an den Tag gelegt hat. Die durchaus agile und durchsetzungsfähige Bundesregierung lässt sich offensichtlich bei der Gestaltung der europäischen Wirtschaft von mikroökonomischen Überzeugungen leiten. Staatliche Austeritätspolitik und merkantilistische, auf Lohndumping beruhende Außenhandelspolitik stellen keine verantwortungsvolle Wirtschaftspolitik eines Hegemon dar. Mit dem Quartett des fleißigen Industriearbeiters, der Schwäbischen Hausfrau, dem Ehrbaren Kaufmann und dem besorgten Nationalökonomen kann nicht ernsthaft europäische Wirtschaftspolitik betrieben werden.

Deutsche Hegemonie in der Währungsunion nach fünf Jahren Krise zu registrieren, ist kein großes Kunststück. Bei Schönberger ist das mehr eine interessante Beschreibung und ein Appell an die Bereitschaft zur Übernahme von Verantwortung. Der entscheidende Punkt ist die Frage, auf welcher Basis die Hegemonie gründet. Die beiden üblichen Begründungen – die deutsche Wirtschaftskraft und die politische Schwäche Frankreichs – können, wie gesehen, nicht restlos überzeugen. Wäre es Ziel Frankreichs gewesen, die deutsche Austeritätspolitik gegenüber den Programmländern zu verhindern, wäre dies auch gelungen. Das französische Verhalten kann nur so gedeutet werden, dass eine stille Grundakzeptanz für die Richtung der Politik vorlag.

3. Der Wettbewerb der Nationen – Die neue europäische Leitidee?

In Teil 2 haben wir den Wettbewerb der Staaten als eine entfaltete Form der Fiktionalisierung in Marktwirtschaften kennengelernt, eine Fiktionalisierung, die – im Gegensatz zu den alten Fiktionalisierungen – in der Krise nicht entschleiert, entfiktionalisiert wurde, sondern entdeckt oder wiederentdeckt – je nach Sichtweise – wurde. Tatsächlich ist es so, das hat Teil 5 gezeigt, dass dem Wettbewerb der Staaten infolge der Krise der Währungsunion erst zu wirklicher Geltung verholfen wird. Die hegemoniale Währungsunion als neue ordnungspolitische Konstellation beruht im Kern auf dem Wettbewerb der Staaten, ihr Vorgänger, die egalitäre Währungsunion hatte versucht genau diesen Wettbewerb auszuschließen. Die Frage, der im Folgenden nachgegangen wird, zielt darauf, ob bzw. inwiefern der Wettbewerb der Nationen als neue europäische Leitidee taugt.

Wir beginnen, wie es sich gerade bei diesem Thema empfiehlt, an der Oberfläche. Seit dem Einsetzen des neuen Globalisierungsschubs nach dem Ende des Kalten Krieges findet man in der Öffentlichkeit immer wieder Länder-Ranglisten, die in irgendeine Verbindung mit Wettbewerb gebracht werden. Vier dieser Ranglisten werden im Folgenden skizziert und auf ihre Aussagekraft überprüft. Auf dem Weg zum Inneren wird uns anschließend der Großmeister der Wettbewerbstheorie, Friedrich August von Hayek, begegnen. Diese in unserem Zusammenhang überraschende Begegnung kommt zustande, weil der Soziologie Wolfgang Streeck in einer viel beachteten Arbeit zur Krise der Währungsunion Hayek für den „Erfinder" der Kernstruktur der gegenwärtigen Eurogruppe präsentiert. Danach greifen wir eine Arbeit zur wissenschaftlichen Systematisierung des Begriffs des Staatenwettbewerbs auf (Gerken 1999). Darin wird versucht, dem gleichermaßen glitzernden wie auch nebelhaften Begriff auf die Spur zu kommen. Zum Abschluss steht die Leitfrage nach der Kompatibilität zwischen dem Wettbewerb der Nationen einerseits und der europäischer Integration andererseits im Mittelpunkt.

3. Der Wettbewerb der Nationen – Die neue europäische Leitidee? 313

3.1 Ranglisten als Orientierungsgrößen?

Nationen-Ranglisten gibt es nicht nur bei Olympischen Spielen in Gestalt des Medaillenspiegels, sondern durchaus auch auf dem Gebiet wirtschaftlicher Betrachtungsweisen. Ohne Anspruch auf Vollständigkeit seien hier drei solcher Listen vorgestellt und knapp kommentiert: zunächst eine weltweit Rangliste der Staaten mit der größten „wirtschaftlichen Freiheit", dann die Bonitätshierarchie der Euro-Staaten durch die drei großen US-amerikanischen Ratingagenturen und schließlich die Renditehierarchie für zehnjährige Anleihen der 17 Eurostaaten.

Seit 1995 wird jährlich der „Index of Economic Freedom" in Zusammenarbeit zwischen dem Wall Street Journal und der Heritage-Foundation, einer US-Denkfabrik, veröffentlicht. Gewonnen werden für zehn Bereiche[109] 50 Variablen, die inhaltlich auf Überlegungen von Milton Friedman zurückgehen und quantitativ gewichtet werden. Im Bereich Kapitalverkehr wird bspw. erfasst, ob von Ausländern erzielte Gewinne repatriiert werden dürfen. Für den Bereich Löhne und Preise wird einbezogen, ob es Mindestlöhne oder Preiskontrollen gibt. Daraus ergibt sich dann eine Liste der „Economic Freedom Ratings". Neben dem genannten Index gibt es weitere Erhebungen. Erfasst werden in diesen Indices z.B. wirtschaftspolitische Regulierungen in Gestalt von Gesetzen und Regeln. Für das Jahr 2011 ist in Tabelle 8 das Ranking der 20 „erfolgreichsten" Staaten in Hinblick auf die größte Wirtschaftsfreiheit zu sehen.

Bricht man den gedanklichen Ansatz auf die Ebene der Währungsunion herunter, kommt die Frage auf, ob die deutschen Vertreter des Staatenwettbewerbs und der Wirtschaftsfreiheit solche Tabellen für die Währungsunion konstruieren wollen. Sollte das der Fall sein, steigen aber schnell Probleme auf. In den meisten Kriterien, die den Index bilden, laboriert die EU-Kommission schon seit Jahr und Tag daran, die Harmonisierung voranzutreiben. Und die Bereiche, die noch nicht harmonisiert sind, stehen auf der Warteliste. Zu welcher Tabelle gelangt man dann aber, wenn für alle Staaten gleiche Bedingungen in der Währungsunion gelten?

---

[109] Die Bereiche sind: Handelspolitik, Steuerlast, staatliche Interventionen in die Wirtschaft, Geldpolitik, Kapitalverkehr und ausländische Investitionen, Banken und Finanzen, Löhne und Preise, Schutz des Privateigentums, Regulierung und informelle Marktaktivitäten.

Tab. 7: Economic Freedom Ratings

	Land	EF-Index
1.	Hongkong	8,97
2.	Singapur	8,73
3.	Neuseeland	8,49
4.	Schweiz	8,30
5.	Vereinigte Arabische Emirate	8,07
6.	Mauritius	8,01
7.	Finnland	7,98
8.	Bahrain	7,93
9.	Kanada	7,93
10.	Australien	7,88
11.	Chile	7,87
12.	Großbritannien	7,85
13.	Jordanien	7,81
14.	Dänemark	7,78
15.	Taiwan	7,77
16.	Estland	7,76
17.	USA	7,73
18.	Zypern	7,72
19.	Deutschland	7,68
20.	Irland	7,66

Quelle: Fraser Institute, Economic Freedom of the World: 2013, Annual Report.

Mit der nächsten Liste sind wir direkt bei Europa gelandet. Sie lässt sich über die Bonitätsnoten von Staaten, die von den Rating-Agenturen ermittelt werden, zusammenstellen. Man muss sie zusammenstellen, weil die Agenturen selbst keine Ranglisten anbieten. Standard & Poors, Moody's und Fitch bewerten die Kreditwürdigkeit von Staaten (auf Anfrage oder in Eigenregie). Es handelt sich um privatwirtschaftliche, am Prinzip der Gewinnerzielung orientierte Unternehmen aus den USA. Hervorzuheben ist, dass die Agenturen bis in die staatlich vorgegebenen Spielregeln, also in den öffentlichen Bereich hineinragen. Die EZB beispielsweise verlangt für Papiere, die bei ihr zur Sicherung hinterlegt werden, ein Rating genau dieser Agenturen. In der Praxis der Ratingagenturen wird der Staat faktisch zum Marktteilnehmer, da die Agenturen Staaten, Unternehmen und Papiere (mit den gleichen) Bonitäten bewerten.[110]

Tab. 8: Die Bonitäts-Hierarchie der Euro-Staaten

		S & P	Moody's	Fitch
1.	Deutschland	AAA	Aaa	AAA
	Finnland	AAA	Aaa	AAA
	Luxemburg	AAA	Aaa	AAA
4.	Niederlande	AA+	Aaa	AAA
	Österreich	AA+	Aaa	AAA
6.	Frankreich	AA	Aa1	AA+
7.	Belgien	AA	Aa3	AA
8.	Estland	AA-	A1	A+
9.	Slowakei	A	A2	A+
10.	Slowenien	A-	A-	BBB+
11.	Malta	BBB+	A3	A
12.	Irland	BBB+	Ba1	BBB+
13.	Italien	BBB	Baa2	BBB+
14.	Spanien	BBB-	Baa3	BBB
15.	Portugal	BB	Baa3	BB+
16.	Zypern	B-	Caa3	B-
17.	Griechenland	B-	Caa3	B-

Quelle: tagesschau.de – Die Rangfolge orientiert sich an der Klassifizierung durch Standard & Poor's. Nicht ganz, aber im Wesentlichen ist sie identisch mit der der beiden anderen Agenturen. Stand: 29.11.2013.

---

[110] Das führt zu mehr als sinnfreien Aussagen, z.B. dass Bayern eine bessere Bonität hat als die USA. Oder dass Unternehmen mit Staaten verglichen werden. Auch der direkte Schluss von der Schuldenquote auf die Bonität gehört zu den Abstrusitäten der Krise. Die Skala für Japan müsste angesichts einer Schuldenquote von 240 Prozent des BIP (2014) erst noch erfunden werden und läge wohl bei XXL. Ganz die Verrücktheiten der Kreditfeinde haben die Ratingagenturen denn doch nicht. Fitch gibt Japan Mitte 2012 ein A+. Und: Die Mehrzahl der schuldenfreien Länder der Welt (vgl. die Weltkarte der Schuldenstandsquote in Teil 2) hat auch nicht, wie zu erwarten wäre, ein AAA, sondern wird überhaupt nicht geratet, weil sie als nicht kreditwürdig gelten.

Den deutschen Verfechtern der neu modulierten Währungsunion schwebt exakt diese Tabelle vor. Sie ist, wenn man so will, das direkte Produkt des neu gefassten No-bail-out-Artikels. Aus ihr ergeben sich die hierarchisierten Anleiherenditen, die genau der Tabelle der Ratings entsprechen, wie wir sehen werden.

Ob Ratingagenturen Pyromanen, Brandstifter, Brandbeschleuniger, wie oft in der europäischen Krise kolportiert, oder nur die Boten der schlechten Nachrichten sind, soll hier nicht weiter erörtert werden. Ein anderer Punkt scheint uns interessanter. Die Agenturen greifen bei ihren Bewertungen die üblichen verdächtigen Kandidaten (BIP, Schuldenstand, Einkommensentwicklung usw.) auf, das weiß man und das geben sie bei der Bekanntgabe des Ratings auch an. Das Modell, dem das Rating folgt, die Modellierung und die Bewertungskriterien, mit anderen Worten das eigentliche Gutachten bleiben aber streng geheim. Man lässt sich nicht in die Karten schauen. Das ist ein Verfahren, das wohl in keinem Bereich privater oder staatlicher Erstellung von Dienstleistungen akzeptiert würde. Dass die Kapitalmärkte diesem an Intransparenz nicht zu überbietenden Verfahren trauen, ist nicht zu verhindern, ebenso wenig, wenn sie ihre Investmentpolitik auf der Basis technischer Aktienanalysen vornehmen oder gleich zur Kartenlegerin gehen. Ein Skandal ist es aber, wenn europäische Politik auf obskure Ratings reagiert und die Politik entlang solcher dubioser „Freimaurerurteile" entwickelt.

Aus der Empirie der Finanzmärkte ergibt sich die Rangliste der Staatenbewertung durch die Finanzmärkte anhand der Verteilung der Risikoprämie für die staatliche Kreditaufnahme. Danach zeigt sich für zehnjährige Papiere bspw. folgende Rangliste (Tab. 9), die übrigens weitgehend identisch ist mit dem Rating der Agenturen.

Bei allem Fragwürdigem, was die Ratings der Agenturen umweht, ein Aspekt ist doch, wie bereits angedeutet, imposant: Die Reihenfolge der Bonitätsbewertung ist nahezu identisch mit der Rangliste der Renditen von staatlichen Anleihen. Einen Ausreißer sieht man lediglich bei Slowenien und der Rangfolge von Italien und Spanien. Fast ließe sich da an Zauberei glauben oder auch daran, dass die Agenturen in ihren Gutachten einfach nur die Renditen an den Anleihemärkten ablesen.

Kaum ein Begriff hat in der europäischen Krise eine solche Karriere hingelegt wie der der *Lohnstückkosten*. Bis hin zum Boulevard konnte er buchstabiert und angewandt werden. Und plausibel ließ sich der Nachweis führen, dass die europäische Krise letztlich darauf zurückging, dass die Lohnstückkosten im ersten Jahrzehnt in Deutschland kaum gestiegen sind, während in den bekannten Krisenstaaten ein kräftiger Anstieg zu verzeichnen war. Damit lag die Krisenerklärung auf der Hand: Die Lohnstückkosten indizieren die Wettbewerbsfähigkeit eines Staates, und die Krisenstaaten sind deshalb in die Krise gerutscht, weil ihre Lohnstückkosten gegenüber dem Wettbewerber Deutschland wuchtig angestiegen sind.

Tab. 9: Rendite für 10jährige Anleihen im Euroraum

		Rendite in %
1.	Deutschland	1.68
	Finnland	1.95
	Luxemburg	1.92
4.	Niederlande	2.07
	Österreich	2.09
6.	Frankreich	2.27
7.	Belgien	2.44
8.	Estland	—
9.	Slowakei	3.15
10.	Slowenien	6.19
11.	Malta	3.17
12.	Irland	3.54
13.	Italien	4.12
14.	Spanien	4.08
15.	Portugal	5.99
16.	Zypern	6.00
17.	Griechenland	8.18

Quelle: Eurostat. Für Luxemburg ist der Oktoberwert erfasst. Für Estland gibt es keine Werte. Der Wert für Slowenien bricht aus, weil zum damaligen Zeitpunkt eine Spekulation aufkam, ob das Land unter den Rettungsschirm ESM muss. Erhoben am Sekundärmarkt, Stand November 2013.

Tab. 10: *Entwicklung der nominalen Lohnstückkosten*

	1999	2000	2001	2002	2003	2004	2005	2006	2007	2008
Deutschland	98,9	99,4	99,8	100,5	101,4	100,9	100	98,0	97,2	99,4
Zypern	80,3	82,4	84,0	88,0	96,5	98,4	100	100,9	102,1	103,9
Niederlande	86,3	88,8	93,3	97,8	100,2	100,4	100	100,6	102,3	105,4
Portugal	82,3	85,9	89,2	92,1	95,6	96,6	100	100,9	102,1	105,6
Österreich	97,2	96,7	97,7	97,8	99,2	98,8	100	101,1	102,2	106,1
Griechenland		84,1	83,8	92,3	93,7	95,8	100	98,9	101,4	106,6
Frankreich	89,1	90,3	92,5	95,3	97,2	98,2	100	101,8	103,5	106,8
Finnland	92,5	93,0	96,4	97,2	97,9	97,9	100	100,3	100,9	107,1
Italien	86,0	86,5	89,0	92,0	95,7	97,7	100	102,0	103,6	108,3
Belgien	91,7	92,1	96,0	98,2	99,2	98,6	100	102,0	104,2	108,8
Luxemburg	85,5	87,6	93,4	95,4	96,6	97,8	100	101,3	102,9	112,5
Spanien		86,4	89,2	91,9	94,4	96,8	100	103,1	107,4	113,4
Irland	80,2	81,6	86,5	87,8	91,8	95,8	100	103,5	108,7	116,1

Quelle: Eurostat. 2005 = 100. Ausgewählte Länder der Währungsunion. Rangliste nach Werten von 2008.

Zunächst zur Definition. Lohnstückkosten sind definiert als Relation von Lohnkosten und Leistungseinheit. Sie werden errechnet sowohl als mikrowirtschaftliche wie auch als makrowirtschaftliche Größe. In der gesamtwirtschaftlichen Form wird das gesamtwirtschaftliche Einkommen auf das BIP (entweder nominal oder real) bezogen. In der betriebswirtschaftlichen Form werden die Lohnkosten auf die Summe einer Produkteinheit bezogen. Lohnstückkosten dürfen nicht mit der Produktivität verwechselt werde: Produktivität setzt eine Leistungseinheit (eine stoffliche Größe) ins Verhältnis zur aufgewendeten Zeit. Als singuläre Größe ergeben die Lohnstückkosten keinen Sinn, es lässt sich daraus keine Aussage ableiten. Die Lohnstückkosten innerhalb eines Landes ergeben als Zeitreihen eine Basis für Deutungen. Der Vergleich zwischen Ländern oder Währungsräumen muss zunächst den Faktor Wechselkurs beachten, führt dann aber bei vielen Interpreten zu Aussagen über die Wettbewerbsfähigkeit.

3. Der Wettbewerb der Nationen – Die neue europäische Leitidee?

Dabei gehört der Begriff weder zu den eingängigsten noch ist ihm jene Überzeugungskraft inne, die ihm nachgesagt wird. Die aggregierte Größe Wettbewerbsfähigkeit setzt eine nominale Größe (Lohnkosten) ins Verhältnis zu einer realen Größe (irgendeine Art von stofflichem Output).[111] Die Entwicklung der Lohnstückkosten darf nicht verwechselt werden mit der (realen) Größe Produktivität; diese fließt aber wohl in den Divisor des Quotienten ein. Die reinen Lohnkosten gelten als wenig aussagekräftig, weil in der Regel hohe Lohnkosten mit hoher Produktivität und vice versa einhergehen. Lohnstückkosten können entlang der ganzen Palette wirtschaftlicher Einheiten gebildet werden, bezogen auf das BIP, das verarbeitende Gewerbe oder die Industrie bis hinunter auf das einzelne Unternehmen.

Der kurze Schluss von der Länderklassifikation bei den Lohnstückkosten auf die Wettbewerbsfähigkeit und die daraus abgeleiteten Reformmaßnahmen ist das Ergebnis mehrerer Fehlschaltungen. Ohne Anspruch auf Vollständigkeit seien hier nur einige zusammengestellt, und zwar ausschließlich für die Währungsunion, da zwischen Währungsräumen noch der Wechselkurs zu beachten ist:

1. Da die betreffenden Staaten nicht Staatswirtschaften vorstehen, befinden sich auch nicht Staaten im Wettbewerb. Lohnstückkosten auf der Ebene des BIP (real oder nominal) zu berechnen, führt bestenfalls auf der Ebene eines einzelnen Landes und seiner Entwicklung zu belastbaren Aussagen. Auf die Idee, sie zur Basis eines Ländervergleichs zu machen, kommt auch keiner.

2. Meist werden daher Größen wie „Verarbeitendes Gewerbe" oder „Industrie" herangezogen. Aber: Es stehen auch nicht solche Größen im Wettbewerb, nicht einmal Branchen. Aussagen, wie die griechische Automobilindustrie hat an Wettbewerbsfähigkeit gegenüber der deutschen verloren, sind unsinnig, da es in Griechenland gar keine Automobilindustrie gibt. Aber selbst der Branchenvergleich zwischen der deutschen und der französischen Automobilindustrie ist eklatant unpassend, da beide auf sehr unterschiedlichen Marktsegmenten aktiv sind. Noch aus ganz anderen Gründen unsinnig ist der Vergleich etwa

---

[111] Meist sind es allerdings nicht wirkliche Größen wie z.B. Stückzahlen, sondern über Preisgrößen „errechnete" stoffliche Größen wie das reale BIP. Selbst wenn man auf der Ebene eines Unternehmens bei der realistischen Basis für Lohnstückkosten wäre, stellte sich immer noch das auf der stofflichen Ebene liegende Problem der Berücksichtigung der Produktqualität.

zwischen der deutschen und der griechischen Touristikbranche. Verbraucherentscheidungen für das eine oder andere Urlaubsziel werden nicht ausschließlich und nicht hauptsächlich entlang der Lohnstückkosten getroffen.

3. Wenn man auf die für die Wettbewerbsfähigkeit allein sinnhafte Ebene der Unternehmen hinab kommt, muss noch ein ganz anderer Befund beachtet werden. Kaum mehr reflektiert wird in der fiebrigen Debatte um die Lohnstückkosten, dass die Lohnkosten in vielen Betrieben nicht einmal mehr 10 Prozent der Gesamtkosten ausmachen. Auch deshalb ist die Verlagerung von Unternehmensteilen aus Kostengründen in Niedriglohnländer an ihre Grenzen gestoßen und wird teilweise zurückgenommen

4. Wenn für die Krisenbekämpfung in der Währungsunion, insbesondere in den Programmländern die Senkung der Löhne zur Querschnittaufgabe als Lösungsstrategie gemacht wird, ist für eine wirtschaftliche Perspektive in den Krisenländern – ganz abgesehen von gesamtwirtschaftlichen Deflationsgefahren – noch nichts gewonnen. In den Programmländern ist ein Strukturproblem aufgebrochen, nicht ein Problem der Lohnstückkosten. Wettbewerbsfähiger wird durch die umgesetzten Memoranda of Understanding kein einziger Industriezweig in den Programmländern. Die Leistungsbilanzen drehen sich auch nicht wegen gestiegener Wettbewerbsfähigkeit, sondern weil aufgrund der Entlassungen, Lohnkürzungen und staatlichen Sparmaßnahmen der Verbrauch drastisch beschnitten wird und der Import zurückgeht.

3.2 Hayek als Prophet der Währungsunion?

Die Eingeweihten assoziieren beim Staatenwettbewerb unwillkürlich den Namen des Altmeisters der Wettbewerbstheorie, den Friedrich August von Hayeks. In seiner wohl bekanntesten Schrift, „Der Wettbewerb als Entdeckungsverfahren" (1968a), bestimmt er den Wettbewerb zwischen Unternehmen in einer Katallaxie, der spontanen Ordnung des Marktes, als das Verfahren, das es erlaube, unvoraussagbare Ergebnisse zu erreichen. Dort deutet er zugleich den konsequenten methodologischen Individualismus an, dem Gesamt- oder Makrogrößen fremd sind, der also Wettbewerb ausschließlich als ein Verfahren zwischen Unternehmen versteht.

3. Der Wettbewerb der Nationen – Die neue europäische Leitidee?

Das „reife" Hayekianische Denken hat sich vollständig von Größen wie „Wirtschaft" im Sinne einer Gesamtwirtschaft oder Industrie gelöst. Gesamtwirtschaft ist in seinem Denken ein (irrelevantes) fiktives Gebilde und der Auswurf an Zahlen reduziert sich auf rein statistische Ex-post-Größen ohne jeden Erklärungswert. Anders formuliert: Makroökonomie und darin angesiedelte Funktionszusammenhänge sind ihm eine Art Phantomwissenschaft.[112]

Hayek selbst hat in der ihm eigenen Bescheidenheit[113] anlässlich einer Festveranstaltung zu seinem 80. Geburtstag kundgetan, dass er in seinem Leben „eine Entdeckung und zwei Erfindungen" (Hoppmann 1979, S. 37) gemacht habe. Der Begriff der „Entdeckung" bezieht sich nach konventioneller Unterscheidung auf mathematisch-naturwissenschaftliche Axiome überzeitlicher, objektiver Art. Die Entdeckung, die er gemacht habe, so Hayek, bestünde darin, dass das Preissystem ein Signalsystem darstelle, dessen zentrale Dimension nicht wie in der klassischen Schule und bei den Marxisten von der Vergangenheit, dem Arbeitswert, ausgehe, sondern auf die Zukunft gerichtet sei (ebd., S. 38 ff.). Preise signalisierten notwendige Anpassungen („Führungsfunktion der Preise").

Die beiden „Erfindungen" des Österreichers, nicht minder wichtig für das Verständnis des Folgenden, beziehen sich auf die politische Ordnung einerseits und die Geldordnung andererseits. Der auf die politische Ordnung bezogene Vorschlag zielt darauf, das System der Gewaltenteilung in der Weise neu zu justieren, dass die Exekutive, die Regierung, strikt von der Legislative, dem Parlament, separiert wird. Eine Kammer, zustande kommend durch eine Art Elite-Auswahlverfahren, solle über das Volumen der Staatsausgaben bestimmen, danach müsse die Regierung mit dem Finanzvolumen zurechtkommen. Ansonsten ist in seinem Gedankengebäude der Staat einzig auf die Kernaufgabe der Sicherung von Vertragsfreiheit, Eigentum und Haftung beschränkt (Hayek 1991, S. 161

---

[112] Anlässlich einer Feierveranstaltung zu seinem 80. Geburtstag führt er rückblickend auf sein Lebenswerk aus: „Ich muß gestehen, daß mir die ganze Makroökonomie und Ökonometrie, Wohlfahrtsökonomie und Nutzenmessungen, Wachstumstheorie und Messungen des Volkseinkommens, Spieltheorie und linear programming, Input-Output-Analyse und Phillipskurve höchst gleichgültig waren" (1979, S. 40).

[113] Auf der Geburtstagsfeier kokettiert der Liberale in seinem Vortrag, dass er nach Keynes' Tod wahrscheinlich der bekannteste Nationalökonom der Welt geworden wäre, wenn nicht Keynes' ökonomisches Denken „zum Heiligen" aufgestiegen wäre. Seine Art von Liberalismus wird auch daran deutlich, dass er nicht davor zurückschreckte, sich in einem Aufsatz über Keynes' Homosexualität zu mokieren (Hayek 1975, S. 32).

ff.). Die zweite „Erfindung", erstmals ausgebreitet in der 1976 auf Englisch erschienenen Schrift „Denationalisation of Money", die ein Jahr später ins Deutsche übersetzt wurde, betrifft die Privatisierung der Geldversorgung (Hayek 1977). Nie wieder, so seine Überzeugung, käme die westliche Gesellschaft zu einem anständig funktionierenden Wirtschaftssystem, wenn dem Staat nicht das Monopolrecht auf die Geldemission entwunden werde. Erst wenn eine kompetitive Geldordnung mit privaten Geldemittenten errichtet sei, könnten sich die Marktwirtschaften wieder erholen.

Wer in Hayeks Werk nach dem Thema Staatenwettbewerb recherchiert, trifft nur auf den Aufsatz „The Economic Conditions of Interstate Federalism" (1939), einen Aufsatz mit eigentümlichen Thesen, veröffentlicht zu einem auffälligen Zeitpunkt, publiziert in einer abseitigen Zeitschrift. Auffällig ist, dass der Autor den dort entfalteten Gedanken des ökonomischen Föderalismus in seinem späteren Werk – bis auf wenige Ausnahmen (vgl. Hayek 1944/1991, S. 271 ff., insb. S. 286 ff.) – nicht wieder aufgriff, was darauf hindeutet, dass er sich gedanklich davon distanziert hatte. Wir kommen darauf zurück.

Auch der Soziologe Wolfgang Streeck ist auf den genannten Aufsatz gestoßen, und er hatte den Einfall, ihn im Direktschlussverfahren auf die gegenwärtige europäische Krise zu beziehen. Der Soziologe versteht aber weder etwas von Hayek noch von Europa, und er gelangt zu geradezu abenteuerlichen Sätzen und Verknüpfungen zum Thema. Der Reihe nach. Wir beginnen mit Hayeks Ausführungen in dem alten Aufsatz.

Zu einem Zeitpunkt, als die nationale Idee in Deutschland und anderen Ländern auf ihren perversen Höhepunkt zusteuerte und auf dem Planeten Erde nirgendwo ein bundesstaatlicher oder staatenbundlicher – die systematische Unterscheidung zwischen beiden Organisationsformen spielte damals noch keine Rolle – Vorgang zu verzeichnen war, 1939, publizierte er einen für seine Verhältnisse eher schwachen Aufsatz zu den wirtschaftlichen Aspekten des Föderalismus. Die Föderation habe den Vorteil, dass die freie Beweglichkeit von Menschen, Gütern und Kapital verwirklicht sei.

Die Hauptthese des Liberalen lautete, dass auf dieser Grundlage durch die den Nationalstaat ausmachende gemeinsamen Homogenität, Überzeugungen, Tradition, Gefühle, Ideologien und Ideale usw. es bei der Föderation bzw. dem Bundesstaat verhindern, dass sozialistische, regulative Wirtschaftspolitik betrieben würde. Durchbuchstabiert wird die

3. Der Wettbewerb der Nationen – Die neue europäische Leitidee?

Sache am Beispiel der Zollpolitik, die sich aufgrund der Sonderinteressen der einzelnen Gruppen nicht auf Bundesebene harmonisieren lasse.

Verifizieren ließ sich diese Vermutung nicht. Als 1957 sechs westeuropäische Staaten die Europäische Wirtschaftsgemeinschaft (EWG) gründeten, sollte es nur ein gutes Jahrzehnt dauern, bis deren zentrales Anliegen, die Zollunion, verwirklicht war. Von fundamentalen Schwierigkeiten ist nichts bekannt geworden. Überhaupt gehören Freihandelsabkommen und Zollunionen zu den eher einfachen Übereinkünften bei internationalen Abkommen im wirtschaftlichen Bereich.

Es ist auch überhaupt nicht erkennbar, was sachlogisch Kompromissbildungen auf dem Weg zu einer Wirtschaftsunion entgegenstehen sollte. Auf dem Weg des „Bundesstaats im Werden" bringen Akteure ihre ordnungspolitischen Vorstellungen ein. Dass dies auf Kompromissbildung hinausläuft, liegt schon im Einzugsbereich der Banalität. Die gesamte europäische Integrationsgeschichte trägt Züge der deutsch-französischen Kompromissbildung, die entlang der mehr marktbasierten und der mehr institutionalistischen Ordnungsfindung gelegen waren. Wie wir oben gesehen haben, gilt dies sogar noch für die jüngste Krise der Währungsunion. Auch hier war es nicht so, wie Hayek es nahelegt, dass aufgrund der antagonistischen nationalen Interessen überhaupt keine Einigung stattgefunden hat.

Selbst der Fall, der der Hayekschen Annahme am nächsten kam, die Normenharmonisierung beim Binnenmarktprojekt von 1985, hat sich mittlerweile gelöst. Als man die Sackgasse für die weitere Integration in den achtziger Jahren dadurch überwand, dass man auf weitgehende Harmonisierungen verzichtete und den „Wettbewerb der Normen" installierte, schien sich das Ideal einer marktbasierten Integration zu verwirklichen. Es wurde mittlerweile „sachlogisch" überwunden. Die Harmonisierung erwies sich einfach als effektiver und mehr im Interesse von Unternehmen und Verbrauchern liegend.

Hayek hatte 1939 zwei liberale Staaten vor Augen, die dem entsprachen, was er versuchte zu theoretisieren, die Schweiz und die USA. Bis zu einem gewissen Grade war es damals, teils auch noch heute so, dass diese Föderationen eine marktfreundliche Politik betrieben. Einmal abgesehen davon, dass dies für den pragmatischen Keynesianismus der USA und auch ihre Währungspolitik nach dem Zweiten Weltkrieg nicht galt, ist eben die Frage aufgeworfen, ob die liberale Politik ein Ergebnis der Föderation ist oder umgekehrt deren Voraussetzung. Vieles spricht für das Letztere.

Hayek ist auf diesen Aufsatz – von ganz wenigen Ausnahmen abgesehen – später nicht mehr zurückgekommen. Er spielte in seinen Überlegungen keine Rolle mehr, zu Recht. Wenn Streeck diesen Aufsatz aus der Mottenkiste herausholt und ihn zum Zentrum seiner Kritik an der Europäischen Union respektive Währungsunion macht, dann ist dies nur als grotesk-absurde Idee zu bezeichnen. Er stellt nicht Äpfel und Birnen in einen Zusammenhang, sondern Äpfel und weiße Elefanten.

Ausgehend von dem Gedankengang aus dem Jahr 1939 finden sich bei Streeck (2013) eine höchst merkwürdige „Anwendung" von Hayeks Ausführungen auf die europäische Währungsunion der Gegenwart (ebd., S. 141 ff.) und ein noch weltfremderer praktischer Vorschlag zur Krisenlösung (ebd., S. 250 ff.). Streeck deutet die EU als „Liberalisierungsmaschine des europäischen Kapitalismus" (ebd., S. 151), wobei Hayeks Aufsatz gewissermaßen den 1939 vorformulierten „Konstruktionsplan" für die heutige Europäische Union darstelle:

> „Es ist, als habe Hayeks Aufsatz die Feldlinien berechnet, entlang deren sich die Institutionen der europäischen Einigung mit der Zeit anordnen, auch wenn sie ursprünglich ganz anders geplant waren" (S. 147).

Je steiler die Thesen desto geringer der Konkretionsgrad, anders formuliert: ohne sich auch nur in Ansätzen auf die konkrete Krisenpolitik einzulassen, werden freihändig und ohne Bodenhaftung Thesen entwickelt. Das muss schiefgehen.

Wer sich unbedingt das Hayekianische Gegenmodell zur EU bzw. zur Währungsunion ausmalen will, halte sich an die beiden von ihm so titulierten „Entdeckungen". Der Österreicher konnte noch vier Jahrzehnte europäischer Integration miterleben, ohne dass er auf die Idee gekommen wäre, an seinen alten Aufsatz zu erinnern oder sich sachlich mit dem europäischen Integrationsprojekt zu beschäftigen. Dieser Gegenstand war ihm offensichtlich fremd, er hielt ihn wohl auch für unbedeutend, jedenfalls konnte er nicht das darin lesen, was ihm Streeck später zuschreibt.

Projiziert man nun seine beiden „Entdeckungen" auf das gegenwärtige Europa, dann steht an erster Stelle die Auflösung der Währungsunion nicht nur zurück in einzelne nationale Geldsysteme, sondern deren Auflösung in ein europaweites Netzwerk von privaten Geldemittenten, die im Wettbewerb um das „wertvollste" Geld stehen. Mit anderen Worten: Die europäische Währungsunion ist das kantige Gegenmodell zum Wäh-

3. Der Wettbewerb der Nationen – Die neue europäische Leitidee?

rungswettbewerb alter Prägung und erst recht zu einer Ordnung privater Geldproduzenten.

Galt Hayek noch Ende der dreißiger Jahre die Föderation als das optimale Abwehrmittel gegen den Sozialismus, verfiel er später auf eigenwillige Reformvorschläge für die Demokratie, die allesamt auf Machtbegrenzung, scharfe Gewaltentrennung und Elitenherrschaft hinausliefen. Auf die Idee, den Föderalismus in irgendeiner Weise nutzbar zu machen, ist er in späteren Jahren nicht mehr gekommen.

Geradezu bizarr ist dann der Vorschlag Streecks, die Währungsunion aufzulösen und ein „europäisches Bretton Woods" (ebd., S. 250 ff.) zu begründen. Da der Euro ein „frivoles Experiment" (ebd., S. 237 ff.) gewesen sei, das im Globalisierungsfuror der neunziger Jahre zustande gekommen sei, die verheerenden Wirkungen des Goldstandards imitiere und auf das neoliberale Instrument der inneren Abwertung setze, müssten, so schnell wie möglich das Projekt aufgelöst und nationale Währungen wieder eingeführt werden.

In diesem Zusammenhang entfacht der Verfasser in den höchsten Tönen einen Choral auf die Abwertung, die ihm geradezu zum sozialreformerischen Idealmittel für die Rettung des nationalen, sozialen Staates gerät. Statt eines integrationspolitischen Vorwärts im Sinne einer Ergänzung der Währungsunion um eine Politische Union – dies bedeute die „endgültige Inthronisierung des Konsolidierungsstaates" (ebd., S. 251) – spricht sich der Autor für ein Rollback zu einer Wechselkursordnung aus, die durch die Möglichkeit von Abwertungen linke Politikansätze ermögliche (ähnlich Abelshauser 2010).

Weiß der Autor nicht, dass es sich bei der Bretton-Woods-Ordnung eben nicht um eine durch Keynes beeinflusste symmetrische Ordnung handelte, sondern ein hegemoniales Regime, das immer nur Anpassungen auf Seiten der N-1-Länder erzwang? Weiß der Autor nicht, dass die Auflösung der Währungsunion das Zurück zum Währungswettbewerb bedeutete, der für Schuldnerländer die tägliche Abwertung am Devisenmarkt vorsieht, wo „Reformpolitik" von internationalen Kapitalströmen bewertet wird?

Die Abwertungspolitik ist eine defensive Loser-Strategie, die den Ländern in der Zeit der festen Wechselkurse eben keine Reformspielräume ließ und eine Perspektive jenseits des Status als Schwachwährungsland eröffnete. Nur der wirtschaftsgeschichtliche Laie kann auf die Idee verfallen, die Abwertung als Politikmodell in einer verflochtenen Welt mit freien Kapitalmärkten zu empfehlen. In dem Augenblick, wie durch Abwertung Wettbewerbsfähigkeit gewonnen wurde, war durch den Anstieg der Importpreise die nächste Runde im Verteilungskampf – mit entsprechenden Wirkungen für die Wettbewerbsfähigkeit – eröffnet. Kein einziges Land in Europa konnte im „goldenen Zeitalter der Abwertungspolitik" seine Position im internationalen Wettbewerb nachhaltig verbessern.

Die Abwertungspolitik in ein Umfeld der sogenannten flexiblen Wechselkurse zu übertragen, wie es der Autor will, vollendete dann tatsächlich den Einstieg in eine neoliberal globalisierte Welt. Das System flexibler Wechselkurse ist nicht mehr als die technizistische Umschreibung der Währungskonkurrenz, in der die freie Beweglichkeit der internationalen Kapitalströme herrscht. Das bedeutete die „bedingungsloseste" Unterordnung unter den Markt, die man sich vorstellen kann. Getreu dem Motto, je weiter weg von konkreten Befunden, erst recht solchen empirischer Art, phantasiert sich der Autor zu den – man glaubt es kaum – „edelsten Ökonomen" (Streeck 2013, S. 253), die die restituierten nationalen Währungen vor spekulativen Angriffen schützen und für eine Rückkehr zu Kapitalverkehrskontrollen sorgen sollen.

Dass die (egalitäre) Währungsunion bis zum Ausbruch der Finanzkrise leidlich gut funktionierte und Spielräume für nationale Wirtschaftspolitiken ließ, entgeht dem Autor in seiner romantischen Sehnsucht nach dem Nationalstaat. Es entgeht ihm auch, dass die Währungsunion in der Situation der Krise im Herbst 2008 die Gemeinschaftsstaaten – nicht zuletzt Deutschland – vor einer Abwärtsspirale von Kapitalzufluss und -flucht, Abwertungen und Aufwertungen und außenwirtschaftlichen Zusammenbrüchen gerettet hat. Dass die Basis der egalitären Währungsunion – der stille Kompromiss zwischen Kapitalmärkten und Europa-Idee – dann in einer Mischung aus griechischer Dummheit und deutschem Risikospiel mit französischer Zuschauerschaft 2009/2010 ausgehöhlt wurde, steht auf einem ganz anderen Blatt.

Wer sich das Gemälde eines Hayekianisch geformten Europas unbedingt ausmalen will, so haben wir oben formuliert, halte sich an seine „Entdeckung" und die beiden „Erfindungen". Was ein lupenreines Preissystem mit seiner Signalfunktion für den Arbeitsmarkt bedeuten würde, kann man sich ohne große Anstrengung vorstellen. Das europäische Modell des Sozialstaates, das nicht deshalb noch kein Gegenstand der Integration ist, weil es von einer „neoliberalen Kommission" zerschossen werden soll, sondern weil sich nationale Wächter an den Toren des Sozialstaates mächtig aufbauen, wird nicht durch die europäische Integration bedroht. Und die Erfindung der „Demarchie" (Hayek 1968b, S. 11), wie er sie nennt, läuft auf den anonymen, elitären und regelsetzenden Staat hinaus, der einer Begrenzung durch Föderalismus jedenfalls nicht bedürfte. Und die Erfindung der privaten Geldanbieter befindet sich an der ganz anderen Küste des Ozeans gegenüber der Währungsunion. An dieser Stelle macht sich der Soziologe gemein mit dem liberalen Altmeister, weiß aber nicht in welcher Kumpanei er sich da befindet.

3.3 Systematisierungen zum Staatenwettbewerb

Der Wettbewerb der Staaten ist im neoliberalen Paradigma eine relativ junge Disziplin. Bei Gerken (1999) findet sich der Hinweis auf Tiebout (1956) als Begründer der Theorie. Tiebout war in einem schmalen Aufsatz der These hinterher, wie Kommunen um Einwohner respektive Steuerzahler konkurrieren. In Zusammenhang mit dem Staatenwettbewerb fällt dann häufig auch der Hinweis auf den gerade genannten Aufsatz von Hayek aus dem Jahr 1939. Das führt aber, wie wir gesehen haben, mehrfach in die Irre, zum einen weil Hayek, soweit er konkret wurde, föderale Gebilde wie die Schweiz, die USA und die UdSSR im Auge hatte, zum anderen weil die in dem Aufsatz verfolgte These eher eine Sackgasse im Hayekianischen Denken darstellt. Nach dem Ende des Kalten Krieges und dem folgenden kräftigen Wind für die Globalisierung blühten dann die Theoretisierungen – auch im Kontext der europäischen Integration und neuer föderalistischer Theorien – auf und bereicherten die neoliberale Einflussnahme auf die Politik.

Gerken wirft in seinem Systematisierungsversuch die zentrale Frage bei der Beschäftigung mit dem Wettbewerb der Staaten auf: Wer genau sind die „Akteure im Wettbewerb der Staaten auf der Nachfrageseite" (1999, S. 9 ff.)? Der bzw. die „Anbieter" sind klar, es sind – in demokratischen Staaten – die gewählten Vertreter des Staates in der Exekutive, einschließlich ihrer parlamentarischen Mehrheit im Hintergrund. Eigentümlich unterbelichtet bleibt bei Gerken das „Produkt", mit dem die Staaten auf den „Märkten" konkurrieren.

Als „Nachfrager" jedenfalls kommen in Frage

(1) Bürger, um die konkurriert wird (die Fragestellung von Tiebout),

(2) die Exportindustrie,

(3) internationale Direktinvestoren,

(4) Finanzkapital,

(5) multinationale Unternehmen und deren einzelne Abteilungen.

Der erste Posten kommt international faktisch nicht in Betracht, es sei denn in der umgekehrten Konstellation, nämlich in der Weise, dass nicht um potente Steuerzahler konkurriert wird, sondern die Staaten für die Armutszuwanderung attraktiv sind. Den zweiten Posten hält Gerken für ein „Scheinphänomen" (ebd., S. 10) bzw. einen „Irrglauben" (ebd., S. 13), dem unkundige Politiker, die sich mit Handelsbilanzüberschüssen brüsten, aufsitzen.

Die klassische Außenhandelstheorie (Ricardo) habe schon bewiesen, dass es „Wettbewerbsfähigkeit von Volkswirtschaften" nicht gebe, Volkswirtschaften, die miteinander Handel treiben, ergänzten einander entlang der respektiven komparativen Kostenvorteile, dauerhafte Exportüberschüsse seien ausgeschlossen. In Ordnungen mit flexiblen Wechselkursen, werde der Ausgleich über Auf- und Bewertungen reguliert, in Festkursordnungen über die jeweiligen Preisniveaus. Das Phänomen von Wettbewerbsfähigkeit bzw. -rückständigkeit gäbe es grundsätzlich nicht, da die Staaten auf unterschiedlichen Märkten Außenhandel betreiben. Deshalb gelte: „Wo kein Wettbewerb existiert, sollte man auch nicht von einem Wettbewerb der Staaten sprechen" (ebd., S. 16).

Der Verfasser bezieht sich hier auf die Ricardianische Modellwelt im Bereich des Außenhandels. Die Realität zeigt aber Abweichungen. Die Bundesrepublik (seit 1949) bzw. Deutschland (seit 1990) wies – abgesehen 1.) von kurzen „Schwächephasen" und 2.) den Jahren nach der deutschen Vereinigung – stets Leistungsbilanzüberschüsse auf (vgl. Abbildung 17).

Abb. 17: Leistungsbilanz und Netto-Auslandsvermögen der deutschen Volkswirtschaft

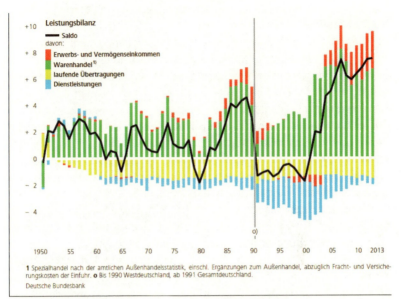

Quelle: Deutsche Bundesbank 2013, S. 45. Ausgedrückt in Prozent des BIP.

Es bleibt als rationeller Kern des Staatenwettbewerbs – fasst man die oben unter (1) – (5) gelisteten Posten zusammen – der Wettbewerb um Unternehmen bzw. Kapital. Staaten konkurrieren um die Ansiedlung von Kapital bzw. Unternehmen. Treten die Staaten nach außen als Patrone „ihrer" Unternehmen auf, indem sie bei einem Regierungsbesuch im Ausland in ihrem Tross ausgewählte Unternehmen mitführen, die im Ausland entweder Märkte erschließen oder eine Direktinvestition vornehmen wollen, dann ist der Kern des Staatenwettbewerbs nach Gerken die Anziehung von Kapital auf das heimische Staatsgebiet. Etwas banalisiert ausgedrückt ist das der Standortwettbewerb. Die Staatenführer in der Regierung tun dies, weil sie sich davon Wachstumsmöglichkeiten der eigenen Wirtschaft und darüber vermittelt Wählerstimmen versprechen.

Eine andere Variante des Themas spielte bis vor einiger Zeit in Deutschland eine Rolle, der sogenannte *„Wettbewerbsföderalismus"* (vgl. für das Folgende Schatz u.a. 2000). Darauf kurz einzugehen lohnt, weil man Kontraste zur europäischen Konstellation erkennen kann. Zurückgehend auf die Rational-Choice-Theorie feierte der Wettbewerbsföderalismus in Deutschland in den neunziger Jahren einen gewissen Aufschwung, als es darum ging, nach der Einheit Grundentscheidungen in Hinblick auf die Finanzverfassung des föderalen Systems zu treffen. Nicht zuletzt die deutsche Einheit und ihre Finanzierung machten es erforderlich, den vertikalen und horizontalen Finanzausgleich neu zu ordnen. Zwei Länder (Baden-Württemberg und Bayern) hatten Klage beim Bundesverfassungsgericht eingereicht.

Der deutsche Wirtschaftsliberalismus, die ihm freundlich gesonnene Presse und die beiden genannten Länder führten vehement den Wettbewerbsföderalismus als Modell an, das den angeblich ineffektiven *kooperativen Föderalismus* ablösen sollte. Der Hauptgedanke diagnostizierte den bestehenden Finanzausgleich als „übernivellierend" und hindere aufkommensschwache Bundesländer infolge fehlender „Anreize" daran, ihr Steueraufkommen zu steigern und ihre Wirtschaftspolitik zu verbessern. Die innovativen Bundesländer würden gleichsam bestraft.[114]

Das Bundesverfassungsgericht schlug sich in seinem Urteil (1999) auf die Seite des Leitmodells des kooperativen Föderalismus und betonte den bundesstaatlichen Gedanken der Solidargemeinschaft, womit der Wettbewerbsföderalismus – aller Unterstützungen aus der wirtschaftsliberalen Öffentlichkeit zum Trotz – aus dem Spiel war. Die politischen Entscheidungsträger dachten schon bei dem Prozess der deutschen Einheit mit keinem Wort daran, die Vereinigung im „Wettbewerb als Entdeckungsverfahren" zu organisieren, was ein vollständig sinnfreies Verfahren gewesen wäre. Stattdessen kam eine massive Umverteilung in Gang (über Sondersteuern, Solidarabgaben, gigantische Finanztransfers usw.).

Und als die zweite Runde in der Föderalismus-Reform unter der Großen Koalition (2005-2009) eingeläutet wurde, war auch seitens des Wirtschaftsliberalismus nichts mehr zu hören vom Wettbewerbsföderalismus. Dieses Mal wählten die politischen Akteure die – vermutlich mit dem stillen Beifall des Wirtschaftsliberalismus – zentralistische (also die antiföderale) und regelbasierte Lösung. Die Länder werden in der finanz-

---

[114] Einer der wirtschaftsliberalen Matadore in Deutschland, Stefan Homburg, bezog sich auf den „Wettbewerb als Entdeckungsverfahren" zwischen den Bundesländern, erblickte darin ein „Experimentierfeld", auf dem sich dann in „darwinistischer Manier" die guten Politiken bewähren und die schlechten bestraft werden. Der bestehende kooperative Föderalismus entspreche „sozialistischem Beharren auf égalité" (vgl. Schatz u.a. 2000, S. 20).

3. Der Wettbewerb der Nationen – Die neue europäische Leitidee? 331

politischen Autonomie vom Bund weitgehend entmündigt und ansonsten dem Instrument der Regelbasierung, was in diesem Fall die Schuldenbremse meint, unterworfen. Das bei einer Gesamtbetrachtung als gering zu bezeichnende Transfervolumen zwischen „reichen" und „armen" Bundesländern ist, nachdem die Länder Hessen und Bayern erneut Klage eingereicht haben, erneut Thema beim Bundesverfassungsgericht.

Hier zeigt sich ein Nebenergebnis: Hält man die deutsche Vereinigung (1990) und die europäische Einigung in der Krise (2009-2012) gegeneinander, fällt auf, wie unproblematisch nationale Solidarität politisch entfacht werden kann und wie unproblematisch europäische Solidarität nicht nur verhindert werden kann, sondern umschlagen kann in nationalen Chauvinismus. Phänomene der Jahre 2011/12 in Deutschland gegenüber den Programmländern müssen jedenfalls so etikettiert werden. Es soll an dieser Stelle nicht vertieft werden, wie stabil, tiefgehend und belastbar die nationale Solidarität ist. Sie hält aber mittlerweile über zwei Jahrzehnte an und hat dazu geführt, dass die westdeutsche Bevölkerung in Hinblick auf Einkommen und Wohlstand gegenüber anderen westeuropäischen Ländern weit zurückgefallen ist. Ohne die Vereinigung läge sie bei diesen Größen heute auf Schweizer Niveau.

Das Hauptergebnis ist: Im nationalen Rahmen wird der Staatenwettbewerb in der Gestalt des Wettbewerbsföderalismus zu einem „Kampfbegriff", weil sich die „Nehmerländer" bedroht durch die „Geberländer" fühlen. Der Systemwechsel vom kooperativen Föderalismus zum kompetitiven Föderalismus ist in Deutschland daran gescheitert, dass er faktisch angewiesen war auf eine große Mehrheit im politischen System. Drei Länder und ein Stadtstaat (Bayern, Hessen, Baden-Württemberg und Hamburg) reichten für wirtschaftsliberale Mehrheitsbildung längst nicht aus.

Die Etablierung des Staatenwettbewerbs in Deutschland scheiterte daran, dass sie im „laufenden Betrieb" vorgenommen werden sollte und demzufolge auf große Mehrheiten angewiesen war. Bei einem beachtlichen Teil der Nehmerländer (darunter die gesamten östlichen Bundesländer einschließlich Berlins und die alten, strukturschwachen Länder im Westen) hätte dies erhebliche marktradikale Energie vorausgesetzt, um sich auf dieses Abenteuer einzulassen. In dieser Erklärung für das Scheitern ist noch nicht einmal enthalten, dass Länder nicht wie Subjekte (Individuen oder Unternehmen) agieren oder steuerbar sind.

Wird der Staatenwettbewerb aber im Vorfeld der „Staatsgründung" – wie bei der Europäischen Union – vorgenommen, ist eine vollständig andere Ausgangssituation gegeben. Anders als im Falle des Systemwechsels, bei dem gewachsene historische Strukturen aufgebrochen werden müssen, können die Akteure, denen als potentiellen Gebern Großzügigkeit abverlangt wird, bei der Systemgründung als „Veto-Spieler" auftreten. Wenn das System bereits eine gewisse Zeit in Funktion war, stecken die Geber-Länder im Gefängnis der Mehrheitsbeschaffung. Die Wölfe sind angewiesen auf Stimmen der Schafe, die es sich aber wohlweislich überlegen, ob sie auf das Werben der Wölfe eingehen. In der Gründungsphase verhält es sich genau umgekehrt: Die Schafe werben um die Wölfe, und die Wölfe werden sich zieren und auf einen möglichst hohen Preis bei der Aushandlung des Spielregelsystems aus sein.

Genau in diesem Punkt unterscheidet sich der Ordnungswechsel von der egalitären zur hegemonialen Währungsunion mit seinem ihm innewohnenden Staatenwettbewerb einerseits von dem Versuch, aus dem kooperativen Föderalismus in einen kompetitiven Föderalismus innerhalb des Nationalstaats zu wechseln andererseits.

Wenn es so etwas gibt wie die innere Logik eines Staates, dann lässt sich daraus hinsichtlich der äußeren Logik, der Außenpolitik, also dem Verhältnis zu anderen Staaten, nur die Grenze, der Außenminister und der Verteidigungsminister ableiten. Staaten können sich zueinander entweder freundlich oder feindlich oder gar nicht verhalten. Im ersten Fall schließen sie Bündnisse, im zweiten Fall liegen Spannungen vor, die bis zu einem Krieg reichen können, im dritten Fall besteht einfach nur eine Grenze.

Das ist in aller Kürze die reine Staatentheorie. Auf die Idee, Staaten untereinander in die Konstellation des Wettbewerbs zu versetzen, muss man erst einmal kommen. Es war die Public-Choice-Theorie, die in ihrem Versuch, das Politische auf das Ökonomische zu reduzieren, darauf gekommen ist, den Wettbewerb der Staaten auszurufen. Dass es sich um eine „Erfindung" im schlechten Sinne des Wortes oder, wie wir es im Teil 2 genannt haben, eine Fiktionalisierung handelt, sagt noch nichts über Realisierungswahrscheinlichkeiten aus. Es hat – angesichts der europäischen Krise – den Anschein, als müsste man hinzufügen, dass es sich um eine verzweifelte Erfindung handelt, da sie im Grunde nur Sinn innerhalb einer Währungsunion macht. Existiert keine Währungsunion, dann gibt es Währungswettbewerb, aber keinen unmittelbaren Staatenwettbewerb. Soll das Vorhaben des Staatenwettbewerbs eine Chance in der Realität bekommen, dann bedarf es eines langen Erziehungsprozesses. Innerhalb bestehender föderaler Staaten, z.B. der Bundesrepublik

Deutschland, liegt als bestimmendes Element der kooperative Föderalismus vor. Eine Art Wettbewerb (zwischen den Kommunen) um Industrieansiedlung gibt es gleichwohl auf der Ebene der Hebesätze der Gewerbesteuer, sonstiger lokaler Subventionierungen, Infrastrukturangebote usw.

Im Zuge des Triumphzuges der Marktwirtschaft und ihrer Fiktionalisierungen – einen Schub brachte sicher der Ausgang des Kalten Krieges – hat es sich mehr und mehr eingebürgert, den Wettbewerb als das passende Verfahren für die Organisierung aller möglicher Bereiche einzuführen. Alte staatliche Monopolanbieter in den verschiedensten Bereichen der Daseinsvorsorge wurden privatisiert und dem Wettbewerb ausgesetzt, Krankenkassen sollten wegen der Kostenexplosion im Gesundheitswesen zu einem sparsameren Umgang mit ihren Ressourcen in Wettbewerb versetzt werden, selbst die abgelegensten sozialen Bereiche sollen mit Wettbewerb beglückt werden.

Geht man die Frage, was denn der Staatenwettbewerb eigentlich sei, strikt formal-wissenschaftlich an, dann wird man am Ende bei dem Standortwettbewerb landen (Gerken). Fasst man die begriffliche Herausforderung aber eher metaphorisch, verknüpft sie mit Politik und dem speziellen Gegenstand der europäischen Integration, ergibt sich folgender Befund:

Zwei Feststellungen müssen vorab festgehalten werden: 1.) Mehr als dies in der europäischen Krisendebatte geschieht, muss der Aspekt der komparativen Kosten (Ricardo) in dem Sinne beachtet werden, dass die Gesamtwirtschaften der einzelnen Staaten einer europäischen Arbeitsteilung folgend auf unterschiedlichen Märkten agieren. 2.) Eine Währungsunion hat in Hinblick auf die Frage des Wettbewerbs den Charakter einer Zwangsgemeinschaft, die nicht nolens volens verlassen werden kann. Ihre Gesetzmäßigkeiten herrschen sich den einzelnen Mitgliedern auf.

Nun zur Frage des Staatenwettbewerbs in der europäischen Währungsunion. Mit dem neuen Ordnungstyp hegemoniale Währungsunion eröffnen sich neue, über die dargestellten Formen des Staatenwettbewerbs hinausgehende Formen. Gemeint ist damit, die mit Hilfe der Kapitalmärkte erarbeitete Hierarchie der Anleiherenditen und Staatenbewertung, die sich auf dreierlei Ebenen auswirkt: 1.) Auf der realwirtschaftlichen Ebene bewirkt das Staatenrating unterschiedliche Zinsen für Unternehmen und Verbraucher. 2.) Auf der fiskalischen Ebene bewirkt sie eine günstigere Verzinsung für den Hegemon und seine Vasallen. 3.) Auf der wirtschaftspolitischen Ebene bewirkt sie eine Vorrecht, ein Primat oder ein Privileg für die wirtschaftspolitische Ausgestaltung der Ordnung.

3.4 Die Wettbewerbskonzeption aus supranationaler Perspektive

Die Begrifflichkeit des „Wettbewerbs der Unternehmen" hat eine fassbare Entsprechung in der Realität, für die Begrifflichkeit des Staatenwettbewerbs gilt dies nicht. In der Hayekianischen Terminologie fiele der Begriff nicht einmal unter das Verdikt des Konstruktivismus. Gemeint ist damit eine Abirrung einer übereifrigen Markttheorie, die in einer ungebremsten Anmaßung alle Bereiche von Gesellschaft und Politik in Marktbeziehungen transformieren möchte, dabei aber – im Sinne Hayeks – den Kern der Marktordnung verfehlt. In Teil 2 haben wir unsererseits den Staatenwettbewerb als eine Fiktionalisierung gekennzeichnet, die gegen jede Tendenz der Entfiktionalisierung in der Krise einen Auftrieb erhalten hat. Staaten produzieren keine Produkte, die sie im Wettbewerb mit anderen Staaten anbieten, Staaten bieten keine Dienstleistungen an, die sie im Wettbewerb mit anderen Staaten ins Schaufenster legen und Staaten agieren auf keinem erkennbaren Markt.

In die Nähe der Realität gelangt man mit dem Begriff, wenn man die Kreditaufnahme der Staaten betrachtet. Auf den Anleihemärkten bildet sich ein Zins heraus, der von Risikoabschätzungen der Gläubiger bestimmt wird. In Abweichung davon werden je nach Zunahme des Risikos Prämien zu dem stabilsten Zins verlangt, so dass sich am Ende die oben angeführte Tabelle 9 ergibt. Aber nicht einmal hier lässt sich von Nationenwettbewerb in einem präzisen Sinne sprechen, da die Staaten untereinander ja nicht um die Gunst der Gläubiger konkurrieren. Die N-1-Staaten, die in der Hierarchie hinter dem Staat mit dem größten Vertrauen platziert sind, erhalten auch Kredit, nur eben mit einer Risikoprämie. Ein zweiter in der Nähe von Realität liegender Aspekt ist – wie wir oben gesehen haben – bei dem Begriff des Standwortwettbewerbs gegeben. Staaten stehen hier durchaus in einer Art Wettbewerb, wenn sie bei ausländischen Investoren werben und in diesem Zusammenhang den einen oder anderen Parameter ins Feld führen, der in ihren Augen für eine Direktinvestition in ihrem Land spricht.

Der Aufschwung des Begriffs des Staatenwettbewerbs mit dem jüngsten Globalisierungsschub hat auch dazu geführt, dass der Begriff in den verschiedenen europäischen Kontexten mehr Präsenz erhielt, insbeson-

3. Der Wettbewerb der Nationen – Die neue europäische Leitidee?

dere in der europäischen Krise. Die Auseinandersetzung mit dem Konzept soll an dieser Stelle nicht moralisch geführt und beklagt werden, dass sich die Staaten in doppelter Weise dem Markt unterwerfen, einerseits „buhlen" sie um das Kapital, andererseits verraten sie damit ihr ureigenstes Prinzip, die Demokratie, wenn sie sich an den Erwartungen von Anlegern orientieren. Daraus entsteht dann das in Teil 2 erörterte Problem der marktkonformen Demokratie.

Dass der Staatenwettbewerb erst in den achtziger und neunziger Jahren in die Vorstellung von Markttheoretikern gerückt ist, hängt damit zusammen, dass ihm systematisch die Liberalisierung des Kapitalverkehrs vorausgesetzt ist. In der Welt der mehr oder weniger geschlossenen Wirtschaftsräume aus der Bretton-Woods-Ära konnte Staatenwettbewerb überhaupt nicht zum Thema werden.

An dieser Stelle soll nach etwas anderem gefragt werden. Erstens soll danach gefragt werden, ob bzw. inwiefern die EU bzw. die Eurogruppe benötigt wird, um den Staatenwettbewerb zu organisieren und zweitens soll gefragt werden, ob bzw. inwiefern das Prinzip Staatenwettbewerb mit der bisherigen EU und ihren Voraussetzungen, Regeln und Zielen kompatibel ist.

Das in Teil 5 herausgearbeitete neue der Krise entsprungene Ordnungsmodell der hegemonialen Währungsunion enthält, wie gesehen, die zentralen Elemente für das Konzept „Staatenwettbewerb". An den Kapitalmärkten ist das Prinzip Bewertung durchgesetzt, die Staaten unterliegen der Einschätzung von Risikokonzepten seitens der Anleger. Obwohl in der Zeit der egalitären Währungsunion bestimmte Kriterien von den Märkten und den Ratingagenturen nicht angenommen wurden, wurden sie jetzt durch die Politik fest verankert (Schuldenkriterien, Sozialstaatsaspekte, Lohnhöhe, Lohnstückkosten usw.). Nicht durchgesetzt, aber von der deutschen Seite dauerhaft in der Diskussion gehalten, und zum Konzept des Staatenwettbewerbs gehörend, ist die Insolvenzordnung für Staaten. Wenn Staaten miteinander im Wettbewerb stehen, muss ihnen, ähnlich wie Unternehmen, auch die Insolvenz drohen. Mit dem griechischen Beispiel wurde die Teilinsolvenz praktisch vorgeführt. Grundlage für den Staatenwettbewerb ist die Absenz einer Wirtschaftsunion, so dass N-Möglichkeiten an wirtschaftspolitischen Profilen existieren („Geschäftsmodelle"). Die Währungsunion ist das Zwangskorsett, das den

Mitgliedern Auswege aus dem Wettbewerb versperrt.[115] Die Währungsunion eröffnet die Möglichkeit, das Konzept des Staatenwettbewerbs zu einer Zwangsveranstaltung zu machen. Zerfällt die Währungsunion, verschwindet diese spezifische Form des Staatenwettbewerbs.

Bei Abwesenheit von Politischer Union und Wirtschaftsunion kann der Nationenwettbewerb in Hinblick auf die vertraglichen Grundlagen der EU bzw. der Währungsunion grundsätzlich wie folgt gestaltet sein:

1. Nationenwettbewerb und EU/WU-Verträge sind kompatibel,
2. Nationenwettbewerb hat mit den EU/WU-Verträgen den idealen Ordnungsrahmen,
3. Nationenwettbewerb und EU/WU-Verträge sind nicht kompatibel.

Die ersten praktischen Erfahrungen mit dem Wettbewerb der Nationen ergeben folgende Beobachtungen. 1.) Nach einer gewissen Übergangszeit ließ sich das Prinzip der differenzierten Bewertung staatlicher Anleihen an den Kapitalmärkten stabil durchsetzen. Der Spread bzw. der Abstand zum Hegemon, die Risikoprämie, welche die N-1-Staaten entrichten müssen, reduzierte sich zwar gegen Ende der Krise, im Kern blieb er aber vorhanden. 2.) Wie es gegenwärtig aussieht, hat sich die Währungsunion auch von dem einheitlichen Zins bei den Geschäftsbanken in der Eurogruppe verabschiedet. Dass in den Krisenstaaten deutlich höhere Zinsen bei Bankgeschäften zu zahlen sind, wird in der Diskussion auf unterschiedliche Faktoren zurückgeführt. Spekuliert wird darüber, dass spanische Banken was Kapitalausstattung, Ausstände usw. im Wettbewerb schlechter dastehen als kerneuropäische Banken, so dass sie mit einem höheren Zins arbeiten müssten. Die EZB hält den differenzierten Zins für ein Problem der Geldpolitik und versucht mit dem proklamierten OMT-Programm die Zinssätze an der Peripherie zu drücken. Wie wir in Teil 5 gesehen haben, hat der Bundesbankpräsident diesen Kontext in Frage gestellt und stattdessen den Kontext zum Nationenwettbewerb aufgezeigt. Spanische Banken verlangen von spanischen Unternehmen nicht als europäische Banken einen höheren Zins, sondern als spanische Banken, weil der spanische Staat im Nationenwettbewerb auf den hinteren Plätzen

---

[115] So gesehen ist das Lamento in Deutschland über die „Rettungspolitik", welche sich von marktwirtschaftlichen Prinzipien verabschiede und in eine Transferunion marschiere, ganz und gar unbegründet. Das Gegenteil ist der Fall. Wenn sich die deutsche Politik dauerhaft durchsetzt, sind in Europa zusätzliche marktbasierte Verstrebungen eingezogen.

rangiert. 3.) Alle anderen mikro- und makroökonomischen Parameter gleichgesetzt, produziert das spanische Unternehmen um die erhöhten Zinskosten teurer als das deutsche. Über die Gesamtwirtschaft hinweg gesehen dürfte in entsprechendem Maße die Inflationsrate höher liegen.

Die EZB ist mit ihrem OMT-Programm gewissermaßen der Helfer des Binnenmarktes und versucht an der konventionellen Vorstellung von Binnenmarkt festzuhalten. Setzt sich die deutsche Position der hegemonialen Währungsunion durch, dann entspränge aus ihr ein anderes Konzept von Binnenmarkt. Die miteinander in Wettbewerb befindlichen Staaten prägten durch ihre Wettbewerbsposition die nationalen Märkte.

Was bedeutet der Nationenwettbewerb im Gesamtgefüge des Integrationsgebildes EU bzw. der Eurogruppe? Im mikroökonomischen Marktbereich ist es seit eh und je das Ziel (von der Zollunion bis zum Binnenmarkt) Grenzen zu beseitigen. Die europäische Integration simuliert auf diesem Gebiet den Markt ohne Staatsgrenzen – wenn man von den Regulationen, die aber selbst möglichst supranational angelegt werden sollen, absieht. Der Güterverkauf zwischen Staaten wird nicht mehr durch eine Zollmauer getrennt. Zuletzt hat man die Überweisung innerhalb Europas durch die Einführung des SEPA-Systems von Grenzen befreit. Grenzhäuschen und Schranken in der realen Welt sind schon lange gefallen. Die Liste ließe sich durch zahllose andere Beispiele erweitern. Das Konzept des Nationenwettbewerbs versucht nun insofern eine Art Rollback, als es eine virtuelle Grenze in das System einfügt. On the long run wird dieses Vorhaben schon deshalb an Grenzen stoßen, weil es ganz und gar systemfremd ist.[116]

Damit entsteht ein neuer Typ von Markt. Dieser Typ Markt lässt sich nicht in Verbindung mit einschlägigen Überlegungen von Hayek bringen. Wenn es so etwas wie eine „Hayekianische Vision" gibt, dann kennt die, wie wir gesehen haben, keine kompetitiven Nationen. Jede Idee von Gesamtwirtschaft zieht sich in seinem Denken den Vorwurf des Konstrukti-

---

[116] Auch auf einem anderen Gebiet ist eine Art Fiktionalisierungsvorhaben faktisch gescheitert. Als die damalige Kommission unter Leitung von Jacques Delors 1985 das Weißbuch zum Binnenmarkt vorlegte, konnte Integrationsdynamik nur erzielt werden, indem man auf Harmonisierung als Integrationsstrategie verzichtete und den Normenwettbewerb installierte. Wenn eine Norm in einem Land etabliert war, sollte sie gleichzeitig die Zulassung im gesamten Wirtschaftsraum haben. Die Wirtschaftsliberalen triumphierten, weil damit ein weiteres Wettbewerbselement, der Normenwettbewerb, eingeführt schien. Davon ist nach fast drei Jahrzehnten nur noch am Rande die Rede. Faktisch durchgesetzt hat sich die Harmonisierungslinie, also die Gemeinschaftsmethode.

vismus zu. Sein „methodologischer Individualismus" kennt nur die Unternehmen einerseits und den auf die Setzung eines Rechtsrahmens reduzierten Staat andererseits. Größen wie gesamtwirtschaftliche Produktivität, Lohnstückkosten oder Wettbewerbsfähigkeit der Gesamtwirtschaft sind in seinem Ansatz reine Ex-post-Rechengrößen ohne jede reale wirtschaftliche Bedeutung.

Der neue Typ ist auch weit entfernt von den bestehenden EU-Verträgen. In den Ausführungen zur Wirtschaftspolitik (Art. 119 (1) AEUV) ist bezogen auf die Mitgliedstaaten die Rede von einer „engen Koordination der Mitgliedstaaten", was auch nicht anders zu erwarten war. „Koordination der Wirtschaftspolitik" ist auch entlang eines roten Fadens der Schlüsselbegriff im Sekundärrecht zum Thema, also Koordination, nicht Wettbewerb der Wirtschaftspolitiken. Im Titel VII, der sich explizit mit dem Wettbewerb beschäftigt, ist durchgehend nur vom Wettbewerb der Unternehmen die Rede, nicht ansatzweise vom Staatenwettbewerb. Es bedürfte also schon einer Art Vertragsrevolution, wenn der Nationenwettbewerb zum bestimmenden Prinzip der Eurogruppe bzw. der EU würde.

In Teil 5 hatten wir herausgearbeitet, dass der *Kern der europäischen Krise* aus einem integrationspolitischen Systemwechsel bestand und nicht aus einem gleichsam mit Naturwüchsigkeit ausbrechenden saldentechnischem Widerspruch, wie es von „rechts" bis „links", von marktradikal bis sozialistisch inspiriert in Deutschland behauptet wird. Die Auseinanderentwicklung in den Außenhandelssalden der Euro-Länder spielte allerdings eine zentrale Rolle dabei, da sie nämlich den Übergang in eine neue integrationspolitische Richtung möglich machte.

Christian Thimann – vormals Berater des EZB-Präsidenten Mario Draghi – wirbt in einem Essay in der FAZ (2013) für die „Wettbewerbsfähigkeit als Leitmotiv" in der europäischen Wirtschaftspolitik. Der Autor formuliert zwar auf eigene Rechnung, gleichwohl steht seine Position doch beispielhaft für die neoliberale Grundausrichtung supranationaler europäischer Institutionen wie der EZB und der Kommission.

Der Aufsatz beginnt unter Hinweis auf die Lissabon-Strategie (2000) mit der These, dass die Wettbewerbsfähigkeit einst in Europa eine große Rolle gespielt habe, dann aber in Vergessenheit geraten sei – gemeint ist damit das Jahrzehnt der egalitären Währungsunion – und sich erst jetzt in der Krise mit Verzerrungen zwischen Überschuss- und Defizitländern in Erinnerung gebracht habe. Die zentrale These, die der Autor herausarbeitet, lautet, dass sich in dem Jahrzehnt vor der Krise zwischen den

Überschussländer und den Defizitländern ein Verlust von Wettbewerbsfähigkeit von rund 20 Prozent herausgebildet habe. Die Größe resultiere aus den unterschiedlichen Lohnpolitiken: Während in den Überschussländern die Reallöhne seit Jahren nicht gestiegen seien, habe die Orientierung an den nationalen Reallöhnen in den Defizitländern zu kräftigen, an der Produktivität ausgerichteten Lohnsteigerungen geführt. Nimmt man die Produktivität mit in die Rechnung auf, ergibt dies das weithin bekannte Auseinanderlaufen bei den Lohnstückkosten.[117]

Als Alternative bietet der Verfasser den bekannten und bereits eingeschlagenen Weg der Anpassung ausgehend von den Defizitländern, die kräftige Korrekturen bei den Löhnen vornehmen müssten, an. Auf den Gedanken, dass Anpassung von oben stattfinden könnte, kommt der Berater erst gar nicht. Unterstützt könnte die „Anpassung von unten nach unten" durch mäßige Lohnzuwächse bei den Überschussländern werden. Zusätzlich müssten die Produktivität gesteigert und die Lohnstückkosten durch Strukturverbesserungen wie die Beseitigung von Hindernissen bei Unternehmensgründungen, Erleichterungen beim Zugang zum Kreditmarkt, Senkungen des Verwaltungsaufwands bei Unternehmensgründungen usw.) gesenkt werden.

Beispielhaft kann der Essay nicht nur für die dominierende europäische Positionsbestimmung genommen werden, sondern auch für den fehlenden präzisen kontextuellen Bezug des Begriffs des Staatenwettbewerbs. Das Subjekt der Wettbewerbsfähigkeit changiert, mal sind es die Unternehmen, mal sind es die Länder, deren Wettbewerbsfähigkeit gelitten hat oder gesteigert werden muss. Ganz zwanglos wird vom einen zum anderen übergegangen. Ausgeblendet bleibt bei dem Autor, was die EU mit ihrer ambitionierten Lissabon-Strategie thematisierte. Das Etikett lautete Steigerung der Wettbewerbsfähigkeit der Union, in der Flasche fanden sich dann Maßnahmen, die die Wettbewerbsfähigkeit europäischer Unternehmen steigern sollte. An keiner Stelle war vom Wettbewerb der Nationen die Rede, nur davon berichtet aber Thimann.

---

[117] Im Grundsatz ist all dies nicht neu. Interessant ist die Andeutung von Thimann, dass der öffentliche Sektor in Deutschland im ersten Jahrzehnt der Währungsunion – der Zeit der rotgrünen und der schwarzroten Regierungen – Lohnsteigerungen von lediglich 13 Prozent zu verzeichnen hatte, in Ländern wie Frankreich, Italien, Spanien, Griechenland und Irland zwischen 30 und 110 Prozent zu registrieren waren. Und dort habe dann die Lohnbildung im staatlichen Sektor eine Führungsfunktion für die Lohnfindung im privaten Sektor gespielt, mit den entsprechenden Folgen für die Lohnstückkosten.

Wenn es den Lobpreisern des Wettbewerbs tatsächlich um die Wettbewerbsfähigkeit der Unternehmen geht, dann sollten sie im gleichen Gedankengang mitdenken, dass der Wettbewerb der Nationen sich kontraproduktiv auf die Wettbewerbsfähigkeit eines Teils der europäischen Unternehmen auswirkt. Wie wir gesehen haben, hat der Wettbewerb der Nationen an der Nahtstelle zwischen Finanzsektor und Realsektor in den Defizitländern dazu geführt, dass die Niedrigzinspolitik der EZB nicht ankommt und das Kreditgeschäft fast austrocknet. Anders ausgedrückt: Nur in einem unitarischen Wirtschaftsraum, in dem der Wettbewerb der Nationen beseitigt ist, lässt sich die Wettbewerbsfähigkeit für alle Unternehmen fördern.

Die auseinanderlaufende Entwicklung bei der Wettbewerbsfähigkeit in der Vergangenheit wie auch die anvisierte Anpassung in der Zukunft sieht Thimann – ohne jede Begründung – als Problem bei den sogenannten Defizitländern. So wie in der Vergangenheit die Lohnsteigerungen „maßlos" waren, so soll die Anpassung in der Zukunft durch eine korrigierende Lohnpolitik nach unten vollzogen werden. Das altbekannte neoliberale Konzept, die Anpassungslasten bei den Defizitländern zu verbuchen, ist in der europäischen Krise mehrfach problematisch.

1.) Die Anpassung der „Subalternen nach unten", die in den Programmländern voll im Gang ist, aber auch in Ländern wie Italien, Spanien und Frankreich, erzeugt durch die Lohnzurückhaltung, die Entlassungen, die Sparmaßnahmen usw. massive Nachfrageausfälle, aus denen heraus deflationäre Konstellationen entstehen. Schon jetzt ist abzusehen, dass der auf die Weltfinanzkrise folgende Konjunkturzyklus in der Währungsunion auf außerordentlich niedrigem Niveau abläuft.

2.) Das deutsche Verständnis von Wettbewerbsfähigkeit als gesamtwirtschaftliche Strategie, die sich gegen die Partner in der Währungsunion richtet, also den Wettbewerb der Nationen meint und ein „relatives Konzept" (Flassbeck 2012, S. 33) darstellt, ist ohne Absprache durchgesetzt worden und verletzt die fundamentalen Funktionsbedingungen einer Währungsunion nachhaltiger, als es der ESM in Hinblick auf den No-bail-out-Artikel getan hat. Die Verständigung auf den Wettbewerb der Nationen als neue Geschäftsgrundlage („Leitmotiv") der Währungsunion steht erst noch an.[118]

---

[118] Bei dem Keynesianer Flassbeck (2012) findet sich der Gegenentwurf zu dem Essay von Thimann. Dort wird plausibel das „deutsche Machtspiel" (ebd., S. 32) über den Kampf um die Senkung der Lohnstückkosten herausgearbeitet. Wenig dienlich sind

3.) Es macht wenig Sinn, wenn große Wirtschaftsräume wie der der europäischen Währungsunion (oder der USA) einen föderalistischen Wettbewerb anzetteln, da das Spiel intern einem Null-Summen-Spiel gleichkommt. Des einen Stärke ist des anderen Schwäche. Dieser Wettbewerb führt ein kontraproduktives Element ein. Statt den Handel innerhalb der Währungsunion als Außenhandel zu begreifen, sollte er als Binnenhandel begriffen werden und eine Verständigung auf die Unternehmenswelt als Subjekt des Wettbewerbs erfolgen.

4.) Was macht der Hegemon, wenn die Subalternen aufgeholt haben? Bleibt man in der neoliberalen Logik und denkt die Anpassung seitens der Defizitländer zu Ende und unterstellt dabei eine krisenfreie Entwicklung, erhebt sich am Ende des Gedankens die Frage, wie es weiter geht, wenn wieder Pariwert zwischen den Überschuss- und Defizitländern bei der Wettbewerbsfähigkeit erreicht ist. Bleibt der Wettbewerb der Nationen das Leitmotiv, dann kann daraus nur erneut die deutsche Strategie, welche die Löhne zum zentralen Kampfmittel macht, folgen. Alle Länder trachten dann danach die Realeinkommen zu senken, die Lohnentwicklung unter der Summe von Inflationsausgleich und Produktivitätsentwicklung zu halten. Eine Perspektive für einen hoch entwickelten Wirtschaftsraum sieht anders aus.

Als wirtschaftspolitisches Leitmotiv im Sinne einer Bündelung strategischer Vorgaben ist die Steigerung der Wettbewerbsfähigkeit nach außen auf andere Wirtschaftsräume gerichtet, jedenfalls dann, wenn nicht der Wettbewerb der Nationen zum Leitmotiv gemacht wird. Große entwickelte Wirtschaftsräume wie die europäische Währungsunion zeichnen sich strukturell durch einen im Verhältnis zum Binnenmarkt kleinen Außenwirtschaftssektor aus. Daraus folgt, dass nicht die Wettbewerbsfähigkeit von Staaten das sich aufdrängende wirtschaftspolitische Leitmotiv der Europäer sein kann, sondern eine andere Strategie aus der Kammer geholt werden muss, die Strukturpolitik als nach innen orientierte Politik.

Kommen wir schließlich zu den „offiziellen" Verlautbarungen zum Thema Wettbewerb aus dem institutionellen Europa. Der Kommission kommt das eher zweifelhafte Verdienst zu, in den vergangenen beiden Jahrzehnten den Begriff der „Wettbewerbsfähigkeit" zu einer Art wirtschaftspolitischen Universalie mit umfassender Problemlösungskompe-

---

allerdings die Fundamentalisierungen über den zwingenden „Untergang" der Währungsunion (ebd., S. 26 ff.).

tenz gemacht zu haben. In den diesbezüglichen Anfängen editierte sie das Weißbuch „Wachstum, Wettbewerbsfähigkeit, Beschäftigung" (1993), dem die sogenannte Lissabon-Strategie, dem Ziel nachtrachtend, die EU binnen zehn Jahren zum „wettbewerbsfähigsten und dynamischsten wissensgestützten Wirtschaftsraum der Welt" zu machen, im Jahr 2000 folgte. Wiederum zehn Jahre später, zum Auftakt der europäischen Krise (2010), wurde die Fortsetzung der Lissabon-Strategie mit der Strategie „Europa 2020" aufgelegt.

Um zu verdeutlichen, wie die Kommission den Begriff kontextualisiert, sei aus der jüngsten Initiative („Industrielle Wettbewerbsfähigkeit: Europa kann es besser") aus dem Jahr 2013 zitiert:

> „Wettbewerbsfähige Unternehmen sind die Grundlage für wirtschaftlichen Erfolg. Doch obwohl die Mitgliedstaaten im Jahr 2013 ihre wirtschaftlichen Rahmenbedingungen verbessern konnten und Fortschritte in den Bereichen Export und Nachhaltigkeit erzielten, müssen mit Blick auf Europas Konkurrenzfähigkeit noch viele Hindernisse aus dem Weg geräumt werden. So steigen fast überall in der EU die Energiekosten, während die Investitionen auf niedrigem Niveau verharren und Unternehmen es schwer haben, sich zu finanzieren. Diese Faktoren bewirken, dass Industrie aus Europa weiterhin abwandert. Nur wenn wir diese Hürden überwinden, wird die EU ihre internationale Wettbewerbsfähigkeit wiedergewinnen."

Hier wird der Begriff gut nachvollziehbar auf drei Ebenen vernetzt: der Unternehmensebene, der Ebene der (europäischen) Industrie sowie schließlich auf der Ebene der EU als Ganzer. Signifikanter Weise fehlt genau die Ebene, auf welche die ordnungspolitische Transformation der Währungsunion hinausläuft, die Ebene der Nationen. Um den Wettbewerb der Nationen kann es einer supranationalen Behörde wie der Kommission in ihren Aktionsfeldern auch gar nicht gehen, da sie gleichsam per definitionem auf das Eliminieren des Nationalen und die Stilisierung des einen supranationalen Marktes angelegt ist.

Soweit erkennbar ist für die Kommission die Wettbewerbsfähigkeit – unabhängig von der Frage, ob der Unternehmenssektor, die Industrie oder die EU bzw. die Gesamtwirtschaft der EU gemeint ist – ein Universalbegriff für die Lösung aller wirtschaftspolitischen Probleme. Steigerung der Wettbewerbsfähigkeit meint in ihren Konzepten in etwa Effektivierung, Kostensenkung, Produktivitätssteigerung.

3. Der Wettbewerb der Nationen – Die neue europäische Leitidee? 343

Als Fazit ergibt sich: Das Konzept des Wettbewerbs der Nationen steht eindeutig im Widerspruch zum historischen und vertraglich vereinbarten Integrationsprozess. Das bedeutet nicht, dass es damit keine Chancen auf eine dauerhafte Durchsetzung hätte. Deutschland und die ihm folgenden Akteure werden auf mittlere Frist nicht davon ablassen, sich für den Wettbewerb der Nationen stark zu machen. Der Nationenwettbewerb besitzt für alle, den Hegemon und seine Vasallen wie auch die Subalteren, einen kolossalen Reiz: Der Begriff rettet den Nationalgedanken hinüber in die Welt der Internationalisierung, wirtschaftlichen Integration und Globalisierung.[119]

Aus dem Widerspruch zwischen alter und neuer, auf dem Staatenwettbewerb fußender Integration folgt auch nicht, dass sich in einem neofunktionalen Spill-over eine irgendwie geartete Fortbewegung der Integration ergäbe. Wie die Dinge sachlogisch liegen, gibt es zwischen dem Wettbewerb der Wirtschaftspolitik und der Koordinierung, Harmonisierung und schließlich Vereinheitlichung der Wirtschaftspolitiken kein Drittes. Entweder die Integration bewegt sich in die eine oder sie bewegt sich in die andere Richtung.

Sollte sich der Wettbewerb der Nationen in den nächsten Jahren ausbreiten und festigen, stehen aber Störungen im Integrationsprozess zu befürchten. Eine eher kleine Störung dürfte sein, dass sich die EZB auf irgendeine Art und Weise von ihrem Vorhaben der einheitlichen Zinspolitik und dem OMT-Programm verabschieden müsste. Eine größere Störung dürfte von den Verlierern im Nationenwettbewerb ausgehen. Sie werden das einheitliche Geld in zunehmendem Maße als Zwangsjacke empfinden, die ihnen keinerlei Vorteile bringt, im Gegenteil, den Nationenwettbewerb kannten sie ja auch schon in den Vorzeiten der Währungsunion – als Währungswettbewerb.

Bedeutet Nationenwettbewerb Renationalisierung? Renationalisierung im politischen Sinn zunächst sicher nicht. Die wirtschaftsliberale Idee, die hinter dem Wettbewerb der Nationen steht, lautet, dass sich im „ewi-

---

[119] Der supranationale EZB-Präsident Draghi wandelt auf einem schmalen Grat. Nachdem er bereits die „perverse" Angst der Deutschen vor der Inflation gegeißelt hatte, nahm er sich in einer Rede in Frankfurt (2013) die Freiheit, die „nationalistische Ausprägung mancher Kommentare" anzuprangern. Den Deutschen sind die Niedrigzinsen gleich zwei Dorne im Auge: Sie nehmen den Druck von Programmländern und sie „enteignen" die deutschen Sparer. Wenn sie es auch nicht ahnen, bringen diese Kommentatoren die ganze Widersprüchlichkeit der hegemonialen Währungsunion zum Ausdruck, der Staatenwettbewerb soll gewissermaßen nichts kosten.

gen Frieden" die Nationen nicht mehr auf den Schlachtfeldern begegnen, sondern im edlen Wettstreit mit anderen Nationen um die besseren Ideen, die größeren Gewinne ihrer Unternehmen und die besseren Anlagebedingungen für das internationale Kapital eifern, um die Menschheit damit voranzubringen.

Die entscheidende Frage, die sich aufdrängt, lautet: Wozu bedarf es für das „Spiel" des Wettbewerbs der Nationen einer Währungsunion? Der Wettbewerb der Nationen innerhalb einer Währungsunion unterscheidet sich vom Wettbewerb der Nationen ohne gemeinsame Währung zunächst nur dadurch, dass im ersten Fall ein Wettbewerbsparameter wegfällt, nämlich das Wechselkursinstrument. Darüber hinaus können Parameter, die es auch für den zweiten Fall gibt, verschärft werden, die strikte Zucht staatlicher Wirtschaftspolitik durch die Märkte, sei es durch Ratingagenturen, durch differenzierte Anleihebewertungen oder durch Kapitalflucht. Diese Perspektive macht es eigentlich wenig lukrativ, der Ordnung beizutreten bzw. der Ordnung dauerhaft beizuwohnen. Denn diese Ordnung wäre eine Art Gefängnis.

4. Die Krisenverarbeitung auf supranationaler Ebene

4.1 Die Demontage der Europäischen Kommission

Das markanteste Ergebnis der europäischen Krise in Hinblick auf das institutionelle Gefüge der EU ist sicherlich die weitere Schwächung der Europäischen Kommission. Die Schwächung des europäischen Steuerungszentrums ist mittlerweile so weit fortgeschritten, dass fast schon von einer Demontage, die in den fünf Jahren der Krise stattgefunden hat, gesprochen werden kann. Gleichsam in direkter Korrelation zum Abstieg der Kommission fand die weitere Machtausweitung der Räte statt. Beide Prozesse sollen im Folgenden eingehender beschrieben und analysiert werden.

In dem Essay des österreichischen Schriftstellers Robert Menasse „Der europäische Landbote" findet sich folgender Hinweis:
Mit dem Vertrag von Lissabon, so der Autor, sei es

> „gelungen, die Kommission, die nach ursprünglichem Konzept perspektivisch die Regierung eines vereinten Europas werden sollte, zu einem besseren Sekretariat eines gestärkten Rats zu degradieren. Die Schwächung der Kommission und die Stärkung des Rats war der Sündenfall des Vertrags von Lissabon. Versteckt wurde dieser sanfte Putsch der Nationalisten hinter einer Aufwertung des Parlaments" (Menasse 2012, S. 54).

Man muss sich wohl ein Augenzwinkern dazu denken, wenn der Autor an keiner Stelle seines Essays die Feststellung durch Einzelbeobachtungen, die er in seinem Brüsseler Jahr sammeln konnte, begründet, und doch steckt in ihr mehr „Wahrheit" als in manchen professionellen Vertragskommentierungen. Zwischen den Verträgen von Nizza und Lissabon hat sich in der Aufgabenbeschreibung der Kommission tatsächlich nichts Wesentliches verändert. Die Kommission blieb weiterhin – um bei den meistzitierten Metaphern zu bleiben – „Motor der Integration" und „Hüterin der Verträge", also dem bekannten Gewaltenquerschnitt. Durch die neuen Regeln für die Berufung ihres Präsidenten (direktere Anbindung an das Votum bei den Wahlen zum Europäischen Parlament) und die Aufwertung des Kommissars für Äußeres zum Hohen Vertreter der Union für Außen- und Sicherheitspolitik (Artikel 18 AEUV) hätte man eher daran denken können, dass die Institution mit Lissabon veredelt worden wäre.

Das einzige, das sich zwischen Nizza und Lissabon verändert hat, ist die institutionelle Kontextualisierung der Kommission. Neu eingetreten in das Institutionengewölbe EU-Europas ist der hauptamtliche Ratspräsident – offiziell: „Präsident des Europäischen Rates" –, der in die Rotation der Ratspräsidentschaften Kontinuität bringen sollte. In der Aufgabenbeschreibung ähnelt dieses Amt dem eines Generalsekretärs, ausgestattet also mit operativen, weniger inhaltlichen Kompetenzen. Bei den Beobachtern haben nun weder das Amt noch die Person, die es besetzte, Aufmerksamkeit und Eindruck ausgelöst und die Schwächung der Kommission parallel mit der Bündelung der Kräfte beim Europäischen Rat durch den Ratspräsidenten war auch weniger ein Ergebnis der Vertragsveränderung und der Einführung eines neuen Amtes als ein Prozess, der sich während der Krisenbekämpfung nach und nach vollzogen hat, außerhalb der Verträge und außerhalb der konventionellen Gremien.

Es waren insbesondere folgende Stationen, die die Abhalfterung der Kommission befördert haben:

– Schon der Krisenauftakt im Herbst 2008 war für die Kommission eher blamabel, verstand sie sich doch bis zum damaligen Zeitpunkt als Speerspitze wirtschaftsliberaler Maßnahmen. Insbesondere ihr irischer Kommissar Charlie McCreevy („I believe in Markets"), zuständig für den Binnenmarkt und bekannt für Steuerdumping im eigenen Land und konsequente Verweigerung gegenüber jeder Steuerharmonisierung in der Union, entschiedener Vertreter für das neoliberale Herkunftslandprinzip und die forsche Deregulierung im Rahmen der auszuarbeitenden Dienstleistungsrichtlinie, war bei Ausbruch der größten Krise der Marktwirtschaft und dann speziell der irischen Krise bis auf die Knochen bloßgestellt.

– Nachdem die Finanzmarktkrise nach dem 15. September 2008 gleichsam eruptiv ausgebrochen war und sich wenige Wochen später in die Realwirtschaft hineinfraß, kam man in den Ländern der Union relativ schnell zu der Überzeugung, dass man keynesianische Stützungsprogramme auflegen musste. Die Kommission, in keynesianischer Wirt-

4. Die Krisenverarbeitung auf supranationaler Ebene

schaftspolitik wenig bis kaum geübt, wollte mit aufspringen und sich an die Spitze stellen. In der Öffentlichkeit wurde sie nicht nur als Trittbrettfahrer erkannt, sondern auch bloßgestellt.

- An und für sich wäre die EU-Kommission der geborene Akteur für den ersten europäischen Sanierungsfall, Griechenland, gewesen. Wer denn sonst? Immerhin verfügte sie zum damaligen Zeitpunkt über etwa 23.000 Beamte. Es wäre ihre ureigenste Aufgabe gewesen, die Programmländer zu betreuen. Warum der Europäische Rat, insbesondere auf Druck Deutschlands, dies nicht zugelassen hat, kann nur so gedeutet werden, dass der Kommission damit ein Maß an Kompetenz zugewachsen wäre, das ihr über die kritische Schwelle zu einem supranationalen Akteur verholfen hätte, der den intergouvernementalen Akteuren in den Räten Paroli hätte bieten können. Stattdessen hat eine international gemischte Formation, die Troika, die wirtschaftspolitische Macht in Griechenland und später in den anderen Programmländern übernommen.[120]

- Der Zug der Kommission wurde konsequent auf das Abstellgleis umgeleitet. Auf dem Brüsseler Gleiswerk wurden an ihrer statt andere Züge auf die Bahnhöfe gelenkt. Einer davon war die Eurogruppe. Eigentlich wurde sie im Lissaboner Vertrag im Kapitel 4 („Besondere Bestimmungen für die Mitgliedstaaten, deren Währung der Euro ist") nur einer Protokollnotiz wert befunden (AEUV Artikel 137) und sollte lediglich „bei Bedarf" zu „informellen Sitzungen" zusammentreten (Protokoll Nr. 14), sie ist jedoch im Verlauf der Krise zu einem wichtigen Abstimmungsgremium aufgestiegen. Ihr intergouvernementaler Charakter sichert den Staaten mehr Einflussmöglichkeiten.

- Erst gar nicht auf die Bewerberliste für das Entscheidungsgremium kam die Kommission bei der Konstruktion des ESM bzw. seines

---

[120] Es gibt zwei andere Deutungen für das faktische Mattsetzen der Kommission. Die erste wäre, dass es ihr an wirtschaftspolitischer Kompetenz fehlte. Das wurde gerne von der Bundesregierung indirekt in Umlauf gebracht. Das aber ist zu vordergründig, als dass man es ernst nehmen könnte. Wenn die Kommission über etwas verfügt, dann über ein ausgewiesenes marktliberales Profil, das sie sicher auch für ein Sanierungsprogramm hätte aufbereiten können. Die andere mögliche Deutung, dass sie als supranationale Institution vielleicht ein zu weiches Herz gegenüber den Programmländern gehabt hätte und zu schnell zu Nachgiebigkeiten bereit gewesen wäre, ist nun auch zu vordergründig. Die Troika hat keine eigene Gewalt, sie leitet sie aus der Gewalt der Räte ab. Genau so wäre es der Kommission gegangen.

Vorläufers des EFSF. Ohne weitere Debatten wurde die Institutionalisierung intergouvernemental angelegt. Entscheidungsgremium ist die Eurogruppe in Gestalt der Finanzminister. Gestattet ist der Kommission die Teilnahme an den Sitzungen.

– Als im Laufe der europäischen Krise die deutsche Presse immer wieder einmal titelte, dass Kanzlerin Merkel „schwach" wurde und der alten französischen Forderung nach Einrichtung einer Wirtschaftsregierung zustimmte, war damit – wie übrigens auch in den französischen Vorstellungen – nie an die Kommission gedacht, sondern an eine neue Institution. Die EU-Kommission sieht sich spätestens seit damals der Konkurrenz einer potentiell im Entstehen begriffenen europäischen Wirtschaftsregierung, von der man – falls sie denn kommen wird – annehmen kann, dass sie intergouvernementalen Charakter haben wird.

– Die vorläufig letzte Demütigung der Kommission brachte die Auseinandersetzung um die Gestaltung der europäischen Bankenunion. Ursprünglich plante sie, gleich nach dem Ausbruch der Krise 2008, das gesamte europäische Bankensystem mit seinen rund 6000 Banken einer einheitlichen Aufsicht zu unterstellen. Auf besonderen Druck der deutschen Seite, die ihre Kleinodien „Sparkasse" und „Volksbank" auf gar keinen Fall in ferne europäische Hände geben wollte, kam eine besonders kleine Lösung zustande, nämlich die Aufsicht der EZB über rund 130 europäische Großbanken. Beim Abwicklungsmechanismus, ähnlich beim Abwicklungsfonds, sah sich die Kommission von Anbeginn an als zuständige Behörde. Auch das wurde durch beharrliche Verweigerungen des deutschen Finanzministers abgewehrt, der argumentierte, dass bei einem Abwicklungsfall nicht eine supranationale Institution über national aufzubringende Mittel entscheiden dürfe.

Eigentlich schlägt in der Stunde der Krise die Zeit der Exekutiven. Weder in der Finanzkrise noch in der europäischen Krise konnte die Kommission reüssieren. Im Gegenteil: Es war die Stunde der Räte, die eine bemerkenswerte Aufwertung erhielten. Die Kommission wurde abgehalftert. Was aber ist dann mit all den neuen Steuerungsmechanismen, dem „Sixpack", dem „Twopack" und dem Fiskalpakt? Ist doch hier die Kommission überall vertreten und scheint, mindestens für die mittlere Zukunft, als neue Macht in der europäischen Wirtschaftspolitik.

4. Die Krisenverarbeitung auf supranationaler Ebene

Die neue europäische Wirtschaftspolitik, die Economic Governance, besteht aus drei Gesetzes- oder Regelpaketen – dem Sixpack, dem Twopack und dem Fiskalpakt – sowie dem „Europäischen Semester", einem Kalender, innerhalb dessen die Nationalstaaten bestimmte fiskalische und wirtschaftspolitische Vorgaben zu erfüllen haben.

Das sogenannte *Sixpack* besteht aus einem fiskalpolitischen Teil, der den SWP präzisiert und verschärft (drei Verordnungen und eine Richtlinie), und einem makroökonomischen Teil (zwei Verordnungen).[121] In Kraft trat das Paket am 13. Dezember 2011.

Die Ergänzung bzw. Veränderung des SWP findet sich in den Verordnungen (EG) Nr. 1466/97 und 1467/97. Der fiskalische Teil des Sixpacks besteht aus

- der Verordnung (EU) Nr. 1173/2011,
- der Verordnung (EU) Nr. 1175/2011,
- der Verordnung (EU) Nr. 1177/2011 und
- der Richtlinie 2011/85/EU.

Die makroökonomische Überwachung enthält

- die Verordnung (EU) Nr. 1176/2011 und
- die Verordnung (EU) Nr. 1174/2011.

Der sogenannte *Twopack* (in Kraft getreten am 30. Mai 2013) umfasst zwei weitere fiskalpolitische Verordnungen:

- Die Verordnung (EU) Nr. 472/2013. Sie enthält ein Verfahren, mit dem der Rat einem finanziell strauchelnden Staat empfehlen kann, vorbeugende Maßnahmen zu ergreifen.
- Die Verordnung (EU) Nr. 473/2013. Sie intensiviert die Überwachung von Eurostaaten, gegen die bereits ein Defizitverfahren läuft.

Die Korrekturmaßnahmen zum Stabilitätspakt betreffen die haushaltspolitische Überwachung und Koordinierung der Wirtschaftspolitiken (Nr. 1175/2011) und die Beschleunigung und Klärung des Verfahrens bei einem übermäßigen Defizit (Nr. 1177/2011). In den alten Stabilitätspakt (Nr. 1467/97) wurden zahlreiche neue Absätze eingefügt, u.a. das Euro-

---

[121] Europäische Gesetze im engeren Sinne gibt es nicht. Was es gibt, sind von Rat und Parlament zu verabschiedende Verordnungen mit direkter Durchgriffswirkung und Richtlinien mit Rahmen- und Vorgabecharakter für die nationale Gesetzgebung.

päische Semester und den wirtschaftspolitischen Dialog betreffend. Für die Beseitigung des übermäßigen Defizits gilt als Richtwert eine Größe aus dem Fiskalpakt, nämlich dass ein Abbau von einem Zwanzigstel des über dem Referenzwert liegenden Schuldenvolumens stattfindet. Auch hier gilt: Der Rat beschließt, die Kommission empfiehlt.

Eine Verordnung (Nr. 1173/2011) beschreibt ein *Sanktionssystem* für die Durchsetzung der präventiven und korrektiven Komponente des Stabilitätspakts *ausschließlich für das Eurogebiet*. Es geht um eine verzinsliche Einlage (0,2 Prozent des BIP), ihre Umwandlung in eine unverzinsliche Einlage und schließlich die weitere Umwandlung in eine Geldbuße. Wie immer gilt: Die Kommission empfiehlt, der Rat beschließt (mit qualifizierter Mehrheit).

In den beiden Verordnungen zur Erkennung (für die gesamte EU), Vermeidung, Korrektur und Sanktionierung (nur für das Eurogebiet) makroökonomischer Ungleichgewichte werden ein „Scoreboard"[122] mit Indikatoren zu internen und externen Ungleichgewichten (unterschiedlicher Grade) einschließlich Schwellenwerten zusammengestellt, wirtschaftspolitische Empfehlungen[123] angesprochen, Verfahren bei Regelverletzung beschrieben sowie ein Sanktionssystem (u.a. Geldbuße) für den Fall dauerhafter Regelverletzung festgelegt. Wie immer ist die Rollenverteilung eindeutig: Die Kommission empfiehlt, der Rat beschließt.

Das Twopack-Reformpaket (in Kraft seit dem 30. Mai 2013) gilt ausschließlich für die Eurostaaten und hat im Wesentlichen koordinierenden Charakter. Die Verordnung Nr. 472/2013 legt Maßnahmen für Eurostaaten fest, die in finanziellen Schwierigkeiten sind oder Finanzhilfe bean-

---

[122] Die zehn Indikatoren für die „Macroeconomic Imbalance Procedure" (MIP) sind selbst nicht Teil der Verordnung, sondern werden in einem Kommissionspapier beschrieben. Es handelt sich um zehn Indikatoren, die folgende Größen betreffen: Leistungsbilanzsaldo, Netto-Auslandsvermögen, Exportmarktanteile, Lohnstückkosten, reale effektive Wechselkurse, Schulden des privaten Sektors, Kreditfluss des privaten Sektors, Immobilienpreise, Staatsschulden, Arbeitslosenquote. Der für Deutschland besonders interessante erste Indikator wird so quantifiziert: Ein makroökonomisches Ungleichgewicht liegt vor, wenn der Leistungsbilanzsaldo für die letzten drei Jahre einen der beiden Schwellenwerte überschreitet, +6 Prozent des BIP und −4 Prozent des BIP. Die auf Leistungsbilanzüberschüsse programmierte deutsche Wirtschaftspolitik hat es übrigens geschafft, niedrigere symmetrische Grenzwerte zu verhindern.

[123] Die insbesondere in Deutschland als sehr heißes Eisen geltende etwaige Empfehlung von Lohnsteigerungen zur Korrektur exorbitanter Leistungsbilanzüberschüsse berührt die Tarifautonomie. Die Verordnung deklariert, dass man nationale Lohnbildungssysteme natürlich akzeptiere.

4. Die Krisenverarbeitung auf supranationaler Ebene

tragen wollen oder bereits erhalten. Liegen nur „gravierende Schwierigkeiten" bei der finanziellen Stabilität vor, kann die Kommission den Staat „unter verstärkte Überwachung" stellen. Empfehlungen für den Staat seitens der Kommission können auf Ratsbeschluss veröffentlicht werden. Bei einem Staat, der ein „Finanzhilfeersuchen" erwägt, bewertet die Kommission die Tragfähigkeit der öffentlichen Verschuldung, und zwar im Benehmen mit der EZB und „nach Möglichkeit" mit dem IWF.[124] Kommt es zum Antrag, erarbeitet der betreffende Staat „in Übereinstimmung" mit der Kommission ein „makroökonomisches Anpassungsprogramm", das schließlich vom Rat gebilligt wird. Dieses ist nicht identisch mit dem „Memorandum auf Understanding", das vor der Antragstellung beim ESM eingereicht wird, es soll aber kompatibel sein.

Die zweite Verordnung (Nr. 473/2013) regelt gemeinsame Bestimmungen für die Haushaltsplanung und die Korrektur übermäßiger Defizite. Die Eurostaaten werden durch strikte Zeit- und Inhaltsvorgaben in das Europäische Semester einbezogen, insbesondere erhält die Kommission die Haushaltsentwürfe der Euroländer bis zum 30. November eines Jahres und kann diese prüfen und Stellungnahmen dazu abgeben. Die Haushaltsentwürfe müssen sich auf makroökonomische Prognosen stützen, beides wird von „unabhängigen Einrichtungen" überwacht. Liegt nach Artikel 126 Absatz 6 AEUV ein „übermäßiges Defizit" vor, dann legt der betreffende Staat der Kommission ein „Wirtschaftspartnerschaftsprogramm", in dem die beabsichtigten Reformmaßnahmen dargelegt werden, vor. Wird die Schraube für den betreffenden Staat enger gezogen und es kommt zu einer Empfehlung des Rates (Artikel 126 Absatz 7 AEUV) oder einer Inverzugsetzung (Artikel 126 Absatz 9 AEUV), erhält er weitere Vorgaben. In diesem Rahmen wird der Kommission vorübergehend die Befugnis erteilt, „delegierte Rechtsakte zu erlassen".

Fazit: Wenn man dieses Konvolut von Ordnungsgesetzen der neuen Economic Governance studiert, stellt sich unwillkürlich der Eindruck ein, die Regelfinder, also im Wesentlichen der Ratspräsident und die Kommission, hielten den Anstieg der öffentlichen Kreditaufnahme seit 2008 für das Problem eines lückenhaften Spielregelsystems. An eine solche törichte Annahme will man aber nicht wirklich glauben. Als alternative Erklärung für das Zustandekommen des Regelwerks kommt dann nur in

---

[124] Die auf Eigenständigkeit und Identität Wert legenden Europäer, die sich auf deutschen Druck die „amerikanische Institution" IWF ins Haus geholt haben, schaffen ihm offensichtlich eine dauerhafte Bleibe.

Frage, dass man in Vorsorge für den guten Konjunkturverlauf die präventive Komponente, vulgo den Schuldenabbau und generell die nationalen Fiskalpolitiken in den Vordergrund stellen will.

Gleich dem alten Stabilitätspakt bleibt die von der Kommission gesteuerte neue Economic Governance eindeutig weit unterhalb der Schwelle eines supranationalen, mit Durchsetzungsmacht ausgestatteten Instruments. Die Kommission beobachtet, überwacht, empfiehlt usw.,[125] reicht aber nicht einmal an die Macht der Ad-hoc-Institution Troika heran, die in den Programmländern für die Programmdauer die Wirtschaftspolitik des betreffenden Landes quasi supranational steuert.

Man wird sehen, wie der Machtkampf zwischen supranationaler Kommission und Nationalstaat im Falle einer Kraftprobe ausgehen wird. Was die beiden Großen, Deutschland und Frankreich, von der Kommission halten, lassen sie bei jeder sich bietenden Gelegenheiten deutlich wissen. Die Polemik über den Neoliberalismus der Kommission hat in Frankreich eine lange Tradition. Dass die Deutschen der Kommission nicht trauen, machte ihr Finanzminister zuletzt bei der Gestaltung der Bankenunion deutlich, als er verhinderte, dass die Kommission die regulierende Instanz bei der Abwicklung maroder europäischer Banken wird.

Die anstehenden Kraftproben zwischen Kommission und Nationalstaat dürften im Fall Frankreich die Frage der Einhaltung des Zeitplans beim Abbau der Schuldenquote und bei Deutschland die Frage des Umgangs mit dem notorischen Außenhandelsüberschuss sein, in beiden Fällen also den neuen Regeln aus dem Sixpack. Frankreich wird die aktuelle Zusage, das Defizit innerhalb kurzer Zeit zu reduzieren wohl nicht einhalten können, so dass die Kommission, folgt sie den Spielregeln, das Land in ein Defizitverfahren aufnehmen müsste. Im Falle Deutschlands lag der Leistungsbilanzüberschuss 2013 bei 7,3 Prozent des BIP, die Kommission empfand das nicht als Problem. Dass die Kommission eine

---

[125] Die für die Kommission in den Dokumenten vorgesehenen Operatoren lauten: bewerten, berichten, übermitteln, überprüfen, empfehlen, überwachen, verwarnen, verlangen, Besuche durchführen, Befunde veröffentlichen usw. Das ihr zur Seite stehende *Beschlussorgan* ist der *Ministerrat*. Mit den neuen Befugnissen bei der wirtschaftspolitischen Steuerung bleibt die Kommission gewissermaßen im pädagogischen Vorzimmer der Macht. Würde ihr eine Tür in einen Vorraum der Macht geöffnet werden und sie dürfte dann z.B. einen bestimmten Haushaltsplan zurückweisen, sperren oder ablehnen, wäre es interessant, wie das Bundesverfassungsgericht zwischen der Überzeugung, dass Schulden schlecht sind, und dem demokratischen Kern des parlamentarischen „Königsrechts" entscheiden würde.

4. Die Krisenverarbeitung auf supranationaler Ebene 353

offene Kraftprobe mit einem der beiden Großen gewinnen wird, erscheint höchst unwahrscheinlich.

Nimmt man die oben dargestellte Kette der Desavouierung und Demontage der Kommission in den Krisenjahren mit ihrer Funktion als „zahnloser Kettenhund" in der neuen wirtschaftspolitischen Steuerung zusammen, kommt man unweigerlich zu dem Ergebnis, dass die Kommission nicht das Zentrum weiterer Integrationssprünge und Supranationalisierungen sein wird. Sie wird auch nicht der Nukleus der kommenden Wirtschaftsregierung sein.[126]

Die weitere Integrationsvertiefung oder Supranationalisierung wird – so paradox es klingen mag – über die intergouvernementalen Räte verlaufen. Tatsächlich ist es so, dass es die beiden Räte waren, die in den beiden Krisen – der globalen Finanzkrise und der europäischen Krise – reüssierten und die EU und die Währungsunion steuerten. Jean Pisani-Ferry, Direktor des Bruegel-Instituts, und Adam S. Posen, stellvertretender Direktor des Peterson Institute for International Economics, hoben den 12. Oktober 2008, als unter der französischen Ratspräsidentschaft die politischen Führer der Eurogruppe zusammenkamen, als Wendepunkt in der Krisenbekämpfung hervor (2009, S. 77). Seither kam es zu zahlreichen Treffen der beiden Räte, auf denen sowohl Ad-hoc-Beschlüsse wie auch fundamentale Reformen verabredet wurden.

4.2 Die Vorschläge zu einer „echten Wirtschafts- und Währungsunion"

In den europäischen Institutionen breitete sich seit dem Frühjahr 2012 die Formel aus, dass die Eurogruppe nach der Überwindung der Krise zu einer „echten Wirtschafts- und Währungsunion" ausgebaut werden müsse. Der Rat beauftragte auf dem Juni-Gipfel seinen Präsidenten, ein entsprechendes Papier zur Zukunft der Währungsunion auszuarbeiten. Dieser legte den 17seitigen Bericht „Auf dem Weg zu einer echten Wirtschafts- und Währungsunion" für die Ratstagung im Dezember 2012 vor,

---

[126] Wir haben die neue Tendenz zum Intergouvernementalismus aus der Analyse der Krisenbearbeitung gewonnen und sie für die wahrscheinlichste Entwicklung in der Zukunft beschrieben. Ob das auch die wünschenswerteste Richtung ist, steht auf einem ganz anderen Blatt. Collignon kommt in einer Analyse zu dem Ergebnis, dass die Wirtschaftsregierung „auf natürliche Weise" aus der Europäischen Kommission hervorgehe (Collignon 2010, S. 16). Sie müsse sich bei der wirtschaftspolitischen Gestaltung über das Sekundärrecht verstärkt auf das Europäische Parlament stützen.

die Verfasser waren Herman Van Rompuy, José Manuel Barroso, Jean-Claude Juncker und Mario Draghi (im Folgenden bezeichnen wir den Bericht als „Romanistenpapier"). Die Kommission ihrerseits präsentierte in einer Mitteilung vom 28. November 2012 „Ein Konzept für eine vertiefte und echte Wirtschafts- und Währungsunion: Auftakt für eine europäische Diskussion" (im Folgenden „Kommissionspapier" genannt). Das Europäische Parlament legte am 20. November 2012 eine Entschließung vor, die den gleichen Titel trug wie das Romanistenpapier (im Folgenden „Die Parlamentsentschließung" genannt).

Im Folgenden sollen der Bericht (Romanistenpapier), die Mitteilung (Kommission) und die Entschließung (Parlament) analysiert werden, nicht zuletzt deshalb, weil sie in der deutschen Öffentlichkeit entweder gar nicht oder bestenfalls peripher zur Kenntnis genommen wurden. Ganz abwegig wäre der Gedanke nicht, dass die europäische Zukunft auch von denen vornehmlich gestaltet wird, die die Zukunft auf ihrer Seite haben.

4.2.1 Das Romanistenpapier

Das Romanistenpapier ist qua seiner Autoren mit der größtmöglichen europäischen, also supranationalen Reputation ausgestattet, die es in der Union überhaupt geben kann. Ein solches Papier, mit dieser Autorenschaft und dieser Thematik, hat es in der europäischen Integrationsgeschichte noch nicht gegeben. Versammelt ist in der Autorenschaft das geld- und wirtschaftspolitische Nervenzentrum der Währungsunion. Ungewöhnlich ist daran nicht nur, dass mit dem Ratspräsidenten eine Art Verlinkung zu dem intergouvernementalen Entscheidungszentrum der Union, dem Rat, gegeben ist, sondern dass auch die EZB, ganz auf der Linie ihrer Interventionen im Juli und September 2012 liegend, ihre sonst so betonte Unabhängigkeit und Monothematik aufgebend, sich zu weit mehr als nur geldpolitischen Fragen äußert. Dass die Kommission nicht wie sonst auf ihrem Monopol auf weiterführende Integrationsschritte beharren kann, ist einerseits nur ein weiterer Meilenstein ihrer Desavouierung und andererseits Ausdruck der Tatsache, dass dem Papier durch den

4. Die Krisenverarbeitung auf supranationaler Ebene 355

Europäischen Rat als Auftraggeber ein besonderes Gewicht verliehen werden sollte, indem weitere Institutionen an Bord gerufen wurden.[127]

Der Titel des Berichts zieht die Aufmerksamkeit zunächst auf ein (scheinbares) sprachliches Detail, das Adjektiv „echt". Es kündigt an, dass mit einer bestimmten Art von Falschmünzerei aufgeräumt werden soll, nämlich der falschen Rede von der Wirtschaftsunion, wie sie sich in den europäischen Debatten ausgebreitet hatte. In diesen Debatten war von einer Wirtschaftsunion die Rede, obwohl in Europa die Wirtschafts- und Finanzpolitik lediglich Kooperationsgegenstand waren. Ob denn die unterbreiteten Vorschläge tatsächlich auf eine „echte" Wirtschaftsunion hinauslaufen und klären, was denn eine Wirtschaftsunion überhaupt ist, wird sich zeigen. Bei genauerem Hinsehen wird die Aufmerksamkeit dann beansprucht durch das, was ausgespart wurde, die Politische Union. Mit ganzem Recht und mit der ganzen Realität auf ihrer Seite formulieren die konkreten Vorstände der konkreten supranationalen Institutionen konkrete realisierbare Vorschläge zu einer Wirtschaftsunion und enthalten sich der realitätsfernen, abstrakten Entwürfe zu einer europäischen Staatlichkeit.

Den Weg zur „echten WWU" gliedert der Bericht in drei Stufen. Ziel der *Stufe 1* (Ende 2012-2013) sollten die Konsolidierung der öffentlichen Finanzen und die Beseitigung der vom Finanzsektor ausgehenden Ansteckungsgefahren für den Staat sein. Fünf Elemente sollten im Mittelpunkt stehen: 1.) der Beginn der Steuerung über das sogenannte Sechserpaket und das Zweierpaket, 2.) die Ex-ante-Koordinierung im Rahmen des Fiskalpakts (SKS-Vertrag, Artikel 11), also das Europäische Semester, 3.) die Schaffung eines Aufsichtsmechanismus für den Bankensektor einschließlich der Umsetzung der neuen Eigenkapitalvorschriften, 4.) die Einrichtung eines Abwicklungsmechanismus für den Bankensektor, einschließlich der Einrichtung einer Einlagensicherung, 5) die Ingangsetzung der direkten Bankenrekapitalisierung durch den ESM.

Diese Teilschritte hat die Eurogruppe, wie wir gesehen haben, mittlerweile abgearbeitet.

Die *Stufe 2* (2013-2014) trägt den Titel „Vollendung des integrierten Finanzrahmens und Förderung solider strukturpolitischer Maßnahmen".

---

[127] Was die Machtpolitiker jenseits aller Sonntagsreden zum Thema der Aufwertung des EU-Parlaments werktags von ihm halten, bringen sie darin zum Ausdruck, dass sie es bei der Besetzung solcher Arbeitsgruppen ignorieren.

Auch die noch ausstehenden Schlussarbeiten an der Bankenunion können mittlerweile als erledigt gelten. Das zweite Element der Stufe 2, die „Schaffung eines Mechanismus für eine stärkere Koordinierung, Konvergenz und Durchsetzung der strukturpolitischen Maßnahmen", kam insbesondere auf deutschen Druck zustande. Auf der Basis bilateraler Verträge zwischen EU-Organen und Nationalstaaten soll es zu Strukturmaßnahmen kommen, die auch befristet finanziell (außerhalb des normalen Finanzrahmens) unterstützt werden können. Auf den damit angesprochenen Pakt für Wettbewerbsfähigkeit werden wir im Schlussteil zurückkommen.

Die *Stufe 3* (nach 2014) beinhaltet die eigentliche integrationspolitische Innovation und trägt den bestenfalls mediokren Titel „Stärkung der Widerstandsfähigkeit der WWU durch Schaffung einer Schockabfederungsfunktion auf zentraler Ebene". Das zentrale Element in dieser Stufe, so der Bericht, bestünde aus der

> „Schaffung einer genau umrissenen und beschränkten Fiskalkapazität, mit der die Abfederung länderspezifischer wirtschaftlicher Schocks durch ein Versicherungssystem auf zentraler Ebene verbessert wird".

Soweit das Romanistenpapier in Deutschland überhaupt zur Kenntnis genommen wurde, drang der Begriff der „Fiskalkapazität" vor und wurde im Handumdrehen mit der Einführung von Eurobonds gleichgesetzt. Völlig ausgeblendet blieb der zweite Teil des Instruments, das „zentrale Versicherungssystem".

Das Romanistenpapier umhüllt seine Vorstellungen zu der Fiskalkapazität hinter einer Nebelwand, die offensichtlich als Schutz gegen allzu allergische Reaktionen aus Deutschland gedacht ist. Erkennbar ist, dass das neue Instrument weder ein zusätzlicher ESM – also auch kein Krisenbewältigungsinstrument – noch Teil des normalen EU-Haushalts sein soll. Es soll sich um eine Art Fonds der Eurogruppe handeln, der durch Beiträge aus den einzelstaatlichen Haushalten bestückt wird und seinerseits Auszahlungen an Teilnehmer der Währungsunion tätigt, um asymmetrische Schocks abzufedern (ebd., S. 11).

Bei der spezifischen Ausgestaltung der Mittelaufbringung und Mittelverteilung spricht das Papier von einem „makroökonomischen Ansatz" und einem „mikroökonomischen Ansatz". Bei dem „makroökonomischen Ansatz" würde am Staatshaushalt oder am BIP angegriffen. Länder mit einer konjunkturell bedingt guten Haushaltslage oder einer positiven

4. Die Krisenverarbeitung auf supranationaler Ebene

Entwicklung des BIP würden Länder, die einem Schock ausgesetzt sind, stützen. Der „mikroökonomische Ansatz" könnte, so das Papier, mit der Arbeitslosenversicherung verknüpft werden. Ein Teil derselben oder diese ganz könnte zentralisiert werden, um damit konjunkturell bedingte Arbeitslosigkeit in krisenbetroffenen Staaten zu bekämpfen.

Auf längere Sicht, so das Romanistenpapier, sollte die künftige Fiskalkapazität – die, wie man sieht, mit Eurobonds nichts zu tun hat – die „Fähigkeit zur Kreditaufnahme" erhalten, so dass damit die „Grundlage für die gemeinsame Emission von Schuldtiteln" gegeben wäre, ohne dass die Staatsschulden vergemeinschaftet würden. Herr des neuen Fonds sollte die EU mit ihren Organen sein (ebd., S. 12), die verschwiemelte Formulierung für die Zuständigkeit der Kommission.[128]

Das zweite Element im Konzept der Romanisten, die vertragsbasierten Vereinbarungen über Strukturreformen, sollen für die Mitglieder der Währungsunion obligatorisch sein und in das Europäischer Semester einbezogen werden. Es soll sich um mehrjährige volkswirtschaftliche Reformagenden handeln, die zwischen Kommission und Einzelstaat ausgehandelt und fixiert werden, über die Rechenschaft abgelegt werden soll und die ggf. im Rahmen der Fiskalkapazität finanziell unterstützt werden können. Es kann sich um Maßnahmen zur Beseitigung von makroökonomischen Ungleichgewichten handeln wie auch solche zur Justizreform oder zur Bekämpfung der Jugendarbeitslosigkeit.

Wie verhalten sich diese ordnungspolitischen Vorstellungen der Europäer zu dem deutschen Konzept von der hegemonialen Währungsunion und dem Wettbewerb der Nationen?

> „Damit die Union eine hochattraktive soziale Marktwirtschaft bleibt und das europäische Sozialmodell gewahrt wird, ist dafür zu sorgen, dass die Union global wettbewerbsfähig ist und dass die Wettbewerbsfähigkeit der verschiedenen Mitgliedstaaten der WWU nicht allzu sehr auseinanderklafft" (Romanistenpapier 2012, S. 13).

Man erkennt: die Union (und ihre Wettbewerbsfähigkeit) wird als Einheit gegenüber der globalen Wirtschaft begriffen, noch bestehende

---

[128] Die begrifflichen Verrenkungen, in welchen sich die Europäer üben, nur um den Zorn der Deutschen nicht zu erregen, treiben wundersame Blüten hervor. Die EZB bezeichnet den Kernbestandteil einer vertieften Wirtschafts- und Währungsunion als „weitere Vergemeinschaftung der fiskalischen Souveränität" für den Euroraum (EZB 2012, S. 90).

Wettbewerbsunterschiede zwischen den Nationen sollen eingeebnet und nicht, wie im deutschen Konzept von der hegemonialen Währungsunion, stipuliert werden.

In dem Romanistenpapier dürften sich die Stufen und die Instrumente zur Weiterentwicklung der Wirtschaftsunion finden, wie sie in der konkreten europäischen Politik der nächsten Jahre auftauchen werden.[129]

4.2.2 Das Kommissionspapier

Das in das Romanistenpapier eingeflossene 58seitige Konzept der Kommission zeugt in seinen analytischen Teilen nicht eben von beachtenswertem Realitätssinn. Die Kommission attestiert sich selbst bei der Krisenbekämpfung eine „führende Rolle" (EU-Kommission 2012, S. 4), was angesichts der Machterosion der Institution in der Krise geradezu grotesk anmutet. Rückwirkend beklagt (!) man sich – in einer an Servilität gegenüber den Marktideologen kaum zu überbietenden Manier – über die Renditekonvergenz in den ersten zehn Jahren der Währungsunion, die „die Marktdisziplin erheblich untergrub" (ebd., S. 3). Statt als Ziel die Rückkehr zu der politisch begründeten Renditekonvergenz auszugeben, legt man die Zündschnur an den historischen Integrationskern, den Binnenmarkt.

Immerhin registriert die Kommission eine erhebliche „Fragmentierung der EU-Finanzmärkte", „negative Rückkopplungsschleifen zwischen Mitgliedstaaten und Banken" sowie eine „Bedrohung der Errungenschaften des Binnenmarkts" (mit ungleichen Finanzierungsbedingungen für Privathaushalte und Unternehmen) (ebd., S. 12). Auf die Idee, dass diese Phänomene mit der marktbasierten Währungsunion zusammenhängen könnten, kommt sie allerdings nicht.

Neben der „Schaffung einer angemessenen Fiskalkapazität" (ebd., S. 14) „in Form eines zentralen Budgets" (ebd., S. 37) – hierin übereinstimmend mit dem Romanistenpapier – fordert das Konzept der Kommission für die zweite mittelfristige Phase des Weges die an dem Vorschlag des deutschen Sachverständigenrats orientierte „Einrichtung eines

---

[129] Bei einer Rede am 9. Juli 2014 in London zu Ehren des verstorbenen ehemaligen EZB-Direktoriums-Mitglieds Tommaso Padoa-Schioppa ging einer der Romanisten, der EZB-Präsident Mario Draghi, noch über das von ihm mitunterzeichnete Papier hinaus. Dort bezeichnete er eine „gemeinsame Governance für die Währungsunion als notwendig".

Schuldentilgungsfonds" (ebd. und S. 33 f.), der allerdings nicht zu haben sei ohne eine Vertragsveränderung (ebd., S. 30). Für die dritte Phase – in mehr als fünf Jahren – wird die „gemeinsame Ausgabe von Staatsanleihen" (ebd., S. 15), gemeinhin Eurobonds genannt, angestrebt. Diese Schuldtitel sollten kurzfristiger Natur (ein bis zwei Jahre) und mit gesamtschuldnerischer Haftung versehen sein (ebd., S. 35) Auch hierfür bedürfe es einer Vertragsveränderung. Ebenfalls etabliert werden sollen Durchgriffsrechte aus der supranationalen Ebene auf wirtschaftspolitische und fiskalische Entscheidungen bei den Mitgliedstaaten.

Die Vorschläge zur Bankenunion und den vertraglich vereinbarten Strukturreformen sind weitgehend identisch mit denen des Romanistenpapiers.

In der Summe läuft dies auf eine „neue Haushaltsbehörde" bei der Eurogruppe („Fonds", S. 39), u.a. für die „makroökonomische Stabilisierung", ein „eigenes Haushalts- und Eigenmittelverfahren", eine „neue Steuerhoheit auf EU-Ebene" und eine „eigene Kreditaufnahme auf den Märkten" hinaus. Auch an eine Integration des ESM in diese neuen Strukturen sei zu denken. All das würde die Übertragung von Hoheitsrechten und eine Vertiefung der politischen Integration bedeuten (ebd., S. 39 f.).

Die damit angesprochene Politische Union für eine „echte Wirtschafts- und Währungsunion" erörtert das Kommissionskonzept unter den Aspekten von demokratischer Legitimität, Rechenschaftspflicht und der Frage der Governance. Insgesamt geht die Kommission dabei von folgendem Fakt aus: „Ein noch stärkeres gegenseitiges Einstehen in finanzieller Hinsicht erfordert eine entsprechende politische Integration" (ebd., S. 41). In dem mehrstufigen Entscheidungssystem der EU sei die zentrale Instanz der Rechenschaftspflicht das Europäische Parlament, das die Verantwortung für den Euro trage. Für die mittel- und langfristige Entwicklung (zweite und dritte Stufe) geht man, wie bereits erwähnt, von der Notwendigkeit von Vertragsveränderungen aus.

Dabei sollten die verstreuten wirtschafts- und beschäftigungspolitischen Grundzüge und Leitlinien in einem einheitlichen Instrument zusammengefasst werden. Von der supranationalen Ebene ausgehende Anweisungen zur Überarbeitung des Haushalts sollten durch Rechtsakte erlassen werden können. Innerhalb des Europäischen Parlaments müsste ein „Euro-Ausschuss" mit Beschlussbefugnissen gegründet werden. In der Kommission müsste der Kommissar für Wirtschaft und Finanzen weiter aufgewertet werden („Finanzminister"). Einer Aufwertung der

Eurogruppe auf der Ratsebene steht man skeptisch gegenüber. Die EZB-Bankenaufsicht sollte gegenüber dem EU-Parlament rechenschaftspflichtig werden. Dieses würde auch die gesamtschuldnerische Haftung bei gemeinsamen Anleihen überwachen. Bei der Einrichtung eines Schuldentilgungsfonds sollte dieser von der Kommission verwaltet werden.

Der Kommissionsansatz geht erheblich weiter als das Romanistenpapier. Mit der Kompetenzkompetenz in Hinblick auf die Steuererhebung und die Möglichkeit der Anweisung für nationale Wirtschafts- und Haushaltspolitiken ragt der Vorschlag tief in die politische Dimension des Integrationsprojekts. Ebenso deutlich wird, dass die Kommission die heraufziehende Konkurrenz durch andere Institutionen, z.B. die Eurogruppe, erahnt und distanziert beurteilt, weil ihr dämmert, dass der Integrationsweg der Zukunft Wege vorbei an ihr einschlagen wird.

4.2.3 Das Parlamentspapier

Das Europäische Parlament setzt in seinem Papier – einer Entschließung vom 20. November 2012 – wiederum eigene Akzente. Der 18 Punkte umfassende Forderungskatalog listet zunächst auf, dass die zukünftige Steuerung der Wirtschafts- und Währungsunion im „institutionellen Rahmen der Union" anzusiedeln sei (Punkt 1), d.h. die Gemeinschaftsmethode sollte genutzt werden. Daraus folge u.a., dass der ESM schnellstmöglich aus der jetzigen intergouvernementalen Einbettung herausgenommen und in die supranationale Einbettung mit einer Kontrolle durch das Parlament übergeführt werden sollte. Eine echte Wirtschafts- und Währungsunion sollte nicht auf einem System von Regeln – wie der jetzige Fiskalpakt und der Stabilitätspakt – basiert sein, sondern über Haushaltsmittel mit spezifischen Eigenmitteln (einschließlich einer Finanztransaktionssteuer) verfügen (Punkt 11). Die Steuerpolitik sollte harmonisiert werden, da der Steuerwettbewerb der Logik des Binnenmarkts widerspreche. Der einzurichtende Schuldentilgungsfonds, hier identisch mit dem Kommissionspapier, sollte die Schulden innerhalb von 25 Jahren tilgen. Die neuen wirtschaftspolitischen Regeln sollten um Beschäftigungsrichtwerte und soziale Richtwerte ergänzt werden; insgesamt sei es sinnvoll, einen „Sozialpakt für Europa" zu begründen.

Diese Palette richtet sich gegen die bisherigen Tendenzen zum Intergouvernementalismus, zum Nationenwettbewerb und die Regelbasierung in der Krisenbekämpfung. Insgesamt müsse die substantielle Verbesserung der demokratischen Legitimation und der Verantwortlichkeit der Steuerung der Wirtschafts- und Währungsunion auf Unionsebene auf eine stärkere Rolle des Parlaments hinauslaufen (Punkt 9), nicht zuletzt wenn der für Wirtschaft und Währung zuständige Kommissar aufgewertet und ein „europäisches Schatzamt" gegründet werde.

Das Parlament fordert eine gleichberechtigte Beteiligung an den weiteren Ausarbeitungen des Romanistenpapiers, von denen es bisher ausgenommen blieb (Punkt 4). Die verschiedenen Reformmaßnahmen (Kompetenzerweiterungen der Union bei der Wirtschaftspolitik, Einführung von Eigen- und Haushaltsmitteln, Stärkung der Kommission) sollten im Rahmen eines Konvents vertraglich fixiert werden (Punkt 6).

5. Die alternativen Krisenerklärungen im Resümee

Die Gesamtarchitektur der Währungsunion, d.h. ihre Kontextualisierung in eine radikal-föderale Wirtschaftsunion und eine intergouvernementale Politikunion beruhte historisch nicht auf einem Konstruktionsfehler, sie war auch nicht im ersten Jahrzehnt, dem, was wir die egalitäre Währungsunion genannt haben, in der Statik instabil und sie ist es auch in der renovierten Form der hegemonialen Währungsunion nicht zwingend. Wenn die Konstruktionsfehlerhypothese von einem notwendigen, einem Automatismus gleichkommenden Prozess des Krisenausbruchs ausgeht, beruht sie auf falschen Annahmen. Die Lösungsvorschläge dieses Ansatzes können gleichfalls nicht überzeugen. Die Eurobonds, die sicher irgendwann einmal kommen werden, waren als Vorschlag in der Krise falsch platziert. Der Schuldentilgungspakt stellt für einige Staaten ein knochenhartes Austeritätsprogramm für Jahrzehnte dar, so dass er kaum umgesetzt werden wird. Bei dem europäischen Finanzminister wird man abwarten müssen, ob dieser institutionelle Vorschlag mit einer individuellen, also einer Aufwertung eines Kommissars, oder einer kollektiven Form, also im Rahmen einer Wirtschaftsregierung, umgesetzt wird.

Ganz ohne Zweifel kam die ordnungspolitische Transformation von der egalitären in die hegemoniale Währungsunion unter maßgeblichem und richtungsweisendem Einfluss Deutschlands zustande. Der Gesinnungsgenossen bedurfte es auch nicht so viele und große. Bei ihnen handelte es sich durchweg um Kleinststaaten bzw. kleine Staaten, die Niederlande noch der Größte. Bei so manchem Detail des neuen Regimes (z.B. der Frage der Bankenunion in ihrem Abwicklungsteil) konnte Deutschland auch alleine agieren. Wo eine hegemoniale Währungsunion ist, muss auch ein Hegemon sein, ließe sich vermuten. Ganz so einfach ist die Sache nicht. Es macht einen Unterschied, ob ein wirtschafts- oder währungspolitisches Regime hegemoniale Züge trägt oder ob eine vorherrschende politische Kraft in einem staatenbundlichen Gebilde die hegemoniale Rolle einnimmt. Von einer im politischen Sinne hegemonialen Rolle Deutschlands zu sprechen, kann gegenwärtig nicht überzeugen. Dazu fehlen politische Indikatoren, dazu fehlt die Zeitspanne und dagegen spricht weiter die französische Ambition auf Augenhöhe.

Der Staat als Marktteilnehmer, der Wettbewerb der Nationen, die Bewertung staatlicher Politik durch Kapitalmärkte – alle diese Aspekte des neuen Ordnungssystems oder Regimes stehen im eklatanten Widerspruch zum bisherigen Gang der europäischen Integration und ihren Prämissen, sie stehen aber auch im Widerspruch zu dem mehr technischen Verständnis über den Binnenmarkt, das insbesondere von der Kommission gepflegt wird. Dieser doppelte Widerspruch schließt weder aus, dass es sich um ein erfolgversprechendes Projekt handeln kann noch schließt er aus, dass sich die EU bzw. die Eurogruppe in diese Richtung weiterentwickeln kann. Da es sich aber um eine gravierende Veränderung handelt, müsste sie zum expliziten Selbstverständnis europäischer Integration aufrücken. Gleichwohl ist es wenig wahrscheinlich, dass sich der Wettbewerb der Nationen mit all seinen Implikationen zum neuen Leitbild und zum praktizierten Modell der Integration hocharbeiten wird, zu sehr ist den Beteiligten doch bekannt, dass man für diese Organisationsform nicht der europäischen Integration und schon gar nicht der Währungsunion bedürfte. Der Wettbewerb der Nationen ließe sich auch in einer Freihandelszone ohne den ganzen Integrationsapparat bewerkstelligen. Und dass die Währungsunion für die früher so genannten Schwachwährungsländer, die heutigen Schuldnerstaaten – man könnte sie aber auch die Länder der nach- und aufholenden Entwicklung nennen – ein Bunker wäre, in dem sie keine Entwicklungsmöglichkeiten haben, würde sich nach der „offiziellen" Ausrufung des neuen Integrationsparadigmas schnell herumsprechen.

Bei allen Elementen des Versuchs und Irrtums, mit denen von deutscher Seite in der Krise agiert wurde, den Kompromisszwängen und den Unsicherheiten der zentralen Akteure, dem Markt als Bewerter nationaler Politik in den Rang eines regelnden Gesetzes zu verhelfen, war und ist das Kernanliegen deutscher Wirtschaftspolitik für Europa. Die Konsequenzen für den Acquis communautaire waren den Entscheidern wohl nicht so ganz bewusst. Die Konsequenzen, die das Projekt „Wettbewerb der Nationen" haben würde, für die Währungsunion selbst, v.a. aber die Marktintegration und die politisch Integration, treten erst jetzt schemenhaft hervor und waren den deutschen Akteuren so sicher nicht vor Augen.

Dass die neue marktbasierte hegemoniale Währungsunion Auswirkungen auf die Politik, den Europäischen Rat, das Verhältnis der Mitglieder in der Eurogruppe hat, wurde spätestens nach den Troika-Programmen erkennbar. Der (vermeintliche) neue Hegemon in Europa zog sich erhebliche Ressentiments – um es milde zu formulieren – zu. Dass die neue Ordnung aber auch ihre Auswirkungen auf das bisherige Konzept von Binnenmarkt haben würde, ist bis heute noch nicht als klares Bild im Bewusstsein der Akteure.

Dereinst wird das, was wir in den vergangenen Jahren erlebt haben, als eine Integrationsphase eingehen, die relativ präzise ihren Anfang fand und die deutlich erkennbar zu einem Ende kam. Wie keine andere Phase hat diese gezeigt, dass ohne die Nationalstaaten und schon gar nicht gegen sie nichts, sprichwörtlich nichts geht. Die Räte sind in eine neue Dimension europäischer Politik vorgestoßen, die Kommission ist in einer Weise vorgeführt worden, die ihresgleichen in der europäischen Geschichte sucht. Nur schemenhaft und diffus deutet sich am Horizont an, dass möglicherweise die Dichotomie von intergouvernemental und supranational, die Redeweise von der Mehrebenen-Demokratie überwunden werden muss, um die aktuellen europäischen Politiktendenzen halbwegs nachvollziehbar abzubilden. Obwohl förmlich alles – selbst das deutsche Eigeninteresse – für Eurobonds spricht, werden sie nicht durch die Romanisten und nicht von der supranationalen Ebene her eingeführt werden. Sehr, sehr alleine steht in dieser Konstellation das ferne Wesen EZB. In ihrer Mediatorenfunktion zwischen Währungsunion und internationalen Kapitalmärkten steht sie an der Grenze dessen, was eine Zentralbank umsetzen kann. Geradezu erschreckend sind die provinziellen Diskussionen in der wissenschaftlichen und publizierten Öffentlichkeit in Deutschland.

Ob man den größten oder den kleinsten gemeinsamen Nenner der drei Papiere zur echten Wirtschafts- und Währungsunion ermittelt, alle zielen auf eine gemeinsame Finanzgröße innerhalb der Währungsunion. In der längeren Frist wird diese gemeinsame Finanzgröße die Vorstufe für einen eigenständigen Haushalt bilden. Die Intergouvernementalisten werden aber dafür sorgen, dass das Integrationstempo in diesem Bereich nicht allzu hoch liegen wird, und sie werden vor allem anderen dafür sorgen, dass die Mittelbeschaffung noch für lange Zeit intergouvernemental kontrolliert wird, so dass sich die supranationale Besteuerungskompetenz noch nicht so bald realisieren wird.

Teil 7: Die Konstellationen der Zukunft der Währungsunion

Wenn einmal die Bücher der Integration geschrieben werden, wird die Krise der Währungsunion, wie sie in dieser Arbeit beschrieben und analysiert wurde, wohl als bislang einschneidendste Krise der Integrationsgeschichte erfasst. In der Geschichte der europäischen Integration finden sich eine ganze Reihe von Krisen, sie erschütterten das Projekt in unterschiedlichem Ausmaß, sie ließen den roten Faden der Integration aber nicht abreißen. In diesem Sinne kann davon gesprochen werden, dass die europäische Integration einer *Pfadabhängigkeit* gehorcht, was angesichts der Unübersichtlichkeit im Gelände für Europäer ein wenig Trost spenden kann.[130]

Grundsätzlich lassen sich die europäischen Krisen, so ein jüngst unterbreiteter Vorschlag auf dreierlei Art und Weise deuten (vgl. dazu Kaelble 2013). 1.) Die Krisen können in das Bild einer nach unten gerichteten Spirale eingeordnet werden, die eine permanente Verschärfung des Krisenprozesses und eine absehbare Auflösung des Projekts zeitigt. 2.) Die Krisen lassen sich in einen Zyklus von Krisen, so das nächste Bild, einordnen, so dass sie eine Art Dauerzustand des Projekts ausmachen. 3.) Und schließlich können die Krisen Teil eines Kontinuums sein, so das letzte Bild, innerhalb dessen eine kontinuierliche Fortentwicklung des Projekts stattfindet.

In unserer Analyse der Krise der Währungsunion wurde der Kern der Krise im Bereich der europäischen Ordnungspolitik gesucht (Staatenwettbewerb und hegemoniale Währungsunion). Dieser Kreuzungspunkt der Integration passt schon auf den ersten Blick nicht zu den bisherigen Pfaden der Integration. Wo genau der rote Faden der Integration weiter geknüpft wird und wie sich die jüngste Krise als „produktive Krise" (ebd., S. 181) entpuppen kann, soll abschließend betrachtet werden.

Bislang wurde mit keinem Wort auf eines der zentralen Phänomene der europäischen Krise, darauf dass die „Integration der zwei Geschwindigkeiten", die differenzierte Integration, nach der Eurokrise einen ganz anderen Stand hat als zuvor, eingegangen. Nahezu die gesamte Integrationsdynamik ist in der Krise auf die Eurogruppe übergegangen, Integrationsthemen außerhalb des monetären und fiskalpolitischen Bereichs sind deutlich an den Rand gedrängt worden. Ein Krisenergebnis, das hier fest-

---

[130] „Längst hat also die Finanzkrise eine Vertrauenskrise erzeugt, die Europa alles abverlangt. Eine Prognose für die Zukunft kann hier nicht gegeben werden. Indes läge es in der Logik der beschriebenen Pfadabhängigkeit, wenn die in der Finanzkrise freigesetzten zentrifugalen Tendenzen doch wieder durch eine Politik des ‚mehr Europa' gebändigt würden" (Wirsching 2012, S. 408).

Teil 7: Die Konstellationen der Zukunft der Währungsunion 367

gehalten werden kann, lautet, dass sich drei Gruppen von Mitgliedstaaten herauskristallisiert haben: 1.) die 18 Mitglieder der Eurogruppe, 2.) die 8 „Pre-Ins", darunter alle 2004-Beitrittsländer[131] sowie Dänemark, das sich freiwillig an euro-bezogenen Maßnahmen beteiligt hat (Euro-Plus-Pakt, Fiskalpakt) sowie 3.) die dauerhaften „Opt-Outs" Großbritannien und Schweden.[132]

---

[131] Wenig bekannt ist, dass sich die Beitrittsländer der Osterweiterung 2004 vertraglich verpflichtet haben, dem Eurogebiet beizutreten. Zum damaligen Zeitpunkt war das bei den Beitrittsländern völlig unumstritten, es wurde eher als „Auszeichnung" aufgenommen, dem prominenten Club künftig angehören zu dürfen. Deutliche Distanzierungen von dem Beitrittsvorhaben sind bislang lediglich in Tschechien und Polen zu registrieren.

[132] Die Verschiebung im institutionelle Gleichgewicht hin zur Eurogruppe und die parallel laufende Verschiebung im Machtzentrum auf die beiden „Euro-Räte" könnte zu einer Art „Union in der Union" führen, die von manchen Beobachtern als hochproblematisch empfunden wird (vgl. Ondarza 2013).

1. Souveränität und Supranationalität – Neue Entwicklungen

Der Begriff der „Souveränität" gehört zu den Zentralbegriffen der politischen Integration. Unter begriffsgeschichtlichen Aspekten sind zwei Feststellungen am Anfang zu treffen. 1.) Der Begriff war lange Zeit so eng mit dem Begriff des Staates verwoben, dass der eine ohne den anderen Begriff nicht denkbar war. 2.) Während der Begriff selbst lange Zeit als unteilbar galt und als Entität betrachtet wurde, haben die verschiedenen Internationalisierungstendenzen des 20. Jahrhunderts langsam zu der Überzeugung geführt, dass Souveränität doch teilbar sei, dass Teilverzicht geleistet werden könne und dass Staaten auf Souveränitätsteile verzichten können, ohne gleich ihren Staatscharakter zu verlieren (vgl. Brunner/Conze/Kosellek 1990, S. 4 ff.).

Im Prozess der europäischen Integration hat sich nun auf beiden Ebenen etwas verändert. Zum einen konnte Souveränität von den Integrationsteilnehmern abgetreten werden, ohne dass die Abtretenden ihren Staatscharakter verloren, aber auch ohne dass die empfangende Institution zwangsläufig Staatscharakter erhalten hätte. Zum anderen nahm der Divisionsprozess von Souveränität schier unendliche Ausdehnung an und er vervielfachte und verkomplizierte sich in der jetzigen Krise noch einmal.

Wenn man den gedanklichen Ansatz des Neofunktionalismus, dass Integration am sinnvollsten an „unverdächtigen", auf eher technischen, politikfernen Territorien ansetzt, um danach in wellenförmigen Prozessen und Spill-over-Bewegungen um sich zu greifen, konkretisiert auf die wirtschaftliche Integration, dann trifft man zunächst auf die Außenhandelspolitik als Integrationsansatz. Wenn man zusätzlich versucht, integrationsgeeignete Politikfelder auszumachen, dann stößt man auf die Skala der Legitimationsnähe bzw. -ferne. Konkret: Wirtschaftpolitisch gelingt Integration in dem Maße, wie die Entfernung zur Legitimationsbasis, der Wählerschaft, steigt. Protektionistische Politik setzt zwar auch immer auf Wählerschaft, betroffen ist aber immer nur ein Teil, jedenfalls weniger,

1. Souveränität und Supranationalität – Neue Entwicklungen

als bei einem Abtritt von Souveränität auf steuerpolitischem Gebiet (vgl. Teil 4). Integration ist identisch mit Souveränitätsverzicht bzw. -abtritt. Der Verzicht kann partiell (z.b. neuerdings bei der Bankenunion: Großbanken unterliegen einer supranationalen Supervision, kleine Institute verbleiben beim nationalen Supervisor) oder vollständig (z.B. in der Geldpolitik) sein. Darüber hinaus gibt es aber noch eine ganze Reihe weiterer Formen des Souveränitätsverzichts. Folgende Fälle für den Souveränitätsverzicht können unterschieden werden:

1. vollständiger Souveränitätsabtritt,
2. partieller Souveränitätsabtritt,
3. Souveränitätsverzicht zugunsten einer Institution (supranational oder intergouvernemental),
4. Souveränitätsverzicht zugunsten eines Marktmechanismus,
5. Souveränitätsverzicht zugunsten eines Regelmechanismus,
6. freiwilliger Souveränitätsverzicht,
7. erzwungener Souveränitätsverzicht.

Vor dem Hintergrund dieser Formen des Souveränitätsverzichts zeitigt der ordnungspolitische Ausstoß der europäischen Krise folgende Hauptresultate:

1. Die Staatenbewertung durch einen Marktmechanismus mit gestaffelten Risikoprämien ist das Hauptkennzeichen des neuen Typs von Währungsunion. Hervorzuheben ist, dass diese Form von Souveränitätsverzicht bei dem Führungsland der Währungsunion freiwillig ist (Fall 6), bei den N-1-Ländern (Fall 7) wird sie durch einen stillen Zwang (Fall 7) hergestellt.
2. In der neuen Fiskalpolitik (Fiskalpakt, renovierter Stabilitätspakt) geschieht der Souveränitätsverzicht zugunsten von Regelmechanismen, was dem Fall (5) entspricht. Die Kommission stellt lediglich den Exekutor der Regeln dar.
3. Mit dem ESM kommt eine neue intergouvernementale Institution in die europäische Architektur. Damit vollzieht sich dieser Souveränitätsverzicht nach dem Fall (3).

4. Partiell und gestückelt ist der Souveränitätsverzicht in den drei Bereichen der Bankenunion, so dass hier die Fälle (1) und (2) zu veranschlagen sind. Das Gremium, das über die Abwicklung entscheidet, stellt eine Mischung aus intergouvernementaler und supranationaler Institution dar.
5. Gänzlich neu ist der erzwungene (temporäre) Souveränitätsverzicht in den Bereichen der nationalen Haushaltspolitik bzw. großer Bereiche der Wirtschaftspolitik als Folge davon in den Programmländern. In den Programmländern Griechenland, Irland und Portugal hat die Troika für drei Jahre die wirtschaftspolitische Macht übernommen. Diese Art von Souveränitätsverzicht dürfte weltweit neu sein, für das Integrationseuropa ist sie es in jedem Falle.

Bei aller innenpolitischen Härte der „Memoranda of Understanding" und bei aller Problematik des Gesamtkontextes, aus dem heraus einzelne Länder Programmländer geworden sind, hätte dieser neue Typ von Souveränitätsverzicht doch etwas Positives für das Integrationsgedächtnis erbringen können. Dies hätte so sein können, wenn nicht erstens der IWF als berühmt-berüchtigte außereuropäische Institution an Bord gewesen wäre und zweitens wenn nicht der direktiv-autoritäre Charakter, durchaus diktatorische Züge tragend, gewesen wäre.

Die Bundesrepublik brüstete sich in der Vergangenheit zwar immer wieder mit ihrer Bereitschaft, weitgehende Schritte in die Politische Union mitzugehen, was für Bereiche stimmen mag, auf denen sie ohnehin keinen extraordinären Souveränitätsverzicht zu beklagen hätte (z.B. in der Außenpolitik), für das Gebiet der Wirtschaftspolitik stimmt dies ganz sicher nicht. Hier beginnt – wie die Krise deutlich gezeigt hat – die Prioritätenliste der Integrationsbereitschaft mit dem Souveränitätsverzicht zugunsten von marktbasierten Mechanismen, es folgt der Regelmechanismus und ganz hinten, wenn möglich zu vermeiden, steht der Schritt in die neue Institution, die, von den Präferenzen her, in Gestalt eines intergouvernementalen Gremiums mit Veto-Rechten (ESM) noch am ehesten akzeptiert wird. Neue, womöglich diskretionäre Politik betreibende supranationale Institutionen (wie die Kommission) sind den deutschen Akteuren, von denen die meisten die biedere Ordnungspolitik nach Freiburger Art verinnerlicht haben, total suspekt.[133]

---

[133] Die Identität des deutschen Staates hat nach 1990 einen Wandel erfahren. Die alte Bundesrepublik war im Wesentlichen „*Wirtschaftsstaat*", außenpolitisch eher eine Miniatur und machtpolitisch von den damaligen Super- und Großmächten nur als be-

1. Souveränität und Supranationalität – Neue Entwicklungen

Die oben dargestellten neuen Steuerungsinstrumente (Sixpack, Twopack, Fiskalpakt, Europäisches Semester) haben – da sie von der Kommission bewegt werden – zwar supranationalen Charakter. Eine Stärkung der Gemeinschaftsmethode als Krisenergebnis kann daraus aber bei weitem nicht abgeleitet werden. Im Gegenteil: Alle Institutionalisierungen von Gewicht, zu nennen wären der Fiskalpakt und der ESM, sind intergouvernementaler Natur. Für den neuen ordnungspolitischen Kern, die hegemoniale Währungsunion, gilt ohnehin die Unterwerfung unter die Zwänge des Marktes. Die, wenn man so will, glanzvollen aus der Krise hervorgegangenen Sieger, die beiden Räte, sind per definitionem intergouvernementaler Natur. Steht Europa, stehen die Europäische Union und die Währungsunion damit vor einem Comeback des nationalstaatlichen Prinzips? Dem soll im Folgenden mit einer *Analyse des Begriffs der Supranationalität* nachgespürt werden.

So wie die europäische Integration allgemein und speziell auch die Krise der Währungsunion zu erheblichen Differenzierungen in Hinblick auf den Begriff der Souveränität geführt haben, so ist auch erkennbare Bewegung in den Begriff der Supranationalität gekommen. Dieser Begriff ist erheblich jüngerer Natur als der Begriff Souveränität und eng verwoben mit dem europäischen Integrationsprozess.[134] Man könnte auch sagen, er ist aus ihm heraus entstanden.

Generell, das sei vorweggenommen, wird man das Begriffspaar Souveränität und Supranationalität aus dem bisher in Stein gemeißelten Gegensatz herausheben und in einen anderen, flüssigeren Aggregatzustand versetzen müssen.

---

grenzte Größe wahrgenommen. In der Souveränität war sie darüber hinaus eingeschränkt (Deutschlandvertrag). Nach der Wiedervereinigung wurde die Souveränität einerseits ausgedehnt auf die durch den Zwei-plus-Vier-Vertrag gesetzten Grenzen und Gebiete. Aber auch dieser Vertrag enthält vielfache Souveränitätsbegrenzungen. Andererseits dürfte immer noch eine – im Grenzfall durch die alten Kriegsalliierten jederzeit abrufbare – Art Generalvorbehalt vorliegen, expliziter oder impliziter Natur. Der Zugewinn an Souveränität mit der deutschen Einheit konnte nur erreicht werden durch einen Souveränitätsverzicht auf dem alten Gebiet der Stärke. Stabilitätsverständnis und Ordnungspolitik sind nicht mehr das Alleinstellungsmerkmal des deutschen Staates. Insofern war das Agieren in der Krise ein Anachronismus. Jedenfalls hat sich Deutschland vom reinen „Wirtschaftsstaat" losgelöst.

[134] Der Begriff wurde im Schumanplan erwähnt und dann für die Hohe Behörde der Montanunion in die europäischen Dokumente, den EGKS-Vertrag, eingeführt (1950/52).

Zu beachten sind bei einer Begriffsbestimmung sowohl europapolitische wie auch europarechtliche Aspekte. Wir beginnen mit einer *europarechtlichen Begriffsbestimmung*. Im Europarecht werden unter Supranationalität folgende Dimensionen verstanden:

1. Mehrheitsentscheidungen: Organe der EU können verbindliche Entscheidungen herbeiführen.
2. Unabhängige Institutionen: Es gibt Institutionen, die europäische Interessen vertreten und weisungsunabhängig sind.
3. Priorität des Unionsrechts: Kurz gefasst lautet die Formel, dass europäisches Recht vor nationalem Recht geht.
4. Unmittelbare Geltung des Europarechts: Die direkte Durchgriffswirkung bedarf keiner nationalen Umsetzung.
5. Ausgebaute Gerichtsbarkeit: Die Institutionen der EU und die Mitgliedstaaten unterwerfen sich dem EU-Recht.
6. Finanzierung der Institutionen: Die Institutionen verfügen über Eigenmittel.

Die Dimensionen (3) bis (5) fallen im engeren Sinne in den rechtlichen Bereich. In Hinblick auf den Vorrang des europäischen Rechts (3) und die Unterwerfung unter die europäische Gerichtsbarkeit kam es schon vor der europäischen Krise, aber verstärkt in der Krise zu Infragestellungen aus Deutschland durch das Bundesverfassungsgericht, ursprünglich in Gestalt des Maastricht-Urteils (1993), dann des Lissabon-Urteils (2009) und schließlich des (vorläufigen) ESM-OMT-Urteils (2014). Die Weiterleitung an den EuGH im letzteren Falle könnte hier eine Trendwende bringen, insofern ließe sich der Akt als explizite Unterwerfungsgeste eines nationalen Gerichts unter europäisches Recht deuten. Das eigentliche Ärgernis war, 1.) dass das Gericht durch die Hinnahme der Klage(n) zunächst eine eigene Zuständigkeit simulierte, obwohl von vorneherein klar war, dass Aktionen einer supranationalen Institutionen nur an europäischem Recht zu messen sind, und dafür zuständig ist ausschließlich der Europäische Gerichtshof (EuGH). Angemessen wäre die ungeprüfte Weiterleitung der Beschwerden im Vorabentscheidungsverfahren gewesen. Noch fataler war 2.), dass in einer Mixtur von Entstellung, Verkürzung und Unverständnis aus einer geldpolitischen Begründung seitens der EZB (Ziel), die durch den gezielten Ankauf von Papieren auf dem Sekundärmarkt verfolgt werden sollte

1. Souveränität und Supranationalität – Neue Entwicklungen

(Mittel), eine Reduktion auf das Mittel vorgenommen wurde, womit die Motivation der EZB verkürzt und entstellt wurde.

Eigentliche europäische Gesetze gibt es nicht, auch darin drückt sich der inferiore Charakter der EU gegenüber den Nationen aus. Die Dimension (4) spricht das Rechtsmittel der Verordnung an, das in den Mitgliedstaaten unmittelbare Geltung hat. Die Richtlinie, das zweite europäische Rechtsmittel, gibt lediglich einen Rahmen und die Ziele für die nationale Gesetzgebung, die folgen muss, an.

In der *politikwissenschaftlichen Begriffsbestimmung* lassen sich drei Dimensionen unterscheiden:

1. die institutionelle Ebene,

2. die Kompetenzebene und

3. die Abstimmungsverfahren.

Supranationale *Institutionen* wie die Kommission sind, wie oben bereits erwähnt, weisungsunabhängig, werden aber in einer Art intergouvernementalem Verfahren nach dem Prinzip „one state one commissioner" zusammengestellt. Der Präsident der Kommission wird ebenfalls im intergouvernementalen Verfahren bestimmt. Ähnliches gilt für den EuGH mit seinem Richtergremium, für das ebenfalls jeder Mitgliedstaat ein Delegationsrecht besitzt. Eine Abweichung ergibt sich bei den acht Generalanwälten, deren Entsendung in einem modifizierten intergouvernementalem Verfahren ermittelt wird. Beim Europäischen Parlament kommt bei der Zusammensetzung das degressiv proportionale Verfahren entlang der Bevölkerungsgrößen zur Anwendung, was kein lupenreines intergouvernementales Verfahren mehr darstellt. Am weitesten in Richtung Supranationalität geht man bei der Besetzung des Direktoriums der EZB. Sein Präsident, der Vizepräsident und die vier weiteren Mitglieder werden nach keinem stabilen Verfahren ermittelt. Letztlich ist der Ministerrat zuständig, wobei sich bislang ergeben hat, dass die vier Großen jeweils ein Direktoriumsmitglied bestimmen und die Kleinen in einer Art Rotationsverfahren die restlichen beiden. Die Ermittlung des Präsidenten erfolgt durch ein intergouvernementales Verständigungsverfahren im Europäischen Rat.

Daraus ergibt sich: Bei Besetzungsverfahren von europäischen Institutionen kann man unterscheiden zwischen dem intergouvernementalen Prinzip – ein Staat ein Vertreter bzw. der Repräsentanz nach Bevölkerungsgröße –, was nebenbei bemerkt auch bedeutet, dass das jeweilige

Gremium auch die entsprechende Passgröße haben muss (EU-Kommission, Ministerrat, EZB-Rat, ESM-Rat), und dem supranationalen Prinzip, das alle anderen Formen umfasst. Diese anderen Formen laufen immer auf kleinere Institutionen hinaus, auf Rotation und Repräsentanz (Staaten vertreten andere Staaten), auf Bruch mit der Repräsentanz des Einzelstaates mit seiner Bevölkerung. Dazu zählen also: das EU-Parlament,[135] das EZB-Direktorium, die Generalanwälte beim EuGH und bald auch die Kommission.

Schon bei der Besetzung der Institutionen deuten sich also Mischungen zwischen beiden Prinzipien an. Sie setzen sich fort bei der europäischen „Gesetzgebung". Richtlinien, Verordnungen und Entscheidungen als die wesentlichen Elemente des Sekundärrechts kommen seit dem Lissabon-Vertrag nahezu in allen Bereichen im intergouvernemental-supranationalen Mischverfahren zustande.

Die mit dem Vertrag von Nizza ausgeweiteten Mehrheitsentscheidungen im Ministerrat (40 Artikel im Vertrag betroffen), die mit dem Vertrag von Lissabon erneut erheblich ausgeweitet wurden, stellen faktisch den Übergang zu einem supranationalen Prinzip innerhalb einer intergouvernementalen Institution dar. Mit dem Übergang zur doppelten Mehrheit bei Abstimmungen im Ministerrat wird das supranationale Verfahren noch verstärkt, da nationale Blockbildungen, Vetopositionen zwar nicht gänzlich, doch aber weitgehend erschwert werden.[136]

Die Einordnung der Eurogruppe, die beachtlich gestärkt aus der Krise hervorgegangen ist, in die Begriffe Intergouvernementalismus und Supranationalität stellt sich schon nicht mehr ganz so einfach dar. Die Eurogruppe gibt es nur in Abhängigkeit von der supranationalen Währungsunion und deren Zentrum EZB. Sie ist zwar zunächst national „bestückt" mit den Finanzministern der Eurostaaten, bei den Sitzungen anwesend sind aber auch der Währungskommissar und der EZB-Präsident, also

---

[135] Interessanterweise wäre die Alternative zum supranationalen degressiv-proportionalen Besetzungsverfahren des Parlaments, das von der Staatengleichheit ausgeht, das intergouvernementale Verfahren, das vom Prinzip des „one man one vote" ausgeht.

[136] Die im Lissabon-Vertrag verankerte „Doppelte Mehrheit" im Ministerrat löste das Prinzip der „Qualifizierten Mehrheit" ab. Eine Entscheidung im Ministerrat gilt nunmehr als verabschiedet, wenn sich a) 55 Prozent der Mitgliedstaaten, die b) 65 Prozent der Bevölkerung repräsentieren, gefunden haben. Dieses Mehrheitsfindungsprinzip, immer noch kompliziert genug, ist bedeutend einfacher als das vormalige. Die „Doppelte Mehrheit" tritt nach der jüngsten EU-Wahl in Kraft, wird aber noch durch gewisse Einschränkungen geschmeidiger gemacht.

zwei Vertreter aus den oberen Stockwerken der Supranationalität. In dieser Institution, die möglicherweise, wie wir gesehen haben, den Nukleus einer zukünftigen Wirtschaftsregierung bildet, sind bislang wenig präzisierte Aufgabenfelder und Politikprodukte vorhanden. Wie immer sie sich aber entwickeln werden, eines steht fest: sie werden supranationaler Natur sein. Damit haben wir die Mischform einer weitgehend intergouvernementalen Institution mit supranationalen Aufgabenfeldern und Politikprodukten.

Auf der *Kompetenzebene* gibt es die klare Regelung, dass die Organe der EU nur über Kompetenz verfügen, wenn sie im Verfahren der Einzelermächtigung mit einer entsprechenden Kompetenz betraut werden, z.B. die Kommission für die Zollpolitik oder die EZB für Geldpolitik. Kein Organ der EU verfügt über Kompetenzkompetenz.

Die Lösung der Eurokrise hat mit der EZB eine supranationale Institution herbeigeführt. Grundsätzlich wäre auch eine intergouvernementale Lösung durch Vertrauensgeneration möglich gewesen, da der Hauptakteur Deutschland dies aber nicht wollte, kam nur die EZB-Lösung in Frage. Das im Juli/September 2012 durch Mario Draghis Ankündigungen erreichte „breaking through" fand seine konsequente Fortsetzung darin, dass das OMT-Programm auch gegen massives Störfeuer aus Deutschland als Option bis zuletzt erhalten blieb. Faktisch hat die EZB mit der Garantieerklärung für die Währungsunion („Irreversibilität") ihr Mandat ausgeweitet.

„Mehr Europa" – so lautet die zentrale Schlussfolgerung aus der Krise seitens der Europäer. Die Formel wäre zunächst dahingehend zu relativieren, als die Krise ohnehin und mit dem Ergebnis, das sie bis jetzt evoziert hat, einiges an „Mehr Europa" erbracht hat. Im Kern ist es, wie wir herausgearbeitet haben, der ordnungspolitische Wechsel von der egalitären zur hegemonialen Währungsunion. Das werden auch die Vertreter des „Mehr Europa" nicht bestreiten, genauer wäre daher die Formel „Ein anderes Europa".

Fazit: Die Krise der Währungsunion hat bei allen problematischen Entscheidungen und Entwicklungen, die ein nationalstaatliches Rollback oder gar ein Auseinanderbrechen aufwarfen, auf den Gebieten von Supranationalität und Souveränität eine eindeutige Richtung nach „Mehr Europa" eingeschlagen. Ebenso eindeutig war aber auch der Weg in die Richtung des intergouvernementalen Regierens: In den beiden Räten der Eurogruppe wurden die wesentlichen Entscheidungen in Sachen Fiskalpolitik und Rettungspolitik getroffen. Darin wurde das Projekt der Genese einer Wirtschaftsregierung greifbarer. Nimmt man noch die Entmachtung der Kommission hinzu, lässt sich all das für die projektiven Blicke in die Zukunft nur dahingehend deuten, dass die Währungsunion und in ihrem Schlepptau die Union insgesamt über den Intergouvernementalismus weiter an supranationaler Qualität gewinnen.

Was bedeutet das? In der konventionellen Europawissenschaft werden die beiden Begriffe Intergouvernementalität und Supranationalität als Gegensatzpaar verwendet. In der Dynamik der Integration bedeutet dies, dass der eine etwas verliert und der andere etwas gewinnt und vice versa, also ähnlich der Funktionsweise von kommunizierenden Röhren. Dieses dichotomische Prinzip des kommunizierenden Gewinns und Verlusts ist mit der europäischen Krise aufgebrochen.

Wenn unsere Diagnose stimmt, dann wird die Zukunft der Integration so verlaufen, dass das nationalstaatliche oder intergouvernementale Prinzip selbst Teil der supranationalen Bewegung wird. Abgelesen werden kann das an drei Phänomenen, die die Krise ausgeworfen hat:

1. Mit der Beteiligung der nationalen Parlamente an europäischen Entscheidungen, zuletzt betraf dies v.a. Fragen, die mit dem ESM zusammenhängen, werden die nationalen Parlamente selbst zu „Ausschüssen" eines europäischen Parlaments. Die in diesem Zusammenhang sehr eifrige Rechtsprechung des Bundesverfassungsgerichts hat, beginnend mit dem Maastricht Urteil (1993) über das Lissabon-Urteil (2009) und zuletzt die Entscheidungen zum ESM (2012 ff.), die Beteiligungsrechte des deutschen Bundestages erheblich gestärkt (vgl. dazu Schäfer/Schulz 2013).[137]

2. An verschiedenen Stellen dieser Arbeit haben wir bereits die neue Rolle der Eurogruppe und, damit verbunden, der beiden Eurogruppen-Räte hervorgehoben. Die Verwebung von Intergourvernementalität und Supranationalität lässt sich hier an dem funktionalen Kontext entziffern. Die Eurogruppe selbst ist eindeutig ein intergouvernementales Organ, treffen sich in ihr doch die Finanzminister der Eurostaaten.

---

[137] Um dieser Entwicklung Rechnung zu tragen, hat der Bundestag am 18. April 2013 eine Novellierung des „Gesetzes über die Zusammenarbeit von Bundesregierung und Bundestag in Angelegenheiten der Europäischen Union (EUZBBG)" verabschiedet. Dabei geht es primär um Mitgestaltung und nicht mehr, wie in nationalen Fragen üblich, Letztentscheidung. „Europäisierung des Bundestages ist für den Deutschen Bundestag nicht eine Option unter vielen. Sie ist – das Wort sei verziehen – alternativlos" (vgl. Schäfer/Schulz 2013, S. 212).

Mehr als ein Additiv stellen die weiteren Mitglieder dar: der Wirtschafts- und Währungskommissar der Kommission, der EZB-Präsident und der Vorsitzende des Wirtschafts- und Finanzausschusses des Europäischen Parlaments. Damit wird die Eurogruppe zum „gestreiften" europäischen Organ. Der springende Punkt ist aber, dass alle Grundsatzentscheidungen, Richtungsentscheidungen, Empfehlungen usw. dieser „Zebrainstitution" in einen supranationalen Raum hineinwirken, die Währungsunion. Auch diese Funktionalität deutet die neue europäische Melange an.

3. Das Musterbeispiel für die Verwebung beider Integrationsansätze ist die neue Währungsunion mit ihrer hegemonialen Prägung selbst. Setzt sich der Nationenwettbewerb als strukturbestimmendes Prinzip der Währungsunion durch, also das Nationengitter (Teil 2), was, wie wir gesehen haben, durchaus nicht zwingend ist, dann wird unter die supranationalen Formationen Währungsunion und Binnenmarkt eine intergouvernementale Formation eingezogen, die den beiden übergelagerten Formationen Impulse, Richtungen und Funktionsweise vorgibt.

2. Die neue ordnungspolitische Architektur – Das Europäische Haus

Mit den Dezemberbeschlüssen zur Bankenunion Ende 2013 ist das neue wirtschaftspolitische Regelwerk, das die föderalistisch-hegemoniale Währungsunion ergänzen soll, im Grundsatz komplett. Sichtbar werden zwei Ebenen bzw. zwei Stockwerke. Im ersten, tieferliegenden Stockwerk, wir nennen es ab jetzt Erdgeschoss, in dem sich auch die Krise abgespielt hat, treffen wir auf die durch einen enormen Aufwand neu gedeutete No-bail-out-Regel, zu der die marktbasierte Staatenbewertung mit allen ihren Konsequenzen gehört.[138] Dort trifft man auch auf das Regelbündel aus dem sogenannten Fiskalpakt und auf die Institution des ESM mit ihren Regeln. In diesem Raum spielt ebenfalls die Programmpolitik der Troika mit ihrer bedingungslosen Auflagenkompetenz gegenüber kleinen Ländern der Währungsunion.

Das Hauptkennzeichen des Erdgeschosses verbirgt sich in der Tatsache, dass hier ausschließlich Staaten agieren. Es ist die intergouvernementale Ebene, hier amtieren die beiden Räte, supranationale Mitbewohner sind nicht erwünscht. Die Staaten haben sich, wie gesehen, auf allerlei Regeln geeignet, die alle darauf hinauslaufen, dass sie einem teilweisen Souveränitätsverzicht gleichkommen. Es sind Regeln der freiwilligen Unterwerfung („tie my hands"), entweder des Souveränitätsabtritts an den Markt (der obige Fall 4) oder des Souveränitätsabtritts an einen Regelmechanismus (Fall 5). Der Markt mit seinen Regeln, der Wettbewerb der Nationen und die intergouvernementale Regelbindung in den Bereichen des Fiskalpakts, des ESM und des praktischen Teils der Bankenunion stehen für das Regelbündel. Hier im Erdgeschoss geht es um die ernsthaften Dinge des Lebens: die wichtigsten Regeln, die Krisenbekämpfung und den Umgang mit den Kleinen.

In diesem Erdgeschoss herrscht raues Wetter. Nachdem bei geschlossenen Fenstern und Türen und angenehmer Temperatur für ein Jahrzehnt

---

[138] Die No-bail-out-Regel wird jetzt vom Regelanbieter selbst interpretiert, nicht mehr wie vorher vom Regelnachfrager, den Kapitalmärkten.

2. Die neue ordnungspolitische Architektur – Das Europäische Haus 379

gedeihliches Arbeiten und Leben möglich war, wurden ab 2010 nach und nach Fenster und Türen geöffnet, so dass der scharf blasende Wind des Marktes durch die Räume fegte. Nicht alle Staaten haben geholfen, die Fenster und Türen zu öffnen, es war der Patriarch, mit einigen Mitbewohnern, die sich bei der Öffnung betätigten. Im ersten Jahrzehnt der Währungsunion hatte der Patriarch ein Missverständnis zwischen den Mitbewohnern ausgenutzt und eine notwendige Konstituante einer Währungsunion, eine einigermaßen gleiche gesamtgesellschaftliche Lohn- und Nachfrageentwicklung, aufgekündigt und eine politische Kultur des Verzichts, des Entsagens und der Marginalisierung verfolgt. Da die Bewohner sich notgedrungen auf das Spiel des Wettbewerbs der Nationen einlassen mussten, kam es zu den bekannten Verwerfungen. Es gab Verletzte bei dem Spiel und diese mussten ausscheiden, kamen in einen besonderen Behandlungsraum, an dessen Tür anfänglich Hilfe für Bedürftige, später ESM zu lesen war; dort stand die Herz-Lungen-Maschine bereit, um die Programmländer, wie sie fortan hießen, in einer Art Dauerkoma am Leben zu erhalten.

Der Patriarch ist hier im Erdgeschoss eindeutig tonangebend. Er führte in den fast drei Krisenjahren ein unerbittliches Regiment. Seinen bisherigen Partner, mit dem bis dato Kooperation stattfand, hatte er links liegen gelassen und unverhohlen seine Macht in die Waagschale geworfen. Ein wenig friedliche Kompromissbildung war an der einen oder anderen Stelle vonnöten, das Gesamtwerk wurde dadurch aber in seiner Statik nicht verformt. Zugleich war der Patriarch darauf erpicht, sich die Hände nicht schmutzig zu machen. Die Arbeit der Ausmistung der Augiasställe, wie er die Zustände bei einige Mitbewohnern im Erdgeschoss empfand, überließ er Kohorten von außerhalb. Bei den gewichtigeren Mitbewohnern, bei denen er auch gerne ausgemistet hätte, stieß er auf Widerstand, der schließlich zu Kompromissen und Hilfe von außen führte.

Steigt man hinauf in den ersten Stock, treffen wir auf einen alten Bekannten, der im Erdgeschoss ausdrückliches Hausverbot hatte, weil hier die Hausherren, die Nationalstaaten, unter sich bleiben wollten. Peinlich haben sie darauf geachtet, dass der Bewohner aus dem ersten Stock unten keinen Zutritt hat. Das gilt mit einer kleinen Einschränkung: als Mitglied der Troika kann er sich in der Küche im Erdgeschoss aufhalten. Unser Bewohner aus dem ersten Stock nennt sich Europäische Kommission, in einer anderen Zeit noch als supranationales Kraftzentrum in europäischen Angelegenheiten gedacht. Das aber war eine Zeit, als die Räte noch nicht auf den Geschmack gekommen waren, selbst verstärkt europäische Politik zu betreiben. Offensichtlich war in den nationalen Herkunftsländern in der Zwischenzeit so viel exekutive Zeit freigeworden, dass man sich neuen Herausforderungen zuwenden konnte. Die Regelwerke, mit denen auf diesem Stockwerk der Kommission gespielt wird, haben eindrucksvolle Namen – „Fiskalpakt", „Sixpack", „Twopack", „makroökonomische Überwachung", „makroprudentielle Politik", „Euro-Plus-Pakt", „Europäisches Semester" usw. –, allein, der supranationale Spielmeister ist ein ziemlich machtloser Geselle. Unten wird er schon als Kasper verhöhnt.

Die ihm zur Verfügung stehenden Regeln kann er zwar versuchen, gegen die Spieler zu wenden, wenn diese sich nicht regelkonform verhalten haben, die Sache hat nur den Haken, dass er im Konfliktfall den Spielern von unten nicht gewachsen ist, was besonders für die ganz großen gilt. Die beiden größten Spieler haben ihm schon 2004 die Grenzen aufgezeigt, indem sie die Regeln änderten. Die Aktion hatte Erfolg (aus neoliberaler Perspektive), was zeigte, dass Regelbindung auch aus einer immanent neoliberalen Perspektive eine waghalsige Angelegenheit sein kann. Wenn die Spieler aus dem Erdgeschoss als Mannschaftsrat, als die beiden Räte, auftreten, werden die Karten ohnehin ganz neu gemischt. Das letzte Wort haben nämlich sie als Räte. Außerdem sind die im ersten Stockwerk geltenden Regeln sozusagen nur für den Normalfall gedacht, wenn alles gut läuft, für die Zeiten der guten Konjunktur. Gibt es einen konjunkturelle Einbruch oder gar eine Krise des Kalibers von 2008, geht es ab ins Erdgeschoss und dort ist das Dominium der Räte. Versuche des Leichtgewichts aus dem ersten Stock, bei den Spielen im Erdgeschoss mitzumischen, schlugen, wie wir ober gesehen haben, entweder fehl (so bei der Gestaltung der Bankenunion) oder wurden wegen Aussichtslosigkeit erst gar nicht unternommen (ESM). Wenn es ernst wurde, durfte er gar nicht am Tisch sitzen.

Fataler noch ist, dass unten im Erdgeschoss Nachwuchs gekommen ist. Er wuchs rasch heran und konnte schon in der Krise erste Erfolge verzeichnen. Das Leichtgewicht von oben realisierte schon, dass ihm da eine Konkurrenz erwachsen ist. Den Haudegen unten gefiel die ganze Art des Gesellen von oben nicht, und man machte sich daran, die anstehenden Arbeiten durch den eigenen Nachwuchs übernehmen zu lassen.

Einen Teil des neuen europäischen Hauses haben wir noch vergessen. Wenn man es recht bedenkt, ist es auch gar kein richtiger Teil des Hauses, es ist im Grunde ein fernes Nebenhaus. Es liegt weiter weg, weil die Gesellen im Erdgeschoss für diesen Teil eine besondere Aufgabe

2. Die neue ordnungspolitische Architektur – Das Europäische Haus 381

ersonnen hatten, die sich besser in größerer Entfernung erledigen lässt. Es handelt sich um die EZB, die „ferne Bank". Bis zum Vorabend der Krise erledigte die EZB ihre Sache auch zur vollen Zufriedenheit der Bewohner im Erdgeschoss. In der europäischen Krise schlich dieser Spieler ein ums andere Mal um das Haus des Patriarchen, er packte hier und da an, aber das Feuer, das ausgebrochen war, konnte er auch nicht löschen. Als die Sache außer Kontrolle geriet, riefen die Raubeine aus dem Erdgeschoss den fernen Mitspieler herbei und eröffneten ihm, dass er schon alle seine Werkzeuge auspacken dürfe, um das Feuer zu löschen. Man hatte ihm nämlich vorher die Hände geknebelt, weil er sich nicht in die Belange der Herren im Erdgeschoss einmischen sollte. Und – es zeigte sich, dass der Mitspieler doch ein kraftvoller Geselle war. Das Feuer war bald gelöscht.

Kommen wir zurück in die Realität. In ihrer Substanz bestand die Krise der Währungsunion aus einer Vertrauenskrise (vgl. dazu Winkler 2012). Am Anfang stand die Entfachung von Misstrauen gegenüber einem Mitglied der Währungsunion, Griechenland. Dann folgte die eskalierende Tolerierung von Unsicherheit gegenüber anderen Mitgliedern (Irland, Portugal). Die Dissoziation der Vertrauensbasis, auf der eine Währungsunion hauptsächlich ruht, gipfelte mit dem Schüren von Misstrauen gegenüber Spanien und Italien. Sie erreichte schließlich die Klimax mit den Zweifeln am Bestand der Währungsunion als Ganzer mit dem ebenso abwegigen wie eschatologischen Räsonieren um das Ende der Währungsunion oder den Exit Griechenlands. Gelöst wurde die Vertrauenskrise mit den Garantieerklärungen Draghis als dem mächtigsten Spieler in der Währungsunion.

Wie wir gesehen haben, hätten es auch Merkel und Sarkozy sein können, die die schützende Hand über die Währungsunion hätten halten können, schließlich sind es die Staaten mit ihren politischen Vereinbarungen und Erklärungen in letzter Konsequenz, die ihr das Fundament verleihen. Man hätte den ESM-Weg gehen können. In der Politik lag aber offensichtlich die Einschätzung vor, dass der politische Preis für eine solche Garantieerklärung zu hoch sei. Im nationalen Rahmen war dieser Krisenbekämpfungsmodus der nachhaltigen Vertrauensgenerierung kein Problem und hat auch sehr schnell zum Erfolg geführt. Die Merkel-Steinbrücksche-Garantieübernahme vom 5. Oktober 2008 beruhigte die Märkte und im finanziellen Sektor Deutschlands war aufkommende Panik im Keim erstickt. Die Finanzkrise war – was den deutschen Teil anging – eingedämmt, in den Folgemonaten musste „nur" noch die Realwirtschaft mit Verwerfungen kämpfen.[139] Im Finanzsektor konnte mit den Aufräumarbeiten begonnen werden.

Die Antwort auf die Frage, warum die Krise in Europa so lange andauerte, während sie in den USA nach rund fünf Monaten endbearbeitet war, kann daher nicht darin liegen, dass man in Europa mit den ordnungspolitischen Maßnahmen den Hebel an der falschen Stelle ansetzte (so Winkler 2012). Die Antwort muss auf der Spur gesucht werden, dass die Garantieerklärung für die Währungsunion genau zu dem Augenblick kam, als der ordnungspolitische Umbau in der Währungsunion vollzogen war. Die Krise nahm drei Jahre zwischen Vertrauenskündigung und Vertrauensschaffung in Anspruch, weil der ordnungspolitische Umbau so lange benötigte. Erst jetzt war das neue europäische Haus fertig.

Soll die neue ordnungspolitische Qualität der hegemonialen Währungsunion mit dem Acquis Communautaire vermittelt werden, dann müssen sich die Europäer, die europäischen Unternehmer und insbesondere die Kommission mit ihrem Marktkonzept von ihren bisherigen Vorstellungen über einen Binnenmarkt verabschieden. Binnenmarkt und hegemoniale Währungsunion bewegen sich übereinander wie tektonische Platten. In der Ruhezone der Konjunktur, wenn sich beide nur milde und wenn, dann in die gleiche Richtung bewegen, entstehen dadurch keine Probleme. Kommt die Konjunktur allerdings in stürmischere Wetter, brechen Spannungen auf und es kann zu Verwerfungen kommen.

Das Bedrohliche an dieser Situation liegt darin begründet, dass der Staatenwettbewerb in der Währungsunion seine Entsprechung in der Organisation des Binnenmarkts hat, so dass die Möglichkeit eines Übergreifens besteht. Die national-kompetitiven Prinzipien sind das Herkunftslandprinzip und das Prinzip der gegenseitigen Anerkennung, die integrationsfreundlichen Prinzipien sind das Bestimmungslandprinzip und die Harmonisierung. Faktisch haben sich in der Auseinandersetzung der

---

[139] Bei Winkler (2012) findet sich ein interessanter Vergleich zwischen der deutschen und der europäischen Krisenbekämpfung. „Die Finanzkrise 2008 illustriert, dass die erfolgreiche Bekämpfung einer Krise genau jener Instrumente bedarf, die ordnungspolitisch (in Europa, d. Verf.) kategorisch abgelehnt werden. Damals gab die Bundesregierung eine Garantieerklärung für die Sicherheit aller Einlagen bei deutschen Banken ab. Damit wurde aus einer einzelwirtschaftlichen Haftung der Banken eine gemeinschaftliche Haftung des deutschen Steuerzahlers. Diese Garantieerklärung wurde zudem unkonditioniert abgegeben: keiner Bank, auch nicht der schlechtesten Bank, wurde ein Anpassungs-, Spar- und Strukturprogramm vorgeschrieben. Sowohl von der Dimension als auch von ihrer Ausgestaltung ist dieser Rettungsschirm also umfassender als alles, was in der Eurokrise in den letzten Jahren diskutiert wurde" (S. 451).

konkurrierenden Prinzipien im Projekt Binnenmarkt – bislang jedenfalls – die integrationsfreundlichen Prinzipien durchgesetzt. Jetzt aber zieht Gegenwind aus der hegemonialen Währungsunion auf.

Gelingt es nun den Exponenten des Staatenwettbewerbs in der Währungsunion ihr Prinzip durchzustecken, dann türmen sich Fährnisse am Horizont des Integrationsprojekts auf. Die kleineren sind, dass sich der in Sippenhaft genommene spanische Unternehmer in Katalonien wundert, warum er nicht zu denselben Konditionen kreditiert wird wie sein bayerischer Kollege oder dass der hessische Unternehmer grollt, wenn sein alle ökologischen Standards erfüllendes Produkt im Wettbewerb gegen ein portugiesisches Produkt nicht bestehen kann, weil sich das Herkunftslandprinzip durchgesetzt hat. Das größere Problem lauert darin, dass der Wettbewerb mit seinen subversiven Wirkungen in den Kern des Integrationsprojekts ragt und dort sein Unwesen treibt. Alle Arten von Nationalismen, Fragmentierungen und Eigensinnigkeiten breiten sich aus. Das Steuerdumping setzt sich fort, die Deutschen greinen über den durch die niedrigen Zinsen bedingten Schwund bei den Sparguthaben und die Griechen radikalisieren sich, weil sie die wirtschaftspolitische Kolonialisierung als Demütigung empfinden.

3. Drei Entwürfe für die Zukunft

Das durch die europäische Krise neu herausgearbeitete Modell einer hegemonialen Währungsunion mag zwar für die nächsten Jahre eine gewisse Stabilität bringen, für die mittlere bis längere Frist ist es wegen seines Widerspruchs zum bisherigen Binnenmarktprojekt wenig wahrscheinlich, dass es der europäischen Integration eine dauerhafte Perspektive verleihen wird. Wahrscheinlicher ist, dass sich – neofunktional formuliert – einerseits sachlogische Strukturen in Richtung Unionierung durchsetzen werden und andererseits die supranationale Hefe weiter ausbreitet. Welche konkreten Formen die künftige Entwicklung der Wirtschafts- und Währungsunion in der mittleren und längeren Frist annehmen wird, wird sich aus den drei im Folgenden skizzierten Modellen ergeben.

Als die drei Zukunftsentwürfe zeigen sich:

– Das jetzt sich festigende deutsche *Modell der supranationalen Regelbindung und Marktbasierung*. Es entspricht in hohem Maße der traditionellen deutschen Ordnungspolitik, sogenannte Prozesspolitik durch Institutionen möglichst zu vermeiden. Das Ideal wäre ein regelbasierter Automatismus, möglichst hermetisch geschnitten, um alle Einflüsse seitens Politik, Politikern und politischen Programmen fernzuhalten. Mit der Staatenbewertung auf den Anleihemärkten und den dort herausgebildeten Risikoprämien ist die Marktbasierung als grundsätzlicher Anker des Modells gegeben. Die Regelsysteme des renovierten Stabilitätspakts, des Fiskalpakts und der makroökonomischen Steuerung ergänzen das Ordnungsmodell. Wirtschaftspolitik auf europäischer Ebene wird in dieser Ordnung weitgehend ohne institutionelle Einmischung geboten. Der ESM ist mehr ein Schönheitsfleck in dieser Ordnungslandschaft denn ein störendes Element, er stellt mit seinem Volumen eine Miniatur dar und funktioniert als Institution obendrein noch nach intergouvernementalen Prinzipien mit einer Veto-Struktur. Insgesamt beruht dieses Modell, um ihm einen Begriff zu verleihen, auf der Basis eines supranational organisierten Staatenwettbewerbs, also als kompetitiver Föderalismus.

3. Drei Entwürfe für die Zukunft

Wie sich die europapolitischen Strategen im Kanzleramt den weiteren ordnungspolitischen Umbau in der Währungsunion vorstellten, wurde im Verlauf des Jahres 2013 offenbar. Auf ihren Notizzetteln stand schon seit dem Jahr 2011 der *„Pakt für Wettbewerbsfähigkeit"*, ohne dass erkennbar war, was im Einzelnen darunter zu verstehen sei. Schon das Romanistenpapier hatte ihm einen Passus gewidmet (s.o.). Eine Konkretion nahm die Kanzlerin dann in ihrer Rede beim Jahrestreffen des World Economic Forum Ende Januar 2013 in Davos vor. Ausgeheckt hatte man sich *Vertragspartnerschaften* zwischen Kommission und Einzelstaat, in denen letzterer gesamtwirtschaftliche Reformmaßnahmen zusagt und dafür im Gegenzug finanziellen Unterstützungen („Solidaritätsmechanismus") erhält. In ihrer Davoser Rede hob die Kanzlerin hervor, dass man nicht „europäisches Mittelmaß" anstrebe, sondern schon Weltniveau im Auge habe. Aufgelistet wurden die folgenden konkreten Vertragspunkte: „Lohnzusatzkosten, Lohnstückkosten, Forschungsausgaben, Infrastrukturen und Effizienz der Verwaltungen".

Im weiteren Jahresverlauf war dem Projekt nicht unbedingt Erfolg beschieden. Obwohl Gegenstand bei mehreren europäischen Treffen und zuletzt auf dem Dezember-Gipfel 2013 Thema – die europäischen Partner ließen sich nicht recht ein auf das Vorhaben der Kanzlerin und ihrer Berater. In der Gipfelerklärung wurde es im Konjunktiv erstickt, vielleicht dämmerte den Partnern, auf was sie sich hier einlassen sollten. Kritiker fanden als Charakterisierung für das Vorhaben den Begriff des „Troika-Regimes für die Eurozone". Dass es nicht bei dem vorläufigen Misserfolg bleiben sollte, verdeutlichten die deutschen Akteure im Koalitionsvertrag: Dort werden die „Reformvereinbarungen" als von den Koalitionären zu verfolgendes Ziel genannt.

– Das signifikant ins Hintertreffen geratene französische *Modell der intergouvernementalen Wirtschaftsregierung*. Früh nach dem Ausbruch der Finanzkrise hatte, wie wir gesehen haben, der damalige französische Staatspräsident einen Versuch unternommen, europäische Wirtschaftspolitik nach diesem Modell zu betreiben. Er handelte sich im Herbst 2008 Absagen aus Deutschland ein, und es folgten weitere kleine Niederlagen, z.B. bei der Gestaltung des ESM, und eine größere Niederlage, nämlich was die deutsche Handschrift bei dem Gesamtmodell betrifft. Die vielen Niederlagen addieren sich zu einer galligen Niederlage Frankreichs. Geblieben ist von dem französischen Ansatz nur die enorme Aktivitätssteigerung der beiden Räte, die in den drei Jahren der Akut-Krise durch die unzähligen Treffen ein dauerhaftes Exekutiv-Direktorium bildeten, das schon einer Art des europäischen Regierens gleichkam. Geblieben ist darüber hinaus eine sichtliche Aufwertung der intergouvernementalen Eurogruppe, die aber von den faktischen Kompetenzausstattungen (noch) weit entfernt von einer europäischen Wirtschaftsregierung ist.

– Das *supranational-institutionalistische Modell einer echten Wirtschafts- und Währungsunion.* Vertreten wird dieser Ansatz von den europäischen Institutionen, zu nennen wären in diesem Zusammenhang v.a. die oben vorgestellten Papiere der Romanisten mit ihren Institutionen, denen sie vorstehen. Beachtet werden muss dabei allerdings, dass zwei dieser romanistischen Institutionen, der Ratspräsident und der Vorsitzende der Eurogruppe, vom Ansatz her dem Intergouvernementalismus verpflichtet sind. Die eigentlichen Supranationalisten sind die EZB, die Kommission und das Parlament. Die EZB hat durch ihr mutiges und starkes Auftreten im Sommer 2012 dafür gesorgt, dass allseits aufflackernde Feuer und Schwelbrände in der Währungsunion langsam ausglimmten, dann erloschen. Die Kommission und das Parlament haben durch ihre Papiere zur Fortentwicklung zu einer echten Wirtschaft- und Währungsunion die Markierungen abgesteckt, innerhalb derer sich die zukünftige Integration, wenn sie denn supranational sein wird, vollziehen würden. Nicht überraschend ist, dass der Vorschlag der unabhängigsten und supranationalsten EU-Institution, des Parlaments, mit der Einrichtung eines europäischen Schatzamtes, das über Eigenmittel verfügt, der Abkehr von der Regelbasierung und der Abkehr von dem Prinzip des Staatenwettbewerbs (z.B. in der Steuerpolitik) am weitesten in die Tiefe der Integration reicht. Der Vorschlag der Kommission zielt in eine ähnliche Richtung, gefordert wird die Einrichtung einer neuen Haushaltsbehörde mit einer eigenen Steuerhoheit. Das Romanistenpapier sucht, bedingt durch seine gemischte Zusammensetzung, von vorneherein eher den Kompromiss. Und der soll weniger aus einer Institution bestehen, sondern, wie wir gesehen haben, aus einer neuen Fiskalkapazität.

In diesem Dreieck und aus diesem Dreieck integrationspolitischer Entwürfe heraus wird sich die Fortentwicklung der Währungsunion zu einer „echten Wirtschafts- und Währungsunion" vollziehen. Legt man die drei Entwürfe für die Zukunft der europäischen Währungsunion übereinander, dann kann man in der Schnittmenge – in der Gestalt noch etwas undeutlich und mit fließenden Konturen – den Europäischen Finanzminister mit starker Regelbindung erkennen. Dieser Finanzminister könnte, vergleichbar dem Institut des Außenbeauftragten, mit einem Doppelhut ausgestattet sein, d.h., er könnte als EU-Finanzkommissar zugleich Vorsitzender der Eurogruppe sein. Denkbar wäre auch eine Art „Dreierhut", dann nämlich, wenn man ihm noch den Vorsitz im EMS übertrüge. In Hinblick auf seine Kompetenzen dürfte der neue Akteur an ein ausgeprägtes Regelsystem gebunden sein. Was die Mittelausstattung angeht – hier reichen die Vorschläge von einer Fiskalkapazität bis zu einer eigenen Besteuerungskompetenz –, wäre dies sicher erst als Folgereform denkbar.

Abb. 18: Die Entwürfe zur Zukunft der Währungsunion als Triade

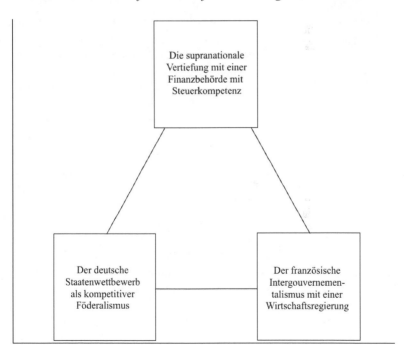

Gegenwärtig bestimmt der deutsche Entwurf der Markt- und Regelbasierung die Machtarchitektur am europäischen Platz. Dies dürfte aber nicht von allzu langer Dauer sein. Die gegenwärtig allerorten verzeichnete deutsche Hegemonie ist eine Trittbrettfahrer-Hegemonie, sie verfügt nicht über eine immanente Stärke, sondern ist auf äußere Dynamiken angewiesen. Auch sollte man die gegenwärtige Schwächephase Frankreichs nicht überbetonen, solche Schwächeperioden sind – siehe das deutsche Beispiel aus dem Jahr 2004 – in verhältnismäßig kurzer Zeit überwindbar.

Die europäische Währungsunion ist spätestens mit den Ankündigungen Mario Draghis vom Spätsommer 2012 zu jenen irreversiblen Gebilden aufgestiegen, die den „Gesetzmäßigkeiten" der Pfadabhängigkeit folgen. Das ist, wie oben bereits betont, zunächst einmal beruhigend. Auf den ersten Blick. Im zweiten Blick trüben sich aber die Aussichten. Sollte sich der Staatenwettbewerb in der Währungsunion und im Binnenmarktprojekt als strukturbestimmendes Prinzip dauerhaft durchsetzen, dann wären die Kernbereiche der Union in einer Weise betroffen, dass man nur von einem vollständigen Umbau sprechen könnte.

Über die oben genannten dann entstehenden Konflikte der Reibung von Binnenmarkt und hegemonialer Währungsunion hinaus dräut eine weitere Perspektive. In dem Maße, wie die Integrationsteilnehmer erfassen, dass sie bei dem einen oder anderen Wettkampf, ob bei dem Wegbrechen von Exportmöglichkeiten oder bei den Risikoprämien ihrer Staatsanleihen, auf der Strecke bleiben, werden sie sich erinnern, dass ihnen das bekannt vorkommt. Sie werden sich entsinnen, dass das unerfreuliche Szenario, das sie jetzt erleben, vor der Währungsunion schon genauso ausgesehen hat. Wenn sie ihre Gedanken weiterentwickeln, wird es ihnen wie Schuppen von den Augen fallen: So schön die ersten zehn Jahre der egalitären Währungsunion waren, jetzt, in der ungemütlichen hegemonialen Währungsunion sitzen sie fest wie auf einer Burg, die ihre Zugbrücken hochgefahren hat. Die Währungsunion als Schutzraum hat sich transformiert in eine Arena mit Dauerstress und Kerkern, in die die Loser des Wettbewerbs temporär verfrachtet werden. Die nächste Schlussfolgerung liegt auf der Hand: Warum dann noch Integration? Integration bedeutet schließlich, auch wenn es gut läuft, Anstrengung. – Der Staatenwettbewerb als strukturbestimmendes Prinzip zerstört die Union. Union bedeutet Union, Union bedeutet nicht Wettbewerb.

Die ordnungspolitische Revolte wurde von Deutschland ohne Not 2009 vorbereitet und herbeigeführt.[140] Zu den Hintergründen haben wir

---

[140] Tony Judt hat in seinem wohl letzten Essay konstatiert: „Für die aktuelle Krise der EU ist Deutschland verantwortlich. In der Kurzsichtigkeit der gegenwärtigen deutschen

uns am Anfang der Arbeit geäußert. Das Schema mit seinen einzelnen Verbindungslinien, Knoten und Vernetzungen ist schon bizarr. Mit einer biederen, vormodernen und national-getönten Wirtschaftspolitik macht sich das wiedereinigte Deutschland zwanzig Jahre nach der deutschen Einheit daran, einen ganzen Kontinent umzubauen, weitgehend frei von Kooperations- und Kompromissbereitschaft. Selbst wenn diesem Projekt eine gewisse Lebensdauer gegönnt ist, es entsteht dann eine Wirtschaftsgemeinschaft, die vollständig mit sich selbst beschäftigt ist und keinerlei innere Dynamik zu entwickeln vermag. Im Gegenteil: Wenn mit der neuen Währungsunion alle Mitglieder auf Sparsamkeit, Überlebenskampf und Export getrimmt werden, ergeht es dem neuen Gebilde, wie allen manisch auf Export gepolten Schwellenländern, Ländern der nachholenden Entwicklung: Sie sind abhängig von übergeordneten Wachstumszentren, die Impulse setzen.

Weit entfernt davon, ein benevolenter, empathischer und antizipierender Hegemon zu sein, steuert Deutschland die Währungsunion mit der neuen Motorisierung in eine Sackgasse. Hegemonie steht im Widerspruch zu mindestens drei Integrationsprämissen, ohne die Integration nicht funktioniert (vgl. Teil 4). 1.) Hegemonie verstößt gegen die Prämisse der Staatengleichheit, die eine für föderale Gebilde möglichst weitgehend zu erfüllende sine qua non darstellt. 2.) Hegemonie, die immer mit dem Ausschöpfen von Privilegien und Vorteilen zuungunsten der Partner verknüpft ist, verstößt gegen die Prämisse der Großzügigkeit. Die in diesem Zusammenhang in Deutschland während der europäischen Krise entfachten niederen Instinkte setzen jedes Integrationsmotiv außer Kraft. 3.) Hegemonie verstößt insbesondere gegen das bisherige Verständnis von der deutsch-französischen Achse bzw. dem gleichnamigen Motor. Die Aktivitäten, die von Deutschland und Frankreich im Integrationsprozess ausgingen, nahmen entweder den Weg der Kompromissbildung oder den Weg des zurückschwingenden Pendels. So gesehen kann erwartet werden, dass auf die deutsche Durchsetzung eines neuen Typs Währungsunion ein französischer Pendelschlag zurück erfolgt.

Politiker und ihrer Beschränkung auf innenpolitische Fragen kommt eine verblüffende Provinzialität zum Ausdruck. Vor zehn Jahren wurde vielerorts noch befürchtet, die von den Hemmungen der Nachkriegszeit befreiten Deutschen würden unverhältnismäßigen Einfluss auf ihre europäischen Partner ausüben. Mittlerweile sind diese Befürchtungen der begründeten Nervosität gewichen, die Berlins zwanghafte und zu Lasten des Auslands gehende Fixierung auf die eigenen wirtschaftlichen Interessen hervorruft" (Judt 2010, S. 124 ff.)

Eckdaten der Finanzkrise

2007

15. Juni	Finanzmärkte zunehmend anfällig
30. Juli	Beginn der Krise bei der IKB
9. August	Weltweit Liquiditätsengpässe
9.-14. August	Klemme bei Interbank-Krediten
14. September	Run auf Northern Rock
12. Dezember	Zentralbanken wollen Druck an den kurzfristigen Refinanzierungsmärkten verringern

2008

15. Januar	Beginn der Schwierigkeiten bei der HRE
16. März	Übernahmeangebot für Bear Stearns durch JP Morgan Chase (unterstützt durch Fed)
3. Juli	EZB Leitzinserhöhung (0,25 Prozent)
15. September	Lehman Brothers: Insolvenz
16. September	Kapitalnot bei AIG
20. September	US-Rettungspaket von 700 Mrd. Dollar
22. September	G-7-Staaten entschlossen, das Finanzsystem zu stützen
29. September	Ausfallbürgschaft für HRE
2. Oktober	Dramatische Verschlechterung der Lage bei der HRE
4. Oktober	Gipfel in Paris (Sarkozy, Merkel, Brown und Berlusconi)
5. Oktober	Merkel-Steinbrück-Erklärung zur Garantie der Spareinlagen
8. Oktober	EZB: außerordentliche Liquiditätsmaßnahmen
	EZB und andere Zentralbanken: Leitzinssenkung
13. Oktober	Bankenrettungspaket der Bundesregierung (480 Mrd. Euro)
3. November	Commerzbank: Inanspruchnahme des Rettungspakets
5. November	Konjunkturpaket der Bundesregierung (12 Mrd. Euro)
6. November	EZB Leitzinssenkung (0,50 Prozent)
10. November	China: Rettungspaket von 600 Mrd. Dollar
	AIG: Stützung durch US-Regierung
18. November	US-Autokonzerne: Bitte um Hilfe
4. Dezember	EZB Leitzinssenkung (0,75 Prozent)

2009

5. Januar	Bundesregierung: Verständigung auf zweites Konjunkturpaket (50 Mrd. Euro)
8. Januar	Commerzbank: Teilverstaatlichung
15. Januar	EZB Leitzinssenkung (0,50 Prozent) Bank of America: Milliardenhilfen
16. Januar	Irland: Verstaatlichung der Anglo Irish Bank
14. Februar	USA: Verabschiedung des Konjunkturpakets 790 Mrd. Dollar
25. Februar	Veröffentlichung von zentralem Bericht zur Finanzaufsicht
5. März	EZB Leitzinssenkung (0,50 Prozent)
2. April	EZB Leitzinssenkung (0,25 Prozent)
10. April:	Japan: Konjunkturprogramm 116 Mrd. Dollar
7. Mai	EZB Leitzinssenkung (0,25 Prozent)
1. Juni	USA: Insolvenzantrag von GM
4. Juni	EZB: erstes Programm zum Ankauf gedeckter Schuldverschreibungen
5. Oktober	Deutschland: Verstaatlichung der HRE
8. Dezember	Griechenland: Herabstufung durch Fitch

2010

8. März	Schäuble-Vorschlag: Europäischer Währungsfonds
15. März	Eurogruppe: Verhandlungen über Notfallplan für Griechenland
25. März	Eurogruppe: Unterstützung für Griechenland
23. April	Griechenland: Bitte um finanzielle Unterstützung
2. Mai	Euro-Rat: Verabschiedung des Kreditpakets für Griechenland (107 Mrd. Euro)
7. Juni	Einrichtung der Europäischen Finanzierungstabilität (EFSF)
30. Juni	EZB Ende des Programms zum Ankauf gedeckter Schuldverschreibungen
5. August	Troika: Erklärung zu Griechenland
28. Oktober	Stärkung des Stabilitäts- und Wachstumspakts
29. Oktober	Grundsatzbeschluss über dauerhaften Krisenmechanismus (ESM)
3. November	Fed: Bekanntgabe des Ankaufs von Staatsanleihen
21. November	Irland: Bitte um finanzielle Unterstützung (85 Mrd. Euro)
6. Dezember	Juncker: Forderung nach Eurobonds
16./17. Dezem.	EU-Gipfel: Grünes Licht für ESM

2011

1. Januar	Estland 17. Mitglied im Euro
18. Januar	EU-Rat: Beginn des Europäisches Semesters
27./28. Januar	Sarkozy: flammende Rede auf den Euro Merkel: „Scheitert der Euro, scheitert Europa"
4. Februar	Beratung über Pakt für Wettbewerbsfähigkeit
6. April	Portugal: Antrag auf Aktivierung des Hilfsmechanismus
7. April	EZB Leitzinserhöhung (0,25 Prozent)
17. Mai	Genehmigung der Portugal-Hilfe (78 Mrd. Euro) durch Finanzminister der Eurogruppe. Unterzeichnung des Memorandum of Understanding
23. Juni	Aufstockung der EFSF
7. Juli	EZB Leitzinserhöhung (0,25 Prozent)
21. Juli	Eurostaaten: Verabschiedung des zweiten Hilfspakets für Griechenland (109 Mrd. Euro)
27. Oktober	Euro-Gipfel: Einigung auf Schuldenschnitt Griechenland (107 Mrd. Euro) Höhere Schlagkraft für EFSF (Hebelung)
1. November	Draghi EZB-Chef
3. November	EZB Leitzinssenkung (0,25 Prozent)
8. Dezember	EZB Leitzinssenkung (0,25 Prozent)
22. Dezember	EZB: Durchführung des ersten dreijährigen Refinanzierungsgeschäfts („Dicke Bertha I", 500 Mrd. Euro)

2012

13. Januar	Frankreich und Österreich: Verlust von AAA bei S&P
21. Februar	Eurogruppe: Einigung auf zweites Hilfspaket für Griechenland (130 Mrd. Euro)
28. Februar	EZB Zulassung griechischer Anleihen als Sicherheiten vorübergehend ausgesetzt
1. März	EU-Gipfel: Unterzeichnung des Fiskalpakts EZB führt zweites dreijähriges Refinanzierungsgeschäft durch („Dicke Bertha II", 500 Mrd. Euro)
8. März	EZB Reaktivierung der Zulassung griechischer Anleihen als Sicherheiten
6. Mai	Frankreich: Wahlgewinn Hollande
14. Juni	Spanien: Anleiherendite (zehnjährige Papiere) bei sieben Prozent

27. Juni	Spanien: Antrag auf Finanzhilfe
	Zypern: Antrag auf Finanzhilfe
29. Juni	EU-Gipfel: Verständigung über Bankenaufsicht durch EZB
5. Juli	EZB Leitzinssenkung (0,75 Prozent)
20. Juli	Eurogruppe: Finanzhilfe für spanischen Bankensektor
20. Juli	EZB Suspension griechischer Anleihen als Sicherheit
26 Juli	Draghis historische Rede („Whatever it takes")
6. September	EZB Bekanntgabe technischer Merkmale des OMT-Programms
8. Oktober	ESM: offizieller Start
19. Dezember	EZB Wiederzulassung griechischer Anleihen als Sicherheit

2013

16. März	Eurogruppe: Hilfspaket für Zypern mit Sparerbeteiligung
25. März	Eurogruppe: Einigung auf makroökonomisches Anpassungsprogramm Zyperns
2. Mai	EZB Leitzinssenkung (0,5 Prozent)
11. Juni	Bundesverfassungsgericht: Beginn der OMT-Verhandlung
12. September	Grünes Licht für einheitliche Bankenaufsicht
23. Oktober	EZB: Beginn der Bankenprüfung
7. November	EZB Leitzinssenkung (0,25 Prozent)
11. Dezember	EU-Finanzminister: Einigung auf Eckpunkte bei Bankenabwicklung
15. Dezember	Irland: Ende der Programmzeit

2014

1.Januar	Lettland 18. Mitglied in Währungsunion
7. Februar	Bundesverfassungsgericht: Überweisung der OMT-Klage an EuGH
5. März	EU-Kommission: Rüge für deutschen Exportüberschuss
18. März	Bundesverfassungsgericht: ESM rechtmäßig
10. April	Griechenland: Rückkehr an Finanzmärkte (fünfjährige Titel)
17. Mai	Portugal: Ende der Programmzeit
5. Juni	EZB: Leizinssenkung (0,15 Prozent)
	„Strafzinsen" für Bankeinlagen
4. August	Portugal: Rettung der Großbank Espírito Santo
21. August	USA: Strafzahlung für Bank of America (16,65 Mrd. Dollar)

Literatur

Die im Folgenden bibliographierten Aufsätze und Essays, die ich dem Netz entnommen habe, werden nicht mit den unsäglich kryptischen Internet-Adressen und schon gar nicht mit den albernen Zeitangaben versehen. Diese Texte können einfach unter ihrem Titel (ggf. mit Verfasser) abgerufen werden. Sie sind mit einem * markiert.

Abelshauser, Werner, 2010: Die Erblast des Euro – eine kurze Geschichte der Europäischen Währungsunion. In: Aus Politik und Zeitgeschichte, Nr. 43.

Athanassiou, Phoebus, 2009: Withdrawal and Expulsion from the EU und EMU. Some Reflections. In: Legal Working Paper Series, No 10.

Bach, Stefan/Baldi, Guido/Bernoth, Kerstin/Bremer, Björn/Farkas, Beatrice/ Fichtner, Ferdinand/Fratzscher, Marcel/Gornig, Martin, 2013: Wege zu einem höheren Wachstumspfad. In: DIW Wochenbericht, Nr. 26.

Becker, Werner, 2011: Zwölf Jahre Euro. Aus ruhigen Gewässern in stürmische See. In: Vierteljahreshefte für Zeitgeschichte, Nr. 3.

Beckert, Jens/Streeck, Wolfgang, 2012: Die Fiskalkrise und die Einheit Europas. In: Aus Politik und Zeitgeschichte, Nr. 4.

Berg, Oliver/Carstensen, Kai/Sinn, Hans-Werner, 2011: Was kosten Eurobonds? In: Ifo-Schnelldienst, Nr. 17.

Bergmann, Jan (Hrsg.), 2012: Handlexikon der Europäischen Union, 4. neu bearbeitete und erweiterte Auflage, Baden-Baden.

Bernoth, Kerstin/Burcu, Erdogan, 2010: Zinsspreads auf europäische Anleihen: Finanzmärkte verstärken Druck zu mehr Haushaltsdisziplin. In: DIW Wochenbericht, Nr. 51-52.

Bini Smaghi, Lorenzo, 2010: Vorsicht bei Staatspleiten. EU-Insolvenzverfahren sind ein Spiel mit dem Feuer. In: Die Zeit, Nr. 46.

Ders., 2013: Austerity. European Democracies against the Wall, Centre for European Policy (CEPS), Brussels.*

Bley, Andreas, 2008: 10 Jahre EZB – Selbstbewusstsein gerechtfertigt. In: Wirtschaftsdienst, Nr. 5.

Blyth, Mark, 2013: Austerity. The History of a Dangerous Idea, Oxford, New York.

Bloomfield, Arthur Irving, 1959: Monetary Policy under the International Gold Standard, New York.

Bofinger, Peter, 2010: Ist der Markt noch zu retten? Warum wir jetzt einen starken Staat brauchen, Berlin.

Ders., 2012: Zurück zur D-Mark? Deutschland braucht den Euro, München.

Botín, Emilio, 2013: Bankenunion ist Schlüssel zu Vertrauen. In: Frankfurter Allgemeine Zeitung, 06.11.

Brunner, Otto/Conze, Werner/Koselleck, Reinhart, 1990: Geschichtliche Grundbegriffe. Historisches Lexikon zur politisch-sozialen Sprache in Deutschland, Band 6, Stuttgart.

Bundesministerium für Wirtschaft und Technologie, 2013: Zum aktuellen Stand der Geldpolitik. In: Schlaglichter der Wirtschaftspolitik, Monatsbericht April.

Busch, Klaus, 2012: Scheitert der Euro? Strukturprobleme bringen Europa an den Abgrund (Studie der Friedrich-Ebert-Stiftung).*

Cohn-Bendit, Daniel/Verhofstadt, Guy, 2012: Für Europa! Ein Manifest, München.

Cœuré, Benoît, 2014: Ein Binnenmarkt für Kapital. In: Frankfurter Allgemeine Zeitung, 30. Juni.

Collignon, Stefan, 2010: Demokratische Anforderungen an eine europäische Wirtschaftsregierung (Studie der Friedrich-Ebert-Stiftung).*

Crouch, Colin, 2011: Das befremdliche Überleben des Neoliberalismus, Berlin.

De Grauwe, Paul, 2013: Design Failures in the Eurozone: Can they be fixed? LEQS Paper No. 57 (The London School of Economics and Political Science).*

Delpla, Jacques/Weizsäcker, Jakob von, 2010: The Blue Bond Proposal. In: Bruegel Policy, Brief Nr. 3.*

Deutsche Bank, 2013: Bundesländeranleihen. Was treibt die „Spreads" zwischen Bund- und Länderanleihen?*

Deutsche Bundesbank, 1998: Stellungnahme des Zentralbankrates zur Konvergenzlage in der Europäischen Union im Hinblick auf die dritte Stufe der Wirtschafts- und Währungsunion. In: Monatsbericht April.

Dies., 2008: Zehn Jahre geldpolitische Zusammenarbeit im Eurosystem. In: Monatsbericht April.

Dies., 2011: Renditedifferenzen von Staatsanleihen im Euro-Raum. In: Monatsbericht Juni.

Dies., 2012a: Der Euro als Ankerwährung und als Kern eines Währungsblockes. In: Monatsbericht Juli.

Dies., 2012b: Stellungnahme gegenüber dem Bundesverfassungsgericht zu den Verfahren mit den Az. 2 BvR 1390/12, 2BvR 1439/12, 2 BvR 1824/12, 2 BvE 6/12 (zitiert als „Geheimpapier").

Dies., 2013a: Gemeinsame europäische Bankenaufsicht – Erster Schritt auf dem Weg zur Bankenunion In: Monatsbericht Juli.

Dies., 2013b: Geschäftsbericht.

Dies., 2014: Anpassungsprozesse in den Ländern der Wirtschafts- und Währungsunion. In: Monatsbericht Januar.

Di Fabio, Udo: 2013: Die Zukunft einer stabilen Wirtschafts- und Währungsunion. Verfassungs- sowie europarechtliche Grenzen und Möglichkeiten.*

Diehl, Karl/ Mombert, Paul (Hrsg.), 1980: Ausgewählte Lesestücke zum Studium der politischen Ökonomie. Das Staatsschuldenproblem, Frankfurt/M., Berlin, Wien.

Draghi, Mario, 2012: Speech by Mario Draghi, President of the European Central Bank at the Global Investment Conference in London (Verbatim of the remarks).*

Ders., 2013: Rede zur Eröffnung des Europäischen Bankenkongresses, Frankfurt am Main 22. November.*

Ders., 2014: Memorial lecture in honour of Tommaso Padoa-Schioppa, London 9 July.*

Duden, 1998: Der Euro. Das Lexikon zur Währungsunion, Mannheim u.a.O.

Eichengreen, Barry, 1996: Globalizing Capital. A History of the International Monetary System, Princeton, N.J.

Eucken, Walter, 1977: Grundsätze der Wirtschaftspolitik (12. Auflage, Erstauflage 1959), Hamburg.

Europäische Kommission, 2008: EMU@10. Successes and challenges after ten years of Economic and Monetary Union.*

Dies., 2011: Grünbuch über die Durchführbarkeit der Einführung von Stabilitätsanleihen.*

Dies, 2012: Ein Konzept für eine vertiefte und echte Wirtschafts- und Währungsunion: Auftakt für eine europäische Diskussion. Mitteilung der Kommission.*

Dies., 2013: Industrielle Wettbewerbsfähigkeit: Europa kann es besser.*

Europäische Zentralbank 2003: Der Zusammenhang zwischen Geld- und Finanzpolitik im Euro-Währungsgebiet. In: Monatsbericht Februar.

Dies 2008: 10 Jahre EZB. In: Monatsbericht Oktober.

Europäisches Parlament, 2012: Auf dem Weg zu einer echten Wirtschafts-und Währungsunion.*

Felber, Christian, 2012: Retten wir den Euro! Wien.

Financial Crisis Inquiry Commission, United States of America (Hrsg.), 2011: Der FCIC Report, München.

Flassbeck, Heiner, 2010: Die Marktwirtschaft des 21. Jahrhunderts, Frankfurt/Main.

Ders., 2012: Zehn Mythen der Krise, Berlin.

Ders., 2014: 66 starke Thesen zum Euro, zur Wirtschaftspolitik und zum deutschen Wesen, Frankfurt/Main.

Flossbach, Bert/Vorndran, Philipp, 2012: Die Schuldenlawine. Eine Gefahr für unsere Demokratie, unseren Wohlstand und ihr Vermögen, München.

Geppert, Dominik, 2013a: Halbe Hegemonie: Das deutsche Dilemma. In: Aus Politik und Zeitgeschichte Nr. 6-7.

Ders., 2013b: Ein Europa, das es nicht gibt. Die fatale Sprengkraft des Euro, Wien, Berlin, München.

Gerken, Lüder, 1999: Der Wettbewerb der Staaten, Tübingen.

Große Hüttmann, Martin/Wehling, Hans-Georg (Hrsg.), 2013: Das Europalexikon. Begriffe, Namen, Institutionen, Bonn.

Habermas, Jürgen, 2011: Zur Verfassung Europas. Ein Essay, Berlin.

Häring, Norbert, 2014: Stimmt es, dass ... Finanzmärkte die Regierungen beaufsichtigen müssen? In: Handelsblatt vom 28. Februar.

Hayek, Friedrich August von, 1939/1980: The Economic Conditions of Interstate Federalism. In: Ders., Individualism and Economic Order, Chicago and London.

Ders., 1968a: Der Wettbewerb als Entdeckungsverfahren. In: Erich Schneider (Hrsg.), Kieler Vorträge. Neue Folge 56.

Ders., 1968b: Die Verfassung eines freien Staates. In: Ordo. Jahrbuch für die Ordnung von Wirtschaft und Gesellschaft, 19. Band.

Ders., 1975: Die Irrtümer des Konstruktivismus und die Grundlagen legitimer Kritik gesellschaftlicher Gebilde, Tübingen.

Ders., 1977: Entnationalisierung des Geldes. Eine Analyse der Theorie und Praxis konkurrierender Umlaufmittel, Tübingen.

Ders., 1979: Dankadresse. In: Hoppmann, Erich (Hrsg.), 1980: Friedrich A. von Hayek. Vorträge und Ansprachen auf der Festveranstaltung der Freiburger Wirtschaftswissenschaftlichen Fakultät zum 80. Geburtstag, Baden-Baden.

Ders., 1991: Die Verfassung der Freiheit (3. Auflage, Erstauflage 1971), Tübingen.

Ders., 2011: Die marktliche Ordnung oder Katallaxie. In: Vanberg, Victor J. (Hg.), Hayek Lesebuch, Tübingen.

Heinen, Nicolaus, 2009: Schuldenspirale oder Exitstrategie. Was kann der Stabilitäts- und Wachstumspakt leisten? In: Deutsche Bank Research. Beiträge zur europäischen Integration. EU Monitor 71.*

Herr, Hansjörg, 1992: Geld, Währungswettbewerb und Währungssysteme. Theoretische und historische Analyse der internationalen Geldwirtschaft, Frankfurt/Main, New York.

Herrmann, Ulrike, 2013: Der Sieg des Kapitals. Wie der Reichtum in die Welt kam: Die Geschichte von Wachstum, Geld und Krisen, Frankfurt/Main.

Hochstein, Martin, 2013: Fundamentale Einflussfaktoren von Risikoprämien im Euroraum.*

Hofmann, Gunter, 2005: Familienbande. Die Politisierung Europas, München.

Horn, Gustav A., 2011: Des Reichtums fette Beute. Wie die Ungleichheit unser Land ruiniert, Frankfurt/New York.

Institute for New Economic Thinking, 2012: Breaking the Deadlock: A Path Out of the Crisis.*

Irwin, Neil, 2013: The Alchemists. Inside the Secret World of Central Bankers, London.

Joebges, Heike/Grabau, Maik, 2009: Renditedifferenzen bei Staatsanleihen im Euroraum: Grund zur Besorgnis? In: WSI Mitteilungen, Nr. 9.

Judt, Tony, 2010: Berliner Provinz. Warum Deutschland die jüngste Krise der EU verschuldet hat. In: Der Spiegel, Nr. 33.

Kaelble, Hartmut, 2013: Spirale nach unten oder produktive Krise? Zur Geschichte politischer Entscheidungskrisen der europäischen Integration. In: Integration, Nr. 3.

Keynes, John Maynard, 1943: Vorschläge für eine International Clearing Union/Union für den internationalen Zahlungsverkehr (in deutscher Übersetzung).*

Krugman, Paul, 2013: Austerität: Der Einsturz eines Glaubensgebäudes. In: Blätter für deutsche und internationale Politik, Nr. 7.

Kuls, Norbert, 2014: 45 Milliarden Dollar Strafe – nur für die Größten. In: Frankfurter Allgemeine Zeitung, 21. Mai.

Link, Werner, 2012: Integratives Gleichgewicht und gemeinsame Führung. In: Merkur, Heft Nr. 764.

Lux, Thomas, 2013: Effizienz und Stabilität von Finanzmärkten: Stehen wir vor einem Paradigmenwechsel? In: Wirtschaftsdienst, Sonderheft.

Magin, Christian, 2010: Die Wirkungslosigkeit der neuen Schuldenbremse. Warum die Staatsverschuldung weiterhin ungebremst steigen kann. In: Wirtschaftsdienst, Nr. 4.

Marsh, David, 2009: Der Euro. Die geheime Geschichte der neuen Weltwährung, Hamburg.

Mayer, Thomas, 2013: Europas unvollendete Währung. Wie geht es weiter mit dem Euro? Weinheim.

Matthes, Jürgen/Demary, Markus, 2013: Überschreitet die EZB mit ihren Staatsanleihekäufen ihr Mandat? In: Wirtschaftsdienst, Nr. 9.

Menasse, Robert, 2012: Der europäische Landbote. Die Wut der Bürger und der Friede Europas, Wien.

Menkhoff, Lukas, 2011: Zinsspreads im Euroland: Marktsignale an die Politik. In: Wirtschaftsdienst, Nr. 11.

Mody, Ashoka, 2013: Die Banken sind der Schlüssel. In: Handelsblatt, 9. August, Nr. 152.

Moravcsik, Andrew, 1998: The Choice for Europe. Social Purpose and State Power from Messina to Maastricht, Ithaca, New York.

Myrdal, Gunnar, 1958: Internationale Wirtschaft. Probleme und Aussichten, Berlin.

Neubäumer, Renate, 2011: Eurokrise: Keine Staatsschuldenkrise, sondern Folge der Finanzkrise. In: Wirtschaftsdienst, Nr. 12.

Nullmeier, Frank, 2012: Demokratische Verfahren statt Regelbindung. In: Wirtschaftsdienst, Nr. 3.

Ondarza, Nicolai von, 2013: Auf dem Weg zur Union in der Union. Institutionelle Auswirkungen der differenzierten Integration in der Eurozone auf die EU. In: Integration, Nr. 1.

Pisany-Ferry, Jean/Posen, Adam S., 2009: The Euro at Ten: The Next Global Currency? Washington, DC.

Polster, Werner, 2002: Europäische Währungsintegration. Von der Zahlungsunion zur Währungsunion, Marburg.

Ders., 2012a: Die EZB – Motor der Integration? In: Kommune, Nr. 5.

Ders., 2012b: Die europäische Krise. Der Anfang, das Wesen und die Zukunft. In: Kommune, Nr. 6.

Polster, Werner/Voy, Klaus, 1993: Achsenbruch? Maastricht und die EWS-Krise. In: Blätter für deutsche und internationale Politik, Nr. 10.

Reinhart, Carmen M./Rogoff, Kenneth S. 2002: The modern history of exchange rate arrangements: a reinterpretation. NBER Working Paper No. 8963.*

Dies., 2010: Dieses Mal ist alles anders. Acht Jahrhunderte Finanzkrisen, München.

Rödder, Andreas, 2009: Deutschland einig Vaterland. Die Geschichte der Wiedervereinigung, München.

Ders., 2014: Wunschkind Euro.*

Rohleder, Kristin/Richter, Clemens, 2011: Aktueller Begriff Europa. Etablierung eines dauerhaften Europäischen Stabilitätsmechanismus im vereinfachten Vertragsänderungsverfahren. In: Deutscher Bundestag. Wissenschaftliche Dienste.*

Rohleder, Kristin/Zehnpfand, Olaf/Sinn, Lena, 2010: Bilaterale Finanzhilfen für Griechenland. Vereinbarkeit mit Artikel 125 des Vertrages über die Arbeitsweise der Europäischen Union. In: Infobrief der Wissenschaftlichen Dienste des Deutschen Bundestages (WD 11 – 3000 – 103/10).*

Sachverständigenrat zur Begutachtung der gesamtwirtschaftlichen Entwicklung, 2012a: Nach dem EU-Gipfel: Zeit für langfristige Lösungen nutzen. Sondergutachten, Wiesbaden.

Ders., 2012b: Stabile Architektur für Europa – Handlungsbedarf im Inland. Jahresgutachten 2012/13, Wiesbaden.

Ders., 2013: Gegen eine rückwärtsgewandte Wirtschaftspolitik. Jahresgutachten 2013/14, Wiesbaden.

Schäfer, Axel/Schulz, Fabian, 2013: Der Bundestag wird europäisch – zur Reform des Beteiligungsgesetzes EUZBBG. In: Integration, Nr. 3.

Schatz, Heribert/van Ooyen, Robert Chr./Werthes, Sascha, 2000: Wettbewerbsföderalismus. Aufstieg und Fall eines politischen Streitbegriffs, Baden-Baden.

Schelkle, Waltraud, 2012: Der Fanatismus der Zentralbank. In: Frankfurter Allgemeine Zeitung, 23. Februar.

Schmelzer, Matthias, 2010: Freiheit für Wechselkurse und Kapital. Die Ursprünge neoliberaler Währungspolitik und die Mont Pèlerin Society, Marburg.

Schmieding, Holger, 2012: Unser gutes Geld. Warum wir den Euro brauchen, Hamburg.

Schönberger, Christoph, 2012: Hegemon wider Willen. Zur Stellung Deutschlands in der Europäischen Union. In: Merkur, Heft Nr. 752.

Ders., 2013: Nochmals die deutsche Hegemonie. In: Merkur, Heft Nr. 764.

Schubert, Christian, 2013: Die große Karriere einer kleinen Zahl. Die Defizitgrenze von 3 Prozent erhielt erst später ökonomische Begründung. In: Frankfurter Allgemeine Zeitung, 26. September.

Schwab, Klaus (Hrsg.), 2013: The Global Competitiveness Report 2012-2013.*

Schwarzer, Daniela, 2012: Economic Governance in der Eurozone. In: Aus Politik und Zeitgeschichte, Nr. 4.

Shambaugh, Jay C., 2012: The Euro's Three Crises. In: Brookings papers on Economic Acitivity.*

Sinn, Hans-Werner, 2003: Ist Deutschland noch zu retten? München.

Streeck, Wolfgang, 2013: Gekaufte Zeit. Die vertagte Krise des demokratischen Kapitalismus, Berlin.

Taleb, Nassim Nicholas, 2008: Der Schwarze Schwan: Die Macht höchst unwahrscheinlicher Ereignisse, München.

Theurl, Theresia, 1992: Eine gemeinsame Währung für Europa. 12 Lehren aus der Geschichte, Innsbruck.

Thimann, Christian, 2013: Wettbewerbsfähigkeit als Leitmotiv. In: Frankfurter Allgemeine Zeitung, 2. August.

Tiebout, Charles M., 1956: A Pure Theory of Local Expenditures. In: The Journal of Political Economy, Vol. 64, No. 5.

Trichet, Jean-Claude, 2009: 10 Jahre Euro: Erfolge und Herausforderungen.*

Triepel, Heinrich, 1938: Die Hegemonie. Ein Buch von führenden Staaten, Stuttgart.

Van der Wee, Herman, 1984: Der gebremste Wohlstand. Wiederaufbau, Wachstum, Strukturwandel 1945 – 1980, München.

Van Rompuy, Herman mit Barroso, José Manuel/Juncker, Jean-Claude/Draghi, Mario 2012: Auf dem Weg zu einer echten Wirtschafts- und Währungsunion.*

Vaubel, Roland, 2014: Der Wettbewerb der Staaten als Erfolgsgeheimnis Europas: Eine Theoriegeschichte.*

Walter, Norbert, 1998: Europäische Zentralbank. Ein Hort der Stabilität? In: Duden, Der Euro. Das Lexikon zur Währungsunion, Mannheim u.a.O.

Wegener, Hans-Jürgen, 2012: Geld- und Finanzmärkte. Die 101 wichtigsten Fragen, München.

Welfens, Paul J.J., 2012: Die Zukunft des Euro. Die europäische Staatsschuldenkrise und ihre Überwindung, Berlin.

Winkler, Adalbert, 2012: Warum kriegt Europa die Eurokrise nicht in den Griff? In: Wirtschaftsdienst, Nr. 7.

Wirsching, Andreas, 2012: Der Preis der Freiheit. Geschichte Europas in unserer Zeit, München.

Wissenschaftlicher Beirat beim Bundesministerium für Wirtschaft, 1989: Europäische Währungsordnung (Gutachten vom 21. Januar).

Wissenschaftlicher Beirat beim Bundesministerium für Wirtschaft und Technologie, 2011: Überschuldung und Staatsinsolvenz in der Europäischen Union (Gutachten Nr. 01/11), Berlin.